한국 선거 60년
이론과 실제

본 책자는 중앙선거관리위원회의 연구용역 지원 사업에 의해 발간되었으며, 게재된 원고의 내용은 중앙선거관리위원회의 의견이나 견해가 아님을 밝힙니다.

한국 선거 60년
이론과 실제

한국선거학회 편

Korea Election 60 Years

Theories and Practices

Edited by

Korean Association of
Electoral Studies

ORUEM Publishing House
Seoul, Korea
2011

머리말

　한국의 선거 연구에서 선거사는 상대적으로 관심을 덜 받아왔던 분야이다. 비단 한국에서뿐만 아니라, 전 세계적 차원에서도 선거 연구의 핵심은 유권자의 투표 행태에 대한 경험적 연구와 선거제도에 대한 제도주의적 관점에서의 분석에 맞추어져 왔다. 선거사는 정치사의 작은 부분으로 간주되어 왔을 뿐, 선거연구자들의 핵심 연구 대상이 아니었다.
　이 책의 가장 큰 의의는 한국의 선거사를 단순히 역사적 시각이 아니라 선거연구자들의 시각에서 재조명하고 있다는 데에 있다. 선거가 민주정치의 핵심적 위치에 있다는 측면에서, 선거사가 근대 한국 정치사의 근간을 이루고 있는 것은 분명하다. 그런데 전통적인 정치사 연구가 안고 있는 약점 중의 하나가 지나치게 인물 중심, 혹은 사건 중심으로 진행될 수 있다는 것이다. 반면에 이 책에서 적용하고 있는 선거 분석 중심의 정치사 집필 방식은 보다 객관적이고 체계적으로 한국의 근대 정치사를 바라볼 수 있다는 장점이 있다.
　이 책의 집필자들은 선거 연구에 있어서 이미 상당한 업적을 달성한 학자들이다. 이들이 자신들의 분석적 관점에다가 역사적 시각을 보완하여 한국의 선거사와 정치사를 재해석하고 있는 것이다. 물론 필자 개인의 역사적 관점에 따라 해석이 상이할 수는 있지만, 적어도 이들이 선거라는 객관적 사실과 경험적 자료의 분석에 기초하여 한국의 역사를 재해석하고 있다는 점에서 일정 수준 이상의 논리적 일관성이 보장된다고 생각한다.

이러한 의미 있는 책을 발간할 수 있는 기회를 마련해 준 중앙선거관리위원회에 집필자를 대표해서 감사드린다. 그리고 바쁜 중에서도 흔쾌히 집필을 맡아준 필자들 모두에게 감사드리며, 특히 원고의 전체적 완성도를 위해 노력해 주신 서복경, 신두철, 장성훈 세 분에게 특별한 감사를 드린다. 마지막으로 책을 만드느라고 고생하신 오름출판사 부성옥 대표와 편집부 직원들에게도 고마움을 전한다.

2011년 가을
한국선거학회장 김 욱

차례

• 머리말_5

서장 | 선거와 한국 정치 • 17 |김 욱

  Ⅰ. 선거의 의미   18
  Ⅱ. 한국 정치에서 선거의 중요성   23
  Ⅲ. 선거사 연구의 필요성   25

1부 국가건설기의 선거

제1장 | 제1공화국의 선거 • 29 　　　　　　　　　| 서복경

  I. 국가건설, 전쟁과 선거　　　　　　　　　　　　29
  II. 전사(前史): 제헌국회 선거가 있기까지　　　　31
  III. 제헌국회 선거　　　　　　　　　　　　　　　36
  IV. 전쟁, 그리고 제1공화국 최초의 국회의원선거,
      지방선거, 정·부통령선거　　　　　　　　　　39
  V. 휴전, 그리고 3대 국회의원선거, 3대 대통령선거,
      2대 지방선거　　　　　　　　　　　　　　　　49
  VI. 진보당 사건과 4대 국회의원선거　　　　　　54
  VII. '3·15부정선거'와 제1공화국의 종말　　　　　58

제2장 | 제2공화국의 선거 • 61 　　　　　　　　　| 장성훈

  I. 허정 과도정부와 내각제 개헌　　　　　　　　62
  II. 제5대 국회의원(민의원·참의원)선거　　　　　68
  III. 제4대 대통령선거와 장면 내각의 출범　　　　75
  IV. 지방선거의 부활과 단절　　　　　　　　　　82
  V. 5·16군부쿠데타와 민주적 실험의 좌절　　　　87

2부   권위주의 시대의 선거

제3장 | 제3공화국의 선거 • 93 | 강원택

     I. 군사정권과 제3공화국의 출발   93
     II. 제3공화국의 선거제도와 정당제도   95
     III. 대통령제 개헌 국민투표, 제5대 대통령선거와
           6대 국회의원선거   97
     IV. 6대 대통령선거, 7대 국회의원선거와
           3선 개헌 국민투표   105
     V. 1971년: 7대 대통령선거와 8대 국회의원선거   110
     VI. 제3공화국 선거의 경쟁성과 역동성   115

제4장 | 제4공화국의 선거 • 117 | 신두철

     I. 통일주체국민회의와 제9대 국회의원선거   119
     II. 유신헌법 찬반투표   130
     III. 제10대 국회의원선거와 유신체제 붕괴   132
     IV. 유신체제하의 선거 평가   138

제5장 | 제5공화국의 선거 • 141 | 조진만

    Ⅰ. 제4공화국과 제6공화국 사이에서   141
    Ⅱ. 제5공화국의 태동 과정   143
    Ⅲ. 유신헌법하에 실시된 11대 대통령선거   148
    Ⅳ. 유신헌법의 개정과 제5차 국민투표   151
    Ⅴ. 다당화 전략에 따른 대통령선거인선거와
       12대 대통령선거   154
    Ⅵ. 권위주의체제의 공고화와 11대 국회의원선거   159
    Ⅶ. 유화조치와 12대 국회의원선거   164
    Ⅷ. '선택 없는 선거'와 민주화   171

3부   민주화 이후의 선거

제6장 | 노태우 정부 시기의 선거 • 177 | 조성대

    Ⅰ. 대통령 직선제 개헌과 제6차 국민투표   177
    Ⅱ. 제13대 대통령선거와 노태우 정부의 출범   184
    Ⅲ. 제13대 국회의원선거와 여소야대 분점정부의 출현   193
    Ⅳ. 지방선거의 부활과 제1회 전국동시지방자치선거   202
    Ⅴ. 제14대 국회의원선거와 여소야대의 재현   211

제7장 | 김영삼 정부 시기의 선거 • 219　　　| 이현우

　　Ⅰ. 민간정부의 출현과 14대 대통령선거　　　　　　　219
　　Ⅱ. 집권여당에 대한 평가와 제1회 전국동시지방선거　　231
　　Ⅲ. 정당구도의 변화와 제15대 국회의원선거　　　　　242

제8장 | 김대중 정부 시기의 선거 • 253　　　| 임성호

　　Ⅰ. 세계화, 탈냉전화, 정보화와 선거정치　　　　　253
　　Ⅱ. 제15대 대통령선거와 평화적 정권 교체　　　　255
　　Ⅲ. 제2회 전국동시지방선거와 지역할거주의　　　266
　　Ⅳ. 제16대 국회의원선거와 여소야대　　　　　　276
　　Ⅴ. 제3회 전국동시지방선거와 야당의 압승　　　283
　　Ⅵ. 시대변화와 선거정치　　　　　　　　　　　290

제9장 | 노무현 정부 시기의 선거 • 293　　　| 지병근

　　Ⅰ. 2002년 제16대 대통령선거　　　　　　　　　294
　　Ⅱ. 2004년 17대 4·15국회의원선거　　　　　　　303
　　Ⅲ. 2006년 제4회 동시지방선거(5·31)　　　　　313
　　Ⅳ. 민주적 선거를 향한 발걸음　　　　　　　　　320

종장 | 결론 및 시사점 • 325　　　　　　　　　　　| 김 욱

　　Ⅰ. 60년간의 주요 변화　　　　　　　　　　326
　　Ⅱ. 변화의 근본동력: 정치문화의 변동　　　　332
　　Ⅲ. 한국 민주주의의 미래　　　　　　　　　　334

- 부록_337
- 참고문헌_348
- 색인_357
- 필자 소개(원고 게재 순)_365

표 차례

〈표 1-1〉	제헌국회 선거법 제정과정	34
〈표 1-2〉	남한단독선거 과정에서 각 정치세력의 입장	36
〈표 1-3〉	2대 국회의원선거 후보자의 제헌국회 선거 입후보 경력(1950.5.30)	40
〈표 1-4〉	제1대 지방선거 결과(1952)	45
〈표 1-5〉	2대 대통령선거 및 3대 부통령선거 결과(1952.8.5)	46
〈표 1-6〉	제3대 국회의원선거 후보자 및 당선자 현황(1954.5.20)	50
〈표 1-7〉	3대 대통령·4대 부통령선거 결과(1956.5.15)	52
〈표 2-1〉	제5대 국회의원선거 결과	74
〈표 2-2〉	제4대 대통령선거 후보자별 득표 상황	77
〈표 2-3〉	국무총리 인준 투표 결과	80
〈표 2-4〉	1960년 지방선거 정당별 당선 상황	86
〈표 3-1〉	제3공화국의 대통령선거 결과(1, 2위 후보만을 대상으로)	100
〈표 3-2〉	제3공화국 대통령선거에서의 지역별 후보 득표율	101
〈표 3-3〉	제3공화국 국회의원선거의 정당별 의석수와 득표율	104
〈표 4-1〉	제4공화국 국회의원선거제도	121
〈표 4-2〉	제9대 국회의원선거 입후보 상황	123
〈표 4-3〉	제9대 국회의원선거 투표 상황	125
〈표 4-4〉	제9대 국회의원선거 지역구선거 정당별 당선자 및 득표수 비교	126

〈표 4-5〉	제9대 국회의원선거 지역 · 정당별 득표 현황	127
〈표 4-6〉	제9대, 10대 총선의 득표율과 의석수	128
〈표 4-7〉	신민당 지구당 수의 변화	129
〈표 4-8〉	제10대 국회의원선거 입후보 상황	133
〈표 4-9〉	제10대 국회의원선거 정당별 당선자 및 득표수 비교	135
〈표 4-10〉	제10대 국회의원선거 지역 · 정당별 득표 현황	136
〈표 5-1〉	제5차 국민투표 현황	153
〈표 5-2〉	대통령선거인선거 결과	158
〈표 5-3〉	제11대 국회의원선거 정당별 의석수 및 득표 상황	162
〈표 5-4〉	제12대 국회의원선거 정당별 의석수 및 득표 상황	169
〈표 6-1〉	제6차 국민투표 결과	183
〈표 6-2〉	제13대 대통령선거 투표와 후보자별 득표	191
〈표 6-3〉	제13대 국회의원선거 정당별 득표 및 당선자수	199
〈표 6-4〉	제13대 국회의원선거 정당별 지역 득표율(%)	200
〈표 6-5〉	1991년 6월 20일 시 · 도의회 정당별 당선자수와 의석률	210
〈표 6-6〉	제14대 국회의원선거 정당별 득표 및 당선자수	215
〈표 6-7〉	제14대 국회의원선거 정당의 지역별 당선자 현황	216
〈표 7-1〉	김영삼, 김대중 후보의 지역별 득표율, 13~14대 대선	230
〈표 7-2〉	제1회 전국동시지방선거에서 정당별 의석 분포	240
〈표 7-3〉	제15대 국회의원선거 정당별 의석 분포	250

〈표 7-4〉	정당별 지역 의석 분포	251
〈표 8-1〉	역대 대통령선거 투표율(13대~17대)	264
〈표 8-2〉	제15대 대통령선거 후보별 득표율(%)	265
〈표 8-3〉	역대 지방의회 의원정수(1995~2006)	268
〈표 8-4〉	1998년 광역/기초단체장선거 정당별 공천 후보자수 (무소속 포함)	270
〈표 8-5〉	1998년 광역/기초단체장선거 정당별 당선자수 (무소속 포함)	273
〈표 8-6〉	제16대(2000) 국회의원선거 정당별 득표율 및 의석률	281
〈표 8-7〉	제3회 전국동시지방선거 결과 정당별 당선인 현황	289
〈표 9-1〉	지역별 16대 대선 득표율(이회창과 노무현)	302
〈표 9-2〉	17대 국회의원선거 결과: 의석수	310
〈표 1〉	역대 대통령선거제도의 변화	326
〈표 2〉	역대 국회의원선거제도의 변화	328
〈표 3〉	전통사회, 근대사회, 탈근대사회의 비교	333

그림 차례

〈그림 1-1〉	제1공화국의 선거	30
〈그림 1-2〉	해방 후 정부수립까지의 약사(略史)	32
〈그림 1-3〉	4대 총선 결과(1958.5.2)	56
〈그림 9-1〉	2002년 대선후보의 지지율 변화	299
〈그림 9-2〉	국정운영 지지도 (조사기관-미디어리서치)	305
〈그림 9-3〉	전국 지방의원의 의정비	314
〈그림 9-4〉	정당별 광역/기초단체장 점유율	318

부록 차례

〈부록 1〉	역대 정부 시기별 선거 현황 및 공식 투표율	337
〈부록 2〉	역대 국회의원선거제도	339
〈부록 3〉	역대 대통령선거 득표율 (총투표수 기준 vs. 유효투표수 기준): 2~7대	341
〈부록 4〉	역대 대통령선거 득표율(유효투표수 기준): 13~17대	343
〈부록 5〉	역대 국회의원선거 정당(단체, 무소속) 득표율과 의석률	344

서장

선거와 한국 정치

김 욱

　흔히 선거는 '민주주의의 꽃'이라고 한다. 이 말은 민주정치과정에서 선거가 가장 화려하면서도 극적인 사건임을 암시한다. 그러나 이러한 외적인 화려함과 극적인 측면 외에도, 선거는 민주정치의 내부 작동에 있어서 핵심적인 역할을 수행한다. 일반인의 관점에서는 선거가 후보와 정당 간의 경쟁을 통해 승자와 패자가 갈리는 흥미로운 게임으로 주로 인식되고 있지만, 정치를 체계적으로 연구하는 사람에게 선거란 민주정치과정의 핵심 연결고리로서 더 커다란 의미를 갖는다.
　또한 선거가 비단 민주정치에서만 의미를 갖는 것은 아니다. 뒤에서 설명하겠지만, 비민주적인 정치체계에서도 선거는 나름대로 매우 중요한 기능을 수행한다. 바로 이러한 맥락에서, 본 연구는 민주화 이후의 선거는 물론이고, 민주화 이전의 선거에도 관심을 기울이고 있는 것이다. 그리고 민주화 이전의 선거와 민주화 이후의 선거에 대한 비교는 다양한 정치적 맥락에 따라 선거의 의미가 달라질 수 있음을 보여줄 것이다.

이번 장에서는 먼저 선거의 의미를 민주 정치, 비민주 정치, 그리고 신생 민주주의로 구분하여 간략하게 설명한다. 그리고 다음에는 지난 60년에 걸친 한국 정치의 맥락에서 선거의 중요성을 논의한다. 마지막으로는 한국 선거사 연구의 중요성과 필요성을 체계적인 역사적 설명과 선거연구의 기초자료 제공이라는 두 가지 측면에서 강조할 것이다.

I. 선거의 의미

1. 민주 정치에서의 선거

민주 정치과정에서 선거는 유권자와 정치엘리트를 연결시켜주는 중요한 기제이다. 대규모 국가에서 대의 민주주의가 작동하기 위해서는 유권자와 엘리트 간 연결고리가 존재해야 한다. 그런데 선거는 바로 유권자가 정치 엘리트를 선택하고 동시에 그들의 행동에 영향을 미칠 수 있는 핵심적인 제도적 장치인 것이다. 바로 이러한 맥락에서 캇츠(Katz 1997, 3)는 선거를 '현대 민주주의의 본질적인 제도'라고 말하였다.

보다 구체적으로, 선거는 공직에 대한 경쟁을 제공하고, 승리자에게 책임을 물을 수 있는 수단을 제공한다. 또한 대부분의 유권자들에게 있어서, 선거에서의 투표 참여는 가장 손쉽게 자신의 의사를 표출하는 정치참여의 수단이기도 하다. 정치체계 전체의 차원에서는, 민주정치에서 경쟁적 선거는 새로운 공직자에게 정당성과 권위를 부여하는 기능을 수행하기도 하며, 이는 궁극적으로 공직자로 하여금 자신의 의무를 보다 효과적으로 수행할 수 있도록 도움을 준다.

민주 정치에서 선거가 갖는 또 한 가지 중요한 의미는 선거제도라는 이름으로 정치게임의 기본 규칙을 정하고 있다는 것이다. 선거제도라는 용어는 넓게는 투표연령, 선거운동 방법, 선거자금 등 선거와 관련된 모든 규칙을 총칭한다. 그러나 보다 좁은 의미에서의 선거제도란 선거체계(electoral system)를 지칭하는 것으로, "유권자의 투표를 대표자의 의석으로 전환하는 일련의 방법"을 의미한다(Lijphart 1994).

여기서는 좁은 의미에서의 선거제도, 즉 선거체계에 초점을 맞추고자 한다. 선거제도는 투표 방법, 입후보방법, 당선자 확정 방식-단순다수제, 절대다수제, 비례대표제, 선거구의 크기-소선거구, 중선거구, 대선거구-와 최소조건 등 여러 가지 요소로 구성되어 있다. 따라서 이들이 조합되는 방식에 따라 이론상 몇백 가지의 다양한 선거제도가 가능하며, 실제로 지구상의 많은 민주국가들의 선거제도가 각기 상이하다(김욱 2008).

그러나 이러한 다양한 선거제도는 크게 두 가지로 분류가 가능하다. 위에 열거한 요소들 중에서 가장 핵심적인 것은 선거구의 크기와 당선자 확정 방식인데, 이 두 요인이 서로 밀접히 연결되어 있기 때문이다. 일반적으로 다수제, 그중에서도 특히 단순다수제는 소선거구제와 결합하고, 비례대표제는 대선거구제와 결합하는 경향이 있다. 따라서 이러한 경향을 고려할 때, '소선거구-단순다수제'와 '대선거구-비례대표제'의 이분법이 가능하다.

그런데 이러한 선거제도가 민주정치 과정과 결과에 미치는 영향은 그야말로 막대하다. 어떠한 선거제도를 채택하는가에 따라, 전혀 다른 정치적 결과가 도출되곤 한다. 가장 널리 알려진 선거제도의 정치적 효과는 정당체계에 미치는 영향이다. 뒤베르제(Duverger 1963)는 자신의 고전적 연구에서, 소위 '뒤베르제의 법칙'으로 알려진 명제를 제시하였는데, '소선거구 단순다수제'는 양당제를 초래하며, 반면에 비례대표제는 다당제를 가져오는 경향이 있다는 것이었다.

물론 그 이후 이러한 명제에 대한 반론과 예외 상황도 많이 제기되었으며(Rokkan 1970), 최근의 경험적 비교 연구에서는 뒤베르제의 법칙이 경험적으로 맞기는 하나 선거제도가 정당체계에 미치는 영향력이 생각보다 그리 크지 않음을 밝혀진 바 있다(Norris 2004). 다시 말하면, 선거제도는 정당의 수에 영향을 미치는 여러 요인 중의 하나라는 것이다. 그러나 그럼에도 불구하고, 뒤베르제의 법칙은 선거제도와 정당체계 간의 밀접한 연관성을 논리적으로 제시하였다는 점에서 높이 평가할 수 있으며, 실제로 선거제도의 정치적 효과에 대한 모든 연구의 출발점이 되고 있다.

선거제도는 정당의 수 외에도 정당의 응집력, 정치적 안정성, 통치성 등 정치 전반에 심대한 영향을 미친다. 바로 그 때문에 선거제도 개혁에 대한 논의가 끊이지 않고 계속되고 있는 것이다. 그런데 선거제도란 그 이론적 약점이 무엇인가에 상관없이 일단 확립되고 나면 쉽게 변하지 않는 경향이 있다. 어떤 제도를 통해 권력을 잡은 정당의 입장에서 다른 제도로 바꿀 이유가 없는 것이다. 그러나 비록 선거제도의 개혁이 흔하지는 않지만 불가능한 것은 아니다. 일본, 이탈리아, 뉴질랜드 등은 1990년대에 선거제도 개혁에 성공한 대표적 국가들이다.

2. 비민주 정치에서의 선거

비민주적인 국가에서도 선거는 실시되며, 이들 국가에서도 선거는 나름대로 중요한 의미를 갖게 된다. 여기서는 편의상 권위주의적 국가와 전체주의적 국가로 구분하고자 한다. 먼저 권위주의 국가에서 선거는 완전한 경쟁이라기보다는 유사 경쟁적인 경우가 많다. 이러한 유사 경쟁적 선거에서는 자원, 가시성, 그리고 미디어 접근성이라는 측면에서 현재 집권자 혹은 집권정당이 너무도 유리한 위치에 있기 때문에 집권자 혹은 집권정당은 자신이 원하는 선거결과를 쉽게 만들어 낼 수 있다.

비교정치론의 관점에서, 멕시코의 제도혁명당(PRI)은 그 전성기 동안에 지구상에서 가장 성공적인 득표 기계였다. 2000년 역사적인 패배를 당하기 전까지 무려 11번의 대통령선거를 연속으로 승리함으로써, 제도혁명당은 문자 그대로 '국가 정당'이 되었다. 그리고 자신들이 가진 여러 자원을 내부의 복잡한 정치적 후원 네트워크를 통해 지지자들에게 나누어 줄 수 있었다. 이는 지도자 개인의 카리스마보다는 정당의 후원 조직에 기반을 둔 집권 연장의 대표적 사례였다(로드 헤이그·마틴 해롭 2007, 341).

비록 그 선거 결과는 쉽게 예측될 수 있지만, 권위주의 국가에서의 유사 경쟁적 선거는 체제의 정당성을 부여한다는 매우 중요한 기능을 수행한다. 바로 이러한 이유 때문에 극단적인 독재자를 제외한 대부분의 권위주의 국가는 선거를 실시한다. 그리고 이처럼 자신이 원하는 선거 결과를 만들어 내는 과정에서 때때로 커다란 부정과 과오가 드러나기도 하는데, 이는 권위주의 체계의 붕괴를 초래하기도 한다. 따라서 권위주의 국가에서의 선거는 체제나 정권의 정당성 확보의 수단으로 매우 중요하며, 가끔은 이러한 정당성 확보 과정에서 발생하는 선거 부정이 권위주의 정권의 붕괴를 촉발한다.

권위주의 국가와 달리 전체주의 국가에서는 선택의 환상조차 제공하지 않는다. 예를 들어, 구 소련의 경우 선거를 통해 집권 정당이 패배하거나 혹은 반대될 수 있다는 눈속임 조차도 없었다. 선거는 단지 흥미 없는 의례적 행사였을 뿐, 공산당 내부에서 발생하는 실제 정치와는 무관하였던 것이다(로드 헤이그·마틴 해롭 2007, 341).

그러나 이러한 전체주의 국가에서도 선거는 나름대로 중요한 기능을 수행한다. 정당성 확보라는 표면적인 기능 외에도, 전체주의 국가에서의 선거는 정부 및 정책에 대한 일반 대중의 지지와 열정을 강화하는 수단으로 작동한다. 선거는 신문과 방송에게 국가지도자들에 대한 칭찬을 쏟아 부을 수 있는 기회를 제공하며, 또한 시민들에게는 자신들의 행동을 통해 자신들의 국가의 일부임을 느낄 수 있는 기회를 제공해 준다(필립스 쉬블리 2008, 253). 구소련을 비롯한 대부분의 공산주의 국가가 많은 비용을 지불하면서 주기적으로 선거를 실시하는 이유가 바로 여기에 있다.
  그런데 이러한 유권자의 지지 강화 수단으로서의 선거의 기능은 비단 전체주의 국가에서뿐만 아니라, 민주 국가에서도 어느 정도 수행되고 있다는 점을 기억할 필요가 있다. 예를 들어, 1968년 미국 대통령선거 이전과 이후 두 차례에 걸쳐서 실시된 여론조사에서 응답자들의 정치 효능감은 크게 달라졌다. "나 같은 보통 사람들은 정부에 대해 영향력이 없다"는 진술에 동의하는 응답자 비율이 선거 이전에 비해 선거 이후 약 30%포인트가량 감소했던 것이다(필립스 쉬블리 2008, 253-254).

3. 신생 민주주의에서의 선거

  권위주의나 전체주의에서 벗어나 새로 민주주의를 시작하는 신생 민주주의 국가에 있어서 선거는 특별한 의미를 갖는다. 자유롭고 공정한 경쟁 선거의 도입만큼 민주주의의 탄생을 특징지어주는 것은 찾기 어렵기 때문이다. 독재자가 물러난 이후 처음 치러지는 선거는 '정초선거(founding election)'라고 불리는데, 이는 보통 투표참여율이 매우 높으며, 새로운 레짐의 시작을 알리는 사건이 된다(로드 헤이그·마틴 해롭 2007, 336).
  이러한 정초선거의 중요성은 선거 결과보다는 새로운 질서에 정당성을 부여하는 데에서 찾을 수 있다. 정초선거란 민주주의에 대한 국민투표이자, 동시에 민주주의의 도래를 축하하는 행사이기도 한 것이다. 이러한 정초선거의 대표적인 사례로는 1994년 남아프리카공화국의 선거를 들 수 있으며(로드 헤이그·마틴 해롭 2007, 336), 한국의 경우 1987년 대통령선거가 일종의 정초선거의 역할을 했다고 할 수 있을 것이다.
  그런데 정초선거를 뒤 이어 치러지는 선거야말로 성공적인 민주주의의 정착에 대한 확실한 시험이 된다. 두 번째 선거부터는 과거 독재자를 물러나게 만들면서 국민들이 느꼈던 자신감과 행복감이 앞으로의 어려운 여정에 대한 보다 현실적인 평가에 의해 대체된다. 이처럼 현실적인 상황에서, 과연 신생민주주의 국가에서의 선거가 계속해서 제대로 작동할 수 있는가 하는 것이 문제이다.

따라서 신생민주주의 국가에서 지속적인 경쟁적 선거의 유지는 민주주의 공고화에 매우 중요한 기준이 된다. 그러나 단순히 정기적인 선거의 실시가 곧 민주주의 공고화를 의미하는 것은 아니다. 선거의 실시는 민주주의의 필요조건일 뿐, 충분조건은 아니기 때문이다(로드 헤이그·마틴 해롭 2007, 338). 선거의 질 유지, 그리고 그의 바탕의 되는 정치문화와 선거문화의 성숙이 뒤따라야만, 민주주의 공고화의 길로 접어들었다고 평가할 수 있을 것이다. 과연 민주화 이후 실시된 한국의 선거들이 이러한 조건들을 얼마나 만족하고 있는지 깊이 성찰할 필요가 있을 것이다.

II. 한국 정치에서 선거의 중요성

비교정치론의 관점에서, 한국 정치의 커다란 특징 중의 하나는 그 역동성에서 찾을 수 있다. 한국만큼 단기간 내에 수많은 정치적 변동을 경험한 국가도 그리 많지 않을 것이다. 해방 이후 권위주의 체제를 유지하다가, 제2공화국 시절 잠깐 동안 민주적인 정치를 시도해 보았으나, 결국은 다시 권위주의 체제로 돌아갔다가, 1980년대 후반 민주화의 시기를 거쳐 지금은 민주주의 공고화 단계에 접어들고 있다고 할 수 있다.

물론 이러한 한국 정치의 역동성은 단기간에 걸친 경제성장으로 인한 급격한 사회경제적 변화를 반영하는 것이다. 그러나 이러한 사회경제적 변화라는 환경적 요인이 한국 정치의 역동성을 전적으로 설명할 수 있는 것은 아니다. 예를 들어, 아직 빈곤에 허덕이던 1960년대 초반에 이미 한국의 유권자들이 권위주의적 독재자를 권좌에서 끌어내리는 데 성공했다는 사실은 경제적 요인만으로는 설명이 곤란하다. 여기에는 우리 국민들의 독특한 정치문화가 어느 정도 영향을 미쳤다고 할 수 있다.

그런데 한국 정치가 수많은 변동을 경험하는 과정에서 선거는 고비마다 매우 중요한 역할을 수행했다. 이승만 권위주의 정부의 퇴장을 촉발한 것은 바로 3·15 부정선거였다. 이전보다 훨씬 더 권위주의적인 유신체제가 1972년에 도래한 것도 1971년 대통령선거에서 박정희 대통령이 근소한 차이로 김대중 후보를 간신히 이겼기 때문이라고 할 수 있다. 다시 말하면, 한국의 권위주의 시절에서도 선거는 나름대로의 의미를 가졌으며, 실제로 정치적 변동에 상당한 영향을 미쳤다.

1980년대 후반 민주화 이후 선거의 중요성은 두말할 필요가 없다. 1987년의 대통령선거가 일종의 정초선거로서 기능을 하였으며, 그 이후 최근까지 네 번의 대통령선거, 여섯 번의 국회의원 총선거, 그리고 다섯 번의 지방선거가 실시되었다. 그 과정에서 평화적 정권교체도 두 번 달성하였으며, 지방선거의 재개라는 성과도 거두었다. 민주주의 공고화의 최소 조건이 정기적이고 공정한 선거의 실시라고 할 때, 이러한 조건은 충분히 만족되었다고 평가할 수 있을 것이다.

더 중요한 것은 선거의 질과 그것에 결정적 영향을 미치는 선거문화라고 할 수 있다. 과거에 비해 점차 선거문화가 개선되어 가고 있음은 부정할 수 없다. 관권선거, 부정선거는 많이 사라져가고 있고, 돈을 매개로 한 선거 풍토도 점차 영향력이 줄고 있다. 한편 최근에는 정책선거를 강조하는 매니페스토(manifesto) 운동이 진행되고 있다. 물론 이 운동에 대해서는 비판적인 견해도 일부 있지만, 이것이 일정 부분 바람직한 선거문화의 정착에 기여하고 있는 것으로 평가할 수 있다.

이러한 긍정적인 변화에도 불구하고, 아직 한국의 선거문화, 그리고 보다 넓게는 정치문화가 개선될 여지가 많이 있다. 따라서 향후 한국

민주주의의 발전과 공고화를 위해서는 선거의 질을 향상시키는 것이 매우 중요한 요소가 될 것이다. 물론 선거의 질을 객관적으로 평가하기는 쉽지 않으나, 이러한 목표를 달성하기 위해서 선거문화의 지속적인 개선이 필요하며, 더불어 제도적 방안으로서 선거제도의 개혁도 고려해 볼 필요가 있다. 왜냐하면, 선거제도의 개혁이 선거문화의 긍정적인 변화에 기여할 수 있기 때문이다.

III. 선거사 연구의 필요성

그동안 한국의 선거 연구는 크게 두 가지 방향에서 진행되어 왔다. 하나는 선거제도에 대한 연구이며, 또 다른 하나는 유권자의 투표 행태에 관한 연구였다(김욱 2008). 반면에 선거사에 대한 연구는 상대적으로 매우 빈곤했다. 비단 선거사뿐만 아니라 정당사를 포함해서 정치에 대한 역사적 접근 자체가 상대적으로 경시되어 온 것이 사실이다. 물론 이는 우리나라만의 현상은 아니며, 전 세계적인 연구 동향이다.

그러나 특히 한국의 경우에 있어서, 선거사 연구는 다음의 두 가지 측면에서 매우 중요하고 필요하다.

첫째, 한국의 선거사는 곧 한국의 정치사이다. 선거사 연구는 한국의 정치사를 새로운 관점에서 고찰할 수 있는 기회를 제공해 준다는 점에서 큰 의미를 갖는다. 그동안 한국의 정치사 연구가 주로 개인 중심, 특정 사건 중심으로 진행되어 온 경향이 있었다. 그런데 개인의 성향이나 특수성(idiosyncrasy)에 기초한 역사의 설명은 흥미 유발에 도움이 될 수는 있으나, 체계적이고 일반화할 수 있는 설명을 제공하는 데는 약점을 가지고 있다. 따라서 선거를 통한 한국 정치사의 고찰은 보다 체계적이고 일반적인 역사적 설명을 가능하게 해 줄 수 있다.

둘째, 선거사 연구는 다른 유형의 선거 연구에 필요한 소중한 기초자료를 제공해 준다. 선거사 연구를 통해 우리는 다양한 선거제도의 변천 과정을 살펴볼 수 있으며, 더 나아가 이러한 선거제도 변동 과정의 역학을 이해할 수 있다. 또한 유권자의 투표행태의 변화는 물론 선거문화와 정치문화 일반의 변동을 연구하는 데도 소중한 기초자료를 제공해 준다. 다시 말하면, 선거사 연구는 다른 유형의 선거 연구, 예컨대 선거제도 연구 및 투표행태 연구와 보완적인 관계에 있다. 특히 기초자료가 매우 부족한 한국의 현실을 감안할 때, 그 보완성은 더욱 크다.

1부
국가건설기의 선거

- 제1장 제1공화국의 선거 — 서복경
- 제2장 제2공화국의 선거 — 장성훈

제1장

제1공화국의 선거

서복경

I. 국가건설, 전쟁과 선거

　대한민국 최초의 선거는 지난 1948년 5월 10일 실시된 제헌국회 의원선거였다. 이 선거는 반세기가 훨씬 지난 지금까지도 작동하고 있는 한국 정치의 큰 틀을 잡는 계기가 되었다. 예컨대, 대표를 뽑는 다양한 방식 가운데 우리나라는 단순다수제[1]를 채택하고 있는데, 그 출발이 제헌국회 선거였다. 제헌국회의 의원정수는 200인이었는데, 역대 국회의원정수를 결정할 때 '200'이라는 숫자는 중요한 의미를 지녀왔다.[2]

---

1) 대의제에서 대표를 뽑는 방식은 크게 다수대표제와 비례대표제로 나뉘며, 다수대표제는 득표율에 관계없이 1위가 당선되는 단순다수제와 절대다수(50%)가 되어야만 당선되는 절대다수제의 유형이 있다.
2) 제헌헌법 당시에는 국회의원정수에 대한 조항이 없었지만 1962년 제5차 개정헌법에서 '150인 이상 200 이하'의 규정이 도입되었고, 1972년 7차 개정헌법에서는

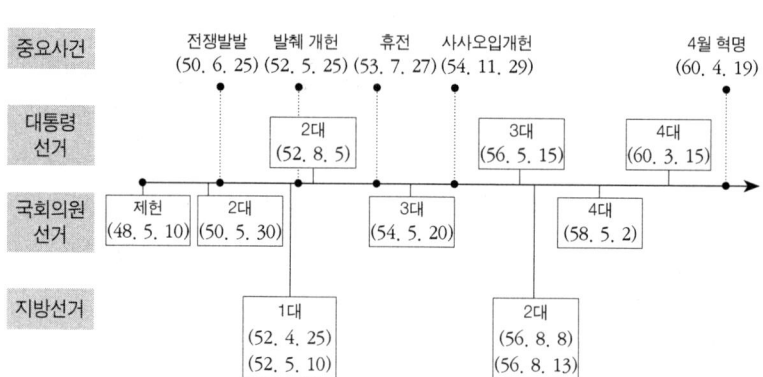

〈그림 1-1〉 제1공화국의 선거

해방 후 각축을 벌였던 여러 정치세력들 가운데 제헌국회 선거에 참여를 결정했던 정치세력들만이 국가건설 후 제도정치에서 살아남게 되었다. 제헌의회 선거는 선거제도와 정당체제 차원에서 한국 정치가 작동하는 기본 틀을 주조해낸 것이다.

한편, 1948년 8월 15일 제헌국회에서 제정된 헌법에 따라 정부수립이 선포되고 1960년 이승만 대통령이 사임할 때까지의 시기가, 우리나라 제1공화국에 해당한다. 이 시기는 선거를 논하는 것이 하찮게 여겨질 만큼 중대한 정치격변의 연속이었다. 1945년 일본이 패망한 후 미군정기를 거쳐 분단 상태에서 정부를 수립했던 국가건설의 역사는, 곧 전쟁으로 이어졌다. 휴전 후 한국사회가 전쟁의 충격과 폐허 속에서 채 벗어나기도 전에 대한민국 초대 대통령이 사임을 함으로써 막을 내린 것이 제1공화국이다.

전쟁과 2번의 위헌적 헌법개정, 장기집권을 원했던 대통령과 국민들의 저항이라는 굵은 역사적 격변의 과정 속에서, 대한민국의 정치와 외

의원정수를 법률에 위임했다가 1980년 8차 개정헌법에서 '200인 이상'이 명시되어 현행 헌법인 9차 개정헌법에도 그대로 채택되었다.

교, 경제와 사회를 틀 짓는 구조와 제도들이 만들어진 것이 이 시기였다. 특히 지금까지도 지속되는 우리나라의 핵심적인 정치구조와 제도들의 연원이 제1공화국이었으며, 3번의 대통령선거, 3번의 국회의원선거, 5번의 지방선거들이 중요한 계기들이 되었다는 점은 분명하다. 우리나라 최초의 대통령 직접선거와 지방선거는 전쟁의 와중인 1952년에 시행되었고, 한국정당체제의 특징인 보수양당체제가 확립된 것도 이 시기였으며, 부정한 방법의 장기집권 시도가 대중적 저항으로 무산된 정치전통이 만들어진 것 역시 제1공화국에서였다.

이 글은 제헌국회 선거와 제1공화국의 선거를 소재로 한국 정치의 구조와 제도가 만들어진 기원을 돌아봄으로써, 오늘의 한국 정치를 이해하는 데 도움이 되고자 한다.

II. 전사(前史): 제헌국회 선거가 있기까지

1945년 8월 15일 일제의 항복 선언 이후 1948년 5월 10일 제헌국회 선거까지의 과정은, 대한민국과 조선민주주의인민공화국 탄생의 '비밀'이 녹아있는 시기다. 식민통치기간을 거치면서 옛 조선영토 전체를 하나의 정치단위로 상상했고 일제가 항복한 뒤 단일독립국가가 될 것으로 믿고 있었던 조선인들의 입장에서, 불과 3년여의 시간 뒤에 만들어진 2개의 분단국가를 받아들이기란 쉽지 않았다. 그만큼 그 시간 속에는 많은 사건과 인물들이 숨어 있지만, 대한민국 정부수립까지의 국제·국내적 과정을 간략히 하면 〈그림 1-2〉와 같다.

일제 항복 후 38선 남쪽에 미군이 점령군으로 진주하여 군정을 개시했을 때만 해도, 분단은 전후처리를 위한 일시적 경계선에 불과했다. 1945년 12월 개최된 모스크바 3국외상회의의 [조선 문제에 관한 결정

〈그림 1-2〉 해방 후 정부수립까지의 약사 (略史)

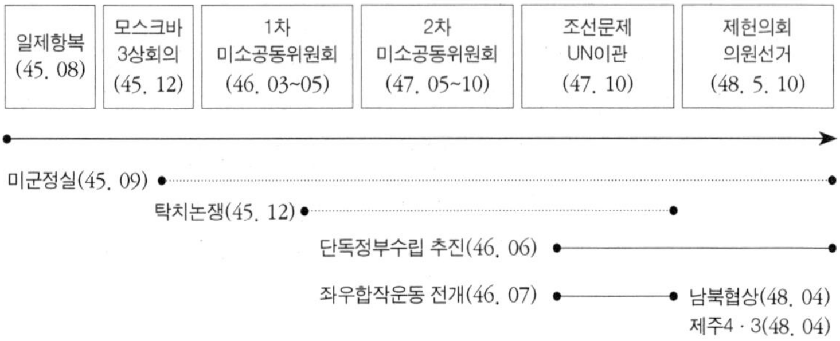

| 일제항복
(45. 08) | 모스크바
3상회의
(45. 12) | 1차
미소공동위원회
(46. 03~05) | 2차
미소공동위원회
(47. 05~10) | 조선문제
UN이관
(47. 10) | 제헌의회
의원선거
(48. 5. 10) |

미군정실(45. 09)
탁치논쟁(45. 12)
단독정부수립 추진(46. 06)
좌우합작운동 전개(46. 07)
남북협상(48. 04)
제주4 · 3(48. 04)

서](이하 [결정서])를 둘러싼 '탁치논쟁'은, 남과 북이 서로 다른 정치단위를 상상하게 되는 충격으로 다가왔다.

[결정서]는 '한국을 독립국가로 재건하기 위한 민주주의 임시정부(a provisional democratic government)를 수립하고, 이를 돕기 위해 미소공동위원회를 설치하며, 미소공동위원회는 조선의 민주주의적 정당 · 사회단체들과 협의하여 연합국이 임시정부를 원조, 협력, 후견할 방안을 작성하여 미 · 영 · 소 · 중 4개국 정부에 제출해야 하고, 4개국 정부는 최고 5년 기한 내에 신탁통치를 실시한다.'는 비교적 간단한 내용으로 작성되어 있었다.

하지만 이 [결정서]는 '외상회의에서 논의된 조선독립문제—소련은 신탁통치 주장, 소련의 구실은 38선 분할점령, 미국은 즉시독립 주장 (동아일보, 1945년 12월 27일자 제1면)'으로 왜곡[3]되어 소개되었고, 즉시독립과 신탁통치의 대립구도를 만들어냈다. 이승만, 김구 등은 모스크바 3상회의의 결정을 '신탁통치'를 중심으로 해석하여 '신탁통치반대 국민총동원위원회' 결성을 주도한 반면, 여운형, 박헌영 등은 회의의 결정을 임시정부 수립을 위한 국제적 합의로 해석하고 이를 받아

---

3) 당시 회의에서는 소련이 즉시독립을 주장한 반면 신탁통치안을 제안한 것은 미국이었다.

들였다.[4] 조선 문제에 대한 모스크바 3상회의 결정의 해석을 둘러싸고 조선의 정치세력들이 입장을 달리하게 된 것이다.

38선 남쪽에서 전개된 '신탁통치반대운동'은 결국 1946년 초 제1차 미소공동위원회 결렬의 중요한 원인을 제공했다. 1차 미소공위가 결렬되자 곧 '신탁통치반대운동' 진영을 주도했던 한 축인 이승만은, 1946년 6월 '정읍발언'[5]을 통해 남한단독정부 수립의지를 공식적으로 천명하고 이를 추진해가기 시작했다. 반면 김규식, 안재홍, 여운형 등 소위 중도파세력들은 1946년 7월 '좌우합작위원회'를 결성하여 모스크바 3상회의 결정에 따른 민주주의임시정부 수립을 위해 미소공위 재개를 요구하는 활동에 나섰다.

이승만, 한국민주당 계열을 중심으로 한 단독정부수립노력은 1947년 7월 '한국민족대표자대회'를 개최하고 8월에는 '한국민대표자대회' 산하에 '총선거대책위원회'를 구성하여 단독선거준비에 박차를 가했다. 반면 한때 미군정의 지지까지 얻으며 활발한 활동을 전개했던 좌우합작위원회는, 제2차 미소공위가 진행 중이던 7월 19일 핵심지도자였던 여운형을 암살로 잃고, 미소공위마저 결렬되면서 조선 문제가 UN으로 이관된 후 동력을 잃고 해체되었다. 하지만 남한단독정부 수립에 대한 반대활동은 1948년 초 '남북조선 제정당사회단체 연석회의' 개최로 이어졌으며, '신탁통치반대운동'의 다른 한 축을 구성했던 김구[6]는 남

---

4) 해방 정국 당시 중도-좌파 세력들도 모스크바 3상회의의 내용 가운데 신탁통치 안만이 부각되어 소개된 초기에는 반대 입장을 표명했으나, 전체 내용에 대한 정보를 접한 후 일부는 찬성 입장으로 선회하였다.

5) 1946년 6월 3일, 정읍에서 이승만이 행한 발언 중 '남쪽만이라도 임시정부 혹은 위원히 같은 것을 조직'해야 한다는 주장을 지칭하는 것으로, 남한단독정부수립에 대한 최초의 공식 언명으로 평가된다. 하지만 기록에 따르면, 이승만의 최초 단독정부 수립 발언은 1946년 1월 21일 [비상국민대회대표회 제3차 회의록] 중에 등장한다. "…자기의 정부를 조직하야 정부를 세운 후에 북쪽을 소청(掃淸)하여야 하겟소…," 운남이승만문서편찬위원회, 1998, 『이화장소장 운남이승만문서 (동문편)』, 13권, p.358.

6) 이 시기 김구의 정치노선은 다소 복잡하다. 신탁통치에 반대했기 때문에 미소공

한단독선거에 반대하며 남북협상을 주도했다. 결과적으로 1945년 해방 직후 한반도 남쪽에서 활동했던 다양한 정치세력들 가운데 1948년 5월 남한 단독의 제헌국회 선거에 참여를 공표한 세력은 독립촉성국민회 등의 이승만세력과 한국민주당만이 남게 되었다.

한편 제헌국회 의원선거를 하기 위해서는 선거법이 마련되어야 했는데, 그 작업은 미군정하에서 설치된 조선인들의 기관인 '남조선과도입법의원(이하 과도입법의원)'과 미군정의 입법, 그리고 유엔한국위원회의 개입이라는 2단계를 거쳐 이루어졌다.

1947년 9월 공표된 「입법의원선거법」은 당초 제헌국회 선거를 위한

〈표 1-1〉 제헌국회 선거법 제정과정

	과도입법의원 기초위원회	과도입법의원 법사위원회	입법의원 선거법(47.9)	제헌국회 선거법(48.3)
선거권	20세	25세	23세	21세
피선거권	25세	30세	25세	25세
선거등록	-	-	서명	날인
투표방법	자서	-	자서	기표
당선자결정	절대다수	-	최다득표	최다득표
특별선거구	없음	북한 본적자 대표 36석	선거위원회재량 (36석 안)	삭제
선거위원회	입법부 선임	행정부 선임	행정부 선임	행정부+사법부 추천 국회+행정부 선임

동위원회 참여를 통한 임시정부수립에 찬성하지 않았고 좌우합작운동에도 부정적이었다. 하지만 2차 미소공위 결렬 후 남한단독선거에 대한 태도는 다소 혼란스러웠는데, 김규식 등과 함께 남한단독선거반대를 주장하는가 하면 남한단독선거노선에 찬성입장을 밝히기도 했다(동아일보, 1947년 12월 2일자). 1948년 초부터는 '삼천만 동포에게 읍고(泣告)함'(2월 13일)을 발표, 제헌국회 선거불참을 선언하고 선거 직전까지 남북협상에 나서는 등의 노력을 기울였지만, 1949년 6월 26일 육군 현역 장교 안두희에 의해 암살되었다.

것이 아니라, 제2차 미소공위에 대비하여 남한 내 민선대의기구를 선출하기 위한 것이었다. 하지만 1947년 10월 2차 미소공위가 결렬되면서 조선 문제가 UN으로 이관되었고 UN한국위원회의 감시하 선거실시가 결정되면서, 「입법의원선거법」은 UN한국위원회의 대폭적인 수정을 거쳐 「제헌국회 선거법」으로 변모되었다. UN한국위원회는 당시의 선거법규를 민주적 관행과 일치시키는 방향에서 접근했고, 그 결과 「입법의원선거법」의 선거권 연령, 유권자등록방법, 기표방법, 특별선거구, 선거위원회 구성방식을 바꾸어 「제헌국회 선거법」을 만들었다.

「입법의원선거법」은 선거권 연령을 23세로, 유권자등록을 서명방식으로, 투표방법을 자서(自書)방식으로 정했는데, 이런 제도는 상대적으로 젊고 학력이 낮은 유권자의 투표권을 제한하는 효과를 가졌다. 선거권 연령 23세 기준이 22세 이하 유권자의 선거권을 인정하지 않는 것이었다면, 당시 유권자들의 문자해독능력을 기준으로 할 때 자서나 서명 방식은 문자를 읽거나 쓰지 못하는 상당수 유권자들을 선거에서 배제하는 것이었기 때문이다. 반면 「제헌국회 선거법」은 선거권 연령을 21세로 낮추고, 선거등록을 날인방식으로, 투표방법을 기표방식으로 바꾸어 투표권 제한요소를 완화시켰다. 날인과 기표방식은 문자를 읽고 쓸 수 없는 유권자들도 투표에 참여할 수 있는 길을 열어주었다.

특별선거구란 남한인구 가운데 북한출신 유권자들을 위한 대표가 있어야 한다는 주장에 따라 「입법의원선거법」에 반영되었지만, UN한국위원회는 특별선거구의 대표성 문제를 들어 이 조항을 삭제하였다. 다른 모든 유권자들은 거주 지역 기준에 따라 투표권을 행사하게 되는데 북한출신 유권자들에게만 거주지역이 아니라 출신지역 기준을 적용하는 것은, 선거권 부여기준의 일관성에 어긋날 뿐 아니라 투표시행 및 선거관리에도 어려움을 야기한다는 것이다. 한편 선거관리를 담당할 선거위원회에 대해 「입법의원선거법」에는 행정부가 선임하는 것으로 되어 있었으나, 변화된 선거법에는 해당 선거구 판사들이 추천 및 임명권을 행정부와 공유할 수 있도록 하여, 미군정하에서 만들어진 행정부가 선거관리를 전적으로 좌우할 수 없도록 만들었다.

「제헌국회 선거법」은 미군정하에서 복잡했던 남한 내 정치세력 관계를 반영한 「입법의원선거법」을 당시의 국제적 기준에서 수정한 것으로, 앞선 민주주의 국가들이 오랜 시일에 걸쳐 점진적으로 변화시켜 왔던 보통·평등선거권 실현을 위한 제도들을 일거에 한국 정치에 이식하는 효과를 가져왔다.

III. 제헌국회 선거

1948년 제헌국회 선거 당시의 상황을 상징적으로 보여주는 사건이 4월 19일 평양에서 개최된 '남북조선 제정당사회단체 연석회의'와 '제주 4·3사건'이다.

1948년 2월 16일 김구, 김규식 공동명의로 단독선거 강행을 저지하고 통일국가를 수립하기 위해 남북한지도자회의를 소집할 것이 제안

〈표 1-2〉 남한단독선거 과정에서 각 정치세력의 입장

	좌파	중도진영			우파	
	남조선 노동당	중간좌파 (근민당 등)	민독당 (홍명희)	중간우파 (김규식)	김구	이승만 한민당
유엔 감시하 남한단선	극력반대	적극반대	반대	반대	반대	지지
남북협상	찬성	찬성	찬성	찬성	찬성	반대
510선거 대응	폭력 저지	적극 반대	적극 반대	불참	불참	참여

출처: 박찬표(2007), p.389 〈표 14〉 재구성

되었고, 3월 25일 '북조선민주주의민족통일전선'이 이 제의를 받아 4월 19일 평양에서 개최된 회의가 '남북조선 제정당사회단체 연석회의'였다. 이 회의에 참여세력들은 제헌국회 선거를 반대하거나 불참을 결정했다.

한편 남조선노동당과 민족주의민족전선 등 좌파단체들은 남한단독선거를 무력으로 저지한다는 강경노선을 채택했고, 소위 '2·7구국투쟁'을 시발로 약 3개월 동안의 '단선, 단정 저지투쟁'을 전개했다. 전국 각지에서 소요가 일어났고 선거등록사무소가 피습되는가 하면 유권자 등록서류가 파기되는 사건이 발생했다. 미군정은 좌파의 무력저지 활동에 대해 경찰, 청년단체, 행정기관을 동원한 무력진압으로 맞섰으며, 그 와중에 발생한 비극적인 사건이 '제주 4·3사건'[7]이다. 남로당의 '2·7구국투쟁'부터 5월 14일까지 사망 334명, 부상 330명의 인명피해가 있었을 만큼(박찬표 2007, 393) 선거는 치열한 좌-우 갈등 속에 치러졌다.

제헌국회 선거는 3월 30일부터 4월 16일까지 진행된 유권자등록[8]으로부터 시작했다. "UN한국임시위원단에 관한 미국 연락장교의 보고서"에 따르면, 당시 총인구를 기준으로 등록한 유권자는 전체 유권자

---

[7] 2000년 제정된 「제주 4·3사건 진상규명 및 희생자 명예회복에 관한 특별법」에 따라 국무총리를 위원장으로 하는 '제주 4·3사건 진상규명 및 희생자 명예회복 위원회'가 설치되었고, 위원회는 이 사건에 대해 '1947년 3월 1일 경찰의 발포사건을 기점으로 하여, 경찰·서청(서북청년회)의 탄압에 대한 저항과 단선 단정 반대를 기치로 1948년 4월 3일 남로당 제주도당 무장대가 무장봉기한 이래 1954년 9월 21일 한라산 금족지역이 전면 개방될 때까지 제주도에서 발생한 무장대와 토벌대 간의 무력충돌과 토벌대의 진압과정에서 수많은 주민들이 희생당한 사건'으로 정의하고 있다. 위원회는 동 사건으로 인한 인명피해를 25,000명에서 30,000명으로 추정했는데, 당시 제주도 전체인구가 28만여 명이었다. 제헌국회 선거 당시 제주도에서도 선거가 시도되었으나 2개 선거구가 투표수 미달로 무산되었으며, 6월에 재선거가 추진되었으나 역시 무산되었다(http://www.jeju43.go.kr/index.php, 2010년 12월 5일 다운로드).

[8] 유권자등록제는 투표하기 전에 유권자들이 스스로 등록을 해야만 투표권을 행사할 수 있는 제도로, 제2대국회부터는 폐지되어 지금처럼 자동등록제가 되었다.

의 79.7%인 7,837,504명이었다(박찬표 2007, 395에서 재인용). 반면 200개 선거구에 입후보한 후보자들은 총 948명으로, 대한독립촉성국민회(이하 독촉) 235명, 한국민주당 91명, 대동청년단 87명, 민족청년단 20명 순이었고 후보자들이 내건 정당 및 단체의 숫자만 48개에 달했다. 하지만 가장 많은 417명의 후보자들은 무소속으로 출마했다.

당시에는 지금과 달리 정당추천제가 없었고 모든 후보들은 선거인추천제를 통해서만 입후보할 수 있었기 때문에 정당 구속력이 없었다. 제헌국회 선거에 출마한 정당 및 단체 가운데 단 1명의 후보만을 내세운 단체가 25개나 되었으며, 복수의 후보를 내세운 정당 및 단체들도 구속력이 없기는 마찬가지였다. 예컨대 독촉의 경우 범정당·단체의 성격을 가졌기 때문에 한 후보가 독촉 소속이면서 ○○청년단 소속이고 한민당 소속인 경우도 많았다는 것이다.

상황이 이렇다보니, 제헌국회 선거결과를 어떻게 해석해야 하는가에 관한 문제는 지금도 어려운 과제로 남아있다. 선거결과 전체의원의 42.5%인 85명이 무소속 당선자였으며, 대한독립촉성국민회 54명, 한국민주당 29명, 대동청년단 12명, 민족청년단 6명, 한국독립당 1명, 조선민주당 1명, 기타 단체소속이 10명이었다. 하지만 한국민주당 소속이면서 무소속으로 출마한 후보들이 많았다는 것은 당시에도 공공연한 사실이었다. 미군정 당국의 보고서는 "(다수의 무소속 후보자들은) 남한지역에서 인기 없는 한민당과의 연관이 가져올 피해를 회피하려는 사실상의 우익 분자들"이라고 보고했다(UN한국임시위원단에 관한 미국 연락장교의 보고서, 86, 『대한민국선거사』 1964, 383 재인용).

반면, 제헌국회 선거결과를 해석하는 데 또 다른 중요한 요인이 중도파 후보자들이었다. 중도파 정치세력들은 공식적으로 선거반대 혹은 선거불참 입장을 채택했지만, 선거구 단위에서 개별후보자들의 상황은 달랐던 것 같다. 무소속 후보들 가운데 상당수가 이들 중도파 후보들이었다는 사실은, 당시 한민당, 독촉, 『동아일보』 등 우파진영이 선거기간 입후보한 중도파들을 강력히 비난했던 것에서 확인할 수 있다. 또한 당선된 제헌국회 의원들이 원내에서 벌인 의정활동을 통해서도 일정부분 확인이 가능하다. 제헌국회 내에서 '소장파'로 분류된 의원들이 있었는데, 이들은 이승만-한민당 계열의 의원들과는 구분되는 정치활동을 보여주었다. 친일잔재 청산을 목적으로 하는 '반민족행위특별조사위원회' 활동과 남북평화통일 및 미소양군 철수를 주장하는 5번의 집단행동을 통해 활동하였는데, 연구자에 따라 그 범위를 50명에서 86명까지로 추산한다(백운선 1992; 김일영 1995; 전상인 1994). 중도파의 정확한 규모를 추산하기는 어려우나, 제헌국회에서 이승만-한민당 계열을 견제하면서 원내에서 활동했던 독립적인 세력이 존재했던 것은 기록으로 확인되고 있다.

IV. 전쟁, 그리고 제1공화국 최초의 국회의원선거, 지방선거, 정·부통령선거

1. 제2대 국회의원선거

헌법제정의 임무를 마친 제헌국회가 2년의 임기를 끝내고, 1950년 5월 30일 대한민국 정부수립 이후 첫 선거인 제2대 국회의원선거가 실시되었다. 2대 국회의원선거에 입후보한 사람의 숫자는 2,209명으로, 제헌국회 입후보자 948명보다 2.3배가 더 많았다.[9] 정당·단체의 숫자는 39개, 단 1명의 후보만을 내세운 정당·단체의 숫자는 18개로 제헌

---

9) 당시 선거 관련 통계에 대해서는 중앙선거관리위원회가 제공하는 공식기록들도 출처에 따라 수치가 다르다. 『대한민국 선거사』 제1집에 따르면 2대 선거 출마후보자는 총 2,209명이며(p.1105), 중앙선관위 홈페이지 [역대선거정보시스템]에는 1,696명으로 되어 있다. 이 글에서는 전자를 기준으로 한다.

〈표 1-3〉 2대 국회의원선거 후보자의 제헌국회 선거 입후보 경력 (1950.5.30)

	2대 총선 입후보자수	1대 입후보자 비율	1대 입후보자들 가운데 소속별 비율				
			무소속	한국민주당	독촉	대동청년단	기타
총출마자	2,209	21.5	52.6	11.4	21.8	6.8	7.4
대한국민당	165	50.0	56.5	3.3	33.7	4.3	2.2
민주국민당	154	48.0	31.0	39.4	14.1	7.0	8.5
무소속	1,513	15.5	65.5	7.7	14.9	4.7	7.2

출처: 서복경(2003), p. 45 〈표 3.1〉 인용

국회보다 다소 줄었지만, 무소속 후보자는 1,513명으로 제헌국회 417명보다 3.6배가 늘었다. 불과 2년 만에 급격히 늘어난 이 국회의원 입후보자들은 과연 누구였을까?

〈표 1-3〉을 보면, 총 입후보자 2,209명 가운데 제헌국회 선거에 출마했던 사람의 비율은 21.5%에 불과했고 나머지 78.5%는 신규 입후보자들이었다. 그나마 제헌국회에서 이승만 대통령 계열 국회의원들이 만든 정당인 대한국민당과 한국민주당의 후신인 민주국민당 소속 입후보자들은 50%, 48% 정도로 제헌국회 입후보자들 가운데 2대 국회 출마자를 내세웠다. 하지만 무소속 1,513명 가운데 단 15.5%만이 제헌국회 입후보자였을 뿐 나머지 84.5%는 2대 국회에 새로이 입후보한 사람들이었다.

이들에 대한 설명 가운데 하나는 1대 선거에서 불참전략을 폈던 중도파들의 선거참여다. 김구, 김규식 등 제헌국회 선거직전 남북협상에 참여하면서 남한단독선거에 불참을 표명했던 중도파들이, 정부수립 이후 첫 선거인 2대 국회의원선거에는 공식적인 참여의사를 밝혔기 때문에 2대 선거에서 신규 입후보자들 가운데 중도파들이 상당수 있었던 것은 분명하다. 하지만 여전히 정당추천제가 도입되지 않았고, '국

회 프락치 사건'[10])과 '반민족행위특별조사위원회 습격사건,'[11]) 김구 암살사건 등으로 반정부적인 정치인들에 대한 탄압이 자행되었기 때문에 정당소속 입후보보다는 무소속 입후보가 많았을 가능성이 컸다. 이런 이유로 정당소속 입후보자로도 규모를 추산할 수 없고, 무소속인 경우 다른 이유에서 무소속을 택한 입후보자들과 분리가 쉽지 않아 정확한 규모를 추산하는 것은 여전히 어려운 일이다.

선거결과, 무소속이 126명으로 전체의원 정수 210명 가운데 60%를 차지했으며, 대한국민당과 민주국민당이 각 24명, 국민회 14명, 대동청년단 10명, 대한노동총연맹 3명, 사회당 2명, 일민구락부 3명, 민족자주연맹과 대한부인회, 불교, 여자국민당이 각 1명의 당선자를 냈다. 당선자를 낸 대한국민당, 국민회, 대동청년단, 대한노동총연맹, 일민구락부, 대한부인회 등은 이승만 계열 의원들로 분류되며, 1951년 자유당의 창당과정에서 다수가 합류를 하게 된다.

---

10) 1949년 4월 말부터 8월 중순까지 제헌국회 내 소장파 의원 13명에 대해 진행된 검거사건을 말한다. 수사당국은 이들이 한반도에서 외국군대 철수와 평화통일을 주장하는 원내활동을 벌인 것이 남조선노동당 특수공작원으로부터 지령을 받아 행한 '프락치' 행위라는 혐의로 검거하였다.
11) 제헌국회는 1948년 9월 「반민족행위처벌법」을 제정하였고, 10월에는 반민족행위특별조사위원회가 구성되어 일제 하 친일반민족행위에 대한 조사 작업에 착수하였다. 하지만 1949년 1월에는 바미특위 위원 및 정부요인 암살음모가 있었고, 6월에는 반민특위가 현직경찰을 친일반민족행위 혐의로 조사한 것에 반발하여 경찰들이 반민특위 사무실을 습격, 기물손괴 및 폭행과 감금 등의 사태를 벌였다. 이 사태에 대해 반민특위는 국회에 대책을 요구했고 국회는 정부에 책임자 처벌을 요구했으나, 이승만 대통령은 동 사건이 '반민특위 활동으로 민심이 소요하여' 자신의 지시로 이루어진 일이라고 밝혔다. 결국 반민특위는 그 해 10월 해체되었다.

2. 전쟁발발, 부산정치파동과 '발췌개헌'

2대 국회는 선거 후 한 달이 채 못 되어 개시된 전쟁과 함께 전시국회로 전환되었다. 6월 25일부터 9월 27일 서울이 수복될 때까지 총 210명의 의원 중 35명이 사망하거나 사라졌다. 중앙선관위 자료에 따르면, 이 시기에 사망자가 3명, 납치되거나 행방불명된 의원이 27명, 수복 후 사망한 의원이 5명이었다고 한다(중앙선관위, 『대한민국 선거사』 제1집, 460).

1950년 말 중공군의 개입으로 1951년 1월 서울을 다시 내어준 뒤 1953년 7월 휴전이 되고 8월 15일 다시 서울로 되돌아올 때까지, 2대 국회는 부산임시수도에서 활동을 하게 된다. 임시수도에서 2대국회와 정부의 활동은 여러모로 한국 정치사의 획을 긋는다. 대한민국 최초의 헌법 개정이 이루어졌고 그 결과로 최초의 대통령 직접선거가 있었으며, 최초의 지방선거도 이 시기 실시되었고, 한국의 첫 집권당도 이 시기 탄생하였다. 그리고 이 모든 일의 시발점에는 예기치 못한 전쟁과 전쟁수행과정에서 일어난 한국군대와 정부의 문제, 그리고 이를 수습하는 과정에서 대통령직선제 개헌을 관철시키기 위해 벌였던 부산정치파동이 있었다.

부산임시수도에서 제2대 국회는 한국 정부가 전쟁수행과정에서 일으킨 비극적 사건들을 조사하게 되는데, 국민방위군사건[12]과 거창양민

---

12) 이승만 정부는 1951년 1·4후퇴 직전 국군의 병력충원문제를 해결하기 위해 '국민방위군' 창설을 계획했고, 제2대 국회는 1950년 12월 15일 「국민방위군 설치법안」을 통과시켰다. 국민방위군은 경찰과 군대를 제외한 청년들로 구성하며, 정부는 국민방위군 지도부에 당시 이승만 정부를 지지했던 대한청년단 간부들을 임명했다. 하지만 지도부는 국민방위군 운영예산을 횡령하고 식량과 침구를 제대로 공급하지 않아 '제2국민병 소집령'에 따라 소집된 방위군 5만여 명이 굶거나 얼어 죽고 영양실조에 걸린 사건이 발생했다. 2대국회의 조사과정을 통해 사건의 내막이 밝혀졌고, 당시 부통령과 국방부장관이 사임을 했으며 책임자 5명이 군법회의에 회부되어 총살형에 처해졌다.

학살사건[13])이 대표적이었다. 국회의 사건조사와 처리과정에서 정부에 대한 신뢰가 크게 추락했고, 전쟁 직전 구성된 2대 국회의 국회의원들은 이승만 정부의 실책을 낱낱이 드러내는 조사활동과 견제조치를 취하고 있었다. 이에 대해 이승만 정부는 대통령직선제 개헌을 통해 국회에 대한 대통령 권력의 우위를 확보하고 동시에 국민들에 대해서도 전시 지도력을 확보하는 전략을 택하게 된다.

그 첫 조치로 1951년 말 대한민국 최초의 집권당인 자유당의 창설을 추진하면서, 대통령직선제 개헌안을 국회에 제출하였다. 2대 국회는 동 개헌안에 대해 1952년 1월 재석의원 163명 가운데 143표의 반대로 부결시켰고, 더 나아가 4월에는 의원 123명의 찬성으로 의회책임제 개헌안까지 제출하게 된다. 이승만 대통령은 개헌에 대한 국회의 반대를 계엄령 선포와 국회의원 체포 및 구금으로 탄압하고, 경찰과 군대를 동원한 폭력적인 과정으로 개헌안을 통과시키는데 이것이 소위 '부산 정치 파동'과 '발췌개헌'이다.

5월 25일 부산경남일대와 전라남북도에 계엄령이 선포되었고, 의회책임제 개헌안을 제출했던 야당의원들 12명은 국제공산당과 내통했다는 혐의로 체포되었으며, 국회의원 48명을 실은 버스가 통째로 헌병대로 연행되어 구금되기도 했다. 하지만 야당의원들은 피신하거나 '호헌구국선언대회'를 추진하는 등 개헌안에 찬성하지 않았고 사태는 장기화되었다. 동년 7월 4일, 구속된 의원들을 보석으로 석방하고 피신한 의원들을 경찰을 동원해 찾아낸 다음 의사당을 무력으로 포위해 기립표결을 시행한 결과, 166명의 재석의원 가운데 163명이 동의로 대한민

---

13) 중공군으로 개입으로 후퇴가 진행되던 1951년 2월, 경남 거창군 신원면 일대에서 공비를 토벌하던 11사단 9연대 3대대가 양민 570여 명을 공비와 내통 명목으로 다이너마이트 폭발 및 총살로 학살한 사건이다. 제보를 받은 국회는 현지조사단을 파견해 사건의 진상을 공개했고, 관련자들은 군법회의에 회부되어 무기징역과 징역형에 처해졌다. 하지만 이승만 대통령은 이들을 형집행정지로 석방하거나, 특사로 풀어주고 경찰간부로 채용하였다.

국 제1차 개헌안이 국회를 통과했다. 이로서 대한민국 최초의 헌법 개정이 전쟁 중에 군대와 경찰을 동원해 국회의원들을 위협하여 이루어지게 된 것이다.

동 개헌이 '발췌개헌'이라는 별칭으로 불리는 이유는, 대통령직선제의 내용과 야당의원들이 제출한 의회책임제 개헌안 가운데 일부를 섞어 넣은 수정안이 통과되었기 때문이다. 헌법 개정의 결과로, 대통령과 부통령을 각각 직접 선출하게 되었고 국회는 양원제가 되어 민의원과 참의원으로 나뉘게 되었다. 하지만 1954년 제3대 국회부터 민의원으로 개칭하기는 하였으나, 「민의원선거법」이 제정된 것은 1958년이었으며 제1공화국이 끝날 때까지 「참의원선거법」은 제정되지 않아, 실재로 제1공화국에서 양원제는 실현되지 않았다.

3. 제1대 지방선거

제헌헌법 제97조에 따라 지방자치단체는 각각 의회를 두고 의회는 선거를 통해 구성되어야 했으며, 그에 따라 지방의회 선거제도를 규정한 「지방자치법」이 1949년 7월 공포되었다. 동 법은 개정을 거쳐 1950년 12월 제1대 지방선거가 실시될 예정이었으나 전쟁으로 지연되었고, 1952년 4월 25일과 5월 10일에 걸쳐 최초 시행되었다.

당시 지방선거는 지방자치단체 의회에만 적용되었으며, 서울특별시장과 도지사는 임명되었고 시·읍·면장은 지방의회에서 간접 선출하도록 되어 있었다. 따라서 선거가 적용될 수 있는 행정단위는 서울특별시 및 도의회와 시·읍·면의회였다. 하지만 전시상황이었고 부산임시수도에서 선거를 시행할 수밖에 없는 조건에서, 서울특별시와 경기도, 강원도의 계엄령이 선포된 일부지역에서는 선거가 시행되지 못했다. 이 지역을 제외한 나머지 지역에서 4월 25일 시·읍·면의회 선거가 실시되었고, 5월 10일 도의회 선거가 시행되었다.

〈표 1-4〉 제1대 지방선거 결과 (1952)

		선거실시 행정구역수	의원정수	당선자		
				자유당	무소속	기타
경기	도	-	-	-	-	-
	시	2	48	12	17	19
	읍	7	105	8	39	58
	면	118	1,376	74	675	627
충북	도	1	28	18	7	3
	시	1	20	11	6	3
	읍	5	78	40	9	29
	면	101	1,227	652	197	378
충남	도	1	46	23	10	13
	시	1	22	10	10	2
	읍	11	165	39	69	65
	면	161	2,001	415	961	57
전북	도	1	32	13	8	11
	시	3	61	16	27	18
	읍	6	91	7	49	35
	면	161	1,976	285	1,299	392
전남	도	1	59	49	4	6
	시	4	83	43	31	9
	읍	11	166	121	28	17
	면	227	2,823	2,084	588	151
경북	도	1	61	18	25	18
	시	3	69	7	30	32
	읍	12	189	37	83	69
	면	237	2,938	338	1,530	1,070
경남	도	1	60	19	25	16
	시	3	75	15	51	9
	읍	13	207	10	130	67
	면	226	2,735	116	478	2,141
강원	도	-	-	-	-	-
	시	-	-	-	-	-
	읍	6	92	11	14	67
	면	65	812	75	119	618
제주	도	1	20	7	6	7
	시	-	-	-	-	-
	읍	1	22	1	9	12
	면	12	163	17	20	126

선거가 진행되는 동안 유엔한국통일부흥위원단은 지방선거현장을 직접 방문하여 당시 선거상황을 지켜보았고, 그 결과를 유엔총회에 보고했다. 그 내용에 따르면, 당시 선거에서는 '차별대우와 압력에 관한' 여러 건이 이의신청이 있었고 어떤 도에서는 행정당국의 차별대우 때문에 후보자들이 대규모 사퇴하는 사건이 발생하기도 했으며 일부지역에서는 후보자의 수와 의석수가 동일해 선거가 진행되지 못하기도 했다. 행정당국의 압력은 '이 대통령을 입후보자가 지지하느냐 안 하느냐'에 따라 좌우되었다고 한다(『대한민국선거사』 1집, 840). 선거관리를 담당했던 행정당국이 정부지지 여부에 따라 입후보자에게 차별대우와 압력을 행사했고 그 결과로 후보자들이 사퇴하는 등 공정한 경쟁이 이루어지지 않았다는 것은, 입후보자 등록상황에서도 확인된다. 당시 지방선거에 후보를 출마시켰던 정당, 단체들은 자유당, 민국당, 국민당, 국민회, 대한청년회, 노총 등이었는데 민국당을 제외하고는 모두 친정부계 단체들로 분류되었다.

지방선거가 시행되던 1952년 4~5월 시점은 이승만정부와 국회가 부산 임시수도에서 서로의 개헌안을 놓고 팽팽한 긴장관계에 있던 시기였다. 당선된 자유당과 정부지지단체 지방의회 의원들은 땃벌떼, 백골단, 민족자결단 등을 동원하여 국회해산과 국회의원 소환을 요구하며 시위를 벌였고, 정부는 개표결과 여당과 여당계 단체들이 압도적으로 당선된 것을 근거로, 야당이 개헌안을 받아들이도록 국회를 압박했다.

〈표 1-5〉 2대 대통령선거 및 3대 부통령선거 결과 (1952.8.5)

	자유당		무소속			야당 및 단체후보			
대통령 선거	이승만		조봉암	이시영	신흥우				
	74.6%		11.4%	10.9%	3.1%				
부통령 선거	이범석	이갑성	함태영	백성욱	정기원	조병옥	이윤영	임영신	전진한
	25.5%	7.0%	41.3%	2.5%	2.3%	8.1%	6.4%	2.7%	4.2%

그리고 5월 25일, 경남과 전라남북도 지역에 계엄령이 선포되었다.

4. 제2대 대통령선거와 제3대 부통령선거

1951년 말부터 시작된 대통령과 국회의 긴장관계가 1952년 7월 4일 발췌개헌으로 강제 종료된 데에는 이유가 있었다. 1948년 선출된 이승만 대통령의 임기가 4년이었고, 그 시한이 1952년 8월 15일이었기 때문이다. 당시 선거법에 따르면 선거일 40일 전에 선거공고를 하도록 되어 있었으나, 발췌개헌이 이루어지고 7월 19일에야 「정·부통령선거법」이 공포되었기 때문에 선거법이 정한 시한을 지킬 수 없게 되어 버렸다. 이런 이유로 최초 정·부통령선거에 관해서는 '대통령령으로 정한다'는 단서조항을 붙였고, 이승만 대통령은 선거준비기간을 17일로 단축하여 8월 5일 선거실시를 발표했다. 그리고 선거일 8일 전인 7월 26일에야 입후보자들이 중앙선거위원회에 등록을 할 수 있었다. 우리나라 최초의 대통령, 부통령 직접선거의 선거운동기간은 8일이었다.

대통령과 부통령의 대수가 다른 이유는 헌법 개정 이전 국회에서 대통령 선출이 1회 이루어진 반면 부통령 선출은 2회 이루어졌기 때문이다. 제1대 부통령은 이시영, 2대 부통령은 김성수로 모두 국회에서 선출되었다. 2대 부통령 김성수는 1952년 5월 29일 이승만 대통령의 계엄 선포 및 개헌안 통과압박에 반발하여 부통령직을 사임한 상태였다.

사실상 선거운동이 없었던 선거의 개표결과는 지금의 시선에서 보면 다소 부자연스럽게 보일 수 있다. 입후보자의 숫자는 여럿이었지만 선거경쟁을 할 수 없었던 조건이었고, 불과 몇 달 전 지방선거에서처럼 행정당국의 적극적 개입이 있었음에도, 자유당 부통령 후보가 아닌 무소속의 함태영 후보가 부통령에 당선되었던 것이다. 이런 결과가 나온 이유는 대통령 후보 이승만이 부통령 후보로 자유당 후보가 아닌 함태영 후보를 추천했기 때문이다.

자유당의 유력한 부통령 후보였던 이범석은 1948년 초대 국무총리와 국방부장관을 겸직했고, 1951년 이승만 대통령이 국회에서 집권당의 필요성을 느껴 자유당 창당을 추진할 때 이를 주도했던 인물로, 1952년에는 자유당 부당수를 맡고 있었다. 1946년 그는 조선민족청년단(이하 족청)을 창설했고, 1948년 시점 족청은 100만이 넘는 단원을 가진 거대 조직으로 발전해 있었다. 이승만 정부 안팎에서도 견제를 받는 막강한 조직력을 가지게 되어, 1948년 12월 이승만 대통령은 대한청년단을 창설하고 족청을 해체, 대한청년단에 합류할 것을 지시했다. 족청은 형식적으로 대한청년단에 흡수되었지만 여전히 독자적인 조직을 유지했고, 이범석은 자유당 창당 작업을 추진하면서 족청을 동원해 단시일 내에 자유당의 원외조직을 갖추어나갈 수 있었다. 자유당 안에서 족청을 토대로 한 이범석의 독자적인 지위 때문에 이승만 후보는 그가 아닌, 조직이 없는 함태영 후보를 선택하게 되었던 것이다. 필요에 따라 자유당을 창당하긴 했지만, 이승만 대통령이 정당을 어떻게 인식했는지를 잘 드러내는 사건이었다.

한편 11.4%의 득표율을 보인 조봉암은 이승만 정부에서 농림부장관을 역임하며 농지개혁을 실질적으로 이끌었던 인물이고, 10.9%를 얻은 이시영은 국회에서 선출된 제1대 부통령이었다. 그랬기에 선거운동이 불가능했던 선거였음에도 일정한 득표가 가능했던 것으로 보인다.

V. 휴전, 그리고 3대 국회의원선거, 3대 대통령선거, 2대 지방선거

1. 제3대 국회의원선거(민의원선거)

1953년 7월 27일 휴전협정이 있고 최초의 선거는 1954년 5월 20일 제3대 국회의원선거였다. 이 선거는 대통령이 속한 정당, 집권당이 있는 상태에서 실시된 최초의 국회의원선거였다. 2대 선거에서도 대한국민당 등은 이승만 대통령을 지지했지만 대통령이 특정 정당을 집권당으로 인정하지는 않았다는 점에서, 3대 선거와는 달랐다. 집권당이 있는 선거가 이전과 다른 선거였던 것은, 대통령의 공식 지지와 공천 때문이었다.

3대 선거를 앞둔 4월 8일, 이승만 대통령은 한 선거구에 1명의 자유당 후보만을 공천할 것과, 공천의 조건으로 자신이 추진하게 될 개헌에 대한 동의를 명시한 담화문을 발표했다. 대통령의 입장에서는 1956년 3대 대통령선거에 재출마를 하기 위해서 또다시 개헌을 시도해야 했고, 헌법에 따라 개헌 정족수는 국회의원 정수의 2/3였으므로 136석이 필요했다. 예전처럼 다수의 정당, 단체에 속해 있거나 무소속인 국회의원들을 대상으로 막연한 개헌추진을 하는 위험을 피하고, 자유당 후보공천의 조건으로 개헌을 연계시킴으로써 예측 가능한 개헌을 추진하고자 했던 것이다.

개헌과 연계된 집권당의 공천은 입후보자와 유권자에게 모두 영향을 미쳤다. 유엔한국통일부흥위원단의 보고서에 따르면, 2대 선거에서 총 입후보자가 2209명이었던 것에 반해 3대 선거에서 1,207명으로 줄어든 것은 '출마를 희망하는 이들이 선거운동비 및 선거운동의 복잡성 특히 선거구마다 단일후보자를 자유당이 공천한다는 점'을 의식한 것으로 풀이했다(『대한민국선거사』 제1집, 844). 자유당의 공천을 받지 못한 친

〈표 1-6〉 제3대 국회의원선거 후보자 및 당선자 현황 (1954.5.20)

	자유당	민주국민당	무소속	기타	합계
후보자수	242(187)	77	797	91	1,207
당선자수	114	15	67	7	203

정부 후보자들이 입후보에 부담을 가지게 되었고, 무소속이나 야당 후보자들은 자유당이 아닌 이유를 밝혀야 하는 부담이 생겼기 때문에 후보자가 줄어들었다고 추정할 수 있는 것이다.

한편 집권당 효과는 유권자들에게도 영향을 미친다. 집권당과 정부를 동일시하게 됨으로써 정부지지 혹은 반대라는 선택의 기준이 생기게 되고, 선거결과를 정부에 대한 평가와 연계시킬 수 있게 되는 것이다. 특히 3대 선거의 경우 집권당 공천의 조건이 개헌에 대한 동의여부이므로 선거결과 집권당 의석수는 개헌동의 여부로 해석될 여지가 생긴 것이다.

집권 자유당은 이처럼 전열을 갖추어 선거에 임했지만 야당은 그렇지가 못했다. 자유당이 아닌 정당 중에 가장 많은 후보를 낸 정당은 민국당이었지만, 203개 선거구 가운데 77개 선거구에만 후보를 낼 수 있었다. 휴전협정이 맺어지고 채 1년이 지나지 않은 시점이었기 때문에, 전쟁기간 행정부 조직을 유지했던 정부에 비해 야당이 조직력을 갖출 수 없었던 것은 당연해 보였다. 3대 국회의원선거는 집권당은 있었지만 집권당을 견제할 수준의 야당은 아직 마련되지 못한 조건에서 실시된 선거였던 것이다. 이 선거에서 쟁점은 당연하게도 개헌에 대한 동의 여부와 정부에 대한 찬, 반이 되었다.

2. '사사오입 개헌'과 3대 대통령선거

3대 국회에서 자유당의 의석은 114석으로 제1당이긴 했지만 개헌 정족수인 136석에는 못 미쳤다. 선거 전 개헌과 공천을 연계하였으므로, 개헌에 대한 국민적 동의를 확보하지 못했다고 해석될 수 있었다. 하지만 9월 8일 초대 대통령에 한해 중임제한을 없애는 내용의 제2차 개헌안이 국회에 제출되었고, 11월 27일 표결에 부쳐졌다. 결과는 찬성 135표, 반대 60표, 기권 7표로, 개헌 정족수에 1표가 모자라 사회를 보던 국회부의장에 의해 부결이 선포되었다. 하지만 이틀 후 반올림 논법을 적용하여 결과가 가결로 번복됨으로써 이승만 대통령은 1956년 3대 대통령선거에 출마할 수 있게 되었다. '사사오입'이란 말 뜻 그대로 반올림 방법을 지칭하는 것이다.

위법적인 개헌에 대한 반대로 자유당 국회의원 12명이 탈당을 하였고, 민국당과 무소속의원 60여 명이 모여 '호헌 동지회'를 결성하였다. 이들은 이승만 정부를 견제할 강력한 야당을 표방하며 신당 창당운동을 전개하였다. 이 과정에서 조봉암의 '호헌동지회' 가담 문제를 놓고 이승만정부에 반대하던 정치인들 사이에 균열이 생겼고, 결국 민주당과 진보당이라는 2개의 야당이 탄생하게 되었다.

조봉암은 사회주의 계열의 독립운동을 전개하였으나 정부수립 이후 농림부장관과 국회부의장을 지냈고 2대 대통령선거 후보로 출마했던 경력을 갖고 있었다. 조봉암은 호헌동지회 활동을 함께 하고자 했으나, 민국당 출신 정치인들은 앞으로 건설될 야당은 '보수야당'이어야 하며 조봉암의 진보적 성향과 함께 할 수 없다는 반대파와 야당의 대동단결이 필요하다는 입장으로 나뉘었다. 조봉암은 수차례에 걸쳐 '자신은 공산당이 아니'라는 성명을 발표하여 반대파를 설득하고자 했으나 결국 실패하였고, 1956년 1월 별도의 '진보당 창당추진위원회' 구성에 나섰다. 이로서 1956년 3대 대통령선거에서는 현직 대통령이던 이승만과 민주당 후보 신익희, 진보당추진세력의 조봉암이 후보로 등록을 하게 되었다.

위법적인 개헌과 약속을 어기고 3선 연임을 시도한 현직 대통령에 대한 실망은 컸고, 이는 야당 대통령 후보들에 대한 유권자들의 지지로 나타났다. 민주당 대통령 후보 신익희와 진보당 창당추진세력의 조봉암은 야당 후보단일화를 시도했고, 양 후보 간의 논의는 조봉암 후보의 사퇴로 단일화하는 합의에 이르렀다. 하지만 선거운동 기간 중이던 1956년 5월 5일, 민주당 후보 신익희가 급서함으로써 사태는 급변하게 되었다. 야당 대통령 후보는 조봉암만이 남아 이승만과 조봉암의 경쟁구도가 되어버린 것이다. 진보당 추진세력들은 부통령 후보였던 박기출의 사퇴로 민주당과의 정·부통령 후보연대를 의도했지만, 민주당은 대통령선거에 대해 '추모표를 던지는 것은 자유(조선일보, 1956년 5월 12일자 기사)'라는 입장을 밝히며 부통령선거에만 전념했다. 신익희 후보의 서거로 민주당의 대표최고위원이 된 조병옥은 '호헌 동지회' 활동 당시부터 조봉암의 참여를 강하게 반대했던 인물이었다. 이로서 야당의 연대는 무위로 돌아갔고, 민주당은 장면후보를 부통령에 당선시킬 수 있었다. 그리고 소위 '신익희 추모표'로 불리는 20.5%라는 기록적인 무효표가 등장하게 되었다.

신익희 후보가 사망하면서 선거운동의 양상은 위태로워졌다. 신익희 후보의 운구와 함께 밀집한 시민들이 경무대[14]로 향하려 하자 경찰

〈표 1-7〉 3대 대통령·4대 부통령선거 결과 (1956.5.15)

소속정당	대통령선거				부통령선거		
	자유당	민주당	무소속	무효 투표	자유당	민주당	기타
후보자	이승만	신익희	조봉암		이기붕	장면	4인
득표율(유효투표수 기준)	70.0%	-	30.0%	-	44.0%	46.4%	9.5%
득표율(총 투표수 기준)	55.7%	-	23.9%	20.5%	-	-	-

---

14) 청와대의 옛 이름이다.

이 발포를 하여 10여 명의 사상자가 나고 700여 명이 구속되는 사태가 발생했고, 암살의 위협을 느낀 조봉암 후보는 더 이상 선거운동을 진행할 수 없었다. 한편 야당 대통령 후보가 단일화되자 정권교체의 위협을 느낀 이승만 정부는 행정기관과 경찰을 동원해 선거결과 조작에 나섰다. 당시 여당 측 참관인들이나 최인규 등 고위관료들은 후일 선거개표 과정에서 광범위한 부정이 자행되었음을 밝혔다. 민주당 대표였던 조병옥은 국회에서 "3대 대통령선거에 있어서, 내 판단에는 만일 자유분위기의 선거가 행해졌더라면 이 대통령이 받은 표는 200만 표 내외에 지나지 못하리라고 나는 판단합니다."(대한민국 국회, 〈속기록〉8, 제22회, 본회의 제26차, 4쪽)라고 진술하고 있는데, 공식 선거결과로는 조봉암이 210만 표, 이승만이 5백만 표를 얻은 것으로 되어 있다.

3. 제2대 지방선거

1956년 5월 3대 대통령선거가 끝나고 그 해 8월에는 제2대 지방선거가 실시되었다. 1952년 이후 지방선거에 관한 법률은 2번 개정되었고, 2대 지방선거는 1대 지방선거의 지방의회 외에도 시·읍·면장 선출을 위한 선거가 추가되었다. 시·읍·면장 선거 및 의회 선거는 8월 8일 실시되었고, 1대 지방선거에서 실시되지 못했던 서울특별시의회선거 및 각 도의 도의회 선거가 8월 13일에 실시되었다.

총 1,491개의 시·읍·면 가운데 단체장 선거가 실시된 곳은 580개였고, 그 가운데 자유당 소속 자치단체장이 292개, 무소속이 267개였으며 나머지 정당 및 단체 소속 단체장은 21개였다. 시·읍·면 의회 총 정원은 16,954명이었고 이 가운데 자유당 소속 의원이 11,490명으로 68%를 차지했으며 무소속 의원이 29%인 4,852명을 차지해, 역시 기타 정당 및 단체의 의석점유율은 미미했다. 이런 결과는 1956년 시점까지 전국적 수준에서 조직력을 갖는 야당은 아직 존재하지 않았다는 것을 의미한다.

　광역자치단체에 해당하는 서울특별시 및 도의회 선거결과에서는 기초단체에 비해 야당의 진출이 조금 눈에 띈다. 광역자치단체 의회의 총 의석수는 437석이었고 자유당이 249석으로 57%를 차지한 반면, 민주당은 22%인 98석을 차지했고 무소속은 약간 적은 83석을 차지했다. 하지만 민주당의 진출은 서울, 경기지역에 집중된 한계를 보였고 이는 민주당의 입후보자 자체가 서울경기지역에 밀집되었던 조직력의 한계를 반영한 것으로 보인다.

　서울특별시 의회 총 정원 47명 가운데 자유당은 단 1석을 차지한 반면 민주당이 40석을 얻었고, 경기도의회에서도 정원 45명 가운데 자유당이 14석을 얻은 반면 민주당은 8석이 더 많은 22석을 얻었다. 불과 3달여 전에 실시되었던 3대 대통령선거와 비교해 볼 때, 3대 대선에서 나타난 이승만정부에 대한 불만이 민주당 후보들이 집중적으로 출마했던 서울경기지역에서 야당의원 당선으로 표출된 것으로 보인다. 한편, 3대 대선에서 210만 표를 얻었던 조봉암의 진보당추진세력들은 정부의 탄압과 내부의 분열 때문에 지방선거에 조직적인 대응을 하지 못했다.

Ⅵ. 진보당 사건과 4대 국회의원선거

1. 진보당 사건

　3대 대선이 끝나고 진보당은 창당준비단체에서 실재 창당을 추진했다. 하지만 소위 혁신계열 내부에 주도권 문제와 외연확대의 범위 등을 놓고 논란이 길어지다가, 1956년 11월 10일이 되어서야 진보당 창당대회를 개최할 수 있게 되었다. 진보당은 1958년 4대 국회의원선거에서 교섭단체 구성이 가능한 최소의석인 20석을 확보하는 것을 목표로, 1957년 지구당 창당작업을 해 나갔다.

하지만 1958년 1월 12일 진보당 간사장 윤길중 등 5명이 검거되었고, 3일 뒤에는 3명의 간부가 추가로 구속되는 사건이 발생했다. 2월 16일 검찰은 조봉암에 대해 간첩죄, 국가보안법 위반 및 간첩방조 혐의로 기소했고 그 외 간부들은 국가보안법 위반혐의로 기소했다. 조봉암은 남파간첩을 만났고 북한노동당에 밀서를 보냈으며, 진보당의 평화통일 강령이 대한민국의 존립을 부정하는 것으로 국가보안법을 위반했다는 죄목이었다. 2월 25일 당국은 진보당의 정당등록을 취소하였고, 이로써 진보당은 대한민국 정당사에서 사라졌다.

그 해 7월 2일 1심에서 조봉암에게는 5년형이 구형되었고 나머지 간부들은 무죄가 선고되었다. 9월부터 열린 2심에서는, 1심에서 간첩죄 및 국가보안법 위반혐의를 증언했던 양이섭이 육군특무부대의 협박으로 인한 허위진술이었다고 기존 진술을 번복했지만 무시되었다. 그리고 1959년 2월 27일 대법원 판결을 통해 조봉암에게 사형이 선고되었고, 그 해 7월 사형이 집행되었다. 조봉암 외 다른 진보당 간부들에게는 모두 무죄가 선고되었다. 이 사건은 반세기가 지난 2007년에 정부기관인 '진실·화해를 위한 과거사정리위원회'에 회부되었고, 위원회는 "비인도적 인권유린이자 정치탄압"으로 규정하고 국가의 재심 등 상응조치를 권고했으며, 유족들은 대법원에 재심을 청구했다. 2009년 7월에는 여, 야 정치인 80여 명이 조봉암의 명예회복을 위한 재심을 촉구하고 나섰고, 결국 2010년 10월에 대법원은 이를 받아들여 재심을 결정했다. 2011년 1월 20일 대법원은 동 사건에 대한 재심에서 국가변란과 간첩죄에 대해 무죄를 선고함으로써, 조봉암은 52년 만에 간첩혐의를 벗게 되었다.

1958년 4대 국회의원선거를 앞두고 일어난 '진보당' 사건은 한국 정치사에서 중대한 의미를 가졌다. 재판결과 조봉암 개인을 제외한 나머지 간부들은 모두 무죄로 판명되었음에도, 조직으로서 진보당은 사건이 발발한 직후 곧바로 등록이 취소되었고 이후 다시 복원되지 못했다. 검찰은 진보당의 정강정책이 북한노동당의 정책과 상응하여 대한민국의 헌법을 위반하고 있고, 특히 평화통일 강령은 대한민국의 존립을 부정하는 것으로 국가보안법을 위반했다고 기소사유를 밝혔다. 이로써 평화통일을 강령으로 내건 정당, '반공'과 '보수'를 명시적으로 표방하지 않는 정당은 오랫동안 한국정당사에 이름을 올리지 못하게 되었다.

2. 4대 국회의원선거

1958년 초 진보당의 등록이 취소되면서, 사실상 5월의 국회의원선거에 조직적으로 대응할 수 있었던 야당은 민주당만이 남게 되었다. 민주당은 3대 선거 민국당과는 달리 전국적인 조직을 갖출 수 있었고, 233개 지역구 가운데 198개 지역구에 후보를 내세울 수 있었다. 3대 국회

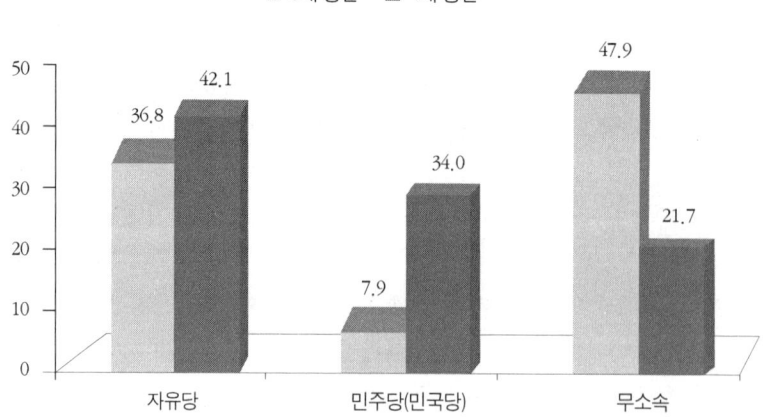

〈그림 1-3〉 4대 총선 결과 (1958. 5. 2)

의원선거가 이전 선거와 달랐던 점이 집권당이 있는 선거였다면, 4대 선거의 특징은 최초로 집권당도 있고 대안정당(alternative party)으로서 야당도 있는 선거였다고 하겠다.

대안정당이란 유권자에게 선택 가능한 대안정부가 될 수 있는 정당을 말한다. 이를 위해서는 선거 때 유권자가 선택을 할 수 있어야 하는데, 자신의 지역구에 후보조차 출마하지 않는다면 선택이 불가능하다. 따라서 대안정당이 되려면 전국적인 수준에서 조직력을 갖출 수 있어야 하겠다. 또한 후보를 아무리 많이 내세워도 유권자가 선택해주지 않는다면 대안정부가 될 수 없으므로, 집권당과 경쟁이 가능한 정도의 지지를 받을 수 있어야 한다. 이런 점에서 3대 선거까지는 전국적으로 후보를 낼 수 있는 야당이 없었지만, 4대 선거에서는 비로소 전국적으로 후보를 내고 34.0%의 지지를 받을 수 있는 야당이 생긴 것이다.

집권당과 대안야당이 경쟁했던 선거의 결과는 무소속 후보에 대한 지지가 급감한 것으로 나타났다. 3대 총선에서 무소속 후보들은 50%에 육박하는 지지를 얻었으나 4대 선거에서는 절반 수준에도 못 미치는 21.7%를 얻었다. 이로써 1948년 시작된 우리나라의 국회의원선거는 서서히 정당정치에 기초한 선거로 변화해나가기 시작한 것이다.

물론 당시 우리나라 선거가 다른 나라 민주주의에서의 선거경쟁과 갖는 차이는 컸다. 3대 대선에서 극명하게 드러났던 것처럼 행정기관에 의한 선거개입, 개표조작 등으로 '공정한 선거'는 정착되지 못하고 있었다. 또한 '자유로운' 경쟁이 보장되지 못했다. 통일이나 남북관계에 대한 언급은 '반공'의 테두리를 벗어나면 정치공간에서 생존하기 어려웠고, '보수성'을 명확히 한 정당들만이 야당으로 살아남을 수 있었기 때문이다. 민주당은 4대 선거 선거운동과정에서 '정통야당' '보수야당'의 정체성을 강조했고 북한에 대한 '반공노선'을 반복해서 강조했는데, 이는 민주당의 정체성 때문이기도 하지만 직전에 발생한 '진보당 사건'의 교훈 때문이기도 했다. 민주당은 경쟁했던 다른 야당세력이 정부로부터 제거됨으로써 전국적인 수준의 대안야당으로 부상할 수 있게 된 것이다. 이로써 우리나라 정당정치는 보수여당과 보수야당이 경쟁하는 체제를 갖추게 되었다.

VII. '3·15부정선거'와 제1공화국의 종말

1. 3·15부정선거

1960년에 실시된 4대 대통령선거와 5대 부통령선거는 '3·15부정선거'로 더 잘 알려져 있다. 이 선거에서 자행된 광범위한 부정선거는, 이승만 대통령의 재선보다 이승만 대통령이 원하는 부통령을 선출하기 위한 것이 원인이었다. 현직 대통령 이승만과 경쟁해야 했던 유일한 야당 후보 민주당 조병옥은 후보등록을 한 뒤 선거를 20여 일 앞둔 2월 25일 3대 대선 신익희 후보처럼 사망을 했고 이승만은 단독후보가 되었기 때문이다.

그런데 부통령선거가 문제였다. 4대 부통령선거에서 자유당 후보였던 이기붕이 민주당 후보 장면에게 패한 경험이 있던 이승만 정부로서는, 1958년 4대 국회의원선거에서 강력한 야당으로 부상한 민주당 후보로 또다시 출마한 장면이 부담스러울 수밖에 없었다. 장면은 4대 부통령으로 재직하면서 이승만 대통령으로부터 공식, 비공식적인 견제를 받아 제대로 부통령직을 수행할 수 없었다. 하지만, 역설적으로 이승만 대통령의 공공연한 배제가 유권자의 지지로 이어져, 그의 정치적 지위는 1956년 선거보다 더 높아져 있었다. 게다가 1960년 당시 이승만 대통령은 84세의 고령으로 유고시 대통령직을 대행하게 되어 있는 부통령 직위를 야당에게 넘겨줄 수는 없다고 판단했던 것이다.

선거일 이전 이승만 정부와 자유당은 정치깡패를 동원해 민주당 선거운동원에 대한 폭행, 선거사무실 난입과 파괴 등 조직적으로 선거운동을 방해했고, 행정기관과 경찰을 동원해 선거운동을 직접 지휘했다. 선거일 당일에는 민주당 개표 참관인을 개표소에서 내쫓아 개표감시활동을 방해했고, 선거운동원들에게 이승만, 이기붕 지지표를 모아오도록 하여 매표(買票)행위를 자행했으며, 투표함에 사전에 기표된 부정투표용지를 대거 투입하는 등 가능한 모든 선거부정행위를 동원하여 이기붕의 당선을 조작했다.

정부는 내무부와 경찰 등 행정기관을 통해 '40% 사전투표,' 3명씩 짝을 지어 서로 기표결과를 확인하게 함으로써 여당후보 지지표를 확보했던 '3인조 공개투표' 등을 조직했다. 결국 개표가 완료되기 전인 4시 30분경 민주당은 선거가 불법이며 결과 또한 무효임을 선언하고 민주당의 개표참관인들을 모든 투표소에서 철수하도록 조치했다. 정부와 자유당의 일방적인 개표과정에서 너무 높은 투표율을 걱정한 국무위원들이 득표율을 하향조정하도록 지시하는 에피소드가 벌어지기도 했다. 이와 같이 진행된 선거였기에 공식적으로 집계된 선거기록이 의미를 갖지 못했다.

2. 제1공화국의 종말

선거 후 민주당은 선거무효를 주장하는 법적 쟁송에 들어갔고, 전국적으로 부정선거 규탄시위가 벌어졌다. 선거당일 마산에서는 저녁 7시경부터 1,000여 명의 시위대가 부정선거 규탄시위를 벌이기 시작했고 밤 9시경에는 그 수가 1만여 명으로 불어났다. 경찰은 시위진압을 위해 발포를 했고 이 과정에서 7명이 사망하고 870여 명의 부상자가 발생했다. 이날 실종된 마산산업고등학교 학생 김주열이 4월 11일 마산만에서 최루탄이 눈에 박힌 시신으로 발견되었고, 이는 4·19혁명의 직접적인 도화선이 되었다. 2010년 3월 정부는 '3·15마산시위'를 국가기

념일로 지정하여 선포한 바 있다.

　4월 18일 정오에는 고려대학교 학생들이 선언문을 발표하고 거리시위에 나섰는데, 귀가하는 대학생들을 정치깡패들을 동원하여 습격한 이른바 '고대생습격사건'이 발생했다. 이 사건은 후일 대통령수행비서의 지시로 인한 것으로 밝혀졌다. 4월 19일에는 중, 고등학생들까지 나서 경무대와 부통령 관저를 찾아갔고, 이 와중에 경찰이 발포를 하여 수십 명의 학생들이 사망하고 수백 명이 부상당하는 사건이 발생했다. 결국 정부는 4월 19일 3시를 기해 계엄령을 선포했다. 계엄령에도 불구하고 시위는 멈추지 않았으며 4월 25일에는 대학교수들까지 시위에 가세하였다.

　이런 와중에 이승만 대통령은 주한미국대사와의 면담 뒤 4월 24일 자유당 총재직을 사임했고, 26일 1시 라디오를 통해 대통령직 사임의사를 밝혔다. 담화문에는 자신의 대통령직 사임, 정·부통령선거 재실시, 이기붕 사임, 내각제 개헌의 내용이 담겼고, 오후 2시 개회된 국회에서는 재선거실시와 개헌이 결의되었으며, 27일 공식적으로 제출된 대통령 사임서를 국회가 수리함으로써 제1공화국은 공식적으로 종말을 맞았다. 4월 28일 이기붕 일가는 자살을 했고 5월 29일 이승만은 하와이로 망명하여 그곳에서 생을 마감하게 된다.

제2장

제2공화국의 선거

장성훈

　1960년 3월 15일 실시된 제4대 대통령선거 및 제5대 부통령선거, 이른바 3·15부정선거로 불리는 이 선거는 제1공화국 이승만 정부의 몰락과 함께 대한민국 정치사의 일대 변혁을 가져왔다. 장기집권을 꿈꾸던 이승만 대통령과 자유당 정권은 집권연장을 위해 3·15선거에서 온갖 부정을 동원하였고, 그 결과 선거에서 승리했다. 그러나 3·15부정선거는 야당과 국민들의 대규모 저항에 부딪히게 되고, 결국 4·19시민혁명이 발발하면서 제1공화국은 파국을 맞게 된다.
　4·19혁명은 야당의 자유주의적 전략을 실천에 옮길 수 있는 절호의 기회를 제공하였고(오명호 1998, 46), 자유당 정권 붕괴 이후 들어선 허정 과도정부는 권력구조의 개편 열망을 새로운 헌법에 담아서 제2공화국을 탄생시켰다. 제2공화국은 한국 민주주의의 변화와 발전을 희망하던 국민들의 열망을 바탕으로 한「민주적 실험」의 계기를 마련하였고, 진정한 민주주의 정착이라는 역사적 과제를 안고 출범하였다.
　가부장적 대통령의 권위주의적 통치를 종식하고자 하는 국민의 열망은 대통령중심제 권력구조를 의원내각제로 전환시켰다. 부정선거에 대한 반감은 공명선거를 위한 선거제도의 개선을 가져왔다. 국민의 기본권이 대폭적으로 강화되고 정치적 다양성이 보장되면서 정치활동이 활성화되었으며, 민주주의의 다양한 목소리들이 자유롭게 표출되었다.

그러나 제2공화국의 민주적 실험과정은 많은 한계를 드러내었다. 집권에 성공한 민주당과 장면 내각의 정치력 및 리더십 부재, 정책수행능력 결여는 지속적인 정국의 불안정을 야기하였다. 무엇보다도 집권세력 내의 첨예한 갈등과 분열은 안정적인 국정운영을 불가능하게 만들었다. 그 결과 제2공화국은 출범 이후 불과 9개월 만에 5·16군부쿠데타로 인해 종식되는 불행한 기록을 남겼다.

그럼에도 불구하고 제2공화국은 한국 민주주의 발전사에 있어 중요한 역사적 의의와 교훈을 제공한다. 특히나 민주적 실험의 실패 과정은 민주적 제도의 정착을 위한 정치환경과 정치과정의 동학을 고민해 볼 수 있는 좋은 사례가 될 수 있다.

I. 허정 과도정부와 내각제 개헌

1960년 4월 19일, 학생을 중심으로 3·15부정선거에 대한 규탄 데모가 대규모로 확산되면서 1공화국은 막다른 길로 내몰렸다. 이승만 정부는 비상계엄을 선포하며 진압에 나섰으나 사태는 수습불가의 상황으로 치달았다. 민주당을 비롯한 야당들은 선거무효를 주장하고 나섰다. 당시 민주당 소속 부통령 장면은 4월 23일 이승만이 대통령직에서 사임할 것을 촉구하면서 부통령직을 사퇴하였다. 극단적인 파국의 상황 속에 4·19혁명이 막바지에 달한 1960년 4월 26일 이승만 대통령은 "국민이 원한다면 대통령직을 사임하겠다"는 특별담화를 발표하였다. 국회에서는 이승만 대통령의 즉각적인 하야, 3·15정·부통령선거 무효, 내각책임제 개헌, 개헌통과 후 민의원 해산 등 4개항의 결의안이 채택되었다. 결국 이승만 대통령은 4월 25일 허정을 수석국무위원인 외무부장관에 임명한 후, 4월 27일 국회에 사임서를 제출하였다. 장기집권을 꿈꾸던 이승만 정권은 이렇게 몰락하고 말았다.

1. 허정 과도정부의 출범과 한계

이승만 대통령의 사임 후 4·19혁명의 사태수습과 선거관리를 위해 수석국무위원이자 외무부장관이었던 허정을 수반으로 하는 과도정부가 들어섰다. 정치혁명의 주도세력이었던 학생들은 혁명과업 수행을 기성정치인들에게 일임하고 학원으로 돌아갔고, 그리하여 기성권력질서는 그대로 존속한 채 허정의 과도정부가 수립되었다.

그러나 과도정부는 민주혁명이 추구하는 과업을 이루어내기에는 근본적인 한계를 가졌다(지병문 외 1997, 178-179). 허정 과도정부는 4·19혁명의 주체세력에 의하여 구성된 것이 아니었으며, 이념적으로도 진보적 견해 혹은 혁신적 성향이 결여된 지극히 보수적인 정부였다. 따라서 허정 과도정부는 혁명이념에 의거하여 과적한 정책을 수행한다기보다는 오히려 3·15부정선거 이후의 사태수습과 총선거의 공정관리라는 사명을 수행해야 했다(중앙선거관리위원회 1989, 247).

이러한 배경하에 허정 과도정부는 한시적 선거 내각의 성격을 벗어날 수 없었다. 사회의 특정 세력 혹은 계층의 적극적인 지지에 기반을 두고 있지 못한 채 이승만에 의해 기용된 허정의 과도정부에게 혁신적 역할의 수행을 기대하는 것은 애초부터 무리였을지도 모른다. 이러한 근본적인 한계는 출범 이후 국정운영에서도 여실히 드러났다.

허정 과도정부는 출범 직후인 1960년 5월 3일 반공정책수행, 부정선거관련자의 처벌, 공산 5열의 적발, 한미관계의 중시, 맹방과의 관계 긴

밀화 등 5개 시정방침을 발표하였다. 특히 관심을 모았던 부정선거 처리와 관련하여서는 "혁명적 개혁을 비(非)혁명적 방법으로 단행"한다는 방침을 밝혔다. 이러한 입장은 국민의 고조된 민주화 열망에 호응하는 철저한 응징은 물론 개혁 과제 또한 혁신적으로 수행하지 못하는 과도정부의 한계성을 명확히 드러낸 것이었다. 실제 허정 과도정부에서 3·15부정선거와 관련하여 9명의 전직관료와 14명의 자유당 간부들만이 3·15부정선거 혐의로 구속 기소되었다.[1]

그러나 근본적 한계와 비판적 평가에도 불구하고 허정 과도정부는 과열된 국민감정을 진정시켜 혁명의 급진화를 막고 온건한 개혁을 꾀하는 보수적 정권을 등장케 하였으며, 또한 자유당에 대한 민주당의 정치보복을 막으면서 자유당에서 민주당으로 평화적 정권이양을 이루어 냈다는 점에서 긍정적이라는 평가도 제기되었다(김운태 1996, 153).

2. 내각제 개헌과 민주주의 제도의 정립

허정 과도정부는 다음 정권을 창출해 낼 새로운 헌법을 만드는 일, 즉 내각책임제 개헌을 과도정부에 부하된 가장 중요한 과제로 인식하였다. 4·19혁명으로 12년간의 이승만 정부가 마감되자 국민여론은 권위주의 정권의 재출현에 대한 우려 속에 내각책임제 개헌을 지지하는 흐름을 보였다. 4·19혁명은 대통령의 1인 독재를 막기 위해서 정치과정의 민주적 운영을 제1의 목표로 삼고 있었기 때문에 대통령중심제

---

[1] 군부의 경우에도 일부 장성들이 부정선거와 관련하여 자유당 정권에 협력하였으나 계엄사령관 겸 육군참모총장인 송요찬을 해임시키는 선에서 군 수뇌부의 과거 잘못에 대한 처벌을 마무리하였다. 또한 부정선거에 책임이 있는 경찰 간부들을 처리함에 있어서도 4·19 당일 발포명령을 내린 극히 일부만 구속하거나 해임 또는 좌천시키는 등 형식적이며 임시방편적인 정책을 추구하였다(지병문 외, 1997, 180-181).

헌법구조를 내각책임제로 개정한다는 것이 당시에 가장 시급한 정치적 과제였다(양재인 1996, 313). 자유당의 장기집권에 대항해 왔던 야당의 일관된 입장 또한 장기집권과 독재 가능성 배제를 기본취지로 하는 내각책임제 개헌이었다(오명호 1998, 50). 내각책임제 개헌은 '사사오입' 개헌 파동을 거친 범야권구국반독재운동의 결과로 창당을 보게 된 민주당의 강령이었으며, 당시 다수 국민의 여망이기도 하였다(김운태 1996, 152). 따라서 내각제 개헌을 통한 제2공화국의 성립은 별 장벽 없는 예정된 수순으로 예견되었다.

내각책임제가 4·19혁명 이후 정치권력의 민주적 운영을 위하여 유일최선의 대안이었는지는 논란의 여지가 있다. 그러나 대통령제하에서 장기간 이어져 온 1인 집권의 가부장적 권위주의 통치에 저항했던 당시의 정치적 상황 속에서는 민주주의와 내각책임제는 동의어가 될 만큼 환상적 믿음이 강하게 작용하였다. 또한 자유당과 이승만 정권에 저항하던 제1야당 민주당이 내세웠던 대안적 권력구조가 내각책임제였던 점도 당시 광범위한 여론의 지지를 형성될 수 있었던 이유 중 하나였다(양재인 1996, 314). 결국 제3차 개헌에 있어 핵심적 논란은 내각제 개헌으로의 변경 자체가 아니라 개헌 주체의 문제였다. 즉 개헌을 현 국회가 맡느냐 그렇지 않으면 국회 해산 후 새로이 구성되는 국회가 맡느냐 하는 것이었다.

과도정부 기간 중 국회는 독재정권의 당사자였던 자유당 소속 의원들이 민주당 소속 의원들보다 다수를 차지하고 있는 상황이었다. 이들은 이승만 정부가 시민혁명을 통해 붕괴되었던 상황이었음에도 불구하고 반혁명세력이라는 이름으로 불명예스럽게 과거가 문책된다면 그대로 묵과히지 않겠다는 기세를 보이고 있었다(중앙선관위 1989, 253). 반면 혁신계 정치세력과 일부 학생들은 반혁명세력인 자유당 의원들이 절대다수의 의석을 차지하고 있던 현 국회에서 개헌을 한다는 것은 4·19정신에 위배된다고 주장하고 현 국회의 즉시 해산을 강력히 요구하였다. 뿐만 아니라 당시 정치적 상황하에서 유일한 정치적 대안세력으로 부상한 민주당 내 일부에서도 내각책임제 개헌을 반대하는 움직임이 일고 있었다(중앙선관위, 1989, 253). 그러나 몰락 위기에 있던 자유당 출신 의원들과 집권이 확실시되던 민주당 출신 의원들의 기존권력질서 유지라는 이해관계가 일치하면서 내각제 개헌은 현 국회에서 수행하는 것으로 귀결될 수밖에 없었다. 특히 자유당 소속의원들의 입장에서는 기득권을 인정받는 데 대한 양보의 형식을 취하는 면이 있었다(김운태 외 1993, 337).

이처럼 개헌 주체에 대한 논란에도 불구하고 내각책임제 개헌을 지지하는 국민적 여론과 대세적 흐름 속에 국회는 1960년 4월 26일 '선(先)개헌 후(後)총선'의 방침을 확정하였다. 선(先)개헌 결정이 지배적인 흐름을 형성한 것은 당시 국회의원들이 기성권력질서의 민주적 개혁에 대한 두려움에서 기인된 측면이 있었다(김운태 1996, 337). 대신 국회는 내각책임제 개헌안이 통과되면 국회를 해산한 다음 즉시 총선거를 실시하여 새로운 정부를 구성할 것을 결의하였다. 당시 국회 측이 시국수습대책으로써 '선(先)개헌 후(後)선거'안을 결정하게 된 공식적인 이유는 다음의 세 가지였다(이정식 1976, 72).

첫째, 내각책임제만이 유일무이한 이상적 정치체제이기 때문에 하루 빨리 내각책임제 개헌을 완성시키자면 여론의 중압하에 시간을 끌 겨를이 없게끔 현 국회로 하여금 개헌안을 통과시켜야 한다.
둘째, 지금 국회가 해산되면 정치적 공백기를 메울 수 없이 전반적인 무질서 상태의 위험이 초래될 것이다.
셋째, 지금 총선거를 실시하면 비민주 보수세력이 국회를 지배하게 되어 자유당 독재정권의 재판이 아니면 그 이상의 가공할 집단독재 세력이 대두할 우려가 있다.

'선(先)개헌 후(後)선거'가 결정됨에 따라 국회는 민주당 4명, 자유당 4명, 무소속 1명으로 헌법기초위원회를 구성하고 본격적인 개헌 작업을 시작하였다. 헌법 개정이 확정되면서 민주당과 자유당은 각각의 개헌안을 국회에 제출하였다. 헌법기초위원회는 두 안을 기초로 5월 8일 개헌안 요강을 작성완료 후 사법부와 행정부의 의견을 수렴하여 최종 개헌안을 국회에 제출하였다. 개헌안은 6월 15일 국회에서 표결에 부쳐졌고, 당시 민의원의 과반수이상을 차지하고 있던 자유당 소속의원들도 의원내각제 개헌에 찬성하여 국회의결은 문제가 없었다. 표결 결과 개헌안은 211명의 의원이 참석한 가운데 208명의 찬성이라는 압도적인 지지로 통과되었다(반대 3명).

2공화국 헌법은 55개 항목이 대폭적으로 개정된 헌법이다. 개정의 핵심이었던 권력구조는 대통령제에서 내각책임제로 변경되었고, 국회는 이전 헌법과 같이 민의원과 참의원의 양원 구성이 지속되었다. 대통령의 임기는 5년이었고, 1차에 한해 중임이 허용되었다. 대통령은 양원 합동회의에서 재적국회의원 3분의 2 이상의 찬성을 얻어 선출하도록 하였다. 그러나 내각책임제 권력구조를 채택하면서 대통령의 권한은 형식적이며 예의적인 행위로 국한되었다.

한편 내각책임제에서 실질적인 국정운영 책임을 맡게 될 국무총리는 대통령이 지명하도록 하되, 지명된 후보자는 민의원에서 재적의원 과반수이상의 동의를 얻도록 하였다. 그러나 2공화국 헌법이 채택한 의원내각제는 대통령에게 국무총리 지명권, 계엄선포 거부권, 정부의 정당소추에 대한 동의권, 헌법재판소 심판관 임명권 등 다소의 실질적인 권한을 부여함으로써 총리에게 모든 권한을 집중시키는 의원내각제의 원형과는 다소 거리가 있었다(오명호 1998, 52). 그럼에도 불구하고 제3차 개헌은 시민혁명을 통해 장기간의 독재정권이 붕괴된 이후 정부형태를 근본적으로 바꾸어 놓았다는 점에서 그 역사적 의의를 찾을 수 있겠다.

II. 제5대 국회의원(민의원·참의원)선거

1960년 6월 15일 신헌법이 공포된 직후 민의원과 참의원을 구성하기 위한 총선거가 실시되었다. 국회는 개헌 직후 새 헌법에 근거하여 민의원과 참의원의 양원 구성을 위한 국회의원선거법 개정안을 6월 22일 통과시켰고, 이후 해산되었다. 선거법 개정이 완료되자 허정 과도정부는 민의원의원과 참의원의원의 선거일을 7월 29일로 확정·공포하였다. 이에 따라 우리나라 의정 사상 최초로 양원을 구성한 제2공화국 첫 번째 총선이 실시되게 되었다.

1. 공정선거 확보를 위한 선거법 개정

개헌 후 국회 해산과 즉각적인 총선 실시가 결정됨에 따라 이를 위한 선거법 개정 또한 즉각적으로 이루어졌다. '국회의원선거법안기초특별위원회'는 1960년 6월 4일 「국회의원선거법안」을 가결한 후 법제사법위원회의 수정안을 비롯하여 수건의 의원제출 수정안을 반영하여 재심의한 후 6월 18일 수정안을 가결하였다. 이후 6월 22일 본회의에서 일부 내용을 수정한 최종 선거법안이 가결되었고, 이에 따라 이전의 참의원선거법과 민의원선거법은 폐지되었다.

새 선거법은 3·15부정선거에 저항했던 국민적 여론을 반영하듯 자유·공명선거의 실시를 위한 제도적 보완에 중점을 두었다. 입후보 등록방해의 폐단이 많았던 의원후보자의 추천장 제도를 폐지하고 등록기간을 5일로 단축하였다. 한편 민의원의원후보자와 참의원의원후보자의 기탁금을 각각 30만 환과 50만 환으로 인하하여 후보자 등록 장벽을 낮추었다.

대리투표를 방지하기 위하여 투표참관인제도도 강화되었다. 투표참관인은 후보자 1인당 4인으로 하여 2인씩 교대로 참관하게 하되, 접수참관인과 투표참관인으로 구분하여 그 기능을 담당케 하였고, 투표소 내 사고 촬영권을 부여하는 등 공명선거확보를 위한 강력한 규정을 두었다. 한편 릴레이식 부정투표 방지를 위해 투표용지에 정당추천위원의 가인과 일련번호를 삽입하는 제도를 도입하였다. 또한 투표함은 1투표구 당 1개로 제한되었다. 투표시간은 오전 7시부터 오후 4시까지로 1시간 단축되었고, 개표에 있어서는 부재자 우편투표를 일반투표와 혼합하여 개표하도록 하였다.

선거권을 더욱 확실하게 행사할 수 있게 하기 위하여 선거인명부는 기본·보충선거인명부를 병용하고, 부재자투표제도를 도입하였다. 기본선거인명부 작성은 매년 1월 1일을 기준으로 구역 내 60일 이상 연속하여 주소를 가진 자에 대해 작성하는 정기직권작성제였으며, 보충선거인명부 작성은 선거를 실시할 때 마다 구역 내 60일 이상 계속하여 주소를 가진 자에 대하여 작성하는 임시직권작성제였다. 부재자선거인명부는 선거인명부에 등재될 수 있는 요건을 구비한 자로서 장기여행자 등의 투표권행사를 용이하게 하기 위해 본인의 신고에 따라 작성되었다.

한편 선거관리의 공정성 확보를 위해 개정 헌법에서 독립성을 부여한 중앙선거위원회의 경우 그 기능을 충분히 확보할 수 있도록 대법관 중에서 호선한 3인과 교섭단체를 가진 정당에서 추천하는 6인으로 구성하도록 하였다. 또한 이전에는 행정부 소속 공무원 중에서만 위촉하였던 선거위원회 보조기관을 전임직원으로 충당케 하였다.

4·19혁명이 청년 학도와 청소년층의 힘에 의해 이루어졌다는 정신과 헌법의 규정에 따라 선거권은 21세에서 20세로 낮아졌다. 참의원의원의 피선거권 연령도 35세에서 30세로 낮추었다. 참의원의원선거에 있어서는 선거구를 서울특별시, 도 단위로 하여 의원정수를 크기에 따라 1선거구에 2인 내지 8인으로 하였으며, 3년마다 2분의 1씩을 개선(改選)할 수 있도록 하였다. 참의원의원의 임기 결정에 있어서는 6년 임기

와 3년 임기를 득표순에 의하여 결정하도록 하였다. 투표방식은 해당 선거구에서 선출되는 의원 정수의 반수 이하의 후보자들을 동시에 선택하게 하는 제한연기제를 채택하였다.

그 이외에 기탁금과 관련하여서는 민의원의원선거의 경우 해당선거구의 유효투표 5분의 1 미달 시 기탁금을 국고에 귀속토록 하였고, 참의원의원선거의 경우 해당선거구의 유효투표 총수를 의원정수로 제하여 얻은 수의 7분의 1에 미달 시 기탁금을 국고에 귀속하도록 하였다. 선거운동과 관련하여서는 개인연설회 고지벽보 매수를 회당 30매로 감축하는 대신 합동연설회 횟수는 법으로 정하지 않았다.

2. 민주당의 공천 갈등

4·19시민혁명을 통해 자유당 정권이 붕괴되고 새로운 민주체제를 성립해 가는 특수한 정치상황 속에 실시된 7·29총선은 "4·19혁명 계승자"임을 자임했던 민주당의 승리가 확실시되었다. 학생이 중심에 있었던 혁명적 상황에서 민주당이 유일한 정치적 대안세력으로 자리매김하고 있었기 때문이다. 따라서 민주당은 7·29총선을 앞두고 집권을 위한 타 정당과의 경쟁보다 당내 계파 간 경쟁, 즉 공천 경쟁에 더욱 매몰되는 양상을 보였다. 당내 신·구파는 자파 인사들을 더 많이 공천하기 위해 치열하게 경쟁하였고, 이 과정에서 잠재적으로 지속되어 오던 계파 갈등이 표면화되면서 공천을 둘러싼 심각한 갈등을 겪게 되었다.

민주당은 선거대책위원회를 통해 공천심사를 진행하였고, 합의를 보지 못한 지역은 신파와 구파가 동수로 참여한 소위원회에서 결정하도록 하였다. 공천은 집권을 의식한 양측의 첨예한 대립 속에 나눠먹기식으로 진행되었다. 당초 민주당 신·구파는 현역의원은 모두 공천하고 나머지 지역은 신파와 구파의 비율을 맞추어 50대 50으로 공천한다는 원칙에 합의하였다(심지연·김민전 2006, 349). 그러나 양 파벌 간 갈등은 이러한 공천원칙을 무의미하게 만들었다.

민주당은 1960년 6월 26일 226명의 민의원후보 공천자와 60명의 참의원후보 공천자를 선정·발표하였다. 그러나 양 계파는 공천에서 탈락한 자파 인사들을 대거 무소속으로 출마시켰고, 실제 공천 결과에 반발한 양 계파의 인사 112명이 민의원의원선거에, 3명이 참의원의원선거에 출마하였다(중앙선관위 1992, 494). 이에 따라 구파 공천, 신파 공천이라는 말이 공공연하게 나돌았고(심지연·김민전 2006, 442), 그 결과 당 차원의 민주당 공천이 무색하게 되었다. 이와 관련하여 민주당은 당의 공천을 받지 못한 후 무소속으로 출마한 사람들을 일괄 제명하였으나, 큰 성과를 거두지는 못하였다. 따라서 많은 선거구에서 민주당의 신·구파 간 대결이라는 기형적 경쟁구도가 형성되었다.

3. 혁신정당의 등장

7·29총선의 중요한 특징 중 하나는 혁신정당들의 대대적인 선거참여가 이루어졌다는 것이다. 4·19 이후 정국의 재편성이 불가피하게 되고 특히 이승만과 자유당정권의 붕괴로 정치적 자유가 일시에 범람하게 되자 새로운 정당 특히 사회주의 정당의 출현이 괄목할 만큼 증가하였다(중앙선관위 1992, 494). 제도적으로 정당법이 개정되어 정당 및 정치단체의 등록수속이 간편하게 바뀐 것도 혁신정당의 출현에 영향을 미쳤다. 자유로운 정치분위기와 정치권의 활성화로 무려 15개 이상의 정당 및 사회단체가 참여하였고, 특히 사회대중당 등 혁신계 정당의 출현이 활성화되었다.

총선을 앞두고 혁신세력은 보수세력과 효과적으로 경쟁하기 위해 일시적으로 혁신세력 선거대책협의회를 구성하여 연합공천을 추진하였다. 그러나 사회대중당이 독자적으로 민의원후보에 129명, 참의원후보에 6명을 공천함으로써 분열되고 말았다(김용호 1991, 46). 다만 한국사회당과 혁신동지총연맹만이 일단 혁신협의회 명의하에 연합공천을 실현하였다. 그러나 이마저도 결국은 와해되고 말았다.

한편 혁신계 정당들은 선거자금난과 조직의 미비로 인해 많은 인사들이 출마를 포기하는 양상을 보였다. 그 결과 최종적으로 입후보등록을 마친 혁신계 인사들은 사회대중당 135명, 한국사회당과 혁신동지회총연맹 각각 10명에 불과하였다. 그러나 혁신정당의 활성화는 민주당이나 자유당과 같은 기존의 보수정당에 도전하는 하나의 뚜렷한 정치적 대항세력으로 등장하였다는 점에서 중요한 의미를 가진다(오명호 1998, 53).

4. 민주당의 압승과 혁신당의 참패

7·29총선은 자유당 정권이 물러나고 제2공화국을 담당할 정권을 선택하는 선거였던 만큼 국내외의 비상한 관심을 집중시켰다. 7·29총선 경쟁은 민주당과 혁신당의 대결, 민주당 신파와 구파의 대결로 집약될 수 있다. 혁신계의 대대적인 참여와 자유로운 선거분위기로 선거는 공약 면에서 볼 때 보수와 혁신의 대결처럼 부각되었다(오명호 1998, 53). 민주당은 4·19혁명의 계승자임을 자처하면서 "독재와 싸운 사람 마음 놓고 찍어 주자"는 슬로건을 내걸고 혁신정당의 매력을 희석시키는 한편 반독재 투쟁의 업적을 국민에게 호소하였다. 반면 혁신정당들은 보수주의적 민주당보다 더욱 강력한 4월 혁명의 완수를 주장하였다. 또한 보수 진영에 대하여 한국 정치현실을 4월 혁명의 발생에 이르도록 한 보수정치를 신랄하게 공격하며 혁명의 계승권을 획득하고자 하였다.

그러나 혁신정당들은 외형적 측면에서 민주당과 차별화되는 뚜렷한 정강정책을 제시하지 못하였고, 민주당의 약점과 선거공약의 허구성을 지적하는 정도였다. 실례로 대표적 혁신정당이었던 사회대중당은 선전공세와 관련하여 "민주당의 구악(舊惡) 폭로에 치중하겠다" "우리는 미군정 당시의 한민당시대부터 4월혁명 이전까지의 광범한 구악을 초 반전서부터 들춰내겠다"고 발표하였다(중앙선관위 1989, 498). 뿐만 아니라 혁신계 후보자들 사이에도 상호 비방을 일삼는 구태를 보였고, 특히 혁신정당들 가운데 가장 조직이 앞섰던 사회대중당 조차도 후보자를 결정하지 못해 한 선거구에 여러 명의 후보가 출마하거나 당원끼리 싸우는 행태를 보이기도 하였다(심지연 · 김민전 2006, 349)

한편 민주당 내 계파갈등은 공천탈락자들의 동일 선거구 중복 출마로 이어져 같은 당 신파와 구파 후보 간 대결이라는 이색적인 대결구도를 형성하였다. 민주당 신 · 구파 간 갈등은 선거과정에서 노골적으로 드러났다. 신 · 구파는 선거기간 중 민주당의 당명하에 각기 별도의 행동을 취하였고, 별도의 자금을 마련하여 당 공천을 받은 후보자보다 자파 후보를 지원하였다. 후보들 또한 당 선거대책본부의 지시보다 파벌 참모의 지시에 따라 움직였다. 선거운동 과정에서는 당의 정책과 자신의 정견을 정정당당하게 밝히는 것이 아니라 모략과 중상으로 상대파의 인신공격에 모든 정력을 바치는 식으로 선거운동을 벌였다(심지연 · 김민전 2006, 442).

선거전 도중에는 공공연하게 분당론을 제기하기도 하였다(중앙선관위 1989, 249). 특히 민주당 구파 측에서는 "민주당의 압도적 승리에서 야기될 지도 모르는 일당독재를 방지하고, 그에 따른 혁신계분자들의 반대투쟁을 막기 위하여 보수정치인들 사이에 양당제도의 형성이 필요하다"는 논리를 제기하였다(최한수 1995, 167). 이러한 심각한 계파 갈등으로 인하여 7 · 29선거에서 민주당은 마치 분당을 위해 선거전을 치르는 듯한 양상을 보였다.

이러한 분열 양상에도 불구하고 7 · 29총선은 민주당 후보자들의 압도적인 승리로 끝났다. 민주당은 민의원 233석 중 175석(75.1%), 참의원 58석 중 31석(53.4%)을 차지하여 양원 모두에서 과반을 훨씬 넘는 안정의석을 확보하였다. 반면 자유당은 민의원 2석, 참의원 4석으로 몰락하였다. 기대를 모았던 혁신세력 또한 민의원선거에서 약 140명의 후보자

⟨표 2-1⟩ 제5대 국회의원선거 결과

구분	민의원	참의원
민주당	175(75.1%)	31(53.4%)
자유당	2(0.9%)	4(6.9%)
무소속	49(21.1%)	20(34.6%)
사회대중당	4(1.7%)	1(1.7%)
한국사회당	1(0.4%)	1(1.7%)
통일당	1(0.4%)	0(0%)
기타	1(0.4%)	1(1.7%)
계	233(100%)	58(100%)

가 출마하였으나 6명이 당선되는 데 그쳤고, 참의원선거에서는 단 2명만이 당선되어 참패하였다.

대표적 혁신정당이었던 사회대중당의 민의원선거 득표율은 6.0%에 불과하였고, 한국사회당은 단 0.6%만을 획득하였다. 혁신계의 참패는 조직과 자금 면에서 열세의 측면이 하나의 요인으로 작용하였으나, 무엇보다도 한국전쟁 이후에 굳건히 자리잡은 반공의식에 입각한 보수·우익적 이념구조가 혁신계의 주장에도 불구하고 여전히 흔들림 없이 유지되고 있었다는 점이 중요한 요인으로 지적되었다(오명호 1998, 55).

한편 무소속은 민의원 49명(21.1%), 참의원 20명(34.6%)이 당선되는 선전을 펼쳤다. 특히 무소속의 득표율은 민의원 46.8%, 참의원 49.3%로 매우 높았다. 무소속의 득표율이 높았던 주된 이유는 민주당 내의 신·구파 싸움으로 여러 선거구에서 중복 공천이 이루어졌고, 과거 자유당 소속 인사들 가운데 지역 내에서 나름대로 정치적 기반을 갖고 있던 많은 사람들이 자유당 당적을 버리고 재출마한 결과라고 볼 수 있다(지병문외 1997, 193).

4·19혁명 이후 4개월 만에 실시된 총선은 민주주의에 대한 열망과

열풍 속에 관권의 간섭이나 압력 없이 대체로 공정한 분위기 속에 진행되었다. 특히, 혁명 직후의 상황을 반영하듯 이승만 시대에 횡행했던 관권 개입을 통한 선거는 거의 나타나지 않았다. 그러나 여전히 매표, 매수행위 등 후진적 선거문화의 문제는 지속되는 양상을 보였다.

한편 과거 온갖 수단과 방법으로 후보자 자신의 기반을 구축했던 자유당원들과 그 동조세력이 어느 선거구에서나 출마하게 되면서 반민주 세력의 후보자를 저지 규탄하는 운동이 도처에서 일어났다. 특히 4·19혁명의 주체세력이라고 자처하던 일부 학생들과 시민들은 자유당 인사 및 그 관련자의 입후보를 저지하기 위해 그들의 선거사무소와 가옥을 습격하기도 하였다. 전국에서 300여 개의 투표함이 방화, 파괴되었고, 선거소송은 무려 1,371건에 달하였다(김용호 2001, 47). 선거사범은 무려 1,793건에 달했고, 이 가운데 413건이 기소되었다(중앙선관위 1989, 248). 이처럼 혁명 이후 첫 선거는 불안정한 과정으로 진행되면서 갈등과 반목이 치유되지 못한 혼란스러운 시대상을 고스란히 보여주고 있었다.

III. 제4대 대통령선거와 장면 내각의 출범

4·19혁명으로 이승만과 자유당 정권이 붕괴된 이후 이루어진 제3차 헌법 개정으로 대통령제 권력구조는 내각책임제로 변경되었다. 이에 따라 대통령은 그 지위뿐만 아니라 선출방법 또한 제1공화국에서와 달라져 국회에서 간접선거로 선출되었다. 한편 내각책임제를 수용하면서 실질적인 국정운영의 권한이 국무총리에게 주어졌고, 이를 위한 인준이 국회 양원합동회의를 통해 이루어졌다.

1. 간접선거로 치러진 제4대 대통령선거

내각책임제를 채택한 제2공화국 헌법은 정부 권력의 두 축을 이루는 대통령과 국무총리를 양원합동회의와 민의원에서 각각 선출하도록 규정하였다. 이에 따라 먼저 1960년 8월 12일 참의원과 민의원 양원합동회의에서 제4대 대통령 선출이 이루어졌다. 개정헌법에 따르면 대통령은 양원합동회의에서 선거하고 재적 국회의원 3분의 2 이상의 득표를 얻어야 당선된다. 1차 투표에서 당선자가 없을 때에는 2차 투표를 행하고, 2차 투표에서도 당선자가 없을 때에는 재적의원 3분의 2 이상의 출석과 출석의원 과반수의 투표를 얻어야 당선된다(헌법 제53조). 그러나 7·29선거에서 민주당이 민의원과 참의원 모두에서 과반 의석을 확보한 상황이었기 때문에 민주당은 집권 정당으로 부상하였고, 민주당 후보가 대통령에 선출되는 것은 예정된 결과였다.

문제는 민주당 내부의 경쟁과 갈등에 있었다. 총선을 통해 집권당이 된 민주당은 선거 직후부터 대통령선거 및 국무총리 선출에 있어서 내부 신파와 구파 간 갈등을 표출하였다. 8월 6일 민주당 신파 측은 구파 측이 불참한 가운데 당선자 총회를 열고 13인소위원회를 조직하였다. 한편 구파 측은 8월 7일 신파 측과 별도로 당선자 총회를 열고 23인위원회를 조직하였다. 이처럼 민주당은 당내 계파가 각기 자파의 당선자 명단을 발표하고 자파의 우세를 과시하며 대통령선거와 국무총리 후보자 선출을 위한 사전 작업을 진행하고 있었다.

구파와 신파는 제4대 대통령후보 선출과 관련하여 서로 상이한 정략적 이해관계에 근거하고 있었으나 그 결과는 하나로 집결되었다. 즉, 신파와 구파의 궁극적인 목표는 새로운 내각제 권력구조하에서 실질적인 국가권력을 가지게 되는 국무총리직을 차지하는 것에 있었다. 그러나 이를 위한 양파의 전략적 입장은 상이했다. 구파는 대통령직과 국무총리직을 모두 차지하려는 권력 독점전략을, 신파는 대통령직을 구파에게 내주는 대신 실질적 권력이 부여되는 국무총리직을 차지하려는 균점전략을 계획하고 있었다. 따라서 양 파벌 간 전략 차이에도 불구하고 대통령 후보 지명에 있어서는 하나의 방향성이 형성되면서 구파 인사를 대통령후보로 지명하는 데 있어 큰 무리가 없었다. 그 결과 양측은 큰 논란 없이 구파의 윤보선을 제4대 대통령후보로 지지할 수 있었다.

1960년 8월 12일 제4대 대통령선거를 위해 열린 양원합동회의의 재적의원 총수는 263인이었다. 민의원 재적의원은 의원정수 233인 중 선거결과가 확정되지 않은 13개 선거구를 제외한 220명이었고, 참의원 재적의원은 의원정수 58인 중 선거결과가 확정되지 않은 15인을 제외한 48인이었다. 총 재적의원 가운데 259명의 의원이 대통령선거에 참여하였다.

제4대 대통령선거 결과는 예상된 것처럼 민주당 구파 윤보선이 총 259표 중 208표를 얻는 압도적인 지지로 당선되었다. 윤보선 이외에 득표한 11명 중 김창숙이 29표를 얻은 것을 제외하고는 모두 1~3표를 얻는 데 그쳤고 무효표가 6표였다.

〈표 2-2〉 제4대 대통령선거 후보자별 득표 상황

후보자	득표수	후보자	득표수	후보자	득표수
윤보선	208	허 정	2	유옥우	1
김창숙	29	김병로	1	이철승	1
백낙준	3	김시현	1	무 효	6
변영태	3	나용균	1	계	259
김도연	2	박순천	1		

출처: 중앙선거관리위원회(1989), 748

2. 민주당 당내갈등과 장면 내각의 출범

대통령선거 후 국무총리 지명과 국회 인준이 이어졌다. 개정 헌법은 국무총리 지명권을 대통령에게 부여하고 있었고, 지명된 국무총리가 인준되기 위해서는 민의원의원 재적 과반수의 투표를 얻도록 하였다. 대통령선거와 마찬가지로 국무총리 또한 양원 모두에서 과반 의석을 차지한 민주당 지명 후보가 인준되는 것은 당연한 결과였다. 그러나 내각제에서 국무총리가 실질적인 권력을 갖게 된다는 점에서 민주당 내 두 계파는 대통령선거와 달리 내부적으로 잠재해 있던 심각한 갈등을 표면적으로 표출하기 시작하였다.

민주당 내 신파와 구파 간 대립은 비단 제2공화국 출범 이후의 정치적 상황 속에서 나타난 것은 아니며, 제1공화국 자유당 정권 시절부터 장기적으로 이어져 왔다. 민주당은 한국민주당(한민당)이 그 원류를 형성하여 오다가 1952년 정치파동 이후 이승만에 의해 소외되었던 전 자유당 인사들이 합류하면서 1955년 창당된 정당이다. 이후 한민당 계열에 속하는 인사들은 구파로 불리게 되었고, 전 자유당 인사들은 신파로 불리게 되었다.

당내 두 파벌 간 갈등은 이전 자유당정권 시절 정·부통령선거 입후보 문제를 두고 두드러지게 나타났다. 특히 1959년 11월 대통령후보 지명을 놓고 구파 조병옥과 신파 장면은 치열한 경합을 벌였고, 이 과정에서 폭력적 사태가 수반되기도 했다(오명호 1998, 56). 자유당 독재 타도의 대의명분하에서 외형적으로 상호협조체제를 유지하던 민주당 신·구파는 4·19혁명 이후 7·29총선에서 원내 3분의 2 선을 확보하여 집권이 확실해지면서 권력 배분을 둘러싼 극단적인 갈등을 표출하기 시작하였다.

7·29총선 과정에서 신파와 구파는 이미 분당론을 제기한 바 있다. 선거결과 다수 의석을 차지한 민주당은 이후 분당의 의견이 간간히 나타나기 시작하였고, 8월 4일에는 구파 측에서 분당의사를 밝히는 성명

을 발표하게 된다. 당내 온건파와 중도파의 반발과 구파 내부의 의견일치가 이루어지지 않으면서 분당은 즉각적으로 실행되지 않았다. 그러나 구파의 분당 성명서는 극단적인 민주당 내부 갈등의 상황을 여실히 보여주고 있었다. 구파측이 성명을 통해 제시한 분당 필요성의 이유는 다음과 같다.

첫째, 한 정당이 민의원 의석의 3분의 2 이상을 차지하면 일당독재의 우려가 있으므로 건전한 야당의 존재가 정국안정을 위해 필요하다.
둘째, 민주당 신·구파가 형식적인 혼합체로서 운영하게 된다면 강력한 국정수행에 난점이 있다.
셋째, 구파는 국민의 여망에 따라 책임 있는 정권 담당에 매진하기 위하여 그리고 7·29선거 때 폭력, 파괴, 방화, 부정개표 등 민주반역행위를 규탄하기 위해 성명서를 발표한다.

행정부 구성에 있어 민주당 구파는 대통령과 국무총리를 모두 차지한다는 '독점론'을 근간에 두고 있었다. 그러나 신파는 대통령은 구파에게 주는 대신 실권을 갖게 되는 국무총리는 자파가 차지한다는 '균점론'이 기본입장이었다. 이에 따라 구파는 자파 소속의 윤보선이 대통령에 선출되었으나 자파 김도연을 국무총리로 지명할 것을 희망한 반면, 신파는 대통령후보를 구파 윤보선에게 내준 대신 국무총리는 자파의 장면을 지명할 것을 요구하였다. 이러한 상황 속에 국무총리 지명 및 인준을 둘러싼 갈등이 심화되자 민주당 신파와 구파는 같은 당이면서도 전혀 별개의 정당에 소속된 것처럼 정략적 행보를 펴나갔다.
이러한 가운데 민주당은 분열을 막고 대통령선거와 국무총리 인준에 타협점을 모색하고자 윤보선, 장면, 곽상훈 등 민주당 3자회담을 개최하였다. 그러나 성과를 거두지 못하였다. 결국 윤보선은 대통령 당선 이후 국무총리 지명 과정에서 장면을 지명할 것이라는 신파의 기대와 달리 자신이 속한 구파의 김도연을 국무총리로 지명하였다. 이에 대해 민주당 신파는 크게 반발하였고, 1960년 8월 17일 민의원에서 실시된 국무총리 인준 투표가 실시되자 집단적으로 반대표를 행사하였다. 그 결과 김도연 국무총리 후보자 인준동의 요청은 재적의원 과반수 찬성을 얻지 못하여 부결되고 말았다. 투표결과 찬성은 111표였으며, 반대는 112표였다.

신파의 집단적인 반발과 구파 김도연의 국무총리 인준 실패에 따라 윤보선 대통령은 또 다시 국무총리 후보를 지명해야 했다. 제2공화국 헌법은 대통령이 지명한 국무총리 후보가 민의원에서 동의를 얻지 못한 경우 5일 이내에 다시 지명하도록 규정하고 있었고, 그렇지 아니한 경우 또는 2차에 걸쳐 민의원이 대통령의 지명에 동의를 하지 아니한 때에는 국무총리를 민의원에서 선거하도록 하였다.

1차 국무총리 인준이 실패하면서 윤보선 대통령은 국무총리 2차 지명 과정에서 신파의 입장을 무시할 수 없었고, 결국 신파의 장면을 국무총리 후보자로 지명하였다. 이에 따라 8월 19일 국무총리 인준을 위한 민의원 투표가 실시되었다. 그러나 이번에는 구파 의원들이 집단적으로 반대표를 행사하며 반발하였다. 그럼에도 불구하고 장면은 117표를 얻어 제2공화국 초대 국무총리로 선출되었다. 투표 결과 반대표는 107표였다.

〈표 2-3〉 국무총리 인준 투표 결과

구분	김도연(1960. 8. 17)				장면(1960. 8. 19)			
	구파*	신파*	무소속	계	구파	신파	무소속	계
찬성	91	0	21	111	6	90	21	117
반대	6	90	16	112	91	0	16	107
계	97	90	37	223**	97	90	37	224

* 민주당원이 아닐지라도 양 파 중 어느 한 파에 동일시하는 의원 포함
** 3명의 궐석의원이 있었는데 두 명은 옥중에, 한 명은 와병상태였다고 함
　또한 무효표가 하나 있었음
출처: 오명호(1998), 58

1·2차 총리인준 표결에서 나타난 결과는 민주당 내 신·구파 간 갈등의 심각성을 여실히 보여주었다. 1차 인준투표에서 김도연은 신파로 분류되는 민의원 90명으로부터 반대 표결을 받았다. 2차 인준투표에서 장면 또한 구파로 분류되는 97명 중 91명으로부터 반대 표결을 받았다. 이처럼 같은 정당의 후보에 대해 극도로 대비되는 표결결과가 나타난 것은 양 파벌이 철저하게 상호 배척관계에 있었음을 반증하고 있었다.

3. 장면 내각의 혼란과 민주당 분당

 심각한 계파 갈등을 표출한 가운데 국회 인준을 받은 장면 국무총리는 이후 안정적인 국정운영을 위해 당내 갈등 해소가 핵심적인 과제였다. 이에 장면은 내각 구성에서부터 "어느 한 파에 치우치지 않도록 신·구파와 무소속으로 구성되는 균형 있는 거국내각을 만들겠다"며 갈등해소의 입장을 표명하였다. 그러나 장면의 바람과는 달리 당내 갈등 상황은 다른 방향으로 전개되어 갔다.
 구파 측은 거국내각 구성을 위한 장면 총리의 접촉에 응하지 않았고, 오히려 '구파 민주당'으로 원내 교섭단체를 등록할 것을 결의하였다. 이에 장면 총리는 구파 소속 인사의 입각 조건으로 개별 교섭단체에서의 탈퇴를 요구하였다. 그러나 구파는 오히려 장면 내각에의 입각 거부를 결의하였다. 이어 1960년 8월 21일과 22일에는 연립적 내각 구성을 위한 신·구파 영수회담이 열렸다. 이 회담에서도 양측의 협상은 결렬되고 말았다. 결국 8월 23일 장면 총리는 신파 중심의 내각을 구성하게 되고, 대부분의 각료직은 신파 측의 13인소위원회에 의해 독점되었다.
 13인 소위원회 중심의 1차 내각 구성은 구파와의 관계 악화뿐만 아니라 내각 구성에서 배제된 신파 내 소장파의 반발도 불러왔다. 소장파들은 소장동지회를 조직하며 또 하나의 분파를 형성하였고, 구파 측은 8월 31일 민주당구파동지회란 이름으로 원내교섭단체를 등록하였다.

한편 무소속 의원들 또한 48명의 민정구락부라는 원내교섭단체를 등록하면서 신파 중심의 내각은 안정적인 국정운영에 차질을 빚게 되었다.

이러한 상황 속에 장면 내각은 내각 구성 10여 일 만에 1차 개각을 단행한 것을 시작으로 이후 3차례의 개각을 통해 당내 갈등 해소와 정국 안정을 모색하였다. 이 과정에서 신·구파 측은 타협을 위한 협상을 진행하였으나 결국 타협점을 찾지 못하였고, 이어진 개각 결과는 오히려 계파 갈등과 정치적 불안정을 가중시켰다. 결국 1960년 9월 22일 구파 측에서는 신당발족을 선언하였고, 장기간 지속되어 오던 민주당 내 신·구파 간 갈등은 분당으로 종결되고 말았다. 이후 1961년 2월 20일 구파가 신민당이라는 신당을 공식 발족하면서 민주당 내 양 파벌은 완전한 결별을 맞았다

한편 분당 이후에도 민주당은 노장파와 소장파의 신풍회, 합작파의 정안회, 노장파 비주류계의 중도파 등으로 분파가 이어지면서 진통을 겪었다. 이처럼 장면 내각은 신·구파의 대립뿐만 아니라 신파 내의 또 다른 갈등과 분파의 형성 등 복합적인 갈등으로 인하여 정상적인 기능을 수행할 수 없는 상황이 지속되었다. 그 결과 민주당 장면정부는 집권 시 의도했던 내각의 안정도, 정국의 안정도 실현하지 못하였고, 결국 5·16군부쿠데타로 인해 9개월의 짧은 기간 만에 붕괴되고 말았다.

IV. 지방선거의 부활과 단절

1960년 8월 제2공화국 장면 내각이 출범한 이후 민주화의 물결은 지방선거에서도 이어졌다. 이승만 정권 말기에 임명제로 변경되었던 일부 지방선거는 다시 주민 직선제로 환원되었고, 지방자치법도 보다 민주적으로 재개정되었다. 그러나 1960년 12월 4차례에 걸쳐 실시된 지

방선거는 유권자들의 관심을 받지 못하면서 매우 낮은 투표율을 보였다. 집권 민주당은 분당이라는 갈등 속에 신민당보다는 높은 지지를 받았으나 무소속 후보자들보다 적은 지지를 받아 불안정한 상황을 여실히 드러내었다. 한편 7·29총선에서 참패 후 도약의 발판을 모색하던 혁신계 정당 또한 지방선거에서 연이어 참패하고 말았다.

1. 지방자치법 개정

이승만 정부 말기 지방자치는 단절의 위기를 맞았다. 이승만 정부는 1960년 실시가 예정되어 있던 지방자치단체선거를 앞두고 각급 지방자치단체장을 임명제로 바꾸는 지방자치법 개정을 시도하였다. 1956년 2월 지방자치법을 개정하여 서울특별시장과 도지사를 대통령이 임명하도록 바꾸었고, 이어 1958년에는 지방자치법을 다시 개정하여 각급 지방자치단체의 장을 모두 임명제로 바꾸었다. 이로써 주민직선의 지방자치단체장선거가 전면 중단되게 되었다. 그러나 4·19혁명과 제2공화국의 출범은 단절 위기에 있던 지방자치를 일거에 부활시키게 된다.

4·19혁명 이후 개정된 제2공화국 헌법은 지방자치단체의 장 선임방법을 법률로서 정하도록 하고 있으나 적어도 시, 읍, 면의 장은 그 주민이 직접 선거하도록 규정하였다(헌법 제97조). 민주적 제도의 형성을 통해 이승만 정부가 중단시킨 직선제를 부활한 것이다. 따라서 지방자치법은 제2공화국 헌법에 따라 개정이 필요하였고, 민의원과 참의원의 의결을 통하여 1960년 11월 1일 개정되었다.

개정된 지방자치법에서는 임명제였던 서울특별시장·도지사를 주민의 직접선거로 변경하였다. 또한 선거권 연령은 21세에서 20세로 낮아졌고, 서울특별시장 및 도지사의 피선거권 연령이 30세 이상으로 규정되었다. 서울특별시장을 제외한 지방자치단체의 장과 서울특별시의 회의원선거는 1인을, 시·읍·면의회의원선거는 의원정수 이하를 기표할 수 있도록 투표방법을 변경하였다. 한편 서울특별시장선거에는 우리나라 선거사상 처음으로 후보자의 성명을 기명하는 자서식 투표제도를 채택하였다.

서울특별시장과 도지사선거의 선거운동에 있어서는 구와 군 단위로 합동연설회를 개최하고, 개표구당 1회의 개인연설회를 개최할 수 있도록 하였다. 서울특별시와 도선거위원회는 후보자가 제출하는 원고와 비용에 의하여 선전벽보를 작성하여 매 세대 및 부재자에게 1회 무료 우편으로 발송하도록 하였다. 또한 선거구 내에서 발행하는 일간신문 2종에 1회씩 선거에 관한 광고를 게재할 수 있도록 하였다. 그러나 허용된 방법 이외에는 어떠한 선거운동도 할 수 없도록 하였으며, 선거비용 지출도 허용된 선거운동 방법 이외에는 일절 지출할 수 없도록 엄격하게 제한하였다.

한편 개정된 지방자치법에서는 "동법 시행 후 처음 실시하는 지방의회의원과 지방자치단체의 장의 선거는 도와 서울특별시 의회의원, 시, 읍, 면의회의원, 자치단체의 장의 순서로 7일 이상의 간격을 두되 본법 공포 후 60일 이내에 실시하여야 한다"라고 규정하였다. 이에 따라 1960년 지방선거일은 서울특별시·도의회의원선거 12월 12일, 시·읍·면의회의원선거 12월 19일, 시·읍·면장선거 12월 26일, 서울특별시장·도지사선거 12월 29일로 결정되었다. 4개의 선거가 3일 내지 7일 간격을 두고 한꺼번에 실시된 것은 1956년 8월에 실시된 기초자치단체 의회의원선거와 단체장선거 그리고 시·도의회의원선거에 의해 선출된 공직자의 임기가 만료되는 시점에 최초의 광역자치단체장선거가 실시되었기 때문이었다. 1960년 지방자치법 개정과 그에 따라 연이어 4차례의 선거가 실시되면서 이승만 정권 말기 중단 위기에 빠진 지방선거는 그 명맥을 이어갈 수 있었다.

2. 국민의 무관심과 민주당의 패배

1960년 12월 4차례에 걸쳐 실시된 지방선거는 유권자의 관심과 참여를 이끌어 내지 못하였다. 허정 과도정부의 개혁정책 부진, 집권당의 갈등과 분열 등 불안정한 정치상황은 국민들의 정치적 무관심과 냉소주의를 심화시켰다. 이는 유권자들의 지방선거 투표율 저하로 이어졌다. 서울특별시장선거의 경우 투표율은 36.4%였고, 서울특별시회의원 선거와 도지사선거의 투표율 또한 각각 46.2%, 44.8%에 그쳤다. 다만 지방선거의 기초단위였던 읍·면장선거, 읍·면의회선거에서 70~80% 이상의 높은 투표율을 보였을 뿐이었다. 이러한 결과는 불과 5개월 전 실시된 7·29총선 투표율이 84%였던 점과 비교하면 매우 저조한 결과였다.

1960년 지방자치단체장선거에서 투표율이 전반적으로 저조한 것은 12월 하순이라는 계절적 요인이 일부 작용한 것으로 보여진다. 또한 4차례에 걸친 선거로 인하여 유권자들의 자치의식이 무관심상태로 돌아갔다는 점도 투표율 저하의 요인으로 평가되었다(중앙선관위 1989, 828). 특히 선거사상 유래 없는 낮은 투표율을 보인 서울시장과 도지사선거는 지방주민과 직접적인 이해관계가 적어 유권자 참여가 집중되지 못한 점이 지적되었다. 읍·면 단위의 지방선거 투표율이 직전 국회의원 선거 투표율과 유사한 경향을 보였다는 점이 이러한 평가의 근거로 제시되었다.

서울특별시장선거의 경우에는 처음으로 도입된 후보자성명 자서식 투표제도가 투표율 저하의 주요한 요인 중 하나로 지적되기도 하였다. 이 제도로 인해 문맹자의 투표참가율이 저조하였다는 평가다. 자서식 투표 결과 나타난 무효투표율 또한 제도적 문제점으로 지적되었다. 서울특별시장선거 결과 무효투표율은 약 10%에 달하였다. 일반 기표방식의 투표에서 무효투표율이 4~5% 수준이었던 점을 고려하면 자서식 투표방식은 무효표를 발생하게 하는 주요한 요인이었던 것으로 평가할 수 있다.

　지방선거 결과 민주당은 집권 후 채 반년이 지나지 않아 실시된 선거임에도 불구하고 무소속보다 낮은 득표율로 패배하였다. 민주당은 서울시장과 도지사선거, 시장선거를 제외한 모든 선거에서 무소속보다 당선자가 적었다. 서울특별시·도의회선거에서는 정당 투표의 경향이 강하였으나 읍·면 단위의 선거에서는 정당 소속 당선자를 찾아보기 힘들 정도로 무소속 당선자가 압도적인 다수를 차지하였다. 읍의회의원선거에서는 82.6%가 무소속이었으며, 면의회의원선거에서는 무소속 당선자가 81.8%에 달하였다.

　무소속 당선자가 주류를 이루고 있는 것은 지방선거가 정치적 영향력에 있어서는 대통령선거나 국회의원선거보다는 미약하지만 정치적 논리보다는 지방행정 및 생활행정을 중요시 하는 유권자의 의도가 선거결과에 표출된 것으로 보인다. 또한 국회의원선거와 달리 정당소속을 의무화하지 않아 무소속 출마가 대세를 이룬 것도 하나의 요인으로 지적되었다(전선일 2008, 224).

〈표 2-4〉 1960년 지방선거 정당별 당선 상황

구분	의원 정수	후보자 수	정당·단체별				
			민주당	신민당	사회 대중당	기타	무소속
시·도의회의원선거	487	2,054	195	70	2	4	216
시의회의원선거	420	1,269	129	45	0	8	238
읍의회의원선거	1,055	2,335	142	39	0	2	872
면의회의원선거	15,434	29,598	2,510	241	3	44	12,578
시장선거	26	110	12	5	0	0	9
읍장선거	82	407	23	3	0	0	56
면장선거	1,360	6,638	297	13	1	4	1,045
서울시장·도지사선거	10	85	6	3	0	0	1

한편 혁신세력의 몰락 또한 주목해야 할 지방선거 결과의 특징 중 하나였다. 자유민주주의의 확산 속에 활성화된 혁신정당들은 앞선 7·29 총선거에서 정치적 기반을 마련하고자 했던 기대와 달리 좌절을 경험하였다. 이에 1960년 지방선거는 총선거의 패배를 극복하고 재기의 발판을 마련할 수 있는 중요한 선거였다. 그럼에도 불구하고 혁신세력을 대표하던 사회대중당은 시·도의회의원선거에서 2명, 면의회의원선거에서 3명, 그리고 면장선거에서 단 1명만이 당선되어 그 의미를 찾을 수 없을 만큼 극히 저조한 결과를 보였다. 연이은 선거 패배는 혁신세력이 우리나라 정치, 특히 제도권 정치에서 안정적인 뿌리를 내리지 못하고 있던 현실적 한계를 여실히 드러내었다.

V. 5·16군부쿠데타와 민주적 실험의 좌절

제2공화국은 장기간 이어져온 자유당 독재를 마감하고 새로운 자유민주주의를 정착시켜 나갈 것이라는 장밋빛 기대감 속에 출범하였다. 시민사회를 억제해 왔던 많은 법적 규제들이 개선되면서 국민의 자유가 최대한 허용되고 기본권이 강화되었다. 특히, 장기집권과 독재로 이어져 온 1인 중심의 제왕적 대통령제는 민의의 흐름과 정치세력의 분포를 민감하게 반영할 수 있을 것으로 기대되는 의원내각제로 대체되었다.

제2공학국은 대중들의 성급한 혁명과업 수행의 촉구, 청년학생층의 끊임없는 압력과 경제적 역조 등 불안정한 여건하에 놓여 있었음에도 불구하고 정치적으로 건국 이후 가장 뚜렷한 민주주의 제도, 지방분권과 민권신장의 제도적 장치를 마련하고 있었다(양재인 1996, 318).

그러나 자유민주주의에 대한 이러한 높은 기대는 1961년 5월 16일 박정희를 중심으로 한 군부쿠데타로 인해 허망하게 끝나고 말았다. 장면 정권이 출범한지 9개월 만의 일이다. 장면 정권의 붕괴는 5·16군부쿠데타가 직접적인 요인이었다. 그러나 그 내면에는 장면 정권이 붕괴하는 데 있어 다양한 요인들이 작용하고 있었다.

우선 민주당의 신·구파 간 갈등이 제2공화국 붕괴의 중요한 정치적 요인으로 지적될 수 있다. 민주당은 7·29총선을 통해 집권에 성공했으나 이 과정에서 심각한 갈등이 표면화되기 시작하였다. 이후 총리 지명, 내각 구성 과정에서 신·구파 간 갈등은 더욱 심화되어 갔고, 구파 결속에 실패한 장면 정부는 결국 구파의 신당 창당에 따른 민주당 분당으로 인해 국회 내 안정적 기반을 상실하게 되었다.

장면 정권의 정치력 및 강력한 리더십의 부재 또한 불안정한 정국을 안정화시키지 못하고 단명하게 된 주요한 원인으로 지적될 수 있다. 4·19 이후의 혁명적 열기와 폭발적인 국민적 요구 속에 탄생한 제2공화국 장면 정부는 시민사회를 묶던 모든 법적 규제 조치를 철폐하고 자유로운 언론과 제약 없는 집회 및 시위를 보장하였다. 그러나 민주당의 자유방임에 가까운 정치적 처방은 시민사회의 활성화를 통하여 엄청난 부작용을 초래하였다(오명호 1998, 113).

9개월간의 집권기간 동안 하루 평균 7회에 달하는 총 1,835회의 데모가 발생하였고, 1960년 10월 11일에는 의정사상 초유의 '일반학생의 의사당 점거'가 발생하는 등 사회적 혼란은 심각했다. 그러나 장면 정부는 혁명주체 세력에 의해 구성된 정부가 아니었기 때문에 쉽사리 4·19 주도세력이었던 학생세력의 기본권을 제약하는 단호한 조치를 취할 수 없었다. 제2공화국 헌법에 있어서 정치적 자유에 대한 개별적 유보 조항을 삭제한 것은 그 자체로 이미 한계를 노출한 것이었다(김운태 외 1993, 341).

이러한 상황을 극복하고 자유민주주의 헌정질서를 확립하기 위해서는 국민의 전폭적인 지지를 바탕으로 한 강력한 정치적 리더십이 요청되었다. 그러나 장면 정부는 민주당의 분당과 이후 지속적으로 나타난 정치적 대립을 해소하지 못하면서 결국 정치·사회·경제적으로 나타난 총체적 난국을 수습하는 데 실패하고 말았다. 결국 제2공화국은 장기간 이어져온 제1공화국의 권위주의정치를 청산하고 민주주의 정착을 위한 발전적인 제도적 장치를 마련하고도 정치·경제·사회적 기반을 갖추지 못함으로써 민주적 실험에 실패하고 말았다. 그럼에도 불구하고 제2공화국의 경험은 민주주의의 제도화와 민주주의의 공고화를 고민하는 현실에서 갈등과 반목, 그리고 사회적 합의와 안정과 관련한 다양한 교훈을 제공하고 있다.

2부

권위주의 시대의 선거

- 제3장 제3공화국의 선거   강원택
- 제4장 제4공화국의 선거   신두철
- 제5장 제5공화국의 선거   조진만

제3장

제3공화국의 선거

강원택

I. 군사정권과 제3공화국의 출발

 절차적 민주주의의 관점에서 볼 때 제3공화국의 출범은 원죄(原罪)에서 벗어나기 어렵다. 앞 장에서 본 대로, 이승만의 장기집권과 3·15 부정선거에 대한 국민적 저항이 4·19혁명으로 분출되면서 제1공화국이 붕괴되었고, 1960년 7월 29일의 총선과 함께 장면을 총리로 하는 제2공화국이 출범하였다. 그러나 민주적 절차에 따라 출범한 제2공화국은 1년이 채 지나지 않은 1961년 5월 16일 박정희가 이끄는 군부쿠데타에 의해 붕괴되고 말았다. 제2공화국을 몰아낸 후 박정희의 군부 세력은 대의민주주의에 의존하지 않고 국가재건최고회의를 설치하여 직접 군정을 실시했다.
 제3공화국의 선거정치는 이와 같이 정치적 자유가 사실상 제약 받았던 군정하에서 시작되었다. 1962년 12월 17일 우리나라 역사상 처음으로 실시된 국민투표에 의해 헌법이 개정되었는데 제2공화국에서 채택한 내각제를 버리고 다시 대통령 중심제로 권력구조가 바뀌었다. 그러나 그 논의 과정에 다수가 자유롭게 참여했다고 볼 수는 없기 때문에 절차적 민주주의의 측면에서 본다면 분명한 한계를 갖는 것이었다. 국민투표는 헌법 개정 외에도 한 차례 더 계획되었으나 시행되지는 않았다. 1963년 박정희는 군정을 연장하고자 했고 이를 위해 군정 4년 연장의 가부를 묻는 국민투표를 실시하려는 계획을 세웠다. 그러나 미국의 반대가 컸고 국내에서도 반발이 적지 않아 군정 연장을 위한 국민투표 계획은 수포로 돌아가고 말았다.

5·16쿠데타 이후 사라졌던 선거정치가 부활한 것은 민정 이양을 위해 실시한 1963년 10월 15일 5대 대통령선거 때부터였다. 이때 이후 1972년 유신체제 때까지 9년간 세 번의 대통령선거, 세 번의 국회의원선거, 그리고 두 차례의 국민투표가 실시되었다. 이 기간 내내 박정희 정권의 지배가 관철되었고 매우 광범위하게 관권이 선거에 개입했다는 점에서 이 시기의 선거정치가 공정하고 자유로운 것이라고 평가할 수는 없다. 그럼에도 불구하고 제3공화국에서의 선거정치는 상당한 수준의 역동성을 찾아볼 수 있다는 점에서 매우 흥미롭다. 이 장에서는 우선 정당제도와 선거제도 등 제도적 조건에 대해서 살펴보고, 각 선거에서 나타난 특성에 대해서 논의할 것이다. 제3공화국의 첫 대통령선거와 국회의원선거가 한 달 정도의 시차로 실시되었고 임기 역시 4년으로 동일했기 때문에, 제3공화국에서의 모든 대통령선거와 국회의원선거는 같은 해에 행해졌다. 그런 점에서 선거가 치러진 연도를 중심으로 논의를 진행할 것이다.

II. 제3공화국의 선거제도와 정당제도

제3공화국의 선거정치를 이해하기 위해서는 우선 당시의 선거 및 정당제도에 대해 살펴볼 필요가 있다. 군사쿠데타 이후 군정 기간 동안 군부는 제2공화국 때와는 상이한 정당 및 선거제도를 마련했다. 먼저 군정 기간 중 군부는 「정당법」을 제정함으로써 정당의 설립과 활동 요건을 처음 법으로 규정했다. 정당을 창당하기 위해서는 서울, 부산 및 도 가운데 다섯 곳 이상의 시·도당을 두도록 했고 지구당은 지역구 선거구 총수의 1/3 이상을 의무적으로 설립하도록 했다. 당시 지역구 의석 총수가 131석이었는데 정당 설립을 위해서는 최소한 44개 이상의 지구당 창당이 요구되었던 것이다. 한 지구당의 최소 당원의 수는 50인으로 했다. 정당 설립의 요건이 매우 강화된 것이다. 또한 선거법을 개정했는데 주요 내용은 정당공천제를 실시해서 무소속의 출마를 금지시켰고 의원이 탈당하게 되면 의원직을 상실하도록 했다.

선거제도는 기존의 소선거구 단순다수제 방식에 처음으로 전국구 비례대표제 방식을 도입하였다. 즉 지역구에서는 소선거구 단순다수제 방식으로 의원을 선출했으며, 지역구 투표에 대한 정당별 의석 배율에 따라 전국구 비례대표의석을 배분하도록 했다. 전국구 비례대표제 도입은 직능 대표 발굴이나 사표 방지 등을 명분으로 내세웠지만 실제 배분 방식은 비례성과는 거리가 멀었고, 오히려 비(非)비례적인 배분 방식에 의해 집권당에 안정 의석을 제공하기 위한 것이었다. 의석 배분 방식은 득표율 기준으로 제1당에게 실제 득표율과 무관하게 의석의 절반을 배분하며, 제1당의 득표율이 50%를 넘는 경우에는 전국구 의석의 2/3까지를 배분하도록 했다. 한편, 득표율 기준 제2당의 의석 배분 역시 흥미로운데, 제2당이 제3당 이하의 정당의 득표율을 모두 합한 것보다 2배 이상을 득표한 경우에는 제1당에 배분하고 남은 전국구 의석을 득표율에 따라 배분하지만, 그렇지 못한 경우에는 제2당에게 잔여 의석의 2/3를 배분하고 나머지는 3당 이하에게 득표율에 따라 배분하도록 했다. 한편, 지역구 선거에서 3석 이상을 차지하지 못하였거나 유효 득표의 5% 이상을 득표하지 못한 정당에게는 전국구 의석을 배분하지 않도록 했다(중앙선거관리위원회 1973, 84).

이는 대단히 불공평한 배분 방식이었는데, 실제로 〈표 3-3〉에서 볼 수 있듯이 1963년 6대 국회의원선거에서 민주공화당은 33.5%로 전국구 의석의 절반인 22석을 차지한 반면, 국민의 당은 8.8%의 득표를 하고도 전국구 의석을 한 석도 배정받지 못했다. 한편, 투표 방식은 오늘날과 같은 별도의 정당투표를 위한 1인 2표제가 아니라, 지역구 투표만을 행하고 그것을 토대로 비례대표 의석을 배분하는 방식이었기 때문에, 지역구 후보에 대한 지지가 동시에 후보자의 소속 정당 지지로 해석된다는 문제점은 존재했다. 그러나 이 시기에는 무소속 후보의 선거 출마를 애당초 허용하지 않았기 때문에 정당 후보를 지지한 유권자와 무소속 후보를 지지한 유권자 간 비례대표 의석 배분에 대한 표의 등가성의 문제는 발생하지 않았다.

전체적으로 볼 때 제3공화국 시기의 선거제도, 정당제도의 특성은 정당 중심의 정치를 지향했다고 평가할 수 있다. 선거에서 정당 공천을 의무화함으로써 무소속 후보의 출마를 금지하도록 한 것이 그 예가 될 수 있다. 그러나 전국구 비례대표 배분 방식은 제1당이 유력했던 민주공화당에 매우 유리하도록 만듦으로써 국회 내 안정 의석의 확보를 제도적으로 보장했다. 동시에 여타 정당 중 제1야당에게 부분적인 유리함을 제공함으로써 양당적 경쟁 구도의 형성을 염두에 둔 것으로 보인다. 군부가 선거법, 정당법을 제정하면서 양당제에 집착한 것은 "아마도 장면 정부하에서의 무질서한 정당 난립에 대한 반작용" 때문일지도 모른다. 군부로서는 "자신들의 정당이 안정 다수를 확보하는 것이 보장만 된다면 양당제가 정치 안정을 위해 낫다고 생각한 것 같다. 그들이 꿈꾼 정당체제는 정권을 주고 받는 양당제라기보다는 자신들이 권력을 장기간 독식하는 1.5당제였던 것이다(김일영 2004, 337-339)."

실제로 제3공화국 시기의 정당체계는 양당제적인 형태로 유지되었다. 락소와 타게페라(Laakso and Taagepera 1979)의 계산 방식에 따른 유효 정당 수(the effective number of parties)를 보면, 6대 국회의 경우 2.18, 7대 국회 1.64, 8대 국회는 2.01로 나타났다. 즉 6대 선거에서 야당의 분열로 양당 정치적 특성이 상대적으로 약했지만 7대 국회 이후에는 양당적 경쟁이 보다 뚜렷해지는 양상을 보이기 시작한 것이다. 사실 7대 이후 민주공화당, 신민당 이외에 의석을 얻은 경우는 7대 대중당 한 석, 8대 민중당, 국민당 각 한 석씩이 전부였기 때문에 정치적으로 큰 의미를 부여할 수 없는 정도였다. 제도적으로도 양당 경쟁을 유도하고 있었지만, 야당의 입장에서도 1963년 대통령선거를 겪고 난 후 야당이 통합하지 않으면 지지표의 분열로 인해 선거 승리가 어렵다는 인식을 갖게 되었다. 이에 따라 1967년 2월 민중당과 신한당이 통합함으로써 신민당을 창당시켰고 이후 박정희 집권기의 정당정치는 민주공화당과 신민당 간의 양당 구도로 정착되었다.

III. 대통령제 개헌 국민투표, 제5대 대통령선거와 6대 국회의원선거

군정 기간 중 제2공화국의 내각제를 대신하여 대통령중심제로 바꾸기로 했다. 제한된 헌법 개정안에 따르면 대통령은 국군통수권, 조약 체결 및 비준권 등 일반적인 권한 이외에 긴급명령권과 계엄선포권까지 갖는 매우 강력한 권한이 부여되었다. 한편, 군사정부는 대통령제 도입의 정당성을 제2공화국의 붕괴에서 찾고자 했다. 제2공화국의 순수 의원내각제가 장점을 발휘하기보다는 비효율적인 파쟁을 유발해 정국의 불안과 사회질서의 문란을 야기했기 때문에 확고한 리더십 보장을 위해서 대통령제가 우리 현실에 더 맞는다는 것이다(공보부 1962, 74). 한편, 그 이전까지 개헌이 국회 내에서의 결정으로 이뤄지던 방식과는 달리 역사상 처음으로 국민투표를 통해 이뤄졌다. 1962년 12월 17일 실시된 개헌 관련 국민투표는 85.3%라는 높은 투표율 속에서 전체 투표자의 78.8%의 찬성으로 가결되었다. 그러나 당시 군사정부의 비상조치법이 헌법의 기능을 대신하고 있었고, 정당과 국회가 해산되었을 뿐만 아니라 1962년 3월의 이른바 정치정화법에 의해 3,027명의 기존 정치인들의 정치 활동을 규제하고 있던 비정상적 상황에서 국민투표가 실시되었다는 점에서 헌법 개정의 절차가 반드시 민주적이었다고만 평가할 수는 없다. 자유롭고 폭넓은 정치적 토론과 논의가 이뤄질 수 없는 상황에서 실시된 것이었다.

대통령제를 골간으로 하는 제3공화국의 헌법이 확정된 이후 이제 관심은 대통령선거로 모아지게 되었다. 박정희는 1963년 4월 8일 "혁명주체 세력이 민간인의 자격으로 제3공화국에 참여한다."고 밝혀 자신의 대선 출마를 기정사실화했다(심지연 2009, 170). 야권에서는 박정희와 민주공화당에 맞설 단일정당의 결성이 필요하다는 인식이 높았지만 각 계파 간 이해관계의 차이로 구체적인 성과를 거두지는 못했다. 이에 따라 1963년 10월 15일의 대통령선거를 앞두고 모두 7명의 후보가 출마를 선언했는데, 민주공화당의 박정희에 맞서 민정당의 윤보선, 정민회 변영태, 추풍회 오재영, 자유민주당 송요찬, 국민의 당 허정, 신흥당 장이석 등이 후보로 등록했다. 그러나 선거운동 도중 허정이 야권 분열을 막아야 한다는 이유로 후보 사퇴를 선언했고, 옥중 출마했던 송요찬도 출마를 포기하면서, 사실상 윤보선으로 야권 후보가 단일화되었다.

5대 대통령선거는 '쿠데타로 정권을 장악한 군부가 국민의 신임을 받아 재집권에 성공하느냐, 아니면 군정종식을 내건 구정치인이 집권해 진정한 의미의 민정이양을 이루느냐(심지연 2009, 182)'하는 의미를 지니고 있었다. 박정희 후보 측은 민정당을 부패하고 권모술수에 능한 구악(舊惡), 구정치인(舊政治人)으로 규정하며, 이번 선거는 구악에 젖은 구정치인과 개척정신에 불타는 신진세력과의 대결이며 구악집단과 민중세력의 대결이라고 하며, 조국의 근대화는 낡고 가식된 민주주의의 탈을 쓴 구정치인에게 기대할 수 없다고 강조했다. 이에 대해 민정당은 공화당이 역사상 유례가 없는 공포정치와 비밀정치를 하고 있다고 비난했고, 군정 기간 중 공화당 창당 자금 마련을 위해 저지른 증권파동, 워커힐, 새나라자동차, 빠찡코 도입 사건 등 소위 4대 의혹 사건의 진상을 공개하라고 공격했다(김규환 외 1965, 52-56).

그런데 실제 대통령선거 운동 기간 중 유권자의 주목을 끌었던 이슈 중 하나는 사상논쟁이었다. 윤보선 후보 전주 유세 중 '여순반란사건의 관계자가 정부에 있는 듯하다'고 박정희 후보의 연루 사실을 밝혔고 뒤이은 서울 유세에서는 박정희 후보 이름을 직접 거론하며 여순반란사건에 관련되었음을 폭로했다. 이에 대해 박정희와 공화당은 이를 매카시즘적 공세라고 비판했다. "민정당은 한민당 이래 정적으로 빨갱이로 몰아 무고한 백성을 학살시키던 수법을 부리지 말라"든가 "자기 비위에 맞지 않으면 상대방을 공산당으로 몰던 한국민주당의 수법을 버려야 한다" 등의 신문 광고를 통해 윤보선 후보 측의 폭로를 '악랄한 매카시즘의 수법'으로 비판했다(김규환 외 1965, 53). 이와 함께 박정희는 집권하면 공직 채용에 있어서 연좌제를 폐지하고 투옥 중인 혁신계 인사들을 석방시키겠다고 공약했다. 이러한 사상공방은 전체적으로는 박정희에게 유리하게 작용한 것으로 평가한다. 사상논쟁은 특히 과거의 어두웠던 기억을 떠올리게 하면서 윤보선에게 불리하게 작용했다는 것이다.[1]

---

1) 김내중(2010, 159)은 저서전에서 이에 대해 다음과 같이 평가하고 있다. "사실 박 후보는 소령 시절에 그와 같은 혐의로 군법 회의에 기소된 일이 있었다. 하지만 지난 일이었다. 그것이 사실이긴 했어도 공산당과 전쟁을 선포하고 반공을 국시로 내건 사람에게 그런 비난은 설득력이 없었다. 게다가 윤 후보 측이 박정희 후보를 공산당이라고 비난하는 방식은 과거 한민당 시대의 어두운 기억을 떠오르게 했다. 미 군정 시대의 한민당은 김구 선생의 한독당을 비롯하여 반대 세력을 공산당으로 몰아서 무자비하게 숙청한 역사가 있었기 때문이다. 미국의 군정

〈표 3-1〉 제3공화국의 대통령선거 결과 (1, 2위 후보만을 대상으로)

대통령선거	후보자	득표율	득표율의 차	득표수	득표수의 차
5대 (63. 10. 15)	박정희	42.6	1.4%	4,702,640	156,026
	윤보선	41.2		4,546,614	
6대 (67. 5. 3)	박정희	48.8	9.9%	5,688,666	1,162,215
	윤보선	38.9		4,526,541	
7대 (71. 4. 27)	박정희	51.1	7.6%	6,342,828	946,928
	김대중	43.5		5,395,900	

자료: 중앙선거관리위원회 역대선거정보시스템

선거는 박빙이었다. 박정희 후보는 윤보선 후보에게 불과 15만여 표의 차이로 당선되었다. 가장 결정적인 윤보선의 패배 원인은 야권 후보의 난립으로 볼 수 있다. 허정과 송요찬이 사퇴했음에도 불구하고 박정희, 윤보선을 제외한 다른 후보들이 얻은 표는 약 83만 표에 달했기 때문이다(김일영 2004, 343-344). 그런데 선거에서 나타난 흥미로운 현상은 이른바 '여촌야도(與村野都)'의 투표 행태였다. 박정희는 서울을 비롯하여 대다수 도시 지역에서는 윤보선에 패배했지만 농촌 선거구에서는 압도적인 지지를 획득했다. 이와 같은 여촌야도 현상이 생겨난 데에는 여러 가지 요인이 있겠지만, "전국에 걸쳐 각급 행정기관의 선거에 대한 폭넓은 개입과 지지의 동원이 이루어졌으며 또한 엄청난 규모의 정치자금이 살포되었는데 특히 이러한 양상이 심하게 나타난 곳이 바로 농촌지역이었으며 도시 지역은 상대적으로 이러한 불법적인 행태로부터 자유로웠다…. 이는 도시 지역의 유권자들이 상대적으로 행정기관의 개입과 위협에도 불구하고 여당인 공화당을 외면하고 민주주의를

과 이승만 정권 때는 반대 세력을 제거할라치면 곧잘 공산당이란 올가미를 씌웠다. 윤 후보의 발언은 그런 공포정치를 연상하게 했다. 미세한 국면에서 윤 후보의 이 같은 실언은 치명적이었다."

〈표 3-2〉 제3공화국 대통령선거에서의 지역별 후보 득표율

	63년 5대 대선		67년 6대 대선		71년 7대 대선	
	박정희	윤보선	박정희	윤보선	박정희	김대중
서울	30.2	65.1	45.2	51.3	40.0	59.4
부산	48.2	47.5	64.2	31.2	55.7	43.6
경기	33.1	56.9	41.0	52.6	48.9	49.5
강원	39.6	49.1	51.3	41.7	59.8	38.8
충북	39.8	48.9	46.6	43.6	57.3	40.7
충남	40.8	49.4	45.4	46.8	53.5	44.4
전북	49.4	41.5	42.3	48.7	35.5	61.5
전남	57.2	35.9	44.6	46.6	34.4	62.8
경북	55.6	36.1	64.0	26.4	75.6	23.3
경남	61.7	29.9	68.6	23.0	73.4	25.6
제주	69.9	22.3	56.5	32.1	56.9	41.4

*득표율은 유효 투표수를 기준으로 계산한 것임
자료: 중앙선거관리위원회 역대선거정보시스템

외치는 야당에게 보다 많은 지지를 보낸 데 비하여 농촌 지역에서는 행정기관의 개입과 동원에 수동적으로 따르는 이른바 준봉투표가 보다 광범위하게 나타"났던 것이다(장훈 2000, 16-17).

윤보선은 처음에는 꽃다발을 보내 박정희 후보의 승리를 축하했지만 곧 부정선거로 패배했다는 이유로 대통령 당선 무효 및 선거 무효 소송을 제기하기도 했다. 그러나 제5대 대통령선거에서의 승리로 군부 세력은 1961년 5월 16일 이후 2년 반 정도의 군정 기간을 보낸 뒤 민정 이양을 완료했으며, 쿠데타로 권력을 잡았던 박정희는 선거라는 절차를 거쳐 정식으로 대통령으로 취임했다.

대통령선거가 끝이 나면서 이제 한 달 뒤로 다가온 국회의원선거가 초미의 관심사가 되었다. 군정 기간 동안 김종필을 중심으로 비밀리

에 신당을 창당하기 위한 움직임이 있었다. 박정희, 김종필 등은 패권 정당의 방식을 통해 군부의 장기집권을 모색했던 것이다. 그러나 군인들이 참여할 신당 창당을 비롯한 집권계획은 군 동료들과 민간인들의 저항에 부딪혀 정치적 위기를 맞이하기도 했지만, 시행착오를 거치면서 결국 민주공화당이 집권의 중심적 역할을 맡게 되었다(김용호 2001, 117-144). 그리고 1963년 6대 국회의원선거와 함께 민주공화당은 군부의 집권 세력으로 전면에 떠오르게 되었다.

본격적인 국회의원선거 태세를 갖추면서 공화당은 구정치인을 배제하고 새로운 인물을 발굴하고자 노력했다. 즉, "처음에 공화당은 사무국이 중심이 되어 각 지역구별로 참신한 인물들 ─ 즉 과거 정치에 간여한 적이 없는 지역의 명망가나 지도적인 인물들 ─ 을 선별적으로 고른 다음 이들이 각 지구당의 추천 과정을 거쳐 중앙당의 인준을 받아서 국회의원선거에 나서도록 하였다(장훈 2000, 8)." 그러나 이런 애초의 구상과는 달리 공화당이 공천한 162명 중 절반가량이 구정치인들이었는데 이는 군부의 정치개입과 공화당의 창당 명분이었던 구습에 물들지 않은 참신한 정치세력의 등장과는 상당히 거리가 먼 것이었다. 박정희 스스로 공천은 '이상 6, 현실 4'를 반영한 것이라고 자인할 만큼 문제가 적지 않았고 이로 인해 당내 반발도 적지 않았다(김용호 2001, 146-7). 이렇게 된 것은 현실적으로 '참신한 정치신인'의 발굴이 생각만큼 용이하지 않았고, 한 달 전에 실시한 대통령선거에서 공화당이 예상 외로 고전을 겪으면서 국회의원선거를 앞두고는 당선 가능성을 염두에 두고 기성 정치인들을 대거 공천했기 때문이다.

그런데 선거 쟁점 중 하나는 미국이 한국에게 요구한 경제안정화 프로그램(재정 안정계획)이었다(이하 김일영 2004, 351-352). 당시 미국은 이 프로그램을 한국 정부에 강제하기 위해 1,500만 달러의 원조를 유보하고 있었는데, 야당은 이것을 박정희 정부의 무능과 외교 실패의 증거라고 공격했다. 박정희는 버거 미국대사에게 원조를 조속히 제공해서 이런 소문을 불식시키라고 압력을 넣었는데, 미국은 이 문제가 정치 쟁점화되는 것을 막고 여당이 의회에서 다수 의석을 차지할 수 있도록 선거 직전 1963년 보조금으로 책정된 금액 중 1,000만 달러를 빼내어 제공했다. 원래 지원하기로 한 재원에서 지급된 지원금이 아니라는 점 때문에 논란이 일기는 했지만, 박정희에게 불리한 소문을 잠재우고 여당에게 유리한 분위기를 만드는 데 기여했다. 그리고 선거 직전인 11월 22일 발생한 케네디 미국 대통령의 암살 사건도 공화당에 유리한 영향을 미쳤다. 박정희는 선거가 임박했음에도 장례식 참석을 위해 미국으로 향했는데 이 사건은 유권자들이 안정 희구적 선택을 유도하도록 하는 분위기 조성에 도움을 주었다.

선거 결과는 공화당이 압승을 거두었다. 공화당은 지역구에서 88석, 전국구에서 22석을 얻어 총 175석 가운데 110석을 얻었다. 야당의 경우에는 민정당이 41석을 얻어 제2당이 되었고, 민주당은 13석, 자유민주당 9석, 국민의 당 2석 등이었다. 앞서 언급한 대로, 공화당은 다수당에 유리한 선거제도의 도움을 크게 받았다. 공화당의 의석은 63%나 되지만 실제로 공화당이 얻은 득표율은 33.5%에 불과했다. 단순다수제 선거제도의 불비례 효과에 더해 제1당에 유리하도록 규정한 전국구 의석 배분 방식에 따른 결과였다. 이와 함께 야당의 난립으로 야당 지지 성향의 표가 분산된 것도 공화당이 득표율에 비해 많은 의석을 차지할 수 있었던 또 다른 요인이었다. 〈표 3-3〉에서 볼 수 있듯이 의석을 차지한 야당이 네 개나 되었다. 4개 야당이 연합을 했더라면 보다 좋은 성적을 낼 수도 있었겠지만 각 당 이해관계의 상충과 후보자들의 고집, 특히 비례대표제 채택으로 득표율을 높이지 않으면 안 되는 상황이었기 때문에 사전조정이나 연합전선은 이룰 수 없었다(심지연 2009, 185).

그러나 이와 함께 공화당 승리의 중요한 또 다른 요인은 앞선 대통령 선거에서도 나타났던 금권, 관권선거일 것이다. 선거 비용을 예로 들면, 당시의 선거 비용 한도액이 지역구당 평균 110만 원이었는데 모든 공화당 소속 후보들은 200만 원 이상 뿌린 것으로 전해졌고, 공화당이 사용한 선거비용은 1조 1천5백만 원이라고 보고했지만 실제로는 3조 원

〈표 3-3〉 제3공화국 국회의원선거의 정당별 의석수와 득표율

		정당					
	구분	민주공화당	민정당	민주당	자유민주당	국민의 당	계
6대 (1963. 11.26)	득표율	33.5	20.1	13.6	8.1	8.8	
	지역구	88	27	8	6	2	131
	전국구	22	14	5	3	0	44
	계	110	41	13	9	2	175
	구분	민주공화당	신민당	대중당	-	-	계
7대 (1967. 6.8)	득표율	50.6	32.7	2.3			
	지역구	102	28	1			131
	전국구	27	17	0			44
	계	129	45	1			175
	구분	민주공화당	신민당	국민당	민중당	-	계
8대 (1971. 5.25)	득표율	47.8	43.5	4.0	1.4		
	지역구	86	65	1	1		153
	전국구	27	24	0	0		51
	계	113	89	1	1		204

이상이라고 추정할 정도였다(김용호 2001, 147). 5대 대통령선거와 6대 국회의원선거를 모두 승리하면서 군부는 이제 정치제도상의 절차를 통해 계속해서 집권할 수 있는 길을 열게 되었다.

IV. 6대 대통령선거, 7대 국회의원선거와 3선 개헌 국민투표

1963년 5대 대통령선거 때 박정희는 15만 표의 차이로 어렵게 승리했지만 1967년의 상황은 그때와는 많이 달라져 있었다. 우선 야당은 여전히 분란에서 벗어나지 못했다. 한일협정 비준을 앞두고 이에 대한 국민적 저항이 커지고 야당 통합의 요구가 높아지면서 1965년 5월 민정당과 민주당은 합당을 통해 민중당을 창당했다. 그런데 6월 14일의 창당 전당 대회에서 윤보선과 유진산의 갈등으로 인해 민주당 총재였던 박순천이 당수가 되는 이변이 일어났다. 이후 윤보선은 민중당을 탈당했고 함께 탈당한 다른 의원들과 함께 신한당을 창당했다. 그리고 6대 대통령선거를 앞두고 민중당은 유진오를, 신한당은 윤보선을 대통령 후보로 지명했다. 그러나 야당 통합 없이는 선거에 승산이 없다는 여론과 야권 내부의 압력에 의해 두 정당은 다시 합당을 결정하고 대통령 후보는 윤보선이, 대표위원은 유진오가 각각 맡도록 결정했다. 6대 대통령선거에는 박정희, 윤보선 이외에 정의당 이세진, 한국독립당 철진한, 대중당 서민호, 민중당 김준연, 통한당 오재영 등 7명이 출마했는데, 대중당 서민호 후보는 야권 통합을 이유로 중도에 사퇴했다. 그러나 선거는 또다시 박정희-윤보선의 양자 구도였고 두 후보의 득표율을 합치면 87.7%에 달했다.

6대 대통령선거는 4년 전 실시된 1963년 대통령선거와 비교하면 몇 가지 흥미로운 차이가 발견된다. 우선 4년 전 선거에 비해 박정희 후보는 여유있게 승리했다. 1963년 대선에서 박정희의 득표율은 42.6%였는데 1967년에는 48.8%로 높아졌다. 윤보선 후보와의 득표 차이도 4년 전 15만여 표로부터 1967년에는 116만 표로 크게 증가했다. 주목할 점은 서울이나 부산 같은 대도시 지역에서 박정희의 지지율이 크게 상승했다는 점이다. 서울에서는 4년 전 30.2%에서 67년에는 45.2%로 지지율이 높아졌고 부산에서도 48.2%에서 64.2%로 크게 증가했다. 비단 서울, 부산뿐만 아니라 박정희 후보는 광주, 전주, 수원을 제외한 전 도청 소재지에서 승리하였다. 1963년 대선에서 확인된 여촌야도(與村野都)와는 다른 투표 행태가 나타난 것이다.

윤보선은 패배 후 부정선거 때문에 졌다고 주장했는데, 사실 1967년 대선 역시 이전의 선거에서와 마찬가지로 관권선거, 금권선거가 결코 줄어들었다고 말할 수는 없었다. 그러나 재출마한 윤보선에 대한 전반적인 지지의 폭이나 강도는 이전에 비해 상당히 약해졌고, 대선 전 보여줬던 야당의 분열도 유권자들에게 부정적인 영향을 미쳤다. 그러나 1967년 대선에서 박정희 후보가 비교적 손쉬운 승리를 거두게 된 데에는 경제적 성장의 효과가 무엇보다 컸다. 선거 승리 후 공화당은 대선 승리가 일하는 대통령이라는 생산적 정치의 이미지와 그동안 추진한 공업화 정책이 국민들로부터 열렬한 지지를 받았기 때문이라고 주장했는데(심지연 2009, 197-198), 이러한 주장은 나름대로 근거가 있는 것이었다. 1962년부터 1966년까지 추진된 제1차 경제개발5개년계획은 매우 성공적이었다. 이 기간 중 GNP의 연평균 실질 성장률은 8.3%에 달했으며 GNP에서 공업 생산이 차지하는 비중은 1960년의 18%에서 6대 대통령선거가 실시된 1967년에는 28%로 늘어났다. 공업 노동자의 수는 1962년의 39만 명에서 1967년에는 130만 7천 명으로 늘어났으며, 도시 인구는 1960년 총인구의 40.8%에서 1969년 49%로 증가했다. 국민소득도 1962년 83.60달러에서 1967년 123.50달러로 증가했다(장달중 1986, 242). 집권 1기 동안 눈부신 경제성장의 성과를 거두었다고 할 수 있다. 농촌에 비해 도시 지역이 이러한 경제 성장의 1차적 수혜자가 될 수밖에 없다는 점을 고려한다면 4년 전과 비교할 때 도시 지역에서 박정희 후보에 대한 지지가 높아진 원인을 이해할 수 있을 것이다.

1967년 대선 승리로 박정희는 헌법에 규정된 대로 중임을 위한 마지막 대선을 치른 셈이다. 그러나 대선 승리와 함께 공화당은 한 달 앞으로 다가온 7대 국회의원선거를 향해 매진했다. 공화당에게 있어 7대 국회의원선거는 6대 대통령선거의 승리만큼이나 중요했다. 이들이 추구했던 목표는 국회 내 안정적인 원내 다수의석을 확보한다는 수준을 넘어 3선 연임을 가능하게 할 수 있는 2/3 이상의 의석을 차지하려는 것이었다. 1967년 대선 승리와 함께 박정희와 공화당은 곧바로 3선 개헌을 위해 달려갔던 것이다.

7대 국회의원선거는 1967년 6월 8일 실시되었다. 4년 전의 5대 대통령선거나 6대 국회의원선거 그리고 한 달 전에 치러진 6대 대통령선거에서도 금권, 관권선거가 판을 쳤지만, 사실 7대 국회의원선거는 이전 선거와 비교하기 어려울 정도로 부정과 불법이 횡행했다. 박정희 정권과 공화당이 7대 국회의원선거에서 이처럼 수단과 방법을 가리지 않는다고 할 만큼 의석 확보에 혈안이 되었던 까닭은 3선 개헌을 염두에 두고 있었기 때문이었다. 1963년 개정된 헌법에서는 대통령의 재선까지만 허용했다. 놀랍게도 박정희는 재선에 성공하자마자 3선을 위한 헌법 개정을 도모했던 것이다. 3선 출마를 가능하게 하도록 헌법 조항을 수정하기 위해서는 일단 국회에서 의원 정수의 2/3 이상의 지지를 얻은 후 국민투표에 부쳐야 했다. 따라서 여당으로서는 단순한 과반 의석 확보가 아니라 개헌을 가능하게 할 정도의 의석, 곧 전체 175석 중 117석 이상을 얻어야 하는 것이었다. 그러나 선거 전 공화당은 "과반수를 넘는 100석 정도의 당선을 예상(심지연, 김민전 2006, 447)"할 수 있는 상황이었기에 현실적으로 개헌선 확보는 쉽지 않은 일이었다.

더욱이 1963년 국회의원선거에서는 야당이 분열되어 있어서 그만큼 공화당으로는 유리했지만, 1967년 국회의원선거를 앞두고는 야당이 신민당으로 통합되어 있었기 때문에 야당 성향 유권자의 표가 분산될 가능성도 그만큼 낮았다. 이런 상황에서 전체 의석의 2/3를 넘는 거대 의석을 차지하기 위해서는 노골적인 관권, 금권 선거와 같은 무리를 할 수밖에 없었다. 한 가지 예를 들면, 7대 국회의원선거를 앞두고 국무회의는 대통령과 국무총리 등 국무위원이 선거 운동을 할 수 있도록 하는 선거법 시행령을 개정했으나 중앙선거관리위원회는 공무원의 정치적 중립을 규정한 헌법 조항에 위배된다는 해석을 내렸다. 그러나 선관위는 대통령만은 당 총재 자격으로는 유세할 수 있다는 해석을 내림으로써 대통령의 공화당 후보 지원 유세가 가능해졌다(심지연 2009, 199). 이에 따라 박정희 대통령은 행정부 장·차관과 지방관서장을 동행하여 공화당 후보를 지지해 줄 것을 유권자들에게 호소할 수 있었다(김용호 2001, 159).

선거 결과 공화당은 지역구에서 102명, 전국구로 27명을 당선시켜 모두 129석을 차지했다. 개헌선인 117석을 훨씬 넘는 규모의 의석을 여당이 단독으로 차지하게 된 것이다. 신민당은 131개 지역구에서 겨우 28석을 차지했고, 전국구 17석을 합쳐 45석을 획득하는 데 그쳤다. 선거 부정이 이뤄진 것은 공화당 지도부의 의도라기보다는 "개헌선 확보를 목표로 한 권력 핵심부의 의도가 개입되었기 때문"인데 "(중앙)정보부장과 내무부장관이 막대한 자금을 동원하고 공무원을 투입하여 공화당의 압승을 만들어 낸 것인데, 이러다 보니 공화당은 선거 승리를 반가워하기보다는 놀라고 당황하여 선거의 뒤끝이 어떻게 될 것인지 걱정하는 입장으로 바뀌고 말았다(심지연·김민전 2006, 448)."

공화당은 의도한대로 압승을 거뒀지만 선거 부정으로 인해 커다란 후유증을 겪어야 했다. 우선 신민당이 크게 반발했는데, 신민당은 당시 발간한 백서를 통해 "6·8부정선거는 선거의 형식만을 갖춘 '선거 쿠데타'로 규정지을 수밖에 없다. 따라서 6·8선거를 무효화시키려는 투쟁은 이 나라 민주주의를 사활의 기로에서 소생시키려는 슬기로운 국민의 투쟁이오, 따라서 이 투쟁은 신민당의 강화만을 위한 투쟁이 될 수 없고 항차 기개인(幾個人)의 당락을 목적으로 하는 사소한 이해투쟁으로 변질 타락시킬 수는 없다(신민당 1967, 1; 여기서는 심지연·김민전 2006, 451에서 재인용)"고 주장하였다.

신민당은 7대 국회의원선거를 유례없는 최악의 부정, 타락선거로 규정하면서, 그 수법도 유령유권자 조작, 위조 투표 통지표 작성, 중앙정보부·군·경찰을 동원한 불법 선거 운동, 사전투표와 대리투표, 야당의 투표 참관 방해, 금품 살포와 무효표 조작 등이 전면적으로 이뤄졌으며, 이를 바로 잡기 위해서는 재선거 밖에 방법이 없다고 주장하며 국회 등원을 거부하며 단식농성에 돌입했다. 언론 역시 선거 부정을 비판했고 학생들은 이에 항의하며 전국적으로 데모를 벌였다. 야당뿐만 아니라 언론, 학생 등이 반발하고 나서면서 박정희 정권으로서는 이러한 상황을 수습해야 할 필요성이 커졌다.

우선 박정희 대통령이 1967년 6월 16일 특별담화를 발표하여 선거에서 드러나 타락상에 대해서 정당, 언론인, 학생뿐만 아니라 정부도 이를 분개하고 규탄한다고 밝혔다. 유감의 표명을 한 것이다. 뒤이어 민주공화당 당 총재의 자격으로 박정희는 선거 부정을 이유로 공화당 당선자 8명을 제명했고 부정선거 관련 공무원을 직위해제하기도 했다. 이와 함께 당 차원의 선거부정조사특별위원회를 구성하여 국회에서 선거 부정 여부를 규명하자고 제안했다. 여야는 협상을 통해「선거관리위원회법」,「국회의원선거법」,「정치자금법」등을 개정하고 국회 내「6·8 부정선거조사위원회법」을 제정하기로 합의하고 거의 6개월 동안 개회하지 못했던 국회를 정상화시켰다. 그러나 신민당이 등원하자 공화당은 이 합의를 지키지 않았고 야당과의 협의 없이 일방적으로 국회를 운영하였다.

한편, 7대 국회의원선거 후 2년이 지난 1969년 9월 14일 공화당은 마침내 3선 개헌을 변칙적으로 국회에서 통과시켰다. 공화당은 국회 본회의장이 아닌 제3별관에서 새벽 두 시에 대다수 야당 의원들에게는 통고조차 하지 않은 채 공화당 107명, 정우회 11명, 대중당 1명, 무소속 3명 등 모두 122명이 참석하여 3선 개헌안을 통과시켰다. 이 개헌안에는 대통령의 연임 조항을 삭제하고 3번 연임(連任)을 허용했고, 대통령의 탄핵 발의와 통과에 필요한 의원 수를 30인에서 50인으로, 과반수에서 3분의 2로 늘렸으며, 국회의원이 장·차관을 겸직할 수 있도록 했으며, 국회의원의 최대정수를 200인에서 250인으로 늘렸다(김용호 2001, 164). 그러나 역시 제일 중요한 사안은 박정희의 3선 도전을 가능하게 한 것이었다. 국회에서 통과된 개헌안은 1969년 10월 17일 국민투표에 부쳐졌다. 공화당은 '안정이냐 혼란이냐'의 논리로 개헌 지지를 호소했고 신민당은 '장기집권을 막아야 한다'고 국민들을 설득했다. 3선 개헌을 위한 제 2차 국민투표 전체 투표자의 65.1%의 찬성으로 승인되었다. 투표율은 77.1%였다.

V. 1971년: 7대 대통령선거와 8대 국회의원선거

1969년 3선 개헌이 저지 노력에도 불구하고 국민투표를 통해 통과되자 신민당은 당의 전열을 재정비해서 1971년 예정된 대통령선거와 국회의원선거에 대비해야 했다. 그 무렵 당 대표였던 유진오가 와병으로 사퇴하면서 새로이 유진산이 새로이 당을 이끌게 되었다. 하지만 그 무렵 당시 원내총무였던 40대 초반의 김영삼이 1971년 대통령선거에 출마하겠다고 선언했다. 이른바 40대 기수론이 제기된 것이다. 당 대표였던 유진산은 이를 두고 '구상유취(口尙乳臭)'라며 무시하려 했지만 김대중, 이철승이 합류하면서 신민당 내에서 40대 기수론은 당의 면모를 일신할 수 있다는 점에서 힘을 얻게 되었다. 김영삼의 승리가 예상되었지만 후보 지명 대회에서는 결국 김대중이 극적으로 신민당의 대통령 후보로 선출되었다.

1971년 대통령선거에서 야당은 3선 개헌을 박정희의 장기집권 음모라고 비판하며 이를 이슈화했다. 김대중 후보는 유세 중 박 대통령이 영구 집권을 위해 총통제를 수립할 음모를 꾸미고 있다고 하면서 정권교체를 이루지 못한다면 이번 선거가 마지막 대통령선거가 될 가능성이 있다고 주장했는데, 이듬해 유신체제가 수립되었음을 감안하면 근거 있는 경고였던 셈이다. 3선 개헌 이후 학생과 재야의 움직임도 이전에 비해 활발해졌는데, 학생들은 정부의 교련 강화 방침에 항의하는 시위를 전개했고 일부 대학 학생대표들은 '민주수호전국청년학생연맹'을 결성하여 교련 반대운동과 함께 선거참관인으로 자원하여 부정선거 감시 운동을 벌이고자 했다. 재야에서도 '민주수호국민협의회', '민주수호기독청년연합회'가 결성되었다(홍석률 2009, 470). 1971년 대통령선거에서는 장기집권을 둘러싼 공방 이외에도 후보자 간 정책 공약을 둘러싼 논쟁도 흥미롭다. '중단 없는 전진', '안정' 등을 강조한 박정희 후보에 비해 김대중 후보의 공약이 눈길을 끌었다. 김대중은 남북한 간의 비정치적 교류를 제안했고, 미국, 소련, 중국, 일본 4대국에 의한 한반도 억제 방안, 향토예비군 폐지, 지방자치 실시, 부유세·특별세 신설 등 당시로서는 대단히 '파격적'이라고 할 수 있는 공약으로 신선한 바람을 일으켰다.

  1971년 4월 27일 실시된 선거에서 박정희 후보는 김대중 후보를 94만여 표 차이로 누르고 세 번째 연임에 성공했다. 이 선거에서 유권자의 투표 행태와 관련하여 가장 주목할 점은 지역주의이다. 〈표 3-2〉에서 볼 수 있듯이 1971년 대통령선거에서의 지역별 지지율을 보면, 우선 서울, 부산 등 대도시에서 박정희에 대한 지지율이 크게 하락했다. 박정희는 서울에서 1967년 대선에서는 45.2%를 득표했지만 1971년 대선에서는 40.0%로 낮아졌으며, 부산에서는 64.2%에서 55.7%로 떨어졌다. 농촌 지역에 비해 상대적으로 정보량이 많고 교육 수준이 높은 대도시 지역 유권자들이 3선 개헌 이후 박정희의 장기집권 가능성에 대한 우려가 실제로 투표에 반영된 것이다.

  그런데 1971년 대선에서 발견할 수 있는 중요한 점은 이와 같은 여촌야도의 투표 행태보다는 후보자의 연고 지역에서 지지가 집중되는 지역주의 투표 행태가 나타났다는 사실이다. 박정희 후보는 경북 지역에서 75.6%, 경남 지역에서 73.4%를 얻었으나, 전남 지역에서는 34.4%, 전북 지역에서는 35.5%를 얻었다. 반면 김대중 후보는 경북 지역에서 23.3%, 경남 지역에서 25.6%라는 낮은 득표율을 보인 반면, 전남 지역에서는 62.8%, 전북 지역에서는 62.5%라는 높은 득표율을 기록했다. 6대 대선과 비교해 보면, 박정희 후보는 호남 지역에서 대체로 7~10% 감소했고, 영남 지역에서는 10~15% 득표율이 상승했다. 이에 비해 김대중 후보는 영남 지역에서는 큰 차이가 없었지만 호남에서 6대 대선에서 윤보선 후보가 얻은 득표보다 13~16% 많은 표를 얻었다.

박정희는 5대, 6대 선거에서도 영남 지역에서 상대적으로 높은 득표율을 기록했지만, 〈표 3-2〉에서 볼 수 있듯이, 7대에서 나타난 것 같은 영남 대 호남이라는 분명한 대립적 구도는 아니었다. 7대 대통령선거에서 이러한 지역적 대립 구도가 등장하게 된 데에는 박정희 정권하에서 추진된 경제발전이 산업적으로나 지역적으로 불균형 전략이었고 농촌 중심의 호남 지역은 이러한 경제발전의 혜택으로부터 소외되어 있었기 때문이다. 그런 점에서 볼 때, "7대 대통령선거에서 나타난 영호남의 정치 균열은 지배집단의 정치적 지역주의의 산물로서 수혜지역 대 소외지역, 여당 후보 연고지 대 제1야당 연고지라는 정치적 갈등과 경쟁이 중첩된 전형적인 정치 대결의 양식이라고 할 수 있다(김만흠 1991, 112)."

박정희는 1971년 선거를 통해 3선에 성공했지만 외형적인 승리와는 달리 지지의 토대는 이전에 비해 크게 불안정해졌다고 할 수 있다. 이런 점에 유의하여 장훈(2000, 21)은 3선 개헌이라는 절차적 민주주의의 후퇴는 도시 지역에서의 심각한 지지 이반을 불러왔으며 농촌 지역에서는 산업화의 폐해에 따른 좌절감이 지역주의라는 연고주의와 결합하여 전남북 지역에서의 심각한 저항을 불러왔으며, 이러한 도시 지역과 전남북 지역에서의 지지의 급격한 쇠퇴가 마침내 박정희 정권이 형식적으로나마 유지해 온 선거를 폐지하고 유신체제를 수립하게 만든 요인으로 작용했다고 정리하고 있다.

대통령선거 한 달 뒤인 1971년 5월 25일 실시된 8대 국회의원선거가 실시되었다. 그런데 선거를 앞두고 공화당과 신민당 모두 공천 과정에서 상당한 내분을 겪었다. 공화당은 당시 125명의 소속 의원 가운데 절반 정도인 64명만 재공천하면서 일부 중진의원을 포함한 다수 현역 의원들이 탈락했다. 이 때문에 공화당에서는 집단 탈당과 항의가 계속되는 등 적지 않은 공천 후유증을 겪어야 했다. 한편 신민당에서는 지난 7대 대통령선거 과정에서 드러난 선거 부정을 감안할 때 총선에서도 마찬가지의 부정이 행해질 것이므로 아예 선거 자체를 거부하자는 주장이 당내와 재야인사들을 중심으로 제기되었다. 대통령 후보였던 김대중도 여기에 동조하는 입장이었다. 당내에서의 논란 끝에 마침내 당 지도부는 최종적으로 선거에 참여하기로 결정했다. 그런데 신민당에서 일어난 보다 심각했던 문제는 이른바 '진산 파동'이다. 당시 당 대표였던 유진산이 총선을 앞두고 후보 등록 마감일에 자기의 지역구인 서울 영등포 갑구에서의 출마를 포기하고 전국구 1번으로 직접 후보 등록하는 일이 발생했다. 이 지역구의 공화당 후보는 박정희 대통령의 조카사위였던 장덕진이었기 때문에 유진산의 갑작스러운 출마 포기는 더욱 의혹을 사게 되었다. 이로 인해 신민당은 주류와 비주류 간 극심한 내분에 빠지게 되었고 당무가 거의 마비될 지경이었다. 신민당은 전당대회 의장인 김홍일을 당수 대행으로 선임하면서 갈등을 수습하고 선거에 나서게 되었다.

국회의원선거 운동이 시작되자 대학생들은 교련반대 시위를 벌였는데 일부 학생들은 신민당사에 몰려가 총선 거부를 요구하기도 했다. 그런데 8대 국회의원선거 운동에서 특기할 만한 일은 선거 막판 당시 국회의장이던 이효상이 경북에서 지원유세를 하면서 '호남에서는 이번 선거에 야당을 많이 뽑을 것이므로 영남에서는 몽땅 여당을 뽑아야 한다'는 발언이다. 이 발언은 호남의 반발을 샀고 호남에 출마한 공화당 후보들이 어려움을 겪었다.

한편, 국회의원 정수는 175명에서 204명으로 늘어났는데, 지역구 의석은 131석에서 153석으로 22석 늘어났고 전국구 의석은 44석에서 51석으로 7석이 늘어났다. 선거 전 신민당의 분란에도 불구하고 선거 결과는 야당의 선전으로 나타났다. 국회의원선거 결과 공화당은 118석,

신민당은 89석, 국민당 1석, 민중당 1석을 각각 차지했다. 이전의 선거에 비해서 비교적 여야 간 의석의 차이가 크지 않았다. 득표율로 보면 여야 간 격차가 좁혀졌다는 사실은 더욱 분명해진다. 1963년 6대 국회의원선거에서 정당별 득표율은 공화당 33.5%, 제1야당이었던 민정당은 20.1%였다. 1967년 7대 국회의원선거에서는 공화당 50.6%, 그리고 신민당은 32.7%였다. 그런데 1971년 8대 국회의원선거에는 공화당 47.8%, 신민당 43.5%로 득표율의 차이가 불과 4% 남짓했다.

주목할 점은 지역별 의석의 분포이다. 한 달 전 치러진 대통령선거에서는 영남 대 호남 간 후보자별 지지의 편차가 컸지만 국회의원선거에서는, 앞서 언급한 이효상 국회의장의 지역주의 발언에도 불구하고, 그러한 지역 대결 구도가 그다지 뚜렷하게 나타나지 않았다. 득표수에서 보면 전남에서는 공화당이, 전북에서는 신민당이 근소하지만 더 많은 득표를 했는데, 호남 전체를 합쳐 비교해 보면 공화당 1,598,806표, 신민당 1,031,813표였다. 영남에서도 공화당 1,454,452표, 신민당 1,145,753표로 표의 차이가 그리 크지 않았다. 당선자의 수에서도 이런 특성은 다시 확인되는데 전북의 12석은 공화당과 신민당이 각각 6석씩, 전남 22석은 공화당 15석, 신민당 7석, 경남의 18석은 공화당과 신민당이 각각 9석씩, 경북의 24석은 공화당 15석, 신민당 8석, 국민당 1석이었다. 부산에서는 8석 중 신민당 6석, 공화당 2석이었다. 전체적으로 볼 때, 득표수나 의석점유율을 두고 볼 때 영남과 호남 간 정당 지지에 있어 뚜렷한 차이가 있다고 보기는 어렵다. 따라서 영호남 간 지역 대립을 기반으로 하는 지역주의 투표 성향이 7대 대통령선거에서 나타나기는 했지만 이것이 당시에 이미 정치적으로 뿌리 깊게 자리 잡고 있었다고 보기는 어려울 것 같다.

오히려 여촌야도의 현상이 분명하게 다시 확인되었다. 서울 지역에서 신민당은 19석 중 한 석을 제외한 모든 의석을 다 차지했는데 공화당이 차지한 한 석은 유진산이 포기한 의석이었다. 앞서 언급한 대로 부산에서도 8석 중 6석을 신민당이 차지했다. 반면, 강원, 충북, 충남도 등에서도 공화당은 절대적 우세를 지켰다. 3선 개헌에 따른 민심 이반과 장기집권에 대한 우려가 도시 지역을 중심으로 뚜렷하게 나타난 것이다.[2] 이번에도 공화당은 다수 의석을 확보하는 데 성공했지만 정당 간 득표율이나 대도시 지역에서의 압도적 야당 지지를 볼 때 공화당과 박정희 정권의 기반은 그리 탄탄하다고 보기는 어려웠다. 8대 국회의원선거가 끝나고 1년 반이 채 지나지 않은 1972년 10월 17일 박정희 정권은 유신체제를 선포하여 권력 유지를 위해 더 이상 선거에 의존하지 않게 되었다.

VI. 제3공화국 선거의 경쟁성과 역동성

지금까지 제3공화국의 선거정치에 대해서 살펴보았다. 박정희 정권의 속성이 애당초 민주적으로 선출된 정부를 무력으로 몰아낸 군사정권이었고, 3선 개헌 과정에서 보듯이 이 시기가 매우 공정하고 민주적인 절차를 존중하는 방식으로 선거정치가 이뤄져 왔다고 보기는 어렵다. 조직적이고도 광범위하게 공권력이 선거에 개입했고, 이 중에서도 중앙정보부, 경찰, 지방행정 조직은 노골적으로 여당의 지지 확보를 위해 애썼다. 또한 특히 농촌 지역 유권자의 동원을 위해 금권 선거도 횡행했다.

---

[2] 그런데 선거 결과가 신민당의 선전으로 나타난 데 대해서는 공화당이 신민당에 비해 공천 후유증을 더욱 심하게 겪었기 때문에 총선에서 당의 결집된 모습을 보이기 어려웠다는 해석도 있고, 또 한편으로는 여당이 그 정도까지 '너그럽게 봐줬다'는 설명도 있다. 선거를 이틀 앞둔 시점에 박정희는 "이번 선거가 나로서는 마지막 기회"라는 말을 했는데 그 다음해 말 유신체제 성립을 고려하면 8대 총선에서 무리해서 다수 의석을 차지할 필요는 없다는 것이다(심지연 2009, 216).

그러나 제3공화국의 선거정치가 흥미로운 점은 이러한 제약에도 불구하고 상당한 정도의 역동성을 발견할 수 있다는 것이다. 대통령선거를 예로 든다면 〈표 3-1〉에서 볼 수 있듯이 이 기간 중 실시된 세 차례의 선거 결과는 상당히 경쟁적이었다. 당선자와 차점자 간의 표 차이는 그다지 크다고 보기 어렵다. 민정 이양 이후 처음 실시된 1963년 대통령선거에서 박정희와 윤보선의 표 차이는 겨우 15만 표를 조금 넘는 정도였다. 1967년, 1969년 대통령선거에서도 1위와 2위 후보 간의 표 차이는 100만 표 전후였다. 세 차례의 대통령선거 중 1967년 선거를 제외한다면 박정희 정권은 대단히 어려운 선거 경쟁을 치렀던 셈이다. 민주공화당이라는 강력한 대중정당 조직을 건설했고, 군, 중앙정보부, 경찰과 행정조직 등 국가 기구를 장악한 박정희 정권의 '힘'을 고려할 때, 이 정도 규모의 표 차이는 그리 큰 것이라고 보기는 어렵다. 다시 말해 선거정치적 차원에서 본다면 뜻밖에도 상당히 경쟁적인 형태로 선거가 이뤄진 셈이다. 어떤 면에서 본다면 이런 경쟁적인 선거가 유신체제로 이끈 원인으로 볼 수도 있을 것이다. 유신체제는 이러한 선거를 통해 국민으로부터 권력을 부여 받고자 하는 기회를 아예 없애버린 것이기 때문이다. 그런 점에서 본다면 1971년 대통령선거 유세에서 박정희 후보가 "다시는 여러분에게 표를 달라고 하지 않겠다"고 말한 것은 의미심장한 표현일 수 있다(강원택 2009, 450).

제3공화국의 선거정치에서는 1971년 대통령선거에서 두드러졌던 지역주의 투표 행태나 도시와 농촌의 상이한 투표 행태에 대해 주목할 필요가 있다. 민주주의 가치의 훼손이나 급속한 경제개발과 같은 제3공화국의 주요 사건에 대한 유권자들의 정치적 반응으로 이해할 수 있기 때문이다. 선거 공정성에 대한 많은 의구심에도 불구하고 제3공화국 시기의 선거정치는 나름대로의 역동성을 지니고 있었다.

제4장

제4공화국의 선거

신두철

1971년 실시된 대통령선거와 국회의원선거를 거치며 민심이 이반되고 여야의 대결 구도가 심화되자 장기집권에 불안을 느낀 박정희 대통령이 남북 간의 긴장완화에 지장이 있다는 명분 아래 1971년 12월 6일 국가비상사태를 선포하면서 소위 유신체제가 역사 속에 등장하게 된다(지병문 외 2003, 268; 호광석 1996, 272). 이어 1971년 12월 27일에는 야당의 반대 속에 국가보위에 관한 특별조치법을 통과시켜 헌법에 위반되는 국가긴급권을 행사할 수 있도록 하였으며, 필요시 경제규제나 국가동원령, 옥외집회 및 시위의 규제, 언론·출판에 대한 특별조치를 취할 수 있도록 하였다.

박정희는 이듬해 1972년 10월 17일에는 대통령특별선언을 통해 10·17비상조치를 선언하여 국회를 해산하고, 정당 및 정치활동을 중단시키는 등 헌법의 일부 조항의 효력을 정지시켰다. 이후 비상계엄이 선포되고 대학의 휴교 조치나 언론의 검열 등이 시작되었다. 이로써 제8대 국회는 개원한지 1년 3개월 만에 그 수명을 다하게 되었고, 국회의

권한은 비상국무회의가 대행하게 된다. 이러한 상황에서 비상국무회의는 1972년 10월 26일 헌법개정안을 의결·공고하였고, 11월 21일 국민투표를 통해 91.5%의 찬성으로 소위 '유신헌법'을 확정하였다. 확정된 개정안은 12월 27일에 공포되었다.

박정희는 제7대 대통령선거에서 김대중을 힘겹게 누르고 3선에 성공했지만, 선거결과는 예상을 뛰어넘는 김대중의 선전이었다(지병문 외 2003, 251). 또한 같은 해 5월 25일 실시된 제8대 국회의원선거에서 여야의 의석 차가 24석으로 적어지면서, 이에 위기감을 느낀 집권세력은 유신체제를 통해 야당의 견제를 제도적으로 차단하는 선거제도 개정을 시도하게 된다.

유신헌법의 핵심 내용은 대통령직선제를 통일주체국민회의에 의한 간접선거로 변경한 것이었다. 또한 대통령의 임기를 6년으로 하고 중임이나 연임 규정을 없애 사실상 영구집권의 길을 열어놓았다. 유신체제 하에서 대통령은 긴급조치권, 국회해산권, 국민투표 부의권, 법관 임명권 등을 갖도록 하였고 입법부와 사법부의 행정부 견제기능을 제한함으로써 대통령 1인에게 막강한 권력을 집중시켰다. 또한 지방 자치는 통일이 이루어질 때까지 지방의회를 구성하지 않을 것을 명시하였다.

유신체제는 집권자의 장기집권을 위해 정당과 국회, 그리고 선거와 같은 정치사회를 크게 위축시킨 권위주의 정권의 전형이라 할 수 있다. 또한 강압적인 유신체제는 정치세력 간의 견제를 제도적으로 봉쇄함으로써 정당정치의 영역을 극도로 축소·약화시켰다. 또한 국민에 의한 대통령의 직접 선출권을 박탈하고, 정당의 정권 창출을 원천적으로 봉쇄하였으며, 국회의원의 3분의 1을 대통령이 추천하여 의회의 국민대표 기능을 크게 축소시킴으로써 절차적 민주주의마저 부인하였다. 물론 제3공화국에서도 권위주의적인 성격은 존재하고 있었지만, 박정희의 종신집권을 의도한 유신개헌은 국회의 기능과 국민의 기본권을 제한함으로써 이러한 성격이 더욱 심화되는 특징을 보인다.

I. 통일주체국민회의와 제9대 국회의원선거

1972년 11월 유신헌법이 공포된 직후 박정희 정부는 12월 15일 선거를 통해 통일주체국민회의를 구성하였다. 통일주체국민회의 대의원선거는 구·시·읍·면·동 등 행정구역 단위를 선거구로 하여 전국을 1,630개 구로 나누되 농촌지역에서는 소선거구제, 도시지역에서는 중선거구제를 채택하였다. 중선거구제의 경우 인구 2만 명을 기준으로 1인에서 5인까지 선출하는 방식이었다. 이에 따라 총 2,359명의 통일주체국민회의 대의원이 선출되었다.

이후 1972년 12월 23일 제8대 대통령선거가 장충체육관에서 실시되었다. 이 선거는 유신헌법에 따라 통일주체국민회의를 통한 간접선거였으며, 대통령 후보는 박정희 한 사람뿐이었다. 2,359명의 통일주체국민회의 전체 대의원이 투표에 참석하였으며, 투표결과 박정희는 무효 2표를 제외한 2,357표를 획득하여 99.9%의 지지로 제8대 대통령에 당선되었다. 이처럼 절대적인 투표결과는 민주주의 국가의 자유선거에서는 유례를 찾아볼 수 없는 것으로 유신헌법의 비민주성을 보여주고 있다.

제8대 대통령선거 직후 박정희 대통령은 선거법 개정을 통해 유신체제를 공고화하기 위한 제도적 장치를 마련하였다. 대통령이 제안한 선거법은 국회가 아닌 비상국무회의에서 의결하였고, 중선거구제와 의석 일부의 간접선거제도가 핵심이었다. 즉 의원정수는 219명이었으나 이 가운데 146명은 각 지역구에서 2인씩 직접선거로 선출하고, 나머지 3/1에 해당하는 73명은 대통령이 추천하고 통일주체국민회의에서 간접 선출하도록 하였다.

이렇게 간접 선출된 전국구 의원들은 유신정우회(약칭 유정회)라는 별도의 원내교섭단체를 구성하여 준정당 조직으로 운영되었다. 유정회는 전국적으로 덕망 있는 인사와 각계 직능대표의 국회진출을 가능하게 한다는 대의명분을 내세웠다. 그러나 대통령이 추천권을 가짐으로써 실제로는 집권당에게 국회의석 1/3을 제도적으로 보장하는 불합리한 선출방식을 제도화한 것이었다. 따라서 유정회 제도는 집권당이 국회 3분의 2의 다수의석을 확보하여 대통령이 국회를 확실하게 장악하려는 정치적 의도에서 만들어진 제도였다(호광석 1996, 193).

법률 2404호로 공포된 국회의원선거법의 주요 내용을 살펴보면 다음과 같다.

①선거구는 소선거구제에서 한 선거구에서 2명을 선출하는 중선거구제도로 전환하고 전국구제를 없앰. ②국회의원 정수의 3분의 1은 대통령이 추천하여 통일주체국민회의에서 선출토록 하는 무투표 당선제도를 도입하였고, 의원의 임기는 지역구 의원은 6년, 통일주체국민회의에서 선출된 의원은 3년으로 함. ③후보등록에 있어서 정당공천을 입후보등록의 필수요건으로 했던 이전의 조항을 폐지하였고, 정당추천과 함께 무소속 입후보를 허용하였고, 후보자의 난립을 방지하기 위해서 정당추천 후보자는 2백만 원, 무소속 후보자는 3백만 원의 기탁금을 납부하도록 함. ④기존의 명본사본교부제를 폐지하고 수시선거인명부제를 채택함. ⑤선거운동은 선거관리위원회에 의한 선전벽보의 첨부, 선거공보의 발송, 후보자 합동연설회에 의해서만 할 수 있도록 함으로써 공영제를 채택함. ⑥마지막으로 금고 이상의 형의 선고를 받은 자는 그 형의 실효선거를 받지 아니하면 피선거권을 제한하도록 하였다.

유신체제하의 「국회의원선거법」은 "유신헌법의 정신에 따라 정부는 종래와 같은 선거의 과열화와 타락상을 일소하고 돈 안 들고 깨끗한 공명선거를 보장할 수 있는 선거제도를 확립한다."는 취지에도 불구하고 낙선자의 기탁금을 국고에 귀속시켰으며, 합동연설회를 통한 선거운동만을 허용하였고, 입후보자의 수가 2인을 초과하지 않으면 무효표 당선되도록 하였고, 선거인 명부의 사전교부제를 폐지하는 등 비민주적인 독소 조항으로 이루어졌다(박상철 1995, 95).

이 시기의 선거제도는 집권세력의 국회장악을 제도적으로 보장하는

〈표 4-1〉 제4공화국 국회의원선거제도

구 분	제9대 국회	제10대 국회
국회의원 임기	6년(유신정우회 3년)	
선거제도	1구 2인 중선거구제 전국구: 통일주체국민회의 간선	
선거구 수 국회의원 정수	지역구: 73(전국구 73) 219	지역구: 77(전국구 77) 231
선출방법	직선, 지명제 병행	
후보등록	정당공천제, 무소속입후보 병행(전국구: 대통령 추천)	
	기탁금: 정당 200만 원, 무소속 300만 원 (유효투표총수의 1/3 미달 시 몰수)	기탁금: 정당 300만 원, 무소속 500만 원 (유효투표총수의 1/3 미달 시 몰수)
선거권	만 20세 이상	
피선거권	만 25세 이상	
선거인 명부	수시 작성제 후보자의 선거인명부 열람 인정, 명부 사본 교부제 폐지	
선거운동	완전공영제 (선거관리원회에 의한 선거벽보, 선거공보, 합동연설회 등만 인정)	합동연설회 횟수 증가 현수막 게시
당선결정	유효득표의 최다득표 순으로 2인 선출 전국구: 통일주체국민회의 선출	
선거관리	중앙선거관리위원회(위원 9인) 법령 범위 안에서 선거관리 규칙 제정	

출처: 중앙선거관리위원회(1983), 「국회의원선거법 변천상황」

것이었다. 물론 제3공화국의 경우도 제1당의 프리미엄을 인정하는 전국구제도로 인하여 제1당인 공화당은 안정적인 다수당을 유지할 수 있었다. 그러나 제3공화국에서 실시된 세 번의 선거결과를 보면, 집권당에 대한 지지는 시간이 지날수록 감소하고 도시지역에서는 이러한 현상이 더욱 뚜렷하게 나타났다. 더군다나 중선거구제의 도입으로 거의 모든 선거구에서 제1당의 입후자의 당선을 보장하고 제2당 입후보자의 당선 가능성도 결정적으로 증대시켜 주는 일종의 여·야 밀월당선제도를 확립하게 되었다(윤형섭 1988, 261).

특히 기존의 국회의원의 입후보요건으로 소속정당의 추천을 필수요건으로 한다는 종래의 규정을 폐기한 것은 군소정당의 난립을 방지하고 양당체제를 지향한다는 기존의 명분을 버리고 제1야당의 도전으로부터 벗어날 수 있는 활로를 열어놓기 위한 의도였다.

이에 맞추어 1972년 12월 30일 비상국무회의에서 정당법도 손질하기에 이르는데, 정당설립의 자유를 최대한으로 보장하기 위하여 정당의 조직요건, 즉 법정 지구당수, 지구당의 분산요건 및 지구당의 법정당원수의 완화와 정당의 민주적인 조직과 활동을 보장하고, 선거관리위원회의 합리적인 정당관리를 위하여 당원의 입당절차와 정당에 대한 벌칙을 강화하며, 공직후보자추천제를 폐지하고 당적의 이탈·변경을 국회의원의 자격상실의 사유로 한 규정을 삭제하며, 정당해산소송을 헌법위원회의 관할로 함에 따라 이에 맞추어 조문을 정리하였다(박상철 1995, 17).

또한 새로운 정당법은 당지부제를 폐지하는 대신 "필요한 경우에는 서울특별시, 부산시, 시·도·군에 한하여 당연락소를 둘 수 있다"는 단서조항만을 두었으며, 창당준비위원회의 활동기간을 결성신고일로부터 1년 이내였던 것을 6개월 이내로 단축시켰다. 그동안 제1야당 대표자에게 지급하던 수당 조항을 삭제하였는데, 이러한 조치들은 더 이상 제1야당을 순하게 길들일 필요성이 없어졌다는 것을 간접적으로 증명해주는 것이다.

선거제도가 정부와 여당에 의해서 일방적으로 개정되는 가운데 제9대 국회의 선거를 앞두고 1973년 1월 초 발 빠르게 새 강령과 당헌을 발표하였으며 같은 해 2월에는 선거공약의 발표와 함께 후보자 공천을 완료하였다. 반면 제1야당인 신민당은 일부 세력이 이탈하여 민주통일

당을 창당하는 등 긴박한 상황이 전개되었다.[1]

제9대 국회의원선거는 73개 지역구 339명이 입후보하여 평균 경쟁률은 2.3대 1이었으며, 이는 역대 국회의원선거와 비교해서 가장 낮은 경쟁률 이었다. 민주공화당이 7개 선거구에서 복수 추천을 하여 모두 80명의 후보자를 공천하였고, 신민당은 14개 선거구에서 복수 추천을 하여 모두 87명의 후보자를 공천하였다. 민주통일당은 57명의 후보자만을 공천하였으며, 무소속은 오랜만에 입후보가 허용되었으나 전체의 33.9%인 115명만이 참여하였다. 이는 유신정권으로 정치적 자유가 위축되고 출마 자체도 자유롭지 못한 상황 때문이었다.

〈표 4-2〉 제9대 국회의원선거 입후보 상황

정당·단체명	후보자수	비율	정당·단체명	후보자수	비율
무소속	115	33.9	민주통일당	57	16.8
민주공화국	80	23.6	합계	339	100
신민당	87	25.7	평균 경쟁률	2.3 : 1	

출처: 중앙선거관리위원회(1989), 「역대국회의원선거상황(제1~11대)」

선거전에 임하여 여당인 민주공화당은 유신이념을 기초로 한 정치의 체질개선, 평화통일의 성취, 자위체제의 강화와 적극외교 지향, 경제활동의 균형된 번영, 농·어촌의 혁신적 개발 실현, 전 국토와 자원의 개발로 국부의 증진 근대화, 새마을 정신 계승, 국적 있는 교육으로 민주시민 육성, 복지사회 건설, 민족문화의 창달로 국민정신 순화 등의 공약을 제시하였다. 하지만 야당인 신민당은 유신정권의 영향으로 제대

---

1) 당시 신민당은 유진산 당수를 중심으로 운영되었으며 소위 반진산계열에 있었던 김홍일, 양일동, 윤제술, 정일형, 서범석, 김원만, 이상돈 및 이태구 등이 중심이 되어 민주통일당을 결성하였다.

로 목소리를 내지 못한 가운데, 민주헌정의 수호, 불법 부당한 침해로부터 민권보장, 자유경제의 신장, 세제혁신을 통한 국민부담의 합리화, 부정부패의 근절과 사회정의의 구현, 자유민주주의에 입각한 통일기반의 구축 등 극히 추상적인 공약들을 내세웠다. 민주통일당은 "국회의 기능을 높이고 사법부의 자율성을 확립해서 헌정질서를 바로 잡는다"고 밝혀 국회와 사법부의 권능과 자율성을 역설하였다(중앙선거관리위원회 1981, 40). 결국 선거전은 여당이 유신체제의 확립에 초점을 둔 반면 야당들은 유신헌법의 반민주성을 지적 · 비판하는 데 주력하는 양상으로 전개되었다.

선거양상은 철저한 공영제로 실시되었기 때문에 선거운동과 관련한 문제보다는 관권선거를 중단하라는 주장이 신민당으로부터 제기되기도 하였으며 합동연설회에 치중하는 경향을 보였다. 그러나 중선거구제가 도입되면서 과거의 여야 간 사생결단식 경쟁의 모습과 다른 다소 느슨한 선거운동행태를 보였고, 심지어는 무소속을 견제하기 위하여 여당과 제1야당 사이에 선거운동에 있어 공조하는 모습이 나타나기도 하였다.[2]

제9대 국회의원선거의 투표는 총 73개의 중선거구에서 일제히 실시된 가운데, 총 유권자수 15,348,049명 중 11,196,484명이 투표에 참가하여 제8대 국회의원선거의 투표율 73.2%보다 0.3% 낮은 72.9%의 투표율을 보였다. 시 · 도별로 볼 때 여전히 서울이 가장 낮은 62.0%의 투표율을 보였고, 그 다음으로 부산이 70.3%의 저조한 투표율을 보였다. 가장 높은 투표율을 보인 지역은 강원도로 80.7%였으며, 그 다음은 79.3%의 충청북도였고, 나머지 지역은 대체로 74~76%대의 비슷한 투표율을 보였다.

---

[2] 양당의 후보자들은 선거운동과정에서 "지역개발은 여당 후보에게, 현실 소외감 해소는 야당으로"라는 구호를 사용하여 상호 공조를 유지하려는 시도가 있었고 동시에 무소속 후보를 봉쇄하는 전략까지 등장하였다.

〈표 4-3〉 제9대 국회의원선거 투표 상황

구 분	선거인수	투표수	투표율
서울	3,055,4960	1,894,248	62.0
부산	999,611	702,402	70.3
경기	1,712,695	1,152,269	74.3
강원	835,936	674,595	80.7
충북	701,544	556,561	79.3
충남	1,388,869	1,047,616	75.4
전북	1,149,686	866,849	75.4
전남	1,888,125	1,428,607	75.7
경북	2,225,629	1,697,887	76.3
경남	1,548,217	1,035,629	75.6
제주	184,322	139,821	75.9
계	15,690,130	11,196,484	72.9

출처: 중앙선거관리위원회(1989), 「역대국회의원선거상황(제1~11대)」

　선거결과 민주공화당은 38.7%를 득표하였다. 그러나 73개의 전체 지역선거구에서 당선자를 내어 지역구 146석의 50%인 73석을 차지하며 승리하였다. 반면 제1야당인 신민당은 32.5%를 득표하고도 52석(35.6%)의 의석을 차지하는 데 그쳤다. 집권당과 제1야당 간 득표율 차이가 6.2%였음에도 불구하고 의석점유율에 있어서는 14.4%의 차이를 보이는 것은 중선거구 동반당선제의 결과였다. 무소속의 경우에도 18.6%라는 다소 강세의 득표율을 보였음에도 전체의석의 13.0%인 19석을 차지하였고, 통일민주당의 경우에는 10.2%를 득표하고도 의석점유율은 1.4%에 해당하는 단 2석만을 차지하였다. 전체적으로 보면 과반수가 넘는 61.3%의 유권자들이 야당 및 무소속을 지지한 것이었다. 이러한 결과는 집권당과 유신체제에 대한 국민들이 거부감의 발로(發露)였으며, 당시 중선거구제가 갖는 불비례성을 보여주는 제도적 결과였다.

〈표 4-4〉 제9대 국회의원선거 지역구선거 정당별 당선자 및 득표수 비교

정당별	당선자수	당선자비율	득표수	득표수비율
민주공화당	73	50.0	4,251,754	38.7
신민당	52	35.6	3,577,300	32.5
민주통일당	2	1.4	1,114,204	10.2
무소속	19	13.0	2,048,178	18.6
합 계	146	100.05	10,991,436	100.0

출처: 중앙선거관리위원회(1992), 「대한민국선거사 제2집」

제9대 국회의원선거에서 여당인 민주공화당이 승리할 수 있었던 것은 무엇보다도 중선거구제 때문이었다(지병문 외 2003, 277). 중선거구제는 도시와 농촌 모두에서 여·야 후보자들이 동반 당선되는 결과로도 나타났으며, 야당의 당선자들은 신민당과 민주통일당 그리고 무소속이 나누어 갖는 식이어서 민주공화당이 절반의 지역구 의석을 획득할 수 있게 되었다. 결과적으로 전국 득표율 대비 의석의 확보율은 여당인 민주공화당이 가장 앞섰으며 이는 2개의 야당과 무소속이 표의 분산 효과를 가져와 사표가 발생하였기 때문이다.

제9대 국회의원선거 결과 나타난 유신체제의 폐해는 유신정우회 제도에서 더욱 명확히 나타났다. 지역구 이외에 통일주체국민회의에서 간접 선출한 유정회 의원은 전체 의석 중 1/3에 해당하는 73명이었고, 이는 대통령이 추천한 인사들로 사실상 집권당 의원과 다름없었다. 따라서 제9대 국회의원선거 결과 민주공화당이 실제 차지한 의석은 전체 의석 중 2/3에 달하는 146석이었다. 결국 유정회 제도로 인하여 집권당은 지역선거구에서 38.7%만을 획득하고도 66.7%의 의석을 차지하는 비민주적 결과를 얻게 되었다. 반면 제1야당 신민당의 경우는 지역구에서 32.5%를 득표하고도 전체 의석에서는 23.7%만을 차지하는 역전현상을 보였다. 이처럼 유신헌법이 규정한 유정회제도는 집권당이 득

〈표 4-5〉 제9대 국회의원선거 지역·정당별 득표 현황

정당 시도	민주공화당		신민당		민주통일당		무소속	
	득표수	의석	득표수	의석	득표수	의석	득표수	의석
서울	638,788	7	827,251	8	271,989		138,591	1
부산	246,387	4	340,361	4	66,463		37,310	
경기	492,974	9	411,022	6	112,533		119,122	1
강원	282,188	5	261,800	3	40,686		124,430	2
충북	247,619	5	113,007	2	63,666		122,974	1
충남	363,505	6	326,927	6	143,026		193,006	2
전북	249,813	4	236,401	4	82,261		281,573	4
전남	662,148	10	319,521	6	183,696	2	233,529	2
경북	574,767	12	463,674	5	83,261		536,211	5
경남	444,239	10	309,857	8	60,338		201,461	
제주	49,326	1	12,499		5,974		69,971	1
계	4,251,754	73	3,577,300	52	1,114,204	2	2,048,178	19
비율	38.7	50.0	32.5	35.6	10.2	1.4	18.6	13.0

출처: 중앙선거관리위원회(1989), 「역대국회의원선거상황(제1~11대)」

표보다 2배 많은 의석을 점유할 수 있도록 제도화하고 있었다. 이는 유권자의 1표가 1표의 가치와 1표의 결과로 이어지는 가장 공정한 경쟁의 기준을 파괴하는, 형평성과 민주성을 결여한 제도의 결과라고 할 수 있다.

선거제도 개정은 과연 정당엘리트 경쟁에 어떠한 영향을 미쳤는가? 상술한 바와 같이 새로 도입된 중선거구제는 도시지역에서 여당 후보의 당선비율을 높이게 되었고, 무소속후보의 출마 허용은 제1야당후보에 대한 견제가능성을 높였다. 전국구제도 대신에 국회의원 정수의 3분의 1을 대통령이 추천하여 통일주체국민회의에서 선출하는 유정회의 신설은 대통령의 국회장악력을 높임과 동시에 야당의 최대의석 기

〈표 4-6〉 제9대, 10대 총선의 득표율과 의석수

구분 시기	민주공화당		신민당	
	득표율	의석수(비율)	득표율	의석수(비율)
제9대 총선	38.7	73(50.0)	32.5	52(35.6)
제10대 총선	31.7	68(44.2)	32.8	61(39.6)

출처: 중앙선거관리위원회(1989), 「역대국회의원선거상황(제1~11대)」

대치를 전체의 3분의 1로 제한함으로써, 야당의 행정부 견제능력을 제도적으로 차단하는 결과를 낳았다.

이러한 의석배분방식은 민주주의 선거에서 비례대표제라 볼 수 없을 정도로 불공정한 것이며, 집권세력의 확실한 승리를 보장하는 이러한 선거제도는 민주정치를 구현하는 제도적 장치로서의 기능을 상실한 것으로 볼 수 있다.

더불어 중선거구제는 거의 모든 선거구에서 제1당 입후보자의 당선을 보장함과 동시에 제2당 후보자의 당선가능성도 증대시킴으로써 여야 동반당선의 가능성을 높이는 효과를 낳았다. 유정회를 제외한 9대, 10대 총선의 결과를 보면, 득표율과 의석률의 불비례성은 단순다수결제로 인하여 여전히 나타났지만, 그 차이가 역대 평균보다 현저하게 줄어든 것을 발견할 수 있다.

물론 유정회의 의석수를 더한 결과는 다른 선거보다도 그 왜곡현상(bias)이 높게 나타났다. 그러나 여야가 경쟁하는 지역구 선거만을 고려한다면, 중선거구제에서 일단 후보로 출마한 여야 정치엘리트의 당선 가능성은 이전보다 높아졌다고 볼 수 있다.

중선거구제의 또 다른 영향은 선거구 확대로 인해 지구당수가 현격하게 줄어들게 되었다는 점이다. 신민당의 지구당수는 선거제도 개정으로 인하여 이전의 153개구에서 그 절반 정도로 줄어들었다는 것을 〈표 4-7〉로 알 수 있다.

〈표 4-7〉 신민당 지구당 수의 변화

연도	1971	1972	1973*	1974	1975	1976	1977**	1978	1979
지구당 수	153	153	66	69	70	72	77	75	72

출처: 중앙선거관리위원회(1981), 「정당활동개황 및 재산상황 등 보고서: 1975-1979」
*지역선거구수 71개 **지역선거구수 77개

　선거구감소로 인한 지구당수의 변화는 곧 공천자 수의 축소를 의미했다. 따라서 공화당과 신민당은 73개구(10대는 77개구)로 통합된 선거구를 둘러싸고 전례 없이 치열한 공천경합을 벌이게 되었다. 특히 여당인 민주공화당의 경우 더욱 치열했다. 제9대, 10대 총선에서의 신민당 공천 경쟁률은 각각 3.4대 1, 3대 1로 평균 경쟁률을 상회했다. 신민당 입후보상황을 살펴보면, 제9대 국회의원선거는 일부지역의 복수공천을 포함하여 87명(14개 지구 복수공천), 10대 총선은 81명(4개 지구 복수공천)이 입후보하였다. 이는 제6대~8대 총선의 경우 131명(6대, 7대), 153명(8대)을 공천했던 것에 비하면, 그 수가 절반가량으로 줄어든 것이었다. 뿐만 아니라 국회의원의 임기가 4년에서 6년으로 늘어나면서 정치인들의 출마기회가 적어지게 되었기 때문에 공천권을 획득하기 위한 내부경쟁은 더욱 치열해졌다. 결과적으로 공천자 수의 감소와 당선가능성 증가를 동반한 선거제도 변화로 인해, 당선을 목표로 하는 정치인들은 자신의 이해관계에 더욱 민감해졌고, 파벌 구성에 있어서 후원·고객관계가 더욱 두드러지게 되었다.

　한편, 이 시기의 선거운동은 철저하게 공영제로 운영되어 선거질서를 확보하는 데는 기여했을지 모르나 선거운동의 자율성을 근본적으로 제한하는 결과를 가져와 선거운동을 위축시켰고, 따라서 선거운동의 공정성에도 심각한 의문이 제기될 수밖에 없었다. 반면 정당추천만을 허용함으로써 입후보의 자유를 제한하였던 제도를 고쳐 무소속의 입후보를 허용한 점은 기성 정당의 당원으로서의 경력과 조직에서 열세한

신인 후보자로 하여금 정치에 참여할 수 있는 기회를 확대해주었다고 평가할 수 있다(전선일 2008, 165).

제9대 국회는 여당 측이 압도적인 우위를 점하는 가운데 1야당인 신민당은 임시국회마저도 독자적으로 소집할 힘마저 없게 된 상태에서 1973년 3월 12일 개원되어 국회의장에 민주공화당의 정일권, 부의장에 유신정우회 김진만을 선출하고 야당 몫인 나머지 1석의 부의장에는 신민당에서 이철승을 선출함으로써 출범하게 되었다.

II. 유신헌법 찬반투표

제8대 대통령선거와 제9대 국회의원선거를 치르면서 국민들과 야당은 유신체제에 저항하기 시작하였다. 1973년 10월 2일 유신에 반대하는 첫 대규모 시위가 일어났고, 연말을 기해 장준하가 주도한 유신헌법 개정청원 백만인 서명운동이 일파만파로 퍼져나갔다. 특히, 1974년에는 김영삼의 신민당 총재 취임을 계기로 유신헌법의 반민주성을 내세운 야권의 원내·외 유신반대투쟁은 더욱 심화되어 갔다.

유신체제에 대한 국민적 저항이 거세지자 박정희 대통령은 강압통치를 강화한다. 1974년 1월 긴급조치 1, 2호를 발표하여 국민의 자유와 권리를 제한하였고, 4월에는 민청학련 사건을 계기로 긴급조치 4호를 발동한다. 그럼에도 불구하고 유신체제에 대한 국민과 야당의 저항은 멈추지 않았고, 정국 불안정이 지속되었다. 이에 박정희 대통령은 1975년 1월 22일 특별담화를 통해 유신헌법에 대한 찬반을 묻는 국민투표 실시를 선언하였다. 박정희 대통령은 국민투표를 유신헌법에 대한 찬반투표뿐만 아니라 대통령에 대한 신임투표로 간주하였고, 1975년 2월 12일 국민투표를 실시하기로 공고하였다. 그러나 야당은 자유로운 토론을 금하면서 감행하는 국민투표를 반대하며 거부운동을 벌였다.

야당 측의 반대 속에 1975년 2월 12일 실시된 국민투표는 부정·불법 투개표의 시비를 남겨놓은 채 79.8%가 참여하였고, 73.1%가 찬성하는 압도적 지지로 나타났다. 국민투표를 신임투표와 연계했던 박정희 대통령은 국민투표 결과가 높은 찬성률을 보이자 이를 바탕으로 유신체제를 유지하기 위한 강압적 통치를 확대하기 시작하였다. 1975년 4월에는 고려대의 시위를 막기 위해 휴교조치를 내리는 긴급조치 7호를 발동했고, 연이어 5월 13일에는 긴급조치 제9호가 선포됐다. 긴급조치 9호는 개헌논의 자체를 불허하는 가장 강력한 조치였다.

강압통치를 통해 유신체제가 지속되는 가운데 제8대 대통령의 임기가 만료됨에 따라 1978년 5월 18일 제9대 대통령선거를 위한 제2대 통일주체국민회의 대의원선거가 실시되었다. 대의원 수는 2,359명에서 2,583명으로 224명이 늘어났다.

대의원선출 이후 실시된 제9대 대통령선거는 간접선거가 지속되었고, 후보자 또한 제8대에 이어 박정희가 단일후보였다. 제1야당인 신민당에서는 대통령선거 입후보 여부를 두고 논란을 벌였으나, 결국 입후보 조건인 통일주체국민회의 대의원 200명의 추천의 어려움과 간접선거의 결과가 자명한 상황을 고려하여 입후보하지 않기로 결정하였다.

1978년 7월 6일 통일주체국민회의를 통한 제9대 대통령선거 간접선거 결과는 예상을 벗어나지 않았다. 선거 당시 통일주체국민회의 재적 대의원은 2,581명이었으며, 이 가운데 단 3명을 제외한 2,578명이 투표에 참여하였고, 토론 없이 비밀투표가 실시된 결과 박정희 후보가 99.9%에 달하는 2,577표(무효 1표)를 얻어 당선되었다.

III. 제10대 국회의원선거와 유신체제 붕괴

1977년 수출 100억 불이라는 경제 성과에도 불구하고 이에 대한 정치사회적 대가가 너무 커서 데모와 이에 대한 경찰의 과잉진압사태가 이어지는 악순환이 계속되었다. 1977년 정기국회에서 정치현안인 선거관련법 개정 문제를 놓고 여·야는 20여 일간의 협상 끝에 국회의원선거법 중 개정법률안을 마련하였고 1977년 12월 31일에 법률 제3093호로 공포하였다.

그 내용을 변경된 부분을 중심으로 살펴보면 다음과 같다.

①선거구를 4개 증설하여 총 77개 선거구로 하였고, 의원 정수는 지역구 154인, 통일주최국민회의에서 선출한 77인으로 하여 219에서 231인으로 증원하였음. ②정당의 회의참관인제도를 두어 구·시·군 선거관리위원회와 투표구선거관리위원회의 회의에 참관하여 의견을 개진할 수 있도록 하였으며, 선거사무원 교체를 가능하게 하였고, 투표참관에 있어 정당선정 참관인을 둘수 있도록 하였음. ③후보자합동 연설회 횟수를 늘리고, 후보자가 선거운동을 위하여 현수막을 게시할 수 있도록 함. ④후보자의 기탁금액을 인상하여 무소속 후보자는 300만 원에서 500만 원으로, 정당공천 후보자는 200만 원에서 300만 원으로 각각 증액하였다.

1978년 당시 국회의원선거법 제94조 규정에 의하면 제10대 국회의원선거는 1978년 9월 12일부터 1979년 2월 19일 사이에 실시할 수 있었는데, 1978년 8월 5일 대통령 박정희는 진해에서의 기자회견을 통해 연내 총선거 실시를 제기하였다. 이에 따라 1978년 9월에 들어서면서부터 정계에서는 제10대 국회의원선거를 대비한 전초적인 활동이 시작되었다.

특히 여·야는 선거에 대비해서 구태회 국회부의장의 주선으로 정치자금모금을 추진하여 전국경제인연합회, 무역협회, 대한상공회의소 등

3개 단체는 11월 21일 8억 5천만 원을 중앙선거관리위원회에 기탁하였고, 중앙선거관리위원회는 11월 23일 이를 민주공화당, 신민당, 민주통일당 및 유정회에 배분하였다. 또한 여·야는 10월에 들어서면서 후보자 공천을 시작하였다.

민주공화당은 11월 6일 전국 77개 선거구에 복수공천 없이 77명의 후보자를 공천하였고, 신민당은 국회의원총선거에 대비하여 7월부터 공천심사위원회 구성을 서둘렀으나, 비당권파의 참여여부와 관련하여 3개월 동안 진통을 거듭한 끝에 10월 2일에 이르러 이철승 대표최고위원을 비롯한 최고위원회 6명에 김영삼 전 총재와 정헌주 전당대회의장을 포함한 8명으로 공천심사위원회를 구성하였고 11월 22일에 4개 선거구에 복수공천을 하여 모두 81명의 후보자를 공천하였다. 민주통일당도 선거일이 공고된 11월 24일까지 모두 63명의 후보자를 공천하였으나, 최종등록은 60명만이 하였다.

결국 제10대 국회의원선거에는 지역구 의원정수 154명에 3개 정당과 무소속 입후보자까지 합해 총 473명이 입후보함으로써 3.1대 1의 경쟁률을 보였다. 특히 무소속 입후보자들이 전체의 53.9%인 255명에 이르고 있어 지난 선거보다 급격한 증가를 보였다. 투표율은 총유권자 1,948만 9,490명 가운데 1,502만 3,370명이 투표에 참가하여 77.1%를 기록하였는데, 이는 지난 제9대 국회의원선거 시보다 4.2% 증가된 수치

〈표 4-8〉 제10대 국회의원선거 입후보 상황

정당·단체명	후보자수	비율	정당·단체명	후보자수	비율
무소속	255	53.9	민주통일당	60	12.7
민주공화국	77	16.3	합계	473	100
신민당	81	17.1	평균경쟁률	3.1 : 1	

출처: 중앙선거관리위원회(1989), 「역대국회의원선거상황(제1~11대)」

이다.

 선거에 임하여 민주공화당과 신민당이 대조적인 선거공약을 제시했다. 먼저 선거에 앞서 민주공화당은 11월 17일 청와대에서 정부와 연석회의를 갖고 총선거에 내세울 "민주공화당 다시 밀어 쉬지 말고 전진하자"라는 구호와 "중흥의 새시대를 열자"라는 제목의 10대 정책지표, 180개 실천사항으로 된 선거공약을 발표했다. 선거공약에는 깨끗하고 생산적인 정치의 구현, 평화정착의 추구와 안전보장의 견실화, 선진경제로의 비약, 국민생활안정 및 복지사회건설 등이 골자였다.

 신민당은 이철승 대표최고위원이 11월 20일 기자회견을 갖고 총선거에 입하는 신민당의 입장과 12대 선거공약 및 구호를 밝혔다. 이는 긴급통치지양, 민주체제회복, 사법권독립에 의한 인권보호, 언론자유회복, 물가안정, 세제개혁, 최고임금보장 등의 선거공약과 "진짜 민심 보여주자", "공화 위에 재벌 있고 신민 위에 서민 있다"란 구호였다. 또한 신민당은 선거가 시작된 후 부가가치세 폐지, 구속적부심사제 부활 등 52개 실천정책을 제시했다. 또한 민주통일당은 민주헌정질서회복, 재야민주세력과의 제휴, 근로삼권보장 등을 선거공약으로 통일정책에 영세 중립화에 의한 통일을 주장함으로써 민주공화당과의 차별성을 보였다.

 제10대 국회의원선거는 긴급조치 제9호가 발령된 가운데 실시됨에 따라 유신체제에 대한 논쟁은 일체 할 수 없게 되었고 공영제로 실시되고 개인연설 등이 금지된 가운데, 이에 따라 정치적 쟁점 사항이 부각되지 못하였다. 선거운동은 큰 폭력사태없이 진행되었지만 선거운동기간 중 2명의 후보자가 사전선거운동의 혐의 등으로 구속된 사태가 발생하였다.

 선거결과 민주공화당은 여전히 다수당의 지위를 유지했지만 내용적으로 신민당에 패배한 선거였다. 민주공화당이 31.7%의 득표율을 보인데 반해 신민당은 32.8%의 득표율을 보여 신민당에 대한 유권자들의 지지도가 민주공화당에 대한 지지도보다 더 높았다. 한편 민주통

〈표 4-9〉 제10대 국회의원선거 정당별 당선자 및 득표수 비교

정당별	당선자수	당선자비율	득표수	득표수비율
민주공화당	68	44.2	4,695,995	31.7
신민당	61	39.6	4,861,204	32.8
민주통일당	3	1.9	1,095,057	7.4
무소속	22	14.3	4,160,187	28.1
합 계	154	100	14,812,443	100.0

출처: 중앙선거관리위원회(1993), 「대한민국선거사 제3집」

일당은 불과 7.4%의 득표율을 보였으며, 오히려 무소속 입후보자들이 28.1%의 득표율을 보여 이전 제9대 국회의원선거보다 민주통일당에 대한 지지도는 저하된 반면 무소속에 대한 지지도는 상승하였다.

의석은 민주공화당이 68명의 당선자를 내어 지역구 의원정수 154명 가운데 44.2%를 차지했고, 신민당은 61명의 당선자를 내어 39.6%를 차지하였으며, 무소속 입후보자가 22명 당선되어 14.3%를 차지한데 비해 민주통일당은 3명의 당선자를 내어 불과 1.9%를 차지하게 되었다. 특히 전국 77개 선거구 중 53개 선거구에서 민주공화당과 신민당의 후보가 같이 당선되어 이른바 동반당선되는 현상을 보였는데, 이는 중선거구제의 영향이었다.

여당은 지역구에서는 뒤졌지만 통일주체국민회의에서 선출하는 77명이 여당에 합류하며 과반수를 이루게 되었으며, 결과적으로 전국 득표율 대비 의석의 확보율은 야당인 신민당이 가장 앞섰으나 의석에서는 뒤지는 최초의 사례가 발생하였다.

제10대 국회의원선거는 중선거구제로 치러졌다는 점과 통일주체국민회의 선출이라는 방식을 도입한 점에서 제9대 선거와 같았다. 여당이 전국득표수에서 제1야당에 뒤진 최초의 선거였으며 전국의 득표수에서 제1야당에 뒤지고도 제1야당보다 의석을 더 많이 얻은 최초의 선

거라는 기록을 남겼다. 이러한 결과는 민주공화당은 물론 신민당 및 국민들도 예견치 못한 것이었다. 민주공화당에 대한 유권자의 지지감소는 국민의 정부 여당에 대한 불신에서 비롯된 것이었으며, 야당에게는 유신반대와 민주헌정회복을 위한 적극적 태도를 촉구하는 것이기도 하였다(지병문 외 2003, 233).

박정희는 1978년 12월 27일 제9대 대통령에 취임하였으나 6년 임기에도 불구하고 취임한지 10개월 만인 1979년 10월 26일 중앙정보부장 김재규에 의해 살해된다.

10·26사태 이후 당시 국무총리이던 최규하가 헌법 제48조에 따라 대통령 권한대행으로 취임하였다. 헌법에는 대통령 궐위 시 통일주체

〈표 4-10〉 제10대 국회의원선거 지역·정당별 득표 현황

정당 시도	민주공화당		신민당		민주통일당		무소속	
	득표수	의석	득표수	의석	득표수	의석	득표수	의석
서울	819,137	9	1,528,279	11	278,971	1	402,338	1
부산	348,730	4	464,539	5	145,308		213,255	1
경기	643,850	8	594,871	7	90,138		474,041	1
강원	301,503	5	183,340	3	22,149		264,333	2
충북	233,775	3	214,283	4	82,179	1	110,952	
충남	495,342	7	286,878	5	104,226		348,502	2
전북	286,024	6	301,349	4	80,796		303,603	2
전남	525,508	8	370,203	7	197,160	1	440,212	4
경북	564,171	9	478,025	8	60,192		926,207	5
경남	433,726	8	373,143	7	33,938		552,551	3
제주	44,229	1	16,294	-	-		124,193	1
계 비율	4,695,995 31.7	68 44.2	4,861,204 32.8	61 39.6	1,095,057 7.4	3 1.9	4,160,187 28.1	22 14.3

출처: 중앙선거관리위원회(1989), 「역대국회의원선거상황(제1~11대)」

국민회의를 통하여 3개월 이내(1980년 1월 26일까지)에 후임 대통령을 선출하도록 규정되어 있었다. 이에 따라 최규하 통일주체국민회의 의장대행은 박정희 대통령의 국장을 마무리한 이후 제10대 대통령선거를 1979년 12월 6일 실시하기로 결정하였다.

제10대 대통령선거는 과도정부의 정치일정공약에 따라 1979년 12월 6일 통일주체국민회의 대의원선거를 통해 단독 입후보한 최규하를 대통령으로 선출하였다.[3]

선거결과 최규하는 재적대의원 2,560 중 2,549명이 투표에 참여한 가운데 2,465명의 찬성으로 제10대 대통령에 당선되었다. 제10대 대통령선거는 이전과는 달리 무효표가 84표가 나와 박정희를 선출할 때와는 다른 양상이었다.

최규하는 당선 다음날 국무회의 의결을 거쳐 긴급조치 제9호를 그해 12월 8일 0시를 기하여 해제함으로써 기존 유신체제로부터 탈피, 새로운 정치체제를 모색하기 위한 첫 걸음을 내딛었다.

그러나 정국의 불안과 혼미 속에서 5·17계엄조치와 5·18광주민주화운동이 발생하였고, 이에 따라 국가보위비상대책위원회가 1980년 5월 31일 설치되었다. 이러한 상황속에서 최규하 대통령은 1980년 8월 16일 당시 평화적인 정권교체의 전통을 남긴다는 명목하에 재임 8개월 21일 만에 신군부에게 정권을 넘기고 대통령직에서 물러난다. 이러한 일련의 사건으로 유신체제로 대표되는 제4공화국은 막을 내리게 된다.

---

3) 당시 최규하 권한대행은 현행 유신헌법에 따라 제10대 대통령을 선출하고 새 대통령의 임기가 끝나기 전 빠른 시일 내에 헌법을 개정하겠다는 입장을 명백히 하였다. 하지만 신민당의 김영삼 총재는 현행 유신헌법이 이미 의미가 없어진 만큼 3개월 이내에 개헌을 하고 그로부터 2개월 이내에 신헌법에 따른 직접선거로 새 대통령을 선출해야 한다고 맞섰다(지병문 외 2003, 293).

IV. 유신체제하의 선거 평가

　제4공화국 시기의 유신체제는 제3공화국 시기보다 더욱 권위주의가 강화된 형태로 나타난다. 유신헌법은 삼권분립, 견제와 균형, 경쟁적 선거제도라는 자유민주주의의 기본원칙을 전면 부정하였으며, 대통령의 권한 강화와 반대세력에 대한 억압을 그 내용으로 하고 있다(지병문 외 2003, 258). 따라서 이 시기의 정치문화는 권위주의적인 특성이 강화되었기 때문에 제4공화국 시기의 정당체계의 외부환경으로써 정치체제와 정치문화는 경쟁적인 정당체계 형성에 부정적인 영향을 주었다고 볼 수 있다.
　이 시기에 대통령 선출은 정당 가입이 허용되지 않는 통일주체국민회의 대의원들에 의해서 선출되었다. 이는 국민들의 참정권을 박탈한 것이며, 정당이 정권 창출에 참여할 수 있는 가능성을 원천적으로 봉쇄함으로써 절차적 민주주를 부인한 것이다.
　이 시기 국회의원선거의 또 다른 특징은 중선거구제의 채택이다. 또한 전국구 비례대표제는 사라지고 그 대신에 대통령이 추천하는 후보자들을 놓고 일괄적으로 투표하는 간접선거제였다. 이러한 중선거구제와 무소속후보의 출마 허용은 도시지역에서 여당 후보의 당선 가능성을 높였고, 제1야당후보에 대한 견제는 높아지는 결과를 가져왔다. 국회의원 정수의 3분의 1을 대통령이 추천하여 통일주체국민회의에서 선출하는 유정회의 신설은 대통령의 국회 장악력을 높였다. 또한 이는 야당의 최대의석 기대치를 전체의 3분의 1로 제한함으로써, 야당의 행정부 견제능력을 제도적으로 차단하였다. 이는 국회의 국민대표기능을 크게 축소시킨 것이다. 또한 유정회는 제2여당의 성격을 지니고 있어 경쟁적인 정당체계 형성에 매우 부정적인 영향을 주었다.
　결과적으로 제10대 국회의원선거에서 여당인 민주공화당은 전국득표수에서 제1야당에 뒤지고도 제1야당보다 의석을 더 많이 얻은 최초의 선거라는 기록을 남기게 되었다. 이러한 의석배분방식은 민주주의 선거에서 정상적인 비례대표방식으로 볼 수 없는 제도이며, 집권세력의 확실한 승리를 보장하는 이러한 선거제도는 민주정치를 구현하는 제도적 장치로서의 기능을 상실한 것이다.

선거운동은 철저하게 공영제로 운영되어 선거질서를 확보하는 데는 기여했을지 모르나 선거운동의 자율성을 근본적으로 제한하는 결과를 가져와 선거운동을 위축시켰고 따라서 선거 자체의 공정성에도 심각한 의문이 제기될 수밖에 없었다.

유권자의 지지도면에서 투표율은 평균 75%로 나타나고 있는데, 두 차례 선거에서 모두 정당소속 후보자들의 득표율이 무소속 후보자들보다 높은 것으로 나타났다. 따라서 정당체계의 투입구조로서 유권자의 지지도는 이 시기의 경우 경쟁적인 정당체계를 형성하는 데 긍정적으로 작용할 수도 있었을 것이다(호광석 1996, 410). 그럼에도 불구하고 유신체제하의 정당법은 제3공화국 시기와 마찬가지로 정당에 대한 규제가 심하여 경쟁적인 정당체계의 형성에는 물론 경쟁적인 선거과정에 결과적으로 부정적인 영향을 주었다고 할 수 있다.

제 5 장

제5공화국의 선거

조진만

I. 제4공화국과 제6공화국의 사이에서

　제5공화국은 공식적으로 11대 대통령선거에서 전두환 후보가 당선된 1980년 8월 27일부터 그가 12대 대통령 임기를 마친 1988년 2월 24일까지 7년 6개월 동안 유지되었던 정권을 지칭한다. 하지만 전두환 대통령의 경우 1979년 12·12군사반란, 1980년 5·17비상계엄 확대 조치, 5·18광주민주화운동 무력 진압을 통하여 1980년 5월 31일 국가보위비상대책위원회의 상임위원장직을 맡게 되었고, 이 시기 실질적인 국가권력을 장악하여 행사하였다. 그러므로 제5공화국의 실제 연원은 더욱 오래된 특징을 보인다.

　제5공화국의 정치는 시기적으로 크게 두 가지의 특징을 보이면서 전개되었다고 평가할 수 있다. 먼저 전두환 정권은 집권 초기 권력의 정통성을 확보하지 못한 상태에서 법과 제도에 대한 정비를 통하여 정치·사회·경제적 영역에서의 체제 도전세력들을 배제시키고, 권위주의적 지배를 강화해가는 특징을 보였다. 전두환 대통령은 집권 초기 전국적인 비상계엄을 선포하여 국회와 기존 정당들을 해산시키고, 반체제적 정치인들의 활동을 금지시켰다. 그리고 이러한 상황에서 헌법 개정을 단행함으로써 권위주의 체제를 정비하였다. 그러므로 이 시기에 실시된 제5차 국민투표, 11대 및 12대 대통령선거, 11대 국회의원선거는 국민들의 선택의 자유가 심각하게 제한된 상황 속에서 전두환 정권의 권위주의 지배를 합리화시키는 수단적 성격이 강하였다.

다음으로 전두환 정권은 자신의 권위주의 체제가 안정적인 국면에 접어들게 되자 1983년 정치해금과 학원자율화를 골자로 하는 유화조치를 단행하여 변화를 도모하는 모습을 보이게 된다. 당시 전두환 정권이 변화의 모습을 보였던 중요한 의도는 일정 수준 민주적이고 경쟁적인 선거를 실시하여 정통성을 확보함으로써 권위주의 정권의 재생산과 공고화를 도모하려는 것에 있었다. 하지만 이를 계기로 1985년 1월 18일 선명야당인 신한민주당이 창당하게 되었다. 그리고 12대 국회의원선거에서 전두환 정권의 정통성 비판과 대통령 직선제 개헌 요구 등과 같은 정치현안들이 분출됨으로써 궁극적으로 민주화를 위한 정치국면이 조성되었다. 특히 12대 국회의원선거를 통하여 신한민주당이 제1야당의 위상을 확보함으로써 이후 전두환 정권은 의도하지 않았던 민주화 세력의 강렬한 저항과 도전에 직면하게 되었다. 그 결과 전두환 정권은 궁극적으로 야당과 국민들의 대통령 직선제 요구를 수용하는 헌법 개정을 단행할 수밖에 없었다. 그리고 비로소 한국의 선거가 본연의 기능을 수행하게 되는 전환기적 상황을 맞이하게 되었다.

이 장에서는 제5공화국이 출현하게 된 역사적 배경과 과정들에 대한 논의들을 토대로 이 시기에 실시되었던 주요 선거들의 특징들을 시계열적 차원에서 고찰하고 있다. 우선적으로 제5공화국 정권의 태동과정, 즉 박정희 대통령 시해사건 이후 신군부세력이 정권을 장악하는 과정을 살펴보고 있다. 그리고 제5공화국에서 실시된 11대~12대 대통령선거, 제5차 국민투표, 11대~12대 국회의원선거가 어떠한 정치적 상황과 제도하에서 실시되었으며, 그 과정과 결과는 어떠한 특징들을 보였는가를 논의하고 있다.

II. 제5공화국의 태동 과정

1979년 10월 26일 박정희 대통령의 갑작스러운 죽음은 소위 '서울의 봄'이라고 일컬어지는 유신독재에 대한 국민들의 반감과 민주화에 대한 요구들을 분출시켰다. 이에 당시 최규하 국무총리는 과도기적 위기 상황하에서 대통령권한대행과 10대 대통령[1]으로서의 역할을 수행하면서 헌법 개정과 정권 이양을 추진하였다.

최규하 대통령권한대행은 일차적으로 1979년 10월 27일 제주도를 제외한 전국에 비상계엄령을 선포하고, 정승화 참모총장을 계엄사령관에 임명하였다. 그리고 보안사령부에 설치된 합동수사본부에서 박정희 대통령 시해사건을 조사하도록 조치하였다. 이 상황 속에서 당시 군 수뇌부는 정승화 계엄사령관이 주축이 되어 군의 정치적 중립을 선포하고, 합법적인 방법에 따른 정치일정의 고수와 유신헌법의 폐지를 결정하였다. 최규하 대통령은 자신의 정부는 과도정부이기 때문에 대통령의 잔여임기를 다 채우지 않을 것이라고 밝혔다. 그리고 조속한 시일 내에 국민의 여론을 수렴하여 헌법을 개정하고 선거를 실시함으로써 평화적으로 정권을 이양하겠다고 천명하였다. 또한 1979년 12월 7일 대통령긴급조치 9호의 해체를 통하여 김대중을 포함한 68명의 긴급

---

1) 최규하 대통령권한대행은 1979년 12월 6일 통일주체국민회의대의원에 의한 간접선거로 실시된 10대 대통령선거에서 단독 출마하여 당선되었다.

조치 위반자를 석방하였으며, 1980년 2월 29일에도 박정희 유신체제에 항거하였던 재야인사 687명에 대한 특별사면과 복권조치도 실시하였다. 뿐만 아니라 1979년 11월 26일 여야 국회의원 28명으로 구성된 헌법개정심의특별위원회[2]도 전국 주요 도시에서 개헌공청회를 개최하고, 조문화 작업을 진행하는 등 비교적 순조롭게 개헌작업을 진행해 나가고 있었다.

하지만 다른 한편으로 갑작스러운 박정희 대통령 시해사건은 뚜렷한 대안적 정치세력이 부재한 상황 속에서 정치적 공백과 사회적 불안감을 조성하는 요인이 되었다. 정치권의 경우 여당인 민주공화당에서는 박정희 대통령 사망 이후 새로운 전기를 마련할 필요가 있다는 인식하에 부정부패한 인사들의 처벌을 요구하는 정풍운동이 소장의원들을 중심으로 거세게 일어났다. 이와 같은 정풍운동은 이후락을 포함하여 정풍운동을 주도한 4명의 국회의원들을 제명하는 것으로 마무리되었다. 하지만 결과적으로 김종필 총재의 리더십과 민주공화당의 단합에 큰 상처를 남기게 되었다.

한편 야당인 신민당에서는 향후 진행될 대통령선거의 후보단일화 문제를 둘러싸고 김영삼 총재와 김대중 공동의장이 치열하게 대결하는 모습을 보였다. 당시 김영삼 총재와 김대중 공동의장은 야권 통합과 대통령후보 단일화의 필요성을 충분히 인지하고 있었다. 그럼에도 불구하고 결과적으로 양김이 갈등하고 분열하게 된 데에는 지지기반의 차별성에 따른 정치전략의 차이라는 요인이 중요하게 작용하였다. 구체적으로 김영삼 총재는 당권을 장악하고 있는 상황 속에서 재야세력을

---

[2] 당시 헌법개정심의특별위원회는 여권 14명(민주공화당 7명, 유신정우회 7명)과 야권 14명(신민당 13명, 민주통일당 1명)으로 구성되어 있었다. 그리고 위원 3분의 1 이상의 요구가 있을 경우에는 임시회를 소집할 수 있도록 규정하고 있었다. 이것은 당시 야당인 신민당의 경우 단독으로 위원회의 소집이 가능한 반면 여당인 민주공화당은 그렇지 못하였다는 것을 의미한다. 그러므로 당시 개헌 논의는 야당인 신민당을 중심으로 이루어지고 있었다고 평가할 수 있다.

영입하여 신민당 중심으로 대통령후보를 선출하는 것이 바람직하다는 입장을 보였다. 반면 김대중 공동의장은 당내 기반이 취약한 관계로 재야세력을 중심으로 신당을 만들어 대통령후보로 나서는 것이 유리할 수 있다는 생각을 가지고 있었다. 이와 같은 야권의 분열은 이후 신군부세력이 국가적 위기상황 속에서도 야당은 권력 쟁취에만 급급한 모습을 보이고 있어 사회적 혼란을 가중시키고 있다는 비판을 하면서 정치에 개입할 수 있는 명분을 제공하게 되었다.

시민사회의 경우 학생회가 부활된 대학가에서는 초기 재단비리 척결과 학내 민주화를 요구하였던 운동들이 점차 계엄령 해제, 군부의 정치개입 반대, 신속한 정권 이양을 요구하는 정치운동으로 확산되었다. 그리고 이와 같은 학생운동은 점차 과격화되는 상황 속에서 전국적으로 파급되는 양상을 보였다.[3] 뿐만 아니라 두 차례의 석유파동과 급속히 치솟은 물가에 따른 서민들의 불만은 노동계의 생존권 보장을 위한 농성과 파업으로 이어지고 있었다. 한마디로 당시 정국은 초긴장 혼란 상태에 빠져 들고 있었다.[4]

박정희 정권의 유신체제하에서는 정치적 대항세력이 형성될 수 없었다. 그러므로 이와 같은 정치사회적 불안요인들은 박정희 정권하에서 가장 많은 수혜를 받고 성장한 신군부세력으로 하여금 질서 유지와 국가안보를 명분으로 정치에 개입할 수 있는 기회를 제공하였다. 신군부세력의 정치적 개입은 박정희 대통령 시해사건의 수습과정 속에서 정승화 계엄사령관과 전두환 보안사령관 간의 의견 차이와 갈등으로 표

---

[3] 1980년 5월 14일에는 전국 34개 대학교에서 100,000명 정도의 학생들이 가두시위를 진행하였다. 그리고 5월 15일에 있었던 서울역 집회에는 전국 35개 대학교에서 70,000명 이상의 학생들이 운집함으로써 설성을 이루었다(한국정치연구회 1990, 372-373).

[4] 김영삼과 김대중은 정국이 예상치 못한 초긴장 혼란상태로 빠져들자 군부의 개입을 우려하여 1980년 5월 16일 회합을 갖고, 대학생들의 자제를 호소하였다. 하지만 이와 같은 회합과 결속은 때 늦은 감이 있었으며, 신군부세력은 바로 다음날 비상계엄 전국 확대와 계엄포고 발령을 골자로 하는 5·17 조치를 단행하였다.

면화되었다. 이 사건을 계기로 군대 내부의 세대갈등 문제 등이 불거져 나오게 되었다. 이에 전두환 보안사령관을 중심으로 한 신군부세력은 1979년 12월 12일 최규하 대통령의 재가도 받지 않고 대규모의 병력을 불법 동원하여 정승화 계엄사령관을 강제로 연행하는 군사반란을 감행하였다.[5]

당시 전두환 보안사령관을 중심으로 한 신군부세력은 12·12군사반란을 계기로 군부를 완전히 장악하였다.[6] 이것은 신군부세력이 사회가 혼란해지고 국가안보가 위협을 받는 상황이 발생하게 된다면 언제든지 정치무대에 전면적으로 진출할 수 있는 태세를 갖추게 되었다는 것을 의미하였다.[7] 즉 당시 권력지향적이었던 신군부세력은 군대 내부의 세력통합을 이룬 상태에서 정치개입을 위한 명분만이 필요한 상황이었다.

이 같은 명분은 1980년에 들어서서 나타난 정치사회적 혼란과 불안정을 빌미로 마련되게 되었다. 당시 신군부세력은 정치인들의 선동, 대학생들의 소요, 노동자들의 노사분규 등으로 인하여 사회가 혼란스럽고 무질서하기 때문에 사회적 안정을 도모하기 위해서는 비상계엄을 전국적으로 확대할 필요가 있다고 최규하 대통령을 지속적으로 압박하였다.[8] 그리고 결국 신군부세력은 1980년 5월 17일 비상계엄을 전국으

---

5) 12·12 군사반란이 일어나기 직전에 정승화 계엄사령관은 전두환 보안사령관의 도전을 우려하여 그를 동해안경비사령관으로 좌천시키려고 하였다(정승화 1987).
6) 12·12 군사반란을 성공적으로 이끈 신군부세력은 다음날인 12월 13일 군에 대한 전면적인 인사조치를 단행하였다. 이를 통하여 신군부세력은 군 내부의 반대세력을 강제 체포·구금·예편시킴으로써 군을 완전히 장악하였다(한정일 1994, 87-88).
7) 실제로 신군부세력은 1980년 2월 9일 계엄사령부 발표로 "정치발전이 우리의 안보태세를 약화시켜서는 안 되며, 정치과열 현상은 결코 용납될 수 없는 것"이라고 강조함으로써 그들의 정치적 입장을 최초로 표명하였다(여현덕 1996, 296).
8) 신군부세력은 1980년 5월 17일 전군 주요 지휘관회의를 개최하여 비상계엄 전국확대를 전군 지휘관들의 요구로 최규하 대통령에게 건의하였다. 그리고 국무회의장에 군인들을 배치하여 공포분위기를 조성함으로써 그 요구를 관철시켰다(중앙선거관리위원회 2009, 43).

로 확대하고, 계엄포고 10호를 발령하는 조치를 통하여 자신의 실체를 국민 앞에 전면적으로 노출시켰다.

이와 같은 조치들을 통하여 신군부세력은 정권 장악을 위한 일련의 사전작업을 진행해 나아갔다. 구체적으로 신군부세력은 이 조치들을 통하여 모든 정치활동의 금지, 집회 및 시위의 금지, 정치적 발언의 일체 불허, 언론·출판·보도·방송에 대한 사전검열, 대학교 휴교, 직장 이탈이나 태업 및 파업 행위의 금지, 유언비어의 날조 및 유포 금지 등을 규정하였다. 그리고 이를 위반한 자에 대해서는 영장 없이 체포·구금·수색하여 엄중 처단할 것을 명시하였다. 또한 국회와 정당을 해산시켰고, 국회와 중앙당사에 계엄군을 배치하여 출입을 금지시켰다. 뿐만 아니라 자신들이 국가권력을 장악하는 데 방해가 될 수 있는 김종필, 김대중, 김영삼 등의 영향력 있는 정치인들을 구속영장 없이 체포하거나 가택연금을 시켰다. 이 외에도 전국의 시위주동자들에 대한 예비검속을 실시하여 재야인사와 학생회 간부 등 2,699명을 체포하기도 하였다(중앙선거관리위원회 2009, 43).

이 같은 신군부세력의 권위주의적 통제와 권력 장악의 움직임에 대한 국민들의 저항은 당연한 것이었다. 그리고 1980년 5월 18일에 일어난 광주민주화운동은 신군부세력이 권력을 장악하는 데 있어 하나의 분수령이 되었다. 결국 신군부세력은 군대를 동원한 폭력적 진압으로 광주의 통제권을 장악함으로써 5·18광주민주화운동을 성공적으로 무마시켰다. 그리고 신군부세력이 우려하였던 미국으로부터도 자신들의 실체에 대한 일정 수준의 용인을 얻어내게 되었다.[9]

---

9) 당시 미국이 신군부세력을 용인하였던 이유로 한반도의 안정과 미국에 우호적인 정권의 수립이라는 두 가지 요인이 중요하게 작용하였다. 이 시기 미국에서는 인권외교의 기조 속에 독재정권에 대한 적극적 지원을 하지 못함에 따라 결과적으로 이란과 니카라과에서 반미정권이 수립되는 것을 막지 못하였다는 비판들이 존재하였다. 그러므로 위컴 주한유엔군 및 한미연합사령관은 그의 작전지휘권 하에 있는 한국군을 광주민주화운동의 진압에 사용할 수 있게 해달라는 한국 정부의 요청에 동의하여 4개 대대의 병력을 풀어주었다. 이 같은 미국의 태도는 이

이러한 상황에서 신군부세력은 1980년 5월 31일 자신들에 반대하는 세력들을 탄압하고, 정계와 재계를 개편하여 새로운 지배구조를 수립한다는 목적으로 국가보위비상대책위원회를 발족시킨다. 그리고 그 산하기구인 국가보위비상대책상임위원회의 위원장으로 전두환 중앙정보부장서리 겸 보안사령관을 취임시킨다. 당시 국가보위비상대책위원회의 전체회의는 단 두 차례만 개최되었을 정도로 형식적이었으며, 실질적인 운영은 국가보위비상대책상임위원회를 중심으로 이루어졌다. 국가보위비상대책상임위원회는 13개의 분과위원회를 두고 개혁조치라는 명분하에 국정시책을 결정하였다. 그리고 이를 대통령과 행정부처에 통보하고 시행하도록 요구하였다. 이로 인하여 당시 최규하 대통령과 행정부처의 권력과 기능은 무력화되었으며, 전두환을 중심으로 한 신군부세력이 실질적인 권력을 행사하게 되었다.

III. 유신헌법하에 실시된 11대 대통령선거

국가보위비상대책상임위원회가 실질적인 권력을 장악하고 대통령과 행정부처의 권능을 무력화시키자 1980년 8월 16일 최규하 대통령은 사임성명을 발표하였다. 당시 최규하 대통령은 재임기간 중의 사회적 소요와 광주민주화운동에 대한 책임을 지고, 임기 전에 평화적 정권 이양의 선례를 남겨 정치발전에 기여하고자 사임을 결정하게 되었다고 밝혔다. 하지만 실제로는 행정관료 출신으로 정치적 기반이 없었던 최규하 대통령이 신군부세력에 의하여 그 권한이 무력화되자 헌법 개정

후 학생운동권을 중심으로 반미감정을 유발시키는 요인이 되었다(한국정치연구회 1989, 233).

과 평화적 정권 이양이라는 과도정부의 소임을 달성할 수 없다는 점을 인식하고 사퇴 결정을 내린 것이었다.

최규하 대통령의 사임으로 박충훈 국무총리서리가 대통령권한대행을 맡게 되었다. 박충훈 대통령권한대행은 국가권력의 공백을 막기 위하여 헌법 절차에 따라 조속한 기한 내에 대통령을 선출할 것이라고 밝혔다. 당시 헌법에서는 대통령이 궐위된 경우 3개월 이내에 후임자를 선출하도록 되어 있었다. 그러므로 1980년 11월 16일 이전까지 대통령선거를 실시해야만 하는 상황이었다.

11대 대통령선거는 당시 대통령선거법이 존재하지 않았던 상황 속에서 박정희 정권하의 유신헌법과 통일주체국민회의법의 적용을 받아 실시되었다. 당시 유신헌법과 통일주체국민회의법의 경우 대통령선거를 관리하는 기관은 통일주체국민회의임을 명시하고 있었다. 그러므로 당시 선거관리위원회는 통일주체국민회의 대의원선거는 관리하였지만 대통령선거에는 일체 관여할 수 없었다.

대통령 후보의 경우에도 등록신청을 본인이 하는 것이 아니라 통일주체국민회의 대의원이 동료 대의원 200명 이상의 추천장과 대통령이 되고자 하는 사람의 승낙서를 첨부하여 통일주체국민회의 사무처에 등록 신청하는 방식으로 이루어졌다. 당시 야당 후보들의 경우 통일주체국민회의 대의원 200명 이상의 추천을 받기가 현실적으로 어려웠기 때문에 자유롭게 대통령선거에 출마하는 것 자체가 불가능하였다. 뿐만 아니라 대통령 후보에 대한 토론도 금지되어 있었기 때문에 지지, 선전, 반대와 관련한 일체의 선거운동도 진행할 수 없었다.

이러한 상황에서 전두환 국가보위비상대책상임위원회 위원장은 1980년 8월 5일 대장으로 승진한 후 8월 22일 전역하여 대통령선거의 출마를 본격적으로 준비하였다. 그리고 11대 대통령선거의 단독 후보로 등록하였다. 이 같은 상황 속에서 1980년 8월 27일 서울 장충체육관에서 11대 대통령선거가 실시되었다.

당시 11대 대통령선거에 참여할 통일주체국민회의의 재적 대의원

수는 2,540명이었다. 이들 중 11대 대통령선거에 2,525명이 참여하여 99.4%의 높은 투표율을 기록하였다. 그리고 전두환 후보가 기권표 한 표를 제외한 2,524표를 얻어 11대 대통령에 당선되었다.

국가보위비상대책상임위원회의 위원장으로 활동하던 시기부터 전두환 대통령은 "새 사회의 도래와 새 질서의 형성을 확고히 하기 위한 정계 개편과 세대교체의 필요성"을 강조하였다. 이것은 기존 정치인들의 선동·정쟁·비리·부정부패 등으로 인한 신군부세력의 정치개입을 정당화하려는 것이었다. 그리고 기존 정치세력을 무력화시킨 상황 속에서 새로운 인사들의 영입을 통하여 정치권력의 장악과 개편을 시도하려는 의도를 내비친 것이었다.

11대 전두환 대통령의 임기는 당선일인 8월 27일부터 시작하여 전임 대통령의 잔여 임기인 1984년 12월 26일까지였다. 하지만 전두환 대통령은 1980년 9월 1일 취임식에서 10월 중에 유신헌법 개정을 위한 국민투표를 실시하고, 1981년 6월 말까지 개정된 헌법에 의하여 새롭게 선거를 실시하겠다는 입장을 표명하였다. 이것은 전두환 대통령이 헌법 개정 이후 12대 대통령선거에 다시 출마하겠다는 의지를 밝힌 것이었다.

실제로 11대 대통령선거는 민주적인 선거과정이 아닌 폐기하기로 결정하였던 유신헌법의 기본 틀 속에서 진행되었다는 점에서 전두환 정권의 정통성 문제를 지속적으로 야기시켰다. 그리고 이 같은 정통성 결여 문제는 전두환 정권의 유지에 가장 큰 걸림돌로 작용하게 되었다. 이에 전두환 정권은 유신헌법 개정과 새로운 대통령선거의 실시를 통하여 이와 같은 정통성 결여의 문제를 일정 수준 해소하려는 노력을 전개하였다.

IV. 유신헌법의 개정과 제5차 국민투표

유신헌법은 기본적으로 박정희 대통령의 종신 집권을 보장하는 데 그 목적이 있었기 때문에 국민의 기본권, 선거제도, 권력분립의 원칙 등과 관련하여 민주주의를 크게 후퇴시킨 헌법으로 지속적인 비판의 대상이 되었다. 이러한 이유로 박정희 대통령 시해사건이 발생한 직후부터 유신헌법의 개정 문제는 본격적으로 제기되었다.

유신헌법 개정 문제와 관련하여 당시 국회는 1979년 11월 26일 여야 동수의 국회의원 28명으로 구성된 '헌법개정심의특별위원회'를 구성하여 개헌작업을 추진하였다. 한편 최규하 대통령은 국회와는 별도로 정부도 개헌작업을 준비할 것이며, 개헌안 국민투표는 대통령 발의로 하겠다는 입장을 밝히기도 하였다. 그리고 실제로 최규하 대통령은 1980년 3월 14일 정부 내 헌법개정심의위원회를 발족시켜 정부 주도의 개헌을 진행하였다.

이처럼 국회와 정부가 별개로 개헌작업을 진행함에 따라 양자 간에 일정한 마찰도 일어나게 되었다.[10] 하지만 이러한 마찰도 신군부세력이 1980년 5월 17일 비상계엄 확대 조치를 단행하여 국회의 개헌활동을 금지시키고, 그 때까지 마련해놓았던 헌법시안을 전면 백지화시킴으로써 일단락되게 되었다. 그리고 이러한 상황 속에서 전두환 국가보위비상대책상임위원회 위원장은 대통령 간선제와 대통령 임기 7년 단임제를 골자로 하는 헌법요강을 정부에 보내 관철되도록 지시하였다. 당시 헌법 개정에 대한 국민적 여론은 대통령 직접선출, 임기 4년, 1회 중임에 있었는데(중앙선거관리위원회 2009, 68), 이것이 전두환 국가보위

---

10) 당시 국회 헌법개정심의특별위원회 김택수 위원장은 개헌작업은 주권재민의 원칙에 따라 국회가 주도하는 것이 바람직하며, 정부가 마련한 개헌시안을 국회에 보내면 반영하겠다는 입장을 밝히기도 하였다(중앙선거관리위원회 2009, 66).

비상대책상임위원회 위원장의 요구로 다르게 관철된 것이었다.

좀 더 구체적으로 헌법개정안의 주요 내용들을 살펴보면 다음과 같다. 먼저 대통령선거방식과 관련하여 통일주체국민회의를 폐지하고, 대통령선거인단에 의한 간접선거방식을 채택하였다. 이것은 실질적으로 유신헌법상의 통일주체국민회의 대의원이 대통령선거인단으로 그 명칭만 바뀐 것을 의미하였다. 당시 전두환 대통령은 특별담화를 통하여 대통령 직선제를 채택하지 않은 이유로 과도한 국력 낭비, 무책임한 공약 남발, 국론 분열, 지역감정 촉발 등을 제시하였다(중앙선거관리위원회 2009, 69). 그리고 직선제와 같은 효과를 내기 위하여 대통령선거인단의 수를 최소한 5,000명 이상으로 한다는 내용을 국민투표공보에 포함시키기도 하였다(중앙선거관리위원회 2009, 81). 하지만 실질적으로 전두환 정권이 대통령 간선제를 채택한 배경에는 직선제를 통해서는 대통령선거에서의 승리가 어려울 수 있다는 인식이 중요하게 작용하였다(심지연 2009, 310).

전두환 정권은 대통령 간선제에 대한 국민적 반감을 어느 정도 상쇄하기 위하여 대통령의 임기를 7년 단임으로 하고, 한 번 대통령을 역임하면 다시 출마하는 것을 금지하도록 함으로써 장기 집권의 방지와 정권 교체의 제도화를 도모한다는 명분을 강조하였다. 또한 대통령의 긴급조치 발동을 국회의 승인을 받도록 하고, 국회 해산도 국회 구성 1년 내에는 할 수 없도록 하는 동시에 국회의장의 자문과 국무회의의 심의를 거치도록 하였다.

이렇게 마련된 제5공화국의 헌법은 1980년 10월 22일 제5차 국민투표를 통하여 확정되었다. 제5차 국민투표는 전두환 정권이 비상계엄령을 선포하여 모든 정치활동을 금지시키고, 언론과 행정력을 총동원하여 홍보활동을 벌인 상황 속에서 실시되었다. 그 결과 95.5%의 투표율에 92.9%의 찬성률을 기록하였다. 이와 같은 결과는 당시 국민투표법상 국민투표와 관련한 선거운동을 진행할 수 없었던 상황 속에서 전두환 정권이 일방적으로 개정헌법의 긍정적인 측면만을 집중적으로 부각

〈표 5-1〉 제5차 국민투표 현황

선거인수	투표수	유효투표수			무효 투표수	투표율
		찬성	반대	계		
20,373,869 (661,955)	19,453,926 (648,214)	17,829,354 (92.9%)	1,357,673 (7.1%)	19,187,027	919,943 (13,741)	95.5%

시켰기 때문에 가능한 것이었다.

  구체적으로 제5차 국민투표는 1973년에 제정된 국민투표법에 기초하여 실시되었다. 그런데 당시 국민투표법 제28조(국민투표에 관한 운동의 제한)는 국민투표의 찬성 또는 반대를 위한 연설, 선전벽보·현수막 등의 시설물 작성과 게시, 확성 장비나 녹음기 등의 사용, 서명이나 날인을 받는 행위, 방송·간행물·기타 인쇄물을 통하여 국민투표에 대한 찬성 또는 반대의 의견을 개진하는 행위 모두를 금지하도록 규정[11]하고 있었다(중앙선거관리위원회 2009, 78). 그리고 실제로 검찰이 국민투표 반대운동을 하는 사람들을 단속하기도 하였다. 또한 남덕우 국무총리, 서정화 내무부장관, 오탁근 법무부장관의 명의로 일간지에 담화문을 게재하여 "새 시대 새 역사 창조의 주인임을 확인할 수 있는 제5차 국민투표에 반드시 참여하자"고 강력히 권유하였다. 뿐만 아니라 각급 선거관리위원회와 지도·계몽위원들을 동원한 국민투표 홍보활동도 적극적으로 전개되었으며, 투표 당일에는 공무원과 통·반장들의 투표 권유도 이루어졌다. 언론도 전두환 정권의 통제를 받는 상황 속에서 개정헌법이 국민의 기본권 신장, 대통령의 장기집권 배제와 평화적 정권교체를 위한 제도적 장치 마련, 대통령의 권한 제한, 국회의 견제기능 및 사법부의 독립성 강화, 복지국가 건설 지향 등의 긍정적 내용들을

---

11) 이와 같은 국민투표법은 박정희 정권이 국민투표의 찬반운동을 허용할 경우 그 결과가 불리하게 나타날 수 있다는 점을 고려하여 제정한 것이었다.

포함하고 있다는 점을 중점적으로 부각시키는 모습을 보였다.

태생적으로 정통성을 결여하고 있던 전두환 정권은 제5차 국민투표가 권력의 정당성을 인정받을 수 있는 기회가 된다고 인식하였다. 이러한 이유로 전두환 정권은 비상계엄하에서 언론과 행정력을 총동원함으로써 역대 국민투표들 중 가장 높은 투표율과 득표율을 제5차 국민투표에서 기록할 수 있었다. 하지만 제5공화국 헌법의 발효는 실질적으로 기존 정당들의 해체, 국회의 해산, 정치인의 참정권 박탈을 공식화하는 것을 의미하였다. 이러한 이유로 제5차 국민투표를 통하여 확정된 제5공화국의 헌법은 기본적으로 국민의 진정한 의사를 제대로 반영하지 못함에 따라 이후 지속적으로 개헌에 대한 요구와 비판을 받게 되었다.

V. 다당화 전략에 따른 대통령선거인선거와 12대 대통령선거

제5차 국민투표를 통하여 발효된 제5공화국 헌법은 새로운 대통령선거를 1981년 6월 30일 이전까지 실시하도록 규정하고 있었다. 그리고 유신헌법하의 통일주체국민회의가 폐지되고, 대통령선거인단이 간선으로 12대 대통령을 선출하도록 되어 있었기 때문에 1981년 2월 11일 대통령선거인선거가 실시되게 되었다.

전두환 정권은 새롭게 발효된 제5공화국 헌법을 토대로 기존 정당들과 국회를 해산시켰다. 그리고 12대 대통령선거를 앞두고 정치풍토 쇄신을 위한 특별조치법을 제정하여 기존 정치인 567명에 대한 정치활동을 1988년 6월 30일까지 일체 금지하는 조치들을 취하였다. 이것은 전두환 정권이 기존 정당들과 정치인들의 활동이 온전히 보장될 경우 정당성이 취약한 자신의 권력을 유지하기 어렵다는 인식하에 새로운 정치질서의 확립을 명분으로 취한 정치적 조치들이었다.

이처럼 전두환 정권은 자신들에게 절대적으로 유리한 정치환경을 조성한 다음 12대 대통령을 선출할 대통령선거인선거를 앞두고 체제순응적인 인사들의 정치활동을 보장하는 일련의 조치들을 내놓는다. 구체적으로 전두환 정권은 1980년 11월 19일 정당법을 개정하여 창당요건인 발기인수, 법정 지구당수, 지구당 법정 당원수 요건을 완화하였다.[12] 그리고 당원자격 요건도 대학 교수 등이 창당 발기인이나 당원이 될 수 있도록 완화하였다. 뿐만 아니라 1980년 11월 22일부터 정당 창설 및 정당기구 운영을 위한 옥내집회를 허용하였으며, 1981년 1월 12일부터는 옥외집회도 허용하였다.

전두환 정권은 이와 같은 정당법 개정에 대하여 "정당의 창당과 존속을 용이하게 함으로써 국민의 정치적 의사 형성에 필요한 조직 확보를 원활히 할 수 있고, 정당에 참여할 수 있는 문호를 대폭 개방함으로써 다원화된 국민의 의사를 국정에 고루 반영할 수 있다"고 제안 설명을 하였다(심지연 2009, 318). 하지만 실질적으로 전두환 정권의 정당법 개정은 기존의 영향력 있는 정치인들을 정치 피규제자(被規制者)로 묶어놓은 상황 속에서 자신들의 권력기반을 보다 견고하기 유지하기 위해서는 다당화 전략을 취하는 것이 유리할 수 있다는 판단 하에 이루어진 것이었다. 그리고 실제로 이러한 전두환 정권의 다당화 전략은 약 3개월 동안 9개의 정당이 창당[13]되어 선거관리위원회의 등록을 마침으로써 실효를 거둘 수 있었다.

제5공화국 헌법이 발효됨에 따라 국회가 해산되고, 그 권한을 국가보위입법회의가 대행하였다. 그러므로 당시 대통령선거법도 국가보위

---

12) 정당의 창당요건과 관련하여 발기인수는 30인에서 20인으로, 법정 지구당수는 국회의원 지역선거구 총수의 3분의 1 이상에서 4분의 1 이상으로, 그리고 지구당 법정당원수는 50인 이상에서 30인 이상으로 완화되었다.
13) 구체적으로 민주정의당, 민주한국당, 한국국민당, 민권당, 신정당, 민주사회당, 안민당, 사회당, 원일민립당이 창당되었다.

입법회의가 제정하였다. 새롭게 제정된 대통령선거법은 일반 유권자들이 대통령선거인단을 선출하고, 이들이 대통령을 간선으로 선출하는 것을 골자로 하고 있었다. 그러므로 실질적으로 대통령선거의 주체에 대한 명칭만 통일주체국민회의에서 대통령선거인단으로 변경되었을 뿐 대통령 선출방식은 유신헌법 하에서나 제5공화국 헌법하에서나 큰 차이가 없었다.

다만 대통령선거 후보 등록과 관련하여 11대 대통령선거와 12대 대통령선거는 차이를 보였다. 유신헌법하에 실시된 11대 대통령선거에서는 대통령 후보가 되고자 할 경우 통일주체국민회의 200명 이상의 추천이 필요하였다. 그러므로 현실적으로 야권에서 대통령 후보를 내세우기가 힘들었다. 하지만 12대 대통령선거에서는 소속 정당의 추천을 받거나 대통령선거인 300명 이상 500명 이하의 추천을 받으면 대통령 후보로 등록할 수 있었다. 대통령 후보요건이 대폭적으로 완화된 것이었다. 이것은 일정 수준 자유로운 정당정치를 보장하는 상황 속에서 야권이 통합되지 못하고 다수의 대통령 후보들을 내세울 경우 대통령선거에서의 승리를 보장받을 수 있다는 전두환 정권의 정치적 전략이 반영된 것이었다.

대통령선거인선거의 경우 한 선거구에서 두 명을 선출하는 것을 기본으로 진행되었다. 다만 특정 선거구의 인구가 20,000명을 초과할 경우 인구 10,000명당 한 명을 더 추가하여 선출할 수 있도록 하였다. 그리고 인구가 50,000명을 초과하는 선거구에서는 최대 5명까지만 선출하도록 하였다.

당시 대통령선거인선거에 후보 등록을 신청한 사람은 총 9,479명이었다. 이 중에서 196명은 선거기간 중의 사퇴와 사망, 그리고 후보 등록 무효처리로 공식 후보로 인정을 받지 못하였다. 당시 대통령선거인선거에서 후보를 낸 정당들[14]로는 민주정의당, 민주한국당, 한국국민당,

---

14) 실제로 당시 대통령선거인선거에서는 정당추천제가 도입되지 않았었다. 하지

민권당, 민주사회당이 존재하였다. 이 중에서 민주정의당이 전체 후보의 53.1%를 배출하였으며, 무소속으로 출마한 후보의 비율도 31.8%에 달하였다.

　대통령선거인선거의 후보로 등록한 사람들 중에는 정주영 현대그룹 회장, 구자경 럭키그룹 회장, 최원석 동아그룹 회장, 조중훈 한진그룹 회장 등의 유명인사들이 많았다. 이것은 이들의 자의적 의사의 반영이라기보다는 대통령선거인단의 위상을 높이고 국민을 관심을 끌기 위하여 전두환 정권이 출마를 권유한 경우가 많았기 때문이었다. 당시 대통령선거인선거 후보 등록 시 기탁금을 낼 필요가 없었고, 선거가 완전 공영제로 운영되어 선거비용에 대한 후보의 부담도 없었다. 그럼에도 불구하고 상대적으로 야당의 후보들이 적었던 이유는 전두환 정권의 보복에 대한 두려움이 작용하였기 때문이었다.

　대통령선거인선거에서 민주정의당 소속 후보들은 대부분 새 역사 창조, 정의사회 구현, 민주복지국가 건설 등을 위하여 전두환 총재를 대통령으로 옹립하고자 출마하게 되었다고 입후보 취지를 밝혔다(중앙선거관리위원회 2009, 138-139). 또한 대부분의 무소속 후보들도 민주정의당 전두환 총재를 지지한다거나 정의사회 구현 또는 새 시대 새 역사 창조에 적합한 사람을 지지한다고 밝혀 친여 성향의 인사임을 알렸다. 한편 야당인 민주한국당 소속 후보들의 대부분은 민주제도 정착, 정권 교체, 건전한 야당 발전 등을 위하여 유치송 총재를 지지한다는 입장을 밝혔다. 하지만 한국국민당이나 민권당 소속 후보자들의 상당수는 선거공보에 당 총재의 이름을 기재하지 않고, 개인적 소신이나 학력·경력 등만을 게재하는 모습을 보였다. 이것은 야당이 당시의 정치상황하에서 여당과 전두환 대통령에 대한 직접적 비판이나 정권 장악을 위한 구체적인 청사진을 선거과정에서 제시하는 데 어려움이 있었다는 점을

만 후보등록신청서에 소속 정당을 기재하도록 되어 있었기 때문에 후보가 어느 정당 소속인지를 파악하는 것은 가능하였다(중앙선거관리위원회 2009, 133).

보여준다.

　상황이 이렇다 보니 대통령선거인선거에서 여당인 민주정의당의 압승은 예견된 것이었다. 실제로 대통령선거인선거에서 민주정의당은 전체 대통령선거인단의 69.5%를 배출하였다. 그리고 무소속으로 당선된 대통령선거인의 비율도 21.4%에 달하였다. 실질적으로 무소속 후보들의 대부분이 전두환 정권을 지지하는 성향을 보였다는 점을 고려할 때 뒤이어 있을 12대 대통령선거에서 전두환 대통령이 재선되는 것은 확정적이었다.

〈표 5-2〉 대통령선거인선거 결과

대통령선거인선거인수	대통령선거인선거투표수	대통령선거인선거 정당별 당선인 수							투표율
		민주정의당	민주한국당	한국국민당	민권당	무소속	무투표	합계	
19,967,287	15,593,877	3,667 (69.5%)	411 (7.8%)	49 (0.9%)	19 (0.4%)	1,132 (21.4%)	288	5,278 (100%)	78.1%

* 중앙선거관리위원회, 「대한민국정당사」 제3집, p. 11

　12대 대통령선거는 소속 정당 추천을 받은 민주정의당 전두환 후보, 민주한국당 유치송 후보, 한국국민당 김종철 후보, 민권당 김의택 후보가 등록을 마친 상황에서 1981년 2월 25일 실시되었다.[15] 12대 대통령선거에서 민주정의당 전두환 후보는 무엇보다도 기존 질서 부정과 새로운 질서 창조를 강조하는 선거전략을 구사하였다. 전두환 정권은 12·12군사반란과 5·17비상계엄 전국 확대 조치 등의 비정상적인 방법을 통하여 권력을 장악하였다. 그러므로 전두환 후보는 이를 정당화하기 위해서 12대 대통령선거에서 기존 질서를 부정하고 새로운 질서

---

15) 12대 대통령선거에서 대통령선거인의 추천을 받아 무소속으로 입후보한 후보는 없었다.

를 구축한다는 명분을 내세울 필요가 있었다. 그리고 이 밖에 전두환 후보는 대통령 7년 단임제를 강조하고, 미국 방문의 성과를 홍보하는 선거전략도 구사하였다.

한편 야당 후보들의 경우 실질적으로 창당을 하고 선거운동을 준비할 시간이 충분하지 않았기 때문에 구체적인 선거 공약이나 전략을 제시하지 못하는 특징을 보였다. 또한 12·12군사반란, 5·18광주민주화운동, 최규하 대통령 하야, 헌법 개정 등 중요한 선거쟁점이 될 수 있는 사안들에 대한 논의는 전두환 정권이 철저히 금기시하였기 때문에 선거과정에서 부각시키지 못하였다. 이러한 이유로 야당 후보들은 전두환 정권에 대한 간접적이고 암시적인 비판을 하거나 의회주의와 정당정치의 회복을 통하여 정권 교체의 정치적 풍토를 조성하는 것으로 자신의 역할을 제한하는 모습을 보였다.

이러한 상황에서 전두환 후보는 12대 대통령선거에서 전체 대통령선거인단 90.2%의 지지를 얻어 당선되었다. 이와 같은 선거결과는 민주정의당과 무소속의 대통령선거인을 합한 비율과 거의 일치하는 것이었다. 이것은 전두환 정권이 기존 정치인들의 정치활동을 금지시킨 상황에서 다양한 방법들을 동원하여 얻어낸 성과였다. 하지만 수권 능력과 선명성을 상실한 체제순응적 야권 인사와 정당들을 중심으로 대통령선거인선거와 12대 대통령선거가 진행됨으로써 전두환 정권에 대한 국민들의 불만이 제대로 표출되지 못한 측면이 더욱 강하였다.

VI. 권위주의체제의 공고화와 11대 국회의원선거

제5공화국 헌법이 채택되어 10대 국회가 당초 임기를 다 채우지 못하고 해산됨에 따라 1981년 3월 25일 11대 국회의원선거가 실시되게 되었다. 11대 국회의원선거는 10대 대통령선거가 실시된 지 불과 한 달이 지난 시점에서 실시되었다. 그러므로 전반적인 선거구도에 큰 변화가 없는 상태에서 여당인 민주정의당의 압승이 예상되었다.

11대 국회의원선거에 적용될 국회의원선거법도 10대 국회가 해산된 상태에서 그 역할을 대행한 국가보위입법회의[16]가 제정하였다. 당시 국가보위입법회의가 제정한 국회의원선거법의 주요 특징들을 살펴보면 다음과 같다.

일단 국회의원선거제도는 하나의 선거구에서 두 명을 선출하는 중선거구제를 유지하였다. 이처럼 중선거구제를 유지한 이유는 상대적으로 야당성향이 강한 도시지역에서 여당 후보의 당선을 가능하게 하고, 여당성향이 강한 농어촌지역에서는 여당 후보들의 동반 당선을 노리려는 의도 때문이었다. 다음으로 선거구수는 10대 국회의원선거 때보다 15개 늘린 92개로 결정하고, 전국구 제도를 부활시켜 지역구 의원정수의 2분의 1에 해당하는 전국구의원을 선출하도록 규정하였다. 그러므로 11대 국회 전체 국회의원의 수는 10대 국회 231명에서 45명 늘어난 276명이 되었다. 전국구 의석은 제1당에게 전국구 전체의석의 3분의 2를 우선적으로 배분하고, 나머지 잔여의석을 제2당 이하 정당들이 의석비율에 따라 배분하도록 규정하고 있었다. 그러므로 전반적으로 볼 때 당시의 국회의원선거법은 제1정당인 민주정의당에게 매우 유리하게 설정되어 있었다.

이처럼 전두환 정권이 권위주의 체제를 공고화하기 위한 일련의 제도적 안전장치들을 마련한 상황 속에서, 그리고 다당화 전략에 따라 많

---

16) 전두환 정권은 국가보위입법회의법 자체가 마련되지 않은 상황에서 우선적으로 22명의 국가보위입법회의 의원들을 임명한 다음 이들로 하여금 국가보위입법회의법을 심의·가결하도록 하였다. 이것은 국가보위입법회의가 법률로서 갖추어야 할 최소한의 형식적 요건조차도 구비하지 않은 기형적 기관이었다는 점을 보여준다(심지연 2009, 312).

은 정당들이 난립한 상황[17] 속에서 11대 국회의원선거가 실시되었다. 선거기간 동안 여당인 민주정의당은 "정치가 안정되어야 사회안정, 경제성장, 국가안보를 도모할 수 있다"는 주장과 "이를 위해서는 대통령이 원활하게 일할 수 있도록 원내 안정세력의 확보가 중요하다"는 주장을 전개하였다. 그리고 '공명선거추진 1천만 서명운동'을 통하여 공명선거를 강조하는 모습을 보이기도 하였다.[18] 이것은 전두환 정권이 권위주의 체제의 공고화를 위한 법적·제도적 장치들을 마련해놓은 상황 속에서 11대 국회의원선거를 통하여 정국의 안정을 강조하고, 공명선거의 이미지를 부각시켜 선거정통성을 확보하고자 하는 의도가 있었다는 점을 시사한다.

한편 야당들의 경우 민주정의당의 안정론에 맞서 여당의 독주를 견제해야 한다는 주장과 자유로운 정치활동을 보장할 수 정치풍토의 조성이 필요하다는 주장을 전개하였다. 그리고 여당이 표면적으로는 공명선거를 강조하고 있지만 실질적으로는 통·리·반장과 하급 공무원을 동원한 조직적 금권·관권선거를 벌이고 있다고 비판하였다.

11대 국회의원선거에서 민주정의당은 총 92개 선거구에 전원 후보를 공천하여 90명을 당선시키는 성과를 거두었다. 민주정의당 소속 후

---

[17] 11대 국회의원선거에 12개의 정당이 후보를 공천하여 참여하였다. 그리고 원일민립당, 사회당, 한국기민당, 통일민족당을 제외한 8개의 정당(민주정의당, 민주한국당, 한국국민당, 민권당, 신정당, 민주사회당, 민주농민당, 안민당)이 의석을 확보할 수 있었다. 당시 전두환 정권은 국회 구성의 구색을 맞추기 위하여 혁신정당의 창당을 유도하였고, 혁신정당 대표가 출마한 지역에 야당의 공천을 억제시켜 인위적으로 원내의석을 확보할 수 있도록 하였다. 이것은 전두환 정권이 혁신세력을 수용하고 있다는 점을 정략적으로 부각시키기 위한 것이었다. 예를 들어, 혁신정당이었던 민주사회당의 고정훈 당수가 국회에 진출할 수 있었던 것은 그가 출마한 서울 강남구 선거구를 정책지구로 선정하여 민주정의당이 민주한국당과 한국국민당에게 후보를 내지 않도록 종용하였기 때문이었다 (최한수 1996, 366; 호광석 1996, 273).
[18] 전두환 대통령은 전국을 순회하면서 선거법을 위반한 후보는 당선이 되더라도 엄격히 조치하겠다고 밝히는 등 유난히 공명선거를 강조하는 모습을 보였다(중앙선거관리위원회 2009, 247).

보들 중 1위 당선자는 무려 86명이나 되었다. 더욱이 민주정의당은 전국구의석 61석을 얻어 총 276석의 국회의석 중 151석(54.7%)의 안정적 국회의석을 확보하게 되었다. 한편 야당의 경우 민주한국당이 81석(29.3%)의 의석을 확보하여 제1야당이 되었다. 그리고 한국국민당은 25석(9.1%)의 의석을 차지하여 원내교섭단체를 구성할 수 있게 되었다.

전두환 정권은 막강한 물리력을 동원하여 영향력 있는 기존 정치인들을 제거하고, 제1당에 절대적으로 유리한 국회의원선거법을 마련하였기 때문에 11대 국회의원선거에서 안정적 의석을 확보할 수 있었다.

〈표 5-3〉 제11대 국회의원선거 정당별 의석수 및 득표 상황

정당명	의석수			득표수	득표율(%)
	지역구	전국구	계		
민주정의당	90	61	151	5,776,624	35.6
민주한국당	57	24	81	3,495,829	21.6
한국민주당	18	7	25	2,147,293	13.3
민권당	2	-	2	1,088,847	6.7
신정당	2	-	2	676,921	4.2
민주사회당	2	-	2	524,361	3.2
민주농민당	1	-	1	227,715	1.4
안민당	1	-	1	144,000	0.9
사회당	-	-	-	122,778	0.8
한국기민당	-	-	-	103,893	0.6
통일민족당	-	-	-	87,977	0.5
원일민립당	-	-	-	76,863	0.5
무소속	11	-	11	1,734,224	10.7
합계	184	92	276	16,207,325	100

* 중앙선거관리위원회, 「대한민국정당사」 제3집, p. 15

하지만 한편으로 11대 국회의원선거에서 민주정의당이 받았던 득표율이 35.6%로 상대적으로 낮았다는 점은 주목할 필요가 있다. 이것은 11대 국회의원선거에서 체제순응적인 야당들[19]이 공명선거 논쟁, 안정론과 견제론, 관권선거 시비 등 전두환 정권에 대한 온건한 비판만을 하는 과정 속에서 야당바람이 크게 일어나지는 않았지만(Koh 1985, 885) 전두환 정권의 권위주의적 통제에 대한 국민들의 잠재적 불만은 상당히 높았다는 점을 시사한다.

전두환 정권은 11대 국회에서 안정적 다수 의석을 확보하고, 주요 야당들이 선명성을 결여하고 있었기 때문에 이후 권위주의 체제를 유지하는 데 심각한 도전은 받지 않았다. 실제로 민주한국당과 한국국민당은 이철희·장영자 사건, 명성사건, 영동개발진흥 사건, 정래혁 사건 등 전두환 정권의 부패성을 증명할 수 있는 대규모 권력형 경제부정사건이 터져 나왔을 때에도 단지 국회를 통한 형식적이고 미온적인 추궁과 행동만을 하였다. 그리고 대정부발언도 전두환 정권의 정통성을 부정하지 않는 범위 내에서 제한적으로 이루어졌다.

11대 국회의원선거는 각종 비민주적 조치들과 법·제도적 안전장치를 동원하여 전두환 정권이 권위주의 체제의 공고화를 위한 국회 내 안정의석을 확보한 선거였다. 하지만 전두환 정권이 공명선거를 강조하였음에도 불구하고 정권에 정면으로 도전할 수 있는 정치세력의 선거 참여를 근본적으로 차단하고 진행된 선거였다는 점에서 선거결과가 갖는 정통성은 상대적으로 취약하였다. 뿐만 아니라 선명야당이 존재하지 않는 상황 속에서 11대 국회의원선거가 실시되었음에도 불구하고

---

19) 이 시기 주요 야당이었던 민주한국당은 정치활동 규제를 면한 구 신민당 의원들을 중심으로, 그리고 한국국민당은 구 민주공화당 및 유신정우회 의원들을 중심으로 구성되어 있었다. 민주한국당과 한국국민당은 야당임에도 불구하고 여당의 제1중대와 제2중대라고 비판을 받을 만큼 선명성을 결여하고 있었다. 실제로 민주한국당과 한국국민당은 국회 내에서 정부와 민주정의당에 반대하는 자세는 취하였지만 전두환 정권의 비민주성에 대한 전면적인 비판과 정권 교체를 위한 근본적인 도전은 하지 않았다(이정복 1996, 95).

여당인 민주정의당의 득표율이 상대적으로 높지 않았다는 점은 국민들의 다수가 전두환 정권에 대한 불만을 가지고 있었다는 점과 향후 선명야당이 출현할 경우 이전과 다른 선거 양상과 결과가 나타날 수 있다는 점을 시사하였다.

VII. 유화조치와 12대 국회의원선거

태생적으로 정통성을 결여하고 있었던 전두환 정권은 집권 초기 강한 권위주의적 통제를 바탕으로 권력을 유지시켜 나간다. 그러던 중 전두환 정권은 1983년부터 이와 같은 강경노선을 다소 수정하여 유화조치를 실시하게 된다.

유화조치의 핵심은 정치 피규제자들에 대한 해금과 학원의 자율화에 있었다. 먼저 정치 피규제자들에 대한 해금조치는 1983년 2월 25일 250명의 정치인들을 일차적으로 해금시킴으로써 시작되었다. 이후 전두환 대통령은 1984년 1월 17일 신년 국정연설에서 평화적 정권 교체를 강조하면서 2월 25일 202명의 정치인들에 대한 2차 해금을, 그리고 11월 30일 84명의 정치인들에 대한 3차 해금을 단행하였다.[20] 다음으로 학원자율화와 관련하여 전두환 정권은 1983년 12월 6일 해직교수의 복직 허용을 필두로 하여 제적학생들에 대한 복교 허용과 대학 내의 경찰병력의 철수 등과 같은 일련의 유화조치들을 단행하였다.

이처럼 전두환 정권이 1983년을 기점으로 유화조치를 실시하게 된

---

20) 전두환 정권이 이처럼 단계적으로 정치인들에 대한 해금을 단행한 것은 이들이 한 정당으로 규합되는 것을 방지하기 위함이었다(심지연 2009, 343). 전두환 정권은 12대 국회의원선거 이후 1985년 3월 6일 김영삼, 김대중, 김종필을 포함하여 14명의 정치인들에 대한 정치해금을 마지막으로 단행하였다.

배경에는 다음과 같은 다양한 요인들이 존재한다(여현덕 1996, 305-306; 임혁백 1997, 269-271; 한국정치연구회 1989, 84). 첫째, 시민적 저항에 직면하여 형식적으로나마 권력의 존재기반을 시민사회의 동의에서 구하지 않으면 안 된다는 인식을 하게 되었다.[21] 둘째, 한반도의 장기적 안정화를 위하여 강압적 통치의 고삐를 늦출 것을 요구하였던 미국의 저강도전략에 영향을 받았다. 셋째, 1988년 올림픽 유치에 성공함에 따라 이에 대한 대비책의 일환으로 실시하였다. 넷째, 점차 급격화·좌경화되어가는 학생운동에 대한 일종의 사전조치가 필요하였다. 다섯째, 1985년 2월에 실시될 12대 국회의원선거라는 지배체제의 재생산과정을 앞두고 국민들의 정치적 불만을 일정 수준 해소시키고, 정치인 해금을 통한 야당의 분열을 토대로 다당제 구도를 보다 공고히 하겠다는 의도가 있었다.

이유가 무엇이든 결과적으로 전두환 정권의 유화조치는 정치적인 측면에서는 선명야당인 신한민주당의 창당을, 그리고 사회적인 측면에서는 대학생들을 중심으로 전두환 정권에 대한 저항과 투쟁의 가속화를 이끌게 되었다. 전두환 정권의 세 차례에 걸친 정치해금으로 구 신민당 중진과 민주화추진협의회[22] 소속 인사들이 각각 신당 창당을 추진하였을 때만 해도 전두환 정권의 야권 분열전략은 들어맞는 것처럼 보였다. 하지만 결국 민주화세력의 단합이 필요하다는 인식 속에 양측이 합의를 도출함에 따라 1984년 12월 15일 신당 창당을 위한 12인 발기준비위

---

21) 1983년 5월에 접어들면서 5·18광주민주화운동 3주기를 맞이하여 대학가를 중심으로 전두환 정권에 대한 시위와 저항의 움직임이 본격적으로 나타나기 시작하였다. 또한 야당 지도자인 김영삼이 이 같은 상황 속에서 가택연금에도 불구하고 1983년 5월 18일부터 6월 9일까지 단식투쟁을 벌여 민심의 동요가 일어나게 되었다.
22) 민주화추진협의회는 김영삼계(상도동계)와 김대중계(동교동계)의 야당인사들이 연합하여 1984년 5월 18일 발족한 재야 정치단체이다. 당시 민주화추진협의회는 김영삼과 김대중 두 공동의장으로 중심으로 운영되었으며, 이후 신한민주당 창당의 모태가 되었다(호광석 1996, 274).

원회가 구성되었다.[23] 그리고 12월 20일 창당발기인대회를 열어 가칭 신한민주당 창당준비위원회를 구성하였고, 이민우를 창당준비위원장으로 선출하였다. 이후 지구당 창당대회를 마친 신한민주당 창당준비위원회는 1985년 1월 18일 중앙당 창당대회를 열어 이민우 총재를 선출함으로써 선명야당으로 공식 출범하게 되었다.

또한 학원자율화 조치로 제적되었던 운동권 학생들이 복교하게 되자 1984년 3월부터 각 대학별로 학원자율화추진위원회가 구성되고, 대학의 학생회가 부활되었다. 이러한 상황 속에서 학생운동의 조직은 42개 대학이 참여하는 전국학생총연합과 그 전위조직인 민주통일 민주쟁취 민주해방투쟁위원회가 주도해 나아갔다. 이것은 불과 일 년도 안 되는 기간에 침체되어 있던 학생운동세력이 전국적인 연합조직을 갖추는 단계로까지 급성장하게 된 것을 의미하였다(여현덕 1996, 307).

12대 국회의원선거를 앞두고 정치권에서는 선거구제와 전국구 의석 배분방식을 둘러싼 국회의원선거법 개정 논의가 전개되었다. 이 문제와 관련하여 여당인 민주정의당은 기본적으로 자신에게 유리한 기존 제도를 고수하려는 입장을 보였다. 반면 야당인 민주한국당은 표의 등가성을 고려하여 인구가 많은 지역구의 분구를 주장하였고, 한국국민당은 1구 다인제의 도입을 제안하였다.[24] 이와 같은 야당들의 주장은 자신의 정치적 입지를 고려한 것이었다. 즉 민주한국당은 자신의 지지층이 많은 대도시가 분구될 때, 그리고 한국국민당은 하나의 선거구에

---

23) 당시 12대 국회의원선거의 참여 문제를 놓고 민주화추진협의회 내부에 분열이 존재하였다. 김영삼계는 12대 국회의원선거의 참여를 강력하게 주장한 반면 김대중계, 재야, 대학가에서는 선거를 얼마 남겨두지 않은 상태에서의 선거 참여는 오히려 전두환 정권의 정통성을 강화하는 결과를 초래할 수 있다고 우려하였다. 하지만 당시 야당인 민주한국당이 민주화를 위한 기능을 제대로 수행하지 못하는 상황 속에서 선거투쟁을 통하여 대안적인 민주세력을 형성할 필요가 있다는 데 궁극적으로 합의함으로써 신한민주당이 창당될 수 있었다.
24) 이 밖에 민주한국당은 제1당에 무조건 전국구 의석의 3분의 2를 우선적으로 배분하는 기존 선거제도는 정치적 도의와 형평성 원칙에 어긋나기 때문에 정당의 의석비율에 따른 전국구 의석의 배분이 필요하다는 주장을 전개하였다.

서 여러 명을 선출할 때 의석 확보가 용이하였다. 이러한 상황에서 민주정의당은 자신에게 유리하지만 야당들의 입장에서는 혼선을 일으킬 수 있는 1구 1~3인제의 도입을 주장[25]하여 국회의원선거법 개정의 주도권을 잡고, 결과적으로 기존 1구 2인제를 유지시킬 수 있었다.

12대 국회의원선거를 앞두고 선거구제와 전국구 의석 배분방식에 대한 개선이 이루어지지는 못하였지만 선거운동 기회 확대와 투·개표 공정성 제고를 위한 제도적 개선은 일부 이루어졌다(중앙선거관리위원회 2009, 325-328). 이것은 11대 국회에서 여야 합의하에 국회의원선거법이 개정되어 야당의 요구가 일정 수준 반영된 것이었다. 구체적으로 선거운동과 관련하여 군지역의 선거벽보 첩부매수와 시지역의 현수막 게시매수를 이전보다 늘렸다. 또한 구·시 지역의 합동연설회 개최횟수도 1회씩 늘리고, 추가 개최요건도 완화하였다. 뿐만 아니라 투·개표 참관인 제도를 도입하여 투·개표의 공정성을 보장할 수 있도록 하였다.

12대 국회의원선거에서 여당인 민주정의당은 11대 국회의원선거와 마찬가지로 "혼란 속 후퇴가 아닌 안정 속 번영"을 강조하는 선거전략을 들고 나왔다. 하지만 12대 국회의원선거의 전반적인 선거과정이 11대 국회의원선거의 그것과 비교하여 큰 차이를 보이는 상황 속에서 이와 같은 민주정의당의 선거전략은 제대로 효과를 발휘하지 못하였다.

12대 국회의원선거는 11대 국회의원선거와 비교하여 선명야당의 기치를 내세운 신한민주당이 선거에 참여하였다는 점에서 큰 차이를 보였다. 즉 12대 국회의원선거에서 신한민주당은 과거 금기시되었던 군사독재, 5·18광주민주화운동 진상 규명, 대통령 직선제 개헌, 영부인 이순자의 금융사건 등의 용어들을 공개적으로 거침없이 쏟아내며 전두

---

25) 민주정의당은 지지도가 높은 농촌지역에서는 한 명을 선출하고, 지지도가 낮은 대도시에서는 3인을 선출할 경우 자신에게 유리할 수 있다는 관점에서 1구 1~3인제를 주장하였다. 이와 같은 민주정의당의 제안에 대하여 민주한국당은 반발하고, 한국국민당은 동조하는 모습을 보였다.

환 정권을 강도 높게 비판하고 나섰다. 뿐만 아니라 신한민주당과 선명성 경쟁을 벌였던 민주한국당도 12대 국회의원선거에서 과거와 달리 전두환 정권의 실정과 비리를 강도 높게 비판하는 모습을 보였다. 그 결과 12대 국회의원선거는 안정과 견제라는 지극히 단순한 선거쟁점만 부각되었던 11대 국회의원선거와 비교하여 큰 차이를 보이게 되었고, 선거에 대한 국민들의 관심도 크게 고조되었다.[26]

창당된 지 한 달도 되지 않았던 신한민주당이 12대 국회의원선거에서 소위 신당바람을 일으키자 전두환 정권은 우려감을 보이기 시작하였다. 당초 전두환 정권은 경제적 업적을 토대로 12대 국회의원선거에 중간평가적 의미를 부여하였다.[27] 하지만 12대 국회의원선거에서 신한민주당이 전두환 정권의 정통성 문제와 직선제의 개헌 요구 등을 본격적으로 제기함으로써 선거의 성격은 전두환 정권에 대한 총체적 심판이라는 국민투표적 방향으로 전환되었다. 이 같은 상황 속에서 전두환 정권은 시간이 지남에 따라 선거결과의 불확실성으로 인한 불안감을 느끼기 시작하였으며, 이로 인하여 관권동원과 금권선거를 획책하게 되었다. 하지만 이같은 조치들은 뒤늦은 감이 있었고, 거세게 일어난 신한민주당의 신당바람을 잠재울 수는 없었다.

1985년 2월 12일에 실시된 12대 국회의원선거의 경우 유권자들의 높은 관심으로 인하여 84.6%의 투표율을 기록하였다. 이와 같은 투표율은 11대 국회의원선거와 비교하여 6.2% 상승한 것이었으며, 4대 국회

---

26) 12대 국회의원선거의 합동연설회에 참가한 총 청중은 대략 5백만 명 정도로 추정된다. 이것은 합동연설회 1회당 평균 6,000~7,000명 정도의 청중이 참여하였다는 것을 의미한다. 특히 1985년 2월 5일 서울 종로·중구 선거구 합동연설회에는 70,000명에 달하는 청중이 운집하기도 하였다(최종두 1985, 66; Koh 1985, 886-889).

27) 전두환 대통령은 1985년 1월 23일 강원도청 순시에서 "12대 국회의원선거는 제5공화국이 그동안 이룩한 업적에 대하여 국민들의 중간평가를 받는 것이다. 사심 없이 국가의 발전을 위하여 노력한 업적을 사실 그대로 평가받고 싶은 것이 나의 소망이다"라고 말하기도 하였다(조선일보, 1985/01/24).

의원선거 이후 실시된 국회의원선거들 중 가장 높은 것이었다. 이것은 11대 국회의원선거에서 관제야당을 지지하기보다는 기권을 선택하였던 야당 지지자들을 신한민주당이 12대 국회의원선거에서 선명노선을 내세워 성공적으로 동원하였다는 것을 의미한다(이갑윤 1985).

12대 국회의원선거 결과, 민주정의당은 35.3%의 득표율로 제1당이 되었으며, 신한민주당은 29.3%의 득표율로 제1야당이 되었다. 구체적으로 총 184명의 지역구의석 중 민주정의당은 87석을 차지하였고, 신한민주당은 50석을 차지하였다. 그리고 총 92명의 전국구의석 중 민주정의당이 61석을 배분받았고, 신한민주당은 17석을 배분받았다. 그래서 전체적으로 총 276석 중 민주정의당은 148석(53.6%)을 확보하였고, 신한민주당은 104석(37.7%)을 확보하였다. 11대 국회의원선거에서 전

〈표 5-4〉 제12대 국회의원선거 정당별 의석수 및 득표 상황

정당명	의석수			득표수	득표율(%)
	지역구	전국구	계		
민주정의당	87	61	148	7,040,811	35.3
신한민주당	50	17	67	5,843,827	29.3
민주한국당	26	9	35	3,930,966	19.7
한국국민당	15	5	20	1,828,744	9.2
신정사회당	1	-	1	288,863	1.5
신민주당	1	-	1	112,654	0.6
근로농민당	-	-	-	185,859	0.9
민권당	-	-	-	75,634	0.4
자유민족당	-	-	-	17,257	0.1
무소속	4	-	4	650,028	3.2
합계	184	92	276	19,974,643	100

* 중앙선거관리위원회, 「대한민국정당사」 제3집, p. 28

체 81석(29.3%)을 차지하여 제1야당의 지위를 확보하였던 민주한국당은 12대 국회의원선거에서 전체 35석(12.7%)을 차지하여 제3당이 되었다. 하지만 민주한국당은 12대 국회의원선거 이후 당선자들이 대거 탈당하여 신한민주당에 입당함으로써 단 세 명의 국회의원만을 보유한 군소정당으로 전락하게 되었다.

외형적으로 12대 국회의원선거에서 여당인 민주정의당은 제1당의 위치를 고수하였기 때문에 실패한 선거는 아니었다. 하지만 전두환 정권이 자신에게 절대적으로 유리한 선거 관련 법과 제도를 마련해놓았다는 점, 그리고 선거과정이 진행될수록 관권동원과 금권선거의 양상을 보였다는 점을 감안할 때 이 같은 선거결과는 실질적으로 민주정의당의 패배를 의미하는 것이었다. 11대 국회의원선거에서는 여촌야도의 전통이 깨지면서 민주정의당 후보들이 대도시에서도 대부분 1위로 당선되었다. 하지만 12대 국회의원선거에서는 서울·부산·대구·인천 등의 주요 대도시에서 한 개의 선거구(대구 북·동구 선거구)를 제외하고 신한민주당의 후보들이 전원 당선되었다. 그리고 1위 당선자도 신한민주당(16곳)이 민주정의당(9곳)보다 더 많이 배출하였다. 전체적으로 보더라도 민주정의당은 11대 국회의원선거에서 총 92개 지역구에서 90명을 당선시켰고, 이 중에 1위 당선자는 86명이나 되었다. 하지만 12대 국회의원선거에서는 87명을 당선시켰고, 1위 당선자도 61명에 불과하였다. 이러한 이유로 민주정의당은 12대 국회의원선거에서 실질적으로 패배한 것이라는 평가들이 많이 제기되었으며, 선거결과와 관련하여 신당 돌풍·선거혁명·총선 민의라는 정치용어들이 속출하였다.[28]

12대 국회의원선거가 갖는 정치적 의미는 무엇보다도 그동안 내재되

---

[28] 12대 국회의원선거는 야당이 갑자기 국민적 지지를 획득함으로써 양당체제가 형성되거나 정치적 긴장상태를 유발함으로써 결과적으로 정치체제 자체를 와해시키는 중대선거(crucial election)의 의미를 가진다는 주장도 존재한다(안병만 1985, 137-149).

어 있었던 전두환 정권에 대한 국민들의 반감이 표출되었다는 점에 있다. 그리고 실질적으로 전두환 정권이 의도하였던 다당화 구상이 무너지고, 민주정의당과 선명야당이자 대항세력인 신한민주당 중심의 양당체제가 구축되었다는 점은 중요한 의미를 갖는다. 전두환 정권은 당초 유화조치를 통하여 국민들의 불만을 일정 수준 해소시키고, 12대 국회의원선거를 통하여 권위주의 정권의 재정립과 공고화를 도모하겠다는 의도를 가지고 있었다. 하지만 결과적으로 의도하였던 바와 달리 12대 국회의원선거를 통하여 전두환 정권에 대한 국민들의 반감이 표출되게 되었고, 신한민주당이라는 대항세력이 형성되게 되었다. 그리고 이것은 이후 민중 부문의 활성화와 저항운동의 확산을 동반함으로써 궁극적으로 전두환 정권의 위기와 민주주의로의 체제 전환을 이끄는 토대가 되었다.

VIII. '선택 없는 선거'와 민주화

제5공화국 전두환 정권은 12·12군사반란, 5·17비상계엄 확대 조치, 5·18광주민주화운동 무력 진압 등 비민주적인 수단을 동원하여 권력을 장악하였기 때문에 태생적으로 정통성을 결여하고 있었다. 이러한 상황 속에서 전두환 정권은 강도 높은 권위주의적 통제와 비민주적 법과 제도의 제정을 통하여 자신의 권력을 유지하였다.

구체적으로 전두환 정권은 집권 초기 전국적인 비상계엄령을 선포하여 국회와 기존 정당들을 해산시키고, 반체제적 정치인들의 활동을 금지시켰다. 그리고 이러한 상황에서 헌법 개정을 단행하고, 국민의 대표기관이 아닌 국가보위입법회의로 하여금 여당에게 절대적으로 유리한 정치관계법들을 제정하도록 함으로써 권위주의 체제를 정비시켜 나갔다. 이러한 이유로 이 시기에 실시된 선거들은 억압적인 사회분위기 하에 국민들의 선택의 자유를 심각하게 제한함으로써 전두환 정권의 권위주의 지배를 합리화시키는 수단적 성격이 강하였다. 그러므로 비록 이들 선거에서 전두환 정권이 외형상 높은 득표율과 의석률을 확보하였지만 이것은 권위주의 정권이 자신의 지배를 합리화시키는 수단으로 사용된 상징적 차원의 '선택 없는 선거'였다(Edelman 1964; Herment et al. 1978).

하지만 전두환 정권이 1983년 정치해금과 학원자율화를 골자로 하는 유화조치를 단행한 후 실시된 12대 국회의원선거는 제5공화국의 선거에 있어서 중요한 의미를 갖는다. 당초 전두환 정권이 유화조치를 취한 의도는 일정 수준 민주적이고 경쟁적인 선거를 실시하여 정통성을 확보함으로써 권위주의 체제의 재생산과 공고화를 도모하려는 것에 있었다. 하지만 이를 계기로 1985년 1월 18일 선명야당인 신한민주당이 출현하게 되었고, 정권의 정통성 비판과 대통령 직선제 개헌 요구 등의 정치현안들이 분출됨으로써 궁극적으로 민주화를 위한 정치국면이 조성되게 되었다.

특히 12대 국회의원선거에서 신한민주당이 제1야당의 위상을 확보하게 됨으로써 이후 전두환 정권은 의도하지 않았던 민주화 세력의 강렬한 저항과 도전에 직면하게 되었다. 실제로 12대 국회의원선거 이후 신한민주당의 주도로 광주민주화운동 진상 규명, 정치범 석방, 김대중 사면복권, 국회의 국정조사권 발동 등 전두환 정권 초기에 성역이라고 간주되었던 부분들이 정치적으로 쟁점화되었다. 뿐만 아니라 전두환 정권의 정통성에 도전하는 강도 높은 대정부 투쟁이 지속적으로 전개되었다.

이에 전두환 정권은 정치규제법의 전면적 폐지와 온건파 중심의 내각 교체 등을 통하여 대화와 타협을 강조하기도 하였다. 그리고 신한민주당 내 온건파 세력을 포섭하기 위한 내각제 개헌카드를 제시하기도 하였다. 하지만 결국 반정부투쟁이 활성화되고 신한민주당 내 급진파의 공세가 가열됨에 따라 정치적인 해결방식을 포기하고 다시 폭력을 동원하는 모습을 보였다. 그리고 1987년 4월 13일 소위 4·13호헌조치를 통하여 개헌 논의를 중단시키는 초강경정책을 내놓기도 하였다.

하지만 이에 야당·재야·학생·일반국민들은 4·13호헌조치의 철폐를 요구하며 격렬한 시위를 벌였고, 5월 22일 박종철군 고문치사 은폐조작사건 폭로가 정치적 촉매가 되어 6월항쟁이 전국적으로 확산되게 되었다. 결국 전두환 정권은 1987년 6월 29일 소위 6·29선언을 통하여 대통령 직선제를 수용하는 개헌을 하겠다는 약속을 하게 된다. 그리고 이후 10월 12일 마침내 5년 단임의 대통령 직선제를 골자로 하는 새 헌법안이 국회에서 가결되고, 10월 27일 국민투표를 통하여 확정되게 되었다. 이를 통하여 전두환 정권은 민주화로의 체제 전환의 길로 접어들게 되었으며, 비로소 한국의 선거가 본연의 기능을 수행하게 되는 계기를 맞이하게 되었다.

3부
민주화 이후의 선거

- 제6장 노태우 정부 시기의 선거   조성대
- 제7장 김영삼 정부 시기의 선거   이현우
- 제8장 김대중 정부 시기의 선거   임성호
- 제9장 노무현 정부 시기의 선거   지병근

제6장

노태우 정부 시기의 선거

조성대

I. 대통령 직선제 개헌과 제6차 국민투표

1. 직선제 개헌 운동과 6·29선언

1985년 2월 12일 제12대 총선에서 제1야당으로 부상한 신한민주당(이하 신민당)의 이민우 총재는 1985년 5월 20일 12대 국회 본회의 대표연설에서 "대통령직선제로의 헌법개정은 국민에게 정부선택권을 되돌려주는 헌법 정상화이며 국민적 합의의 실현"이라고 주장하며 국회에 '헌법개정특별위원회'를 구성할 것을 제안했다. 신민당의 직선제 개헌 주장의 근거는 크게 네 가지였다. 첫째, 제5공화국 헌법은 유신헌법과 마찬가지로 사실상 평화적 정권교체가 불가능한 선거인단에 의한 간접선거로 대통령을 뽑게 되었다는 점, 둘째, 대통령이 입법·사법·행정 삼권 위에 군림하는 독재체제의 구조를 갖고 있다는 점, 셋째, 대통령의 임기가 7년이라 국민의 신임을 상실했을 경우에도 장기집권이 가능하다는 점, 넷째, 대통령 자신은 불신임 받는 제도가 없는데도 불구하고 일방적으로 국회를 해산할 수 있는 권한을 갖고 있다는 점이었다(구자호 1988, 88).

그러나 전두환 대통령은 1986년 1월 16일 연두국정연설에서 개헌에 대한 반대 입장을 분명히 했고, 여당인 민주정의당(이하 민정당) 또한 전두환의 발언을 지지했다. 민정당은 직선제가 불가능한 이유를 네 가지로 들었다. 첫째, 86 아시안게임과 88 올림픽과 같은 국제적 행사 앞에 대통령선거는 국력낭비라는 점, 둘째, 오히려 국민이 원하는 것은 대통령직선제가 아니라 1인 장기집권 방지와 평화적 정권교체이라는 점, 셋째, 이미 현행헌법에 대통령 7년 단임제의 전통 확립을 국민들에게 공약했기에 이를 성실히 준수해야 할 의무가 있다는 점, 넷째, 개헌에 대해 국민적 합의를 보기 어렵기 때문에 선거가 끝난 후 재론하는 것이 옳다는 점이었다(민주정의당 1985, 7-10).

이에 반발한 신민당과 민주화추진협의회(이하 민추협)는 2월 12일 '1천만 개헌서명운동'을 시작한다고 선언하고 3월 11일 '서울지부 개헌추진결성대회'를 시작으로 부산, 광주, 대구, 대전 등 전국 대도시에서 개헌추진결성대회를 개최했다. 이와 때를 같이 하여 민주통일 민중운동연합(이하 민통련)을 비롯한 재야운동 단체 또한 3월 5일 기자회견을 갖고 "군사독재 정권을 물리치고 국민의 손으로 민주헌법을 쟁취해야 한다"며 법조계, 언론인, 종교계, 대학교수 등 각계 인사 3백 3명의 서명을 받아 '군사독재퇴진 촉구와 민주헌법쟁취를 위한 범국민 서명운동'을 전개해 나가겠다고 밝혔다(「월간 말」 제5호, 1986/3/25).

상황이 악화되자 1986년 4월 30일 청와대 3당(민정당, 신민당, 한국국민당) 대표 회담에서 전두환 대통령은 국회에서 여야 합의를 전제로 "임기 중에라도 헌법을 개정할 용의가 있다"며 한발 물러섰으며, 6월 24일 국회는 여야합의로 '헌법개정특별위원회구성결의안'을 통과시켰다. 이어 7월 30일 국회는 총 45명의 국회의원(민정당 22명, 신민당 17명, 한국

국민당 4명, 무소속 1명)으로 '헌법개정심의특별위원회'를 구성했다. 개헌특위에서 신민당과 한국국민당은 대통령 직선제를 골자로 하는 개헌안을, 민정당은 의원내각제를 골자로 하는 개헌안을 각각 8월 8일과 25일에 제출하며 절충을 벌여나갔으나 양측은 합의에 이르지 못했다. 이로 인해 개헌특위는 파행을 거듭하여 유명무실한 기구로 전락했고, 이 바람에 국회도 공전되는 사태가 빚어졌다. 급기야 9월 29일 이민우 신민당 총재와 김영삼 상임고문, 그리고 김대중 민추협공동의장 3인은 직선제 개헌을 위한 여야 실세대화를 촉구하며 헌법개정특위활동을 중단하겠다고 선언했다. 이어 10월 9일부터 전북 군산에서 직선제개헌추진대회를 시작으로 장외투쟁을 시작했다. 11월 29일에는 서울에서 집회를 개최하려 했으나 야당 지도자들의 가택연금과 대회장소 원천봉쇄로 집회는 무산되었다.

정치권이 대통령직선제 개헌문제를 놓고 지루한 공방을 벌이고 있던 1987년 1월 14일 서울대학교 학생 박종철이 경찰의 고문을 받다 사망하는 사건이 발생했다. 박종철은 치안본부 대공분실에서 물고문과 전기고문을 받아 사망했으나 경찰은 이를 단순한 쇼크사로 은폐하려 했다. 사건 발생 5일 만인 1월 19일 정부는 물고문 사실을 인정하고 관련 경찰관 2명을 구속하고 다음날에는 김종호 내무부장관과 강민창 치안본부장을 해임하면서 사건을 수습하려 했다. 그러나 신민당과 민추협, 그리고 재야단체와 종교계 등은 전두환 정부를 규탄하며 2월 7일 명동성당 집회를 시작으로 서울, 부산 등 8개 도시에서 시위 및 노상추모회를 열어 경찰과 충돌하여 700여 명이 연행되기도 했다.

정치권의 개헌공방과 박종철 고문치사사건으로 사회가 혼란스러운 외중에 전두환 대통령은 4월 13일 특별담화에서 현행 헌법에 의해 연내에 대통령선거를 실시하고 개헌문제는 서울올림픽 이후로 미루겠다는 소위 '4·13호헌조치'를 발표했다. 이날은 통일민주당(이하 통민당) 창당발기인 대회가 있던 날로 김영삼 창당준비위원장은 '4·13호헌조치'는 "전두환 정권이 영구집권 음모를 드러낸 반민주적·반국가적 폭거'라고 주장했다. 아울러 시민단체, 종교계, 학계, 문화계도 성명서를 발표하며 호헌조치를 완강히 반대하기 시작했다. 특히, 5월 18일 천주교정의구현사제단 김승훈 신부가 박종철 고문치사사건이 은폐·축소 조작되었음을 발표하면서 반대운동은 증폭되기 시작해 6월 민주항쟁으로 이어졌다.

1987년 5월 27일 통민당과 재야단체인 민주통일민중운동연합 및 종교계 지도자 80여 명은 '민주헌법쟁취 국민운동본부(국민운동본부)'를 결성했다. 국민운동본부는 야당과 재야 운동세력이 "최대민주화연합" 노선에 입각해 '직선제 개헌'이라는 최소강령에 합의하여 형성된 연합전선이었다(정해구·김혜진·정상호 2004, 96). 출범 이후 국민운동본부는 직선제개헌을 위한 전국적인 서명운동을 시작했고 6월 민주항쟁을 실질적으로 이끌었다. 6월 9일 연세대학교 시위 도중 최루탄을 맞고 중태에 빠져 끝내 사망한(7월 5일) 이한열 사건은 이러한 민주항쟁의 촉매제가 되었다. 6월 10일 전국 22개 주요도시에서 약 24만 명(이하 국민운동본부 집계)이 모인 가운데 개최된 국민운동본부 주최의 '박종철군 고문살인 은폐·조작 및 호헌철폐 국민대회'는 6월 18일 '최루탄 추방 대회'에서 1백만 군중으로 불어났고, 급기야 6월 26일 '민주헌법쟁취 국민평화대행진'에서는 전국 34개 도시와 4개 군·읍에서 약 130만 명이 참가한 대규모 집회로 번져나가 6월 민주항쟁 중 최대 규모의 시위상황을 연출했다(윤석인 1988).

상황전개에 위기감을 느낀 정부와 여당은 결국 6월 민주항쟁에 굴복하고 대통령직선제를 받아들일 수밖에 없었다. 6월 29일 노태우 민정당 대표위원은 대통령직선제 개헌요구 수용을 포함한 8개항의 민주화 조치를 담은 이른바 '6·29선언'을 발표했다.[1] 이어 7월 1일 전두환 대

---

1) '6·29선언'의 구체적인 내용은 ①대통령직선제 개헌 수용, ②대통령선거법의 공정한 개정, ③김대중의 사면·복권 및 시국관련 사범의 대폭석방, ④새헌법의 국민기본권 강화, ⑤언론의 자율성 보장, ⑥지방자치 및 교육자치 실현, ⑦정당의 건전한 활동보장, ⑧사회정화 조치 강구 등 8개 항이었다.

통령은 특별담화를 통해 노태우 선언을 수용한다는 뜻을 밝힘으로써[2] 대통령직선제 개헌은 공식화되었다.

2. 헌법개정특별위원회의 재가동과 헌법개정안 마련

1987년 7월 2일 노태우 민정당 대표위원은 통민당을 방문하여 김영삼 총재와 회동하여 개헌협상을 민정당과 통민당 중진의원 4명씩으로 구성된 '8인 정치회담'에서 주도하기로 합의했다. 양당이 동수로 구성하기로 한 것은 표결 없이 전원합의를 도출하기 위한 것이었다. 정치회담은 7월 31일 첫 회동을 시작으로 8월 31일까지 회의를 통해 헌법 개정안에 대해 부칙을 제외한 전문과 본문 130개 조문에 대한 협상을 끝냈다. 이때 새 헌법 발효시기와 차기 국회의원선거 시기는 합의되지 못했다. 그러나 9월 2일 노태우 민정당 총재와 김영삼 통민당 총재의 회동 후 9월 8일부터 속개된 '8인 정치회담'에서 남은 쟁점사항을 합의하여 9월 16일에 협상을 마무리했다.

국회도 여야 간의 협상에 발맞추어 8월 14일 헌법개정특별위원회를 재구성했다. 8월 31일에는 '개헌안 기초 10인 소위원회'를 산하에 구성했고 '8인 정치회담'에서 합의된 개헌안을 넘겨받아 조문화작업을 시작했다. 그 결과 9월 18일 국회는 재적의원 272명 중 여야 의원 262명의 공동명의로 헌법개정안을 발의하여 정부에 이송했다.

전문, 본문 제130조 및 부칙 제6조로 구성된 제9차 헌법개정안은 제5공화국 헌법 조문의 약 37%를 개정한 것으로 제5공화국 헌법에 비해 한층 민주적인 헌법으로 평가받았다(헌법재판소 2008, 136). 그 주요내용

---

2) 노태우 선언은 노태우가 독자적으로 선언했다는 모양새를 갖춤으로써 다가올 대통령선거를 유리하게 치르고자 전두환 대통령과 사전 교감하에 이루어졌던 것이라고 추후에 밝혀졌다.

은 다음과 같다. 먼저, 통치구조의 배열순서를 제5공화국 헌법에서 우선순위로 정한 정부 〉 국회 〉 법원 〉 헌법위원회 〉 선거관리에 순서에서 국회 〉 정부 〉 법원 〉 헌법재판소 〉 선거관리의 순서로 변경해 국민의 대표기구인 국회를 헌법적으로 더 중요시했다. 둘째, 국회의 국정감사권을 부활시키고, 정기국회의 회기를 90일에서 100일로 연장하며, 회기제한 규정을 삭제하는 등 국회의 지위와 역할을 강화했다. 그러나 국회의 국무총리와 국무위원에 대한 해임결의권을 해임건의권으로 축소하여 국회의 행정부 견제권한을 축소했다. 셋째, 헌법개정안의 가장 핵심적인 내용으로 대통령선거방식을 통일주체국민회의에서 선출한 종래의 간접선거방식에서 국민직선제로 바꾸었으며 7년 단임제에서 5년 단임제로 임기를 축소시켰다. 아울러 대통령의 비상조치권과 국회해산권을 폐지하여 권한을 축소시켰다. 이는 국회의 국무총리와 국무위원 해임결의권을 해임건의권으로 축소시킨데 따른 것으로 각 기관의 자율성을 확대하기 위한 조치였다. 마지막으로 종래의 헌법위원회를 폐지하고 헌법재판소를 신설하여 법률의 위헌 여부, 탄핵, 정당 해산에 관한 심판, 국가기관 간의 권한 쟁의, 헌법소원에 대한 심판 등을 관장하도록 했다.

3. 국민투표와 제6공화국의 탄생

1987년 10월 27일 헌법개정안에 대한 국민투표가 실시되었다. 총 선거인수 25,619,648명 중 20,028,672명이 투표하여 78.2%의 투표율을 보인 가운데, 총 18,640,625명이 찬성하여 93.1%의 높은 찬성률을 기록했다. 그리하여 새로운 헌법하에 제6공화국이 탄생하게 되었다. 제6차 국민투표의 특징은 다음과 같다. 먼저, 찬성률이 국민투표사상 가장 높았다는 점이다. 아울러 〈표 6-1〉에서 알 수 있듯이, 지역별로 살펴보았을 때 최고(93.7%, 서울)와 최저 찬성률(92.4%, 충북/전북/경남)의 차이가 불과 1.3% 포인트에 불과할 정도로 고른 지지율을 보였다는 점도 특징적이었다. 이는 민주화 및 대통령직선제 개헌에 대한 국민들의 열망이 아주 높았다는 점, 특히 국민들이 직접 참여하여 선출하는 대통령선거에 대한 기대감이 반영된 결과였다.

둘째, 대도시가 대체로 저조한 투표율을 보인 반면, 농촌지역으로 갈수록 높은 투표율을 보였다는 점이다. 투표율이 가장 낮은 곳은 서울로 65.4%였으며, 다음으로 광주 65.6%, 인천 71.5%, 부산 72.4%으로 나타났다. 반면, 투표율이 가장 높은 곳은 경북 91.8%로 서울과 비교했을 때 26.4% 포인트 차이가 났으며, 다음으로 충남 89.7%, 전남 88.3%, 강원

〈표 6-1〉 제6차 국민투표 결과

구분	투표인수	투표수	유효투표수			투표율 (%)	찬성률 (%)
			찬성	반대	계		
서울	6,393,728	4,183,386	3,921,067	207,300	4,128,367	65.4	93.7
부산	2,259,577	1,636,843	1,515,709	96,967	1,612,676	72.4	92.6
대구	1,262,486	935,896	869,421	54,860	924,281	74.1	92.9
인천	933,522	667,579	624,513	33,397	657,910	71.5	93.5
광주	513,958	337,047	312,441	20,516	332,957	65.6	92.7
경기	3,284,968	2,674,509	2,489,639	125,272	2,623,911	81.4	93.4
강원	1,042,573	905,700	841,597	51,245	829,842	86.9	92.9
충북	852,999	737,332	681,548	44,142	725,690	86.4	92.4
충남	1,781,759	1,598,503	1,486,264	89,423	1,575,687	89.7	93.0
전북	1,296,644	1,092,510	1,009,932	66,960	1,076,892	84.3	92.4
전남	1,660,186	1,466,305	1,361,788	82,287	1,444,075	88.3	92.9
경북	1,882,286	1,728,173	1,606,634	96,308	1,702,942	91.8	93.0
경남	2,177,019	1,838,563	1,699,659	112,446	1,812,105	84.5	92.4
제주	277,943	226,326	211,413	11,579	222,992	81.4	93.4
합계	25,619,648	20,028,672	18,640,525	1,092,702	19,733,327	78.2	93.1

86.9% 순으로 나타났다. 이러한 소위 도저촌고(都低村高) 현상은 1987년의 13대 대통령선거를 제외한 이후의 대통령선거, 국회의원선거 및 지방선거 등 거의 모든 선거에서 나타나는 일반적인 현상이 되었다.

셋째, 헌정사상 최초의 여야합의에 의한 개헌이었다는 점도 주요한 특징 중의 하나였다. 1948년 제헌 이후 제6차 국민투표에 이르기까지 9차례의 헌법 개정이 있었다. 그러나 제8차까지 헌법 개정은 주로 집권자의 장기집권의 의도아래 기획된 것이 많았고, 심지어 비상계엄령이 선포된 상황에서 이루어져 명실상부하게 여야가 합의하에 개정한 경우는 단 한 번도 없었다. 반면, 1987년의 헌법 개정은 권위주의세력과 민주화세력 간의 협상과 타협에 의한 민주화 이행에 있어 법적 토대를 마련했다는 점에서 의미가 깊다. 즉, 6·29선언과 제9차 헌법 개정은 엘리트 간 합의로 종래 '민주 대 반민주'라는 균열구조를 해체하고 앞으로 다가올 제6공화국 정통성의 토대가 되었다.[3]

II. 제13대 대통령선거와 노태우 정부의 출범

1. 야권 후보단일화의 실패와 4자 구도의 성립

1986년 말 직선제 개헌을 추진하는 과정에서 신민당은 내부 노선상의 대립을 겪었는데, 이는 이중적인 권력구조에서 비롯된 것이었다. 사

---

3) 최장집은 6·29선언과 헌법 개정을 "권위주의가 종결되고 민주주의로의 이행이 시작된 역사적 계기"로 인식한다(최장집 2002, 96). 아울러 6·29선언을 "엘리트 간 협약"으로 인식한 임혁백은 6·29선언 이후 "체제 내의 개혁파와 온건 반대파에게로" 정치적 주도권이 넘어가고 "거리에서 의사당으로, 대중에서 엘리트로" 정치의 중심이 이전한 것으로 바라본다(임혁백 1994, 288-289).

실 신민당의 지도체제는 총재직은 이민우가 맡아 명목상의 지도부를 구성하고 있었지만 형식에 불과했고, 김영삼과 김대중이 실질적인 지도력을 행사하는 구조를 지니고 있었다(심지연 2004). 이러한 이원적 정당구조는 출범 직후 당의 지도체제를 둘러싼 갈등의 씨앗이 될 수밖에 없었는데, 1986년 12월 24일 소위 '이민우 구상'에서 최초로 표출되었다. 이민우 총재는 이날 7개항의 민주화 요치를 요구하면서 정부와 여당이 이를 수용할 경우 내각제 개헌도 긍정적으로 받아들일 수 있다고 밝혔다.[4] 더군다나 1987년 2월 21일 김영삼과 김대중의 계보모임인 상도동계와 동교동계가 5월 정기전당대회에서 김영삼을 총대로 추대하기로 결정하자, 이민우 총재를 비롯해 이철승, 김재광 등의 '비주류연합'이 반발하면서 당 내분은 악화일로를 걷게 되었다. 결국 4월 8일 양김은 분당 외에 달리 방법이 없다고 결론을 내리고 신민당 소속 국회의원 90명 중 계파의원 74명을 탈당시킨 후 13일 신당 창당발기인 대회를 거쳐 5월 1일 통민당 중앙당창당대회를 개최하기에 이르렀다.

통민당은 양 김의 주도 아래 직선제 개헌운동을 전개해 노태우의 '6·29선언'을 이끌어냄으로써 16년 만에 대통령을 국민들의 손으로 직접 뽑을 수 있게 되었다. 그러나 1987년 10월 27일 직선제 개헌 국민투표가 국민들의 높은 찬성률이 통과되자 이제 김영삼과 김대중 양 김 사이의 갈등이 표면화되기 시작했다. 1986년 2월 초 헌법 개정을 위한 '1천만 개헌서명운동'을 주도할 때만 하더라도 양 김 간의 협력관계는 돈독했으며, 서로 상대방에게 대통령선거 후보를 양보할 수 있다는 견해를 피력하기도 했다. 그러나 노태우의 '6·29선언'으로 직선제 대통

---

[4] '이민우 구상'의 구체적인 내용은 ①지방자치제 실시, ②언론 및 집회 결사의 자유 등 기본권 보장, ③공무원의 정치적 중립, ④2개 이상의 건전한 정당제도 확립 보장, ⑤공정한 국회의원선거법 개정, ⑥용공분자를 제외한 구속자 석방, ⑦사면 복권 등 7개항의 민주화 조치였다. 당시 민정당이 내각제를 받아들일 경우 상징적인 자리인 대통령으로 옹립하겠다고 이민우를 회유했기 때문에 '이민우 구상'이 나왔다는 주장도 있다(김영배 1995, 114).

령선거가 현실화되자 양 김은 기존의 입장을 번복해 대통령선거 출마 의사를 직간접적으로 표명했다. 양 김 간의 후보를 위한 경쟁은 7월 9일 김대중의 사면복권, 그리고 8월 8일 통민당 입당 및 상임고문 추대를 계기로 본격화되기 시작했다.

1987년 9월 7일 양 김은 후보단일화를 위한 실무협의기구를 구성키로 합의하고 14일과 17일 연이어 회합을 가졌으나 후보단일화 시기와 방법에 대한 이견을 좁히지 못했다. 김영삼은 가급적이면 이른 시일 안에 개최하자는 입장이었다. 당 총재로서의 기득권을 최대한 이용하자는 계산 때문이었다. 이에 반해 상대적으로 당내 기반이 부족했던 김대중은 지지세력 확보를 위해 최대한 시기를 늦추고자 했다. 후보단일화 방법에서도 양 김은 의견을 달리했다. 김영삼은 기존 대의원만으로 후보추대를 위한 전당대회를 개최하자는 입장이었던 반면, 김대중은 미창당 지구당의 조직을 정비하고 대의원 수를 늘려서 전당대회를 개최하자는 입장이었다. 이러한 와중 양 김은 각자의 사조직을 확장하고자 했다. 특히, 김대중은 당내 열세를 만회하고 후보경쟁에서 유리한 고지를 차지하기 위해 9월 8일 광주와 13일 목포와 대전 등 실질적인 지방유세에 돌입했다. 9월 29일 양 김은 다시 회동했으나 상대방에 양보를 요구할 뿐 별다른 합의점을 찾지 못했다. 이어 10월 10일 김영삼은 대통령후보를 공식선언하면서 후보추대를 위한 임시전당대회를 개최할 것임을 발표했고, 10월 28일에는 김대중이 기자회견을 열고 신당 창당을 공식선언했다. 10월 29일 통민당 내 김대중 고문의 정치계보인 동교동계 국회의원 25명을 비롯하여 각계 인사 51명은 신당 창당준비위원회를 구성하고 11월 12일 중앙당창당대회를 개최하여 평화민주당(이하 평민당)을 창당하고 김대중을 총재 및 대통령후보로 추대했다. 그리고 통민당은 11월 19일 전당대회를 통해 김영삼을 대통령후보로 추대했다. 이로써 양 김은 각자 대통령후보로 출마하게 되었고 이 여파로 영·호남의 분열이라는 사태가 초래되기에 이르렀다(김영배 1995, 164).

한편, 1987년 9월 28일 김종필 전 민주공화당 총재도 정계복귀를 선언하고 창당에 나섰다. 김종필은 1979년 박정희 대통령 사망 후 민주공화당 총재가 되었으나 1980년 5·17비상계엄 확대조치 당시 권력형 부정축재 혐의로 체포된 후 11월 「정치풍토쇄신을 위한 특별조치법」에 의해 정치활동이 규제되었었다. 1986년 2월 정치활동 규제에서 해금된 후 1년 만에 귀국하여 정국을 관망하고 있다가 대통령직선제 개헌이 현실화되자 정계복귀를 선언한 것이었다. 1987년 10월 5일 김종필은 민주공화당 시절의 각료, 국회의원을 주축으로 창당 작업에 들어가 10월 30일 중앙당창당대회를 개최해 신민주공화당(이하 공화당)을 창당했다. 창당대회에서 이들은 5·17 자체가 원천적으로 무효이며 신군부에 의해 붕괴된 조국근대화세력의 소생과 재결집이 당연한 역사적 귀결이라 선언하면서 김종필을 총재 및 대통령후보로 추대했다.

여당인 민정당은 일찌감치 대통령후보를 결정했다. 민정당은 1987년 6월 2일 고위핵심간부회의에서 천거와 3일 중앙집행위원회의 제청을 거쳐 10일 '제4차 전당대회 및 대통령후보지명대회'의 투표를 통해 노태우 대표최고위원을 후보로 선정했다. 물론 형식은 대의원 투표(참석 대의원 7,309명 중 7,260표(99.3%) 득표)를 통해 결정한 것이었지만, 사실상 민정당 총재인 전두환 대통령의 지명에 의한 것이었다. 이로써 제13대 대통령선거는 민정당 노태우, 통민당 김영삼, 평민당 김대중, 공화당 김종필 후보의 4자구도로 진행되게 되었다.

2. 민주화, 군정종식, 그리고 정치안정의 선거전략

4자 구도로 치러진 선거운동은 12·12사태, 군정종식, 6·29선언, 광주민주항쟁 등 정치적인 이슈가 주를 이루었다(송근원 1990).[5] 본격적인

---

5) 1987년 10월 1일부터 12월 16일까지 선거운동의 이슈 프레임에 대한 송근원의 분석에 따르면, 대통령선거 운동기간 국내 정치적 이슈는 무려 70.4%를 차지했다.

선거운동이 진행되자 야당 후보들은 12·12사태를 통해 집권한 전두환 정부의 정통성을 공격했다. 즉, '12·12사태'가 군사 쿠데타이고 전두환 군사정권을 탄생시킨 시발점이며, 따라서 12·12사태 주역 중 한사람인 노태우의 당선은 군사정권의 연장이라는 점을 부각시키고자 했다. 김영삼 후보는 10월 17일 부산에서 1백만 명이 모인 '군정종식 부산국민대회'와 11월 9일 통민당 전당대회에서 12·12사태는 군사반란이며 따라서 노태우 후보의 집권은 군정의 연장이라고 하면서 자신이야말로 군정종식의 최고 적임자임을 역설했다. 김대중 평민당 후보 또한 12·12사태는 국민들의 민주화 열망을 무산시킨 실질적인 쿠데타였으며 불법적인 정권탈취라고 주장했다. 이에 반해 노태우 민정당 후보는 12·12사태는 박정희 대통령 시해사건과 연루혐의가 있는 정승화 당시 육군참모총장을 연행하는 과정에서 발생한 불가피한 상황이었으며, 오히려 군부를 잘 알고 있고 군부의 지지를 받는 자신이야말로 군정종식의 적임자라고 주장했다.

군정종식과 함께 '안정론'은 민주 대 반민주가 기본적인 균열구조로 작용한 시기에 큰 쟁점으로 작용했다. 앞서 살펴보았듯이 대통령직선제 개헌을 둘러싼 1986년의 '1천만 개헌서명운동'과 1987년의 '6월 민주항쟁' 등의 과정은 전국적으로 많게는 백여만 명 이상이 동원된 시위 상황을 발생시켰고 이 과정에서 사망하거나 부상당한 사건들도 적잖아 사회적으로 커다란 혼란상황을 연출했었다. 따라서 어떤 후보가 민주화 이행기에 사회적 안정을 가져올 수 있는가는 중요한 선거쟁점이 되었다. 특히 이슈의 규범적인 성격 때문에 반대의견보다는 누가 더 적격자인가에 대한 논쟁이 주를 이루었다(송근원 1990 참조).

민정당의 노태우 후보는 안정론을 6·29선언, 경제 안정 및 성장, 그리고 국가 안보와 연결시키려 했다. 6·29선언 이후 시위가 없어졌다는 점, 그리고 제5공화국의 치적으로 경제적 안정을 강조하고, 계속적인 경제안정 및 성장은 정치적 안정 없이 이루어질 수 없으며, 야당 후보의 집권은 정치적 혼란과 분열을 초래할 것이라고 강조했다. 아울러 군인출신 대통령의 권위주의식 통치라는 부정적 이미지를 없애기 위해 "위대한 보통사람의 시대"라는 캐치프레이즈를 내세웠다. 이에 반해, 김대중 후보는 안정론을 광주민주항쟁 문제의 해결 및 지역감정의 해소와 연결시키며 노태우 후보의 안정론에 대응했다. 그는 "노태우 후보가 집권할 경우 또 다시 거리에서 최루탄을 맞으며 눈물을 흘리고 독재와 싸우지 않을 수 없을 것"이라며 자신만이 민주정부를 구성해 안정과 개혁을 조화롭게 추진할 수 있다고 주장했다. 즉 정치적 안정은 광주 문제의 해결 및 지역감정 해소를 통해서만이 가능하며 자신이야말로 안정과 개혁을 함께 달성할 수 있는 적임자라고 주장했다. 김영삼 후보는 안정론을 자신의 선거 캐치프레이즈인 군정종식과 연결시켰다. 그는 "노태우 후보가 대통령이 되면 한동안은 공동묘지와 같은 안정이 올지 모르나 민간 대통령이 뽑혀야 영원히 안정을 가져올 수 있다"고 주장하면서 군정종식을 통한 민주화만이 정치적 안정을 달성할 수 있는 길이라고 주장했다. 김종필 후보도 집권 경험이 있는 자신이 대통령이 되어야 안정을 실현할 수 있다고 주장했다.

이러던 와중 11월 29일 발생한 'KAL기 폭파사건'은[6] 정부여당의 안정론에 무게를 더해주었다. 노태우 후보는 12월 2일 KAL기 폭파사건의 배후에 북한이 있음을 언급하면서 이를 안정론과 연계하며 김영삼과 김대중 후보에 대한 공격거리로 활용했다. 특히 12월 5일 선거전날 폭파범 김현희가 서울로 압송되는 장면이 TV에 톱뉴스로 방송되면서 주목을 크게 받았으며 결국 선거가 여당의 후보인 노태우에게 유리하게 흘러가도록 작용했다.

---

6) 1987년 11월 29일 승무원과 승객 115명을 태우고 이라크 바그다드에서 출발하여 서울로 향하던 KAL858기가 버마(현재 미얀마) 해역 상공에서 폭파되어 탑승자 전원이 사망한 사건을 말한다. 당시 범인 김현희는 북한 공작원으로 밝혀졌으나 전두환 정권과 여당이 대통령선거를 자신에게 유리하게 만들기 위해 안전기획부(현 국가정보원)를 통해 만든 자작극이라는 의혹이 제기되었다. 그러나 그로부터 20년 후 2007년 노무현 정부 시절 국가정보원 과거사진상규명위원회는 조작설이 근거가 없다는 결론을 내렸다.

3. 노태우의 당선과 미완의 민주화, 그리고 지역주의의 등장

1987년 12월 16일 치러진 투표는 선거인수 25,873,624명 중 총 23,066,419명이 투표하여 82.9%의 비교적 높은 투표율을 보였다. 이는 가장 가까운 1971년의 대통령선거 투표율(79.8%)보다 약 9.4% 높은 추세였다. 〈표 6-2〉에 나타난 것처럼, 투표율은 지역과 상관없이 고른 분포를 보였다. 가장 투표율이 높았던 광주가 92.4%로 가장 낮았던 서울의 88.1%에 비해 4.3% 포인트밖에 높지 않았다. 이는 민주화 이후 처음 치러지는 대통령선거이기에 그만큼 국민적인 관심도가 높았음을 의미한다. 개표결과 민정당 노태우 후보가 유효투표수(22,603,411표)의 36.6%를 얻어 당선되었다. 2위는 통민당 김영삼 후보로 28.0%를 득표했고, 3위는 평민당 김대중 후보로 27.1%를 획득했다. 마지막으로 공화당 김종필 후보는 8.1% 득표에 머물렀다. 노태우는 전국 14개 시·도 중 대구·경북과 인천·경기, 강원, 충북, 제주 등 7개 지역에서 1위를 차지했다. 아울러 김영삼은 자신의 지역기반인 부산 및 경남에서, 김대중은 자신의 지지기반인 광주 및 전남·북과 서울 등 4개 지역에서, 김종필은 충남에서만 1위를 차지했다.

제13대 대통령선거의 결과를 통해 다음과 같은 정치적 함의를 찾아볼 수 있다. 무엇보다도 먼저 지적할 수 있는 것은 양 김의 후보단일화 실패와 대선에서의 패배는 6월 민주항쟁 이후 민주화 이행이 미완성으로 일단락되었음을 의미하는 것이었다는 점이다.[7] 실제 김영삼과 김대중의 득표율을 합하면 55.1%로 후보단일화가 성사되었다면 민주세력이 집권할 수 있었다는 추론이 가능하다. 그러나 이들의 후보단일화 실패에 따른 노태우의 당선은 형식적으론 민주적 정통성을 갖춘 정부의 등장이었지만, 군정을 바탕으로 한 권위주의 정부의 연장을 의미했다.

---

7) 박관용은 이 현상에 대해 민주화가 진전될 결정적 계기가 왔는데도 각자 출마해 군부세력에 권력을 다시 헌납한 것이라고 지적했다(박관용 2003, 72).

〈표 6-2〉 제13대 대통령선거 투표와 후보자별 득표

구분	선거인수	투표수 (투표율 %)	후보자별 득표수 (득표율 %)			
			노태우	김영삼	김대중	김종필
서울	6,486,710	5,717,805 (88.1)	1,668,824 (30.0)	1,637,347 (29.1)	1,833,010 (32.6)	460,988 (8.2)
부산	2,290,038	2,024,324 (88.4)	640,622 (32.1)	1,117,011 (56.0)	182,409 (9.1)	51,663 (2.6)
대구	1,275,293	1,146,652 (89.9)	800,363 (70.7)	274,880 (24.3)	29,831 (2.6)	23,230 (2.1)
인천	955,271	841,983 (88.1)	326,186 (39.4)	248,604 (30.0)	176,611 (21.3)	76,333 (9.2)
광주	520,488	481,126 (92.4)	22,943 (4.8)	2,471 (0.5)	449,554 (94.4)	1,111 (0.3)
경기	3,352,554	2,962,014 (88.4)	1,204,235 (41.5)	800,274 (27.5)	647,934 (22.3)	247,259 (8.5)
강원	1,040,632	943,379 (90.7)	546,569 (59.3)	240,585 (26.1)	81,478 (8.9)	49,954 (5.4)
충북	854,232	777,739 (91.0)	355,222 (46.9)	213,852 (28.2)	83,132 (11.0)	102,456 (13.5)
충남	1,788,014	1,578,557 (88.3)	402,491 (26.2)	246,527 (16.1)	190,772 (12.4)	691,214 (45.0)
전북	1,298,522	1,172,867 (90.3)	160,760 (14.1)	17,130 (1.5)	948,955 (83.5)	8,629 (0.8)
전남	1,659,767	1,498,755 (90.3)	119,229 (8.2)	16,826 (1.1)	1,317,990 (90.3)	4,831 (0.3)
경북	1,878,025	1,709,244 (91.0)	1,108,035 (66.4)	470,189 (28.2)	39,756 (2.4)	43,227 (2.6)
경남	2,193,206	1,963,376 (89.5)	792,757 (41.2)	987,042 (51.3)	86,804 (4.5)	51,242 (2.6)
제주	280,872	248,598 (88.5)	120,502 (49.8)	64,844 (26.8)	45,139 (18.6)	10,930 (4.5)
합계	25,873,624	23,066,419 (89.2)	8,282,738 (36.5)	6,337,581 (28.0)	6,113,375 (27.1)	1,823,067 (8.1)

실제 선거가 끝난 후의 여론조사에 의하면 국민들의 다수가 민주화조치를 가장 주요한 국정과제로 제시하기도 했다(현종민 1990). 아울러 야권의 후보단일화 실패는 정치권과 재야단체를 중심으로 자성론과 함께 다가올 제13대 총선에서 야권 통합의 필요성을 강하게 제기하게도 했다.

둘째, 각 후보들이 자신의 출신지역에서만 절대적인 지지를 획득한 지역주의투표 현상이 심한 선거였다는 점이다. 당선인인 노태우의 경우 자신의 출신지역인 대구와 경북에서 68.1%의 지지를 받은 반면, 김대중의 출신지역인 광주·전남·전북에서는 9.9%의 지지율밖에 획득하지 못했다. 김영삼은 자신의 출신지역인 부산·경남에서 53.7%의 지지를 받았지만, 광주·전남·전북에서의 득표율은 1.2%에 불과했다. 김대중은 자신의 출신지역인 광주 및 전남·북 지역에서 88.4%라는 압도적인 지지를 받았지만, 부산·경남에서는 6.9%, 대구·경북에서는 2.9%의 지지를 획득하는 데 머물렀다. 마지막으로 김종필의 경우 자신의 출신지역인 충남에서 45%의 지지를 획득한 반면, 타 후보 출신지역에서는 3% 미만의 지지를 받는 데 그쳤다.

마지막으로 당선자의 득표율이 36.6%에 불과해 민주주의적 대표성 논란을 불러일으켰다는 점이다. 1987년 개헌과 「대통령선거법」제정을 통해 확정된 대통령선거제도는 기본적으로 단순다수득표제로 최다득표자를 당선자로 확정하는 제도였다. 따라서 선거가 다수 후보 간의 경쟁으로 치러질 경우 당선자가 과반의 득표를 하지 못하는 경우가 발생할 수 있으며, 이 경우 다수의 지배(rule of majority)라는 민주주의의 원칙을 훼손할 수 있다는 문제점이 발생한다. 그리고 1987년 대통령선거는 이를 정확하게 보여주었다.

III. 제13대 국회의원선거와 여소야대 분점정부의 출현[8]

1. 통민당과 평민당의 통합 실패

1987년 대통령선거에서 통민당과 평민당의 분열로 후보단일화가 성사되지 못해 패배했다는 평가는 김영삼과 김대중으로 하여금 이를 해소할 책임을 느끼게 했다. 양당은 1988년 들어 2월 10일 각각 '야권단일화추진위원회(통민당)'과 '야권통합추진위원회(평민당)'를 구성하고[9] 11일부터 13일까지 가진 합동회의에서 야권대통합의 원칙과 국회의원 소선거구제를 포함하는 4개 항의 원칙에 합의했다.[10] 그리고 2월 23일 김영삼 총재와 김대중 총재가 회동해 통민당의 당론을 소선구제로 환원할 것과 재야의 신당창당 중지와 야권통합에 동참을 권고할 것, 그리고 양당의 통합추진기구를 조속히 재가동한다는 3개 항에 합의했다. 이어 양당은 3월 3일 임시전당대회를 열어 통합을 결의하고 150명씩 수임기구를 구성했다.

그러나 양당의 통합대회는 지도체제 문제로 난항을 겪으며 개최되지 못했는데, 평민당 측이 양 김의 공동대표제를 주장한 반면, 통민당 측은 양 김이 아닌 제3의 인물로 통합신당의 단일지도체제를 형성하고

---

8) 1987년 10월 29일 공표된 제6공화국 헌법의 부칙 제3조에는 헌법 공포일로부터 6개월 이내에 국회의원선거를 실시하기로 규정되어 있었다. 따라서 제13대 국회의원선거는 제12대 국회의원의 당초임기만료일인 1989년 4월 10일을 1년 남짓 남겨둔 1988년 4월 26일에 실시하게 되었다.
9) 야권단일화(통합)추진위원회를 구성한 각 당의 인사는 '김재광, 최형후, 김동영, 박종률, 황명수, 김정길(이상 통민당)'과 '문동환, 이중재, 최영근, 박영숙, 조세형, 이상수(이상 평민당)'이었다.
10) 4개 항은 다음과 같다. ① 양당은 야권대통합의 원칙에 합의한다. ② 통민당은 국회의원 소선구제를 수용한다. ③ 양당합동의원총회를 2월 15일에 개최하며 원내대책을 논의한다. ④ 통합의 세부적 내용을 결정하기 위하여 기구를 구성한다.

김대중 총재는 2선으로 후퇴해야 한다고 주장했기 때문이었다. 더군다나 1988년 3월 8일 국회에서 민정당 단독으로 소선거구제를 주요 골자로 하는 「국회의원선거법」을 통과시키자 통합문제는 김대중 총재의 거취문제로 좁혀지게 되었다. 3월 9일 김대중 총재가 기자회견을 통해 양당통합 전에 퇴진의사가 없음을 분명히 하자 3월 11일 통민당은 김명윤 총재직무대행의 성명을 통해 김대중 총재 퇴진 없는 야권통합은 아무런 의미가 없다며 통합추진을 포기하겠다고 선언했다.

상황이 악화되자 김대중 총재는 3월 17일 총재직을 사퇴한다고 발표하기에 이르렀고 다음 날 통민당, 평민당, 한겨레민주당(가칭) 등 3당 통합대표들 전체회의를 열어 통합을 위한 '6인 소위원회'를 구성하여 통합 활동이 재개하는듯했다. 그러나 3월 19일에 열린 '6인 소위원회' 회의장에 200여 명의 청년과 학생들이 난입하여 통민당을 비난하며 폭력을 행사하는 사건이 발생했다. 통민당은 평민당이 이들을 동원했다고 주장하고 공식사과를 요청했으나 평민당은 이를 부인해 통합 협상은 다시 결렬위기에 처했다. 결국 통민당은 3월 21일 통합 협상의 결렬을 공식선언했고, 이로써 야권통합은 완전히 무산되고 말았다.

2. 선거법 개정과 소선구제로의 전환

1988년 1월 중순부터 각 정당은 「국회의원선거법」 개정을 위한 협상에 본격적으로 들어갔으나 선거구제와 전국구의석 배분방식 등으로 첨예하게 대립하면서 합의에 이르지 못했다. 선거구제와 전국구의석 배분방식은 의석확보와 직접적으로 연결되어 있기에 각 정당은 첨예하게 대립할 수밖에 없었다(심지연·김민전 2002). 선거구제에 있어서 각 정당은 혼합선거구제(1선거구에서 1~4명을 선출), 중선거구제(1선거구에서 2~4명을 선출), 그리고 소선거구제(1선거구에서 1명을 선출)하는 방식을 놓고 대립했다.

민정당은 구·시·군 행정단위를 기초로 혼합선거구제를 주장했다. 즉, 인구수 25만 미만은 1인, 인구수 25만 이상 50만 이하는 2인, 50만 이상 75만 이하는 3인, 인구수 75만 이상은 4인을 선출하자는 것이다. 이에 반해 통민당은 민정당의 안이 농촌지역에서는 여당이 의석을 독식하고, 야당성향이 강한 대도시에서는 동반당선을 노리는 '신판 게리맨더링(gerrymandering)'이라고 비난하면서 처음에는 평민당과 함께 소선거구제를 주장하다 1988년 1월 13일 정무회의에서 이를 철회하고 인구비례에 의해 1선거구에서 2인 내지 4인을 선출하는 중선거구제로 당론을 변경하였다. 당론을 중선거구제로 변경한 이유는 야권이 분열한 상태에서 소선거구제가 자당에 불리할 것으로 판단했기 때문이었다. 공화당 또한 중선거구제를 주장했다. 가장 세력이 약한 정당으로 동반당선을 통해 조금이라도 의석을 불리려는 판단에 기인한 것이었다. 평민당은 시종일관 소선거구제를 주장했다. 통민당이 중선거구제로 당론을 변경하자 역대 독재정권이 기도해 온 나눠먹기 정치에 안주하려 한다고 비판했다. 그리고 2월 20일에는 서울 명동성당에서 당원 및 학생 700여 명이 참여한 가운데 '소선거구제 및 민주국회의원선거쟁취 국민결의대회'를 개최하는 등 소선거구제를 관철시키려 노력했다.

　전국구의석 배분방식에 있어서도 각 당은 첨예하게 대립했다. 전두환 정권시절인 11대와 12대 국회의원선거 때 시행된 전국구의석 배분제도는 전국구 전체의석(92석)의 2/3인 61석을 제1당에 배분하도록 하여 인위적으로 제1당을 다수당으로 만든다는 비판이 제기되었고, 민주화가 진척된 상황에서 이를 개혁해야 한다는 목소리가 높았다. 우선 여당인 민정당은 전국구의석을 지역구의석의 1/2에서 1/5로 축소하고 제1당에 배분될 의석을 기본적으로 2/3에서 1/2로 축소하되, 제1당의 의석비율이 50%를 미달할 때는 1/2을, 초과할 때는 의석비율로 배분할 것을 제안했다. 아울러 전국구의석을 지역구의석 5석 이상을 획득한 정당에게 배분할 것도 제시했다. 통민당은 전국구의석을 지역구의석의 1/3로 하고 배분방식은 지역구의석 10석 이상 차지한 정당에 한해 총득표비율로 해야 한다고 주장했다. 평민당은 전국구의석을 지역구의석의 1/5로 축소하자는데 있어서 민정당 안과 같았으나 배분방식에 있어서는 지역구의석 5석 이상, 또는 유효득표율 5% 이상 획득한 정당에게 총득표비율로 배분하지는 안을 제시했다.

선거구제와 전국구의석 배분방식을 둘러싸고 각 당의 이해관계가 첨예하게 대립했음에도 불구하고, 그 결과는 민정당이 「국회의원선거법」안을 기습적으로 단독 처리함에 따라 다소 싱겁게 결정되었다. 민정당은 3월 3일 고위당직자회의를 갖고 기존의 혼합선거구제 당론을 소선거구제 변경한데 이어 3월 7일 야당 국회의원들의 실력저지에도 불구하고 「국회의원선거법」안을 국회내무위원회와 법사위원회를 통과시켰고, 1988년 3월 8일 새벽 2시 국회 본회의에 기습 상정하여 7분 만에 통과시켰다.[11] 통과된 안은 총 224개의 지역구의석은 소선거구제로 선출한다는 것과, 17석이 줄어든 전국구의석은 지역구의석 5석 이상을 획득한 정당에게 배분하되, 제1당의 지역구의석이 50% 미만일 경우 전국구의석 1/2을 배분하고, 그 밖의 경우 지역구의석비율로 배분한다는 것이었다.

3. 새마을운동본부 비리사건, 그리고 안정과 견제의 선거운동

1988년 제13대 국회의원선거를 한 달 앞두고 전두환 전 대통령의 친동생인 전경환 새마을운동중앙본부회장이 횡령 및 탈세 혐의로 구속되는 사건(새마을운동본부 비리사건)이 발생해 정치권을 긴장 속으로 몰아넣었다. 사건의 발달은 1988년 3월 15일 새마을운동중앙본부 직원 600

---

11) 민정당이 소선거구제로 당론을 변경한 것은 소선거구제를 수용하여 야당에 명분을 수용하는 대신 전국구의석의 배분에서 실리를 취하기 위한 의도에서였다는 분석이 있다(심지연·김민전 2002, 150-151 참조).

여 명이 의혹사건 진상규명을 요구하며 농성을 벌이면서 시작되었다. 3월 16일 야당들은 일제히 비난 성명을 발표하고 즉각적인 수사를 촉구했다. 검찰은 3월 21일부터 수사에 착수하여 31일 수사결과를 발표하고 전경환 회장을 횡령 및 탈세혐의로 구속했다. 검찰의 발표에 따르면, 전경환 회장은 제5공화국 통치기간 동안 새마을운동중앙본부회장을 지내면서 새마을운동본부 기금 등 각종 공금 73억 6천만 원을 횡령하여 상가매입 등에 사용했고 새마을신문사의 법인세 10억여 원을 포탈했으며 각종 이권에 개입하거나 알선하여 그 대가로 4억 1천여만 원을 수뢰했다고 한다. 사건은 검찰이 4월 16일 수사를 마무리함에 따라 일단락되는 듯 했지만 야권은 이를 국회의원선거에서 주요한 정치적 쟁점으로 삼고자 했다

먼저, 야당은 여당이 원내 다수당이 될 경우 제5공화국 비리문제를 제대로 다룰 수 없음을 강조했다. 통민당과 평민당의 김영삼과 김대중 총재는 전국순회 지원유세를 통해 새마을운동본부 비리사건을 부각시키며 노태우 정권도 전두환 정권과 하나도 다를 게 없다고 주장하는 한편, 거대여당으로 가려는 민정당의 독주를 견제해야한다며 자당을 지지해 줄 것을 호소했다. 득표전략도 유사했는데, 양당은 제1야당의 지위를 목표로 각각 자당의 주요 연고지인 부산/경남과 광주/호남을 중심으로 수도권으로 세력을 확장해간다는 전략을 추진했다. 그러나 양당은 정치적 정체성에서 차이를 보였는데, 통민당이 정통 보수야당임을 강조한 반면, 평민당은 군사독재 시절 민주투사들이 모인 선명야당임을 부각시키는 전략을 구사했다.

한편, 공화당의 김종필 총재 또한 새마을운동본부 비리사건을 비판하고 제6공화국은 힘의 논리로 유지된 제5공화국 체제의 연장일 뿐이라며 공격했다. 공화당 역시 통민당이나 평민당과 마찬가지로 김종필 총재의 연고지인 충남에서 바람을 일으키고자 하는 전략을 펼쳤다.

야당의 견제론과 권력형 비리사건 추궁전략에 대해 여당인 민정당은 대통령선거 승리 이후 대통령의 공약 실천을 위해 무엇보다 원내과반

수의 안정의석이 필요하며, 이는 정국안정에 필수적임을 강조했다. 아울러 "새로운 헌법은 국정감사권, 총리 및 국무위원의 해임건의권 등 막강한 권한을 국회에 부여한 반면 행정부는 국회 견제수단을 갖고 있지 않다"며 원활한 국정운영을 위해서도 여당이 안정 의석을 확보해야 한다고 주장했다. 중앙당 차원의 안정론과 더불어 민정당은 지역구 차원에서 지역발전을 부각시키는 전략을 사용해 민심에 호소했다. 아울러 야당의 권력형 비리사건 공세에 대해서도 전경환 회장의 구속사례를 들어 부정부패 척결에는 성역이 있을 수 없다며 새마을운동본부 비리사건이 지나치게 선거쟁점화되는 것을 차단하려 하는 한편 제5공화국과의 단절성과 차별성을 부각시키려 했다.

4. 여소야대 분점정부의 출현과 지역주의의 강화

4월 26일 치러진 선거는 75.8%의 투표율을 보였다. 1985년의 제12대 국회의원선거의 투표율(84.6%)보다 8.8% 낮은 수치였다. 이는 민주화 과정에서 국민들의 주된 관심사였던 군정종식 및 전두환 정권의 비리 문제 등이 1987년 대통령선거 과정에서 어느 정도 해소되어 선거에 대한 관심이 상대적으로 줄어들었기 때문이었다. 아울러 지난 대통령선거에서 야권이 양 김의 분열로 패배했음에도 불구하고 또다시 야권통합에 실패함으로써 국민들 사이에 정치적 혐오감을 증대시켰다는 평가도 나왔다.

〈표 6-3〉에 나타난 것처럼, 개표결과 민정당은 유효총투표수의 34.0%를 득표하여 지역구에서 87명, 전국구에서 38명 등 총 125명을 당선시켜 41.8% 의석율의 제1당의 지위를 획득했다. 12대 국회의원선거 때의 득표율 35.2%와는 큰 차이는 없었으나 당선자수는 23명이 줄어든 수치였다. 이는 전국구의석이 17석 줄어들고 배분방식도 종래의 1당 몫이었던 2/3이 1/2로 줄어들었기 때문이었다. 평민당은 19.3% 득표에

지역구에서 54명, 전국구에서 38명 등 총 70명을 당선시켜 통민당을 제치고 제1야당으로 부상했다. 통민당은 23.8%를 득표하여 평민당보다 득표율이 앞섰지만, 지역구에서 46명, 전국구에서 13명 등 총 59명만을 당선시켜 제2야당의 지위로 떨어졌다. 아울러 공화당은 15.6% 득표에 지역구에서 27명, 전국구에서 8명 등 총 35명을 당선시켜 원내교섭단체(20명 기준)를 구성할 수 있는 정당으로 발돋움했다. 마지막으로 소수당인 한겨레민주당은 전남 신안군에서 박형오 후보가 당선되어 1석을 획득했다. 그러나 박형오 당선자는 1988년 6월 11일 평민당으로 당적을 옮겨 한겨레민주당은 의석이 없는 원외정당이 되고 말았다.

선거결과는 1987년 대통령선거에 이어 지역주의투표 현상이 심화되었음을 보여주었다. 〈표 6-4〉에 제시되어 있듯이 각 정당은 자신의 연고지에서 높은 득표율을 올리는데 성공했으나 경쟁정당의 연고지에서는 저조한 성과를 보였다. 가장 심한 지역적 편차를 보인 정당은 평민당으로 김대중 총재의 연고지인 광주·전남·전북에서 69.1%을 득표해 전국 평균 득표율의 세 배 이상 지지를 획득한 반면, 부산·경남이나 대구·경북, 그리고 충남 지역에선 각각 1.5%, 0.8%, 3.8%의 지지만

〈표 6-3〉 제13대 국회의원선거 정당별 득표 및 당선자수

	총득표수 (득표율)	당선자 수		
		지역구	전국구	계
민정당	6,670,494 (34.0%)	87	38	125
평민당	3,783,279 (19.3%)	54	16	70
통민당	4,680,175 (23.8%)	46	13	59
공화당	3,062,506 (15.6%)	27	8	35
한겨레민주당	251,236 (1.3%)	1	0	1
무소속	993,161 (4.8%)	9	0	9
합계	19,642,040 (100.0%)	224	9	299

〈표 6-4〉 제13대 국회의원선거 정당별 지역 득표율 (%)

	민정당	평민당	통민당	공화당
서울·인천·경기	30.3	22.3	23.7	16.7
부산·경남	36.1	1.5	45.7	8.6
대구·경북	49.9	0.8	26.0	14.9
광주·전남·전북	23.0	69.1	0.9	1.6
충남	30.2	3.8	15.0	46.5
기타(강원, 충북, 제주)	42.5	3.2	20.1	23.2
전국 평균	34.0	19.3	23.8	15.6

을 획득했을 뿐이었다. 통민당 역시 정도는 약하나 연고지인 부산·경남지역에서의 득표율인 45.7%의 절반 수준인 26.0%를 대구·경북에서 획득했으며, 충남에선 1/3에 불과한 15.0%만을 획득했다. 공화당 역시 연고지인 충남지역에서 46.5%를 득표했으나 경쟁정당의 지역에서는 15%미만의 득표율을 올렸을 뿐이다. 그나마 전국적으로 고른 득표를 보인 정당인 여당인 민정당이었다. 그러나 민정당 역시 자신의 연고지인 대구·경북지역에서 올린 49.9%의 득표에 비해 부산·경남(36.1%), 광주·전남·전북(23.0%), 그리고 충남(30.2%)에서의 득표율은 상대적으로 낮았다.[12]

결국 제13대 국회의원선거는 기존 민주 대 반민주의 균열구조가 해

---

12) 각 당의 지역별 당선자수를 비교해보면 지역주의투표 성향을 더욱 명확하게 파악할 수 있다. 우선 민정당은 대구·경북의 29개 선거구 중 25개 선거구에서 당선자를 낸 반면, 광주·전남·전북에서는 단 1명의 당선자를 내지 못했고, 부산의 15개 선거구에서는 1명의 당선자를 배출했을 뿐이다. 평민당은 광주·전남·전북의 37개 선거구 중 36명이 당선되었으나 대구·경북과 부산·경남, 그리고 충남·충북에서 단 1명의 당선자도 내지 못했다. 통민당은 부산의 15개 선거구 중 14곳, 경남의 22개 선거구 중 9곳에서 당선자를 배출했으나 광주·전남·전북에서 단 1명의 당선자를 내지 못했다.

체되면서 지역주의가 새로운 지배적 균열구조로 등장했음을 확인했다. 과거의 지역주의투표 현상이 일시적이고 강도가 약했던 데 비해 1987년 이후 나타난 지역주의는 장기적이고 정당제도의 변화를 주도하는 적극적인 역할을 담당해 나가고 있었다.

지역주의투표의 재현과 더불어 제13대 국회의원선거결과의 가장 큰 특징은 비록 여당인 민정당이 125석을 차지하여 원내 제1당이 되었지만 과반수의석 확보에 실패하여 1954년 제3대 국회 이후 처음으로 여소야대의 분점정부(divided government)가 출현했다는 점이다. 분점정부의 출현은 지역적 지지기반이 확실한 1노3김이 1987년 대통령선거에 이어 다시 자신의 연고지를 중심으로 선거운동을 전개해 지역의석을 독점하다시피 했기 때문이기도 했지만, 국민들 사이에 집권 민정당에 대한 견제심리와 제5공화국 비리에 대한 비판심리가 작용한 탓이기도 했다.

여소야대의 분점정부 출현은 야당 주도의 국회운영을 가능하게 했다. 평민당, 통민당, 공화당은 제13대 국회 개원에 즈음해 공조체제를 구축하고 노태우 대통령이 요청한 정기승 대법원장 임명동의안을 헌정사상 처음으로 부결시키고 각종 결의안을 채택해 정부를 압박했다. 특히 국회에 '5공비리조사 특별위원회'와 '5·18광주민주화운동 진상조사특별위원회'를 구성하여 전두환 정권의 각종 비리·의혹 사건과 5·18광주민주화운동의 진상을 규명하는 청문회를 개최하는 성과를 거두기도 했다(정관용 1992).

아울러 선거제도가 가져온 결과로 통민당이 득표율에서 2위를 차지했음에도 불구하고 의석수에서는 득표율 3위인 평민당보다 11석이나 뒤졌다는 점을 들 수 있다. 원인으로 들 수 있는 것은 지역구 선거제도였던 단순다수소선거구제의 효과이다. 단순다수소선거구제하에서 1위 득표자를 제외한 모든 후보의 득표는 사표로 처리된다. 통민당의 경우 평민당보다 득표율에 앞서면서도 의석률에서 뒤지는 가장 큰 이유는 2위 득표자가 많았기 때문이다. 실제 통민당은 총 202명의 후보자를 공천하고 이 중 54명의 후보가 2위를 했는데, 평민당은 168명을 공천한 가운데 2위 득표자는 14명에 불과했다. 아울러 득표율이 아니라 의석률을 기준으로 전국구의석을 배분한 것도 이러한 득표율 대 비 의석비율의 불일치에 한몫을 했다. 만약 득표율을 기준으로 전국구의석을 배분했다면 득표율에서 4.5% 앞선 통민당이 전국구의석을 1석이라도 더 많이 배분받았을 것이다.

Ⅳ. 지방선거의 부활과 제1회 전국동시지방자치선거

1. '3당 합당'과 야권의 통합 실패, 신한민주당의 출현

1990년들에 들어 한국 정당정치사에 일대 지각변동이 발생했다. 1월 22일 민정당 노태우 대통령과 통민당 김영삼 총재, 그리고 공화당 김종필 총재가 청와대에서 회담을 갖고 3당을 합당하겠다고 선언한 뒤, 2월 9일 당명을 '민주자유당(이하 민자당)'으로 하고 김영삼과 김종필을 공동대표로 선출했다. 그리하여 원내의석 216석으로 개헌선인 2/3를 넘는 거대 여당이 탄생되었다. 아울러 제13대 국회의원선거 결과 나타난 4당 체제의 여소야대의 분점정부는 2년을 채 넘기지 못하고 여대야소의 단점정부로 전환되었다. 김대중 평민당 총재는 2월 27일 국회교섭단체 연설을 통해 "3당 합당은 반민주적 정치쿠데타"라고 규정하고 무효라고 주장했다. 아울러 국회를 해산하고 총선을 실시하자고 제안했다. 통민당 소속 이기택, 김정길, 노무현 의원 등도 3당 합당을 밀실야합이라 비판하고 무소속 박찬종, 이철 의원 등과 6월 15일 신당 창당대회를 열어 당명을 '민주당'으로 하고 이기택 의원을 총재로 선출했다.

거대여당의 출현은 평민당과 민주당으로 하여금 야권 통합을 모색하게 했다. 그러나 당의 지도체제문제를 둘러싸고 양당 간의 견해차이가 커 통합협상은 진전되지 못했다. 급기야 1990년 6월 28일 재야단체인 '범민주통합수권정당추진회의'(이하 추진회의)는 야권통합을 위한 중재에 나섰고, 7월 20일 대표들 간의 3자회담을 시작으로 절충작업을 벌였으나 통합절차, 지도체제, 지분문제 등에 대한 양당의 견해차를 좀처럼 좁히지 못한 채, 10월 22일 최종적인 협상결렬과 함께 추진회의는 해체되었다. 그러나 1991년에 접어들면서 재야단체 내의 친평민당계 인사들은 독자적인 신당 창당작업을 추진하여 3월 23일 '(가칭)신민주연합당 창당발기인대회'를 개최하고 창당준비위원장에 이우정 공동대표를 선출했다. 이어 신민주연합당과 평민당은 통합작업에 바로 착수해 구·시·군의회의원선거가 열린 3월 26일의 일주일 후인 4월 4일 공동기자회견을 통해 통합을 선언했다. 이어 4월 9일 통합전당대회를 개최하여 평민당 당명을 '신민주연합당(이하 신민주당)'으로 변경하고 김대중을 총재로 선출했다.

2. 지방자치제의 부활과 지방선거제도의 채택과정

한국에서 지방자치제는 1961년 박정희의 군사쿠데타 이후 전면적으로 폐지되었다가 1991년에 와서 부활되었다. 따라서 30년 만에 부활된 지방자치제의 역사를 간단하게나마 고찰할 필요가 있다. 지방자치제가 헌법에 처음 도입된 것은 1948년 7월 17일 제헌헌법에서였고, 지방자치단체의 구성방법을 처음으로 규정한 법률은 1949년 7월 4일 제정된 「지방자치법」이었으며, 지방의회선거를 처음 실시한 것은 1952년 4월 25일이었다. 1949년 제정된 「지방자치법」에서는 서울특별시·도의회의원과 시·읍·면의회의원은 주민이 직접 선출하고 시·읍·면장은 각 의회에서 선출하며, 서울특별시장과 도지사는 대통령이 임명하도록 규정하였다. 1956년 8월 8일 두 번째 지방자치선거에서 시·읍·

면장선거가 직선제로 바뀌었다.

 4·19혁명으로 등장한 제2공화국에서 지방자치제는 더욱 활성화되어 대통령이 임명하던 서울특별시장 및 도지사까지 직선제로 선출하도록 헌법과 「지방자치법」을 개정하였다. 그러나 1961년 5·16군사쿠데타로 집권한 박정희 군사정부는 지방의회를 해산하고 지방자치단체장을 임명제로 바꾸었다. 아울러 1980년 제5공화국을 탄생시킨 전두환 정권에서도 비록 헌법 부칙에 '지방의회는 지방자치단체의 재정자립도를 감안하여 순차적으로 구성하되 그 시기는 법률로 정한다'는 규정을 두었으나 이에 대한 법률을 만들지 않아 결국 1961년부터 1988년까지 지방자치는 실시되지 못했다.

 1987년 6월 민주항쟁은 지방자치제도의 부활에 청신호가 되었다. 6월 항쟁의 결과 치러진 제13대 대통령선거에서 각 후보들은 지방자치제의 전면실시를 선거공약으로 내걸었다. 그리고 선거 후부터 노태우 대통령의 취임 전까지 여야는 '지방자치법소위원회'를 구성해 지방자치 실시문제에 대해 정치적 협상을 전개했다. 그러나 여야가 끝내 합의를 이루지 못한 가운데 민정당은 1988년 3월 8일 임시국회 본회의에서 단독으로 「지방자치법」과 「지방의회선거법」 등 지방자치관련 법안을 통과시켰었다.[13]

 1988년 4월 26일 제13대 국회의원선거 결과 여소야대가 되자 야권은 여당의 독주를 견제할 수 있게 되었다. 야3당은 지방자치문제를 논의

---

13) 당시 협상과정에서 여야 간의 이견과 민정당이 단독으로 통과시킨 법안의 주요 내용은 다음과 같다. 먼저, 지방자치제의 실시에 대해 여당인 민정당은 1년 이내 구·시·군의회 구성, 2년 이내 시·도의회 구성, 3년 이내 지방자치단체장 선거를 실시하자고 제안한 반면, 야당 측은 지방의원 및 지방자치단체장 선거를 1988년에 동시 실시하자거나 시·도의회와 시·도단체장 선거라도 실시해야 한다고 주장했다. 아울러 민정당이 단독으로 통과시킨 법안은 '1989년 4월 30일 이전에 구·시·군의회를 구성하고, 시·도의회는 구·시·군의회가 구성되는 날로부터 2년 이내에 구성'하며, '지방자치단체장선거는 법률로 정할 때까지 실시하지 않고 임명'하도록 규정하고 있었다.

하기 위해 공조체제를 마련했고, 1989년 3월 4일 "1989년 이내에 시·도의회와 시·도자치단체장선거를 실시하고 1990년 이내에 구·시·군의회와 구·시·군자치단체장 선거를 실시'한다는 내용을 골자로 한 「지방차지법 중 개정법률안」을 마련하여 3월 15일 임시국회에서 통과시켰다. 그러나 이 법률안은 노태우 대통령의 거부권 행사로 실행에 옮겨지지 못했다. 여야는 다시 협상을 개시하여 1989년 12월 30일 여야합의로 「지방자치법」을 개정하였다. 개정된 지방자치법에는 1990년 6월 30일 이내에 시·도의회 및 구·시·군의회선거를 실시하고, 1991년 6월 30일 이내에 지방자치단체장 선거를 실시하도록 규정했다. 그러나 1990년 1월 22일 민정당, 통민당, 공화당이 3당 합당으로 민자당을 창당하자 평민당이 이에 반발하면서 정국이 경색되어 시·도의회 및 구·시·군의회선거는 치르지 못했다. 결국 우여곡절 끝에 1990년 12월 15일 국회는 "지방의회선거는 1991년 상반기 중에 실시하고 지방자치단체장 선거는 1992년 상반기 중 실시"하도록 한 지방자치제 관련 3개 법안 - 「지방자치법」, 「지방의회의원선거법」, 「지방자치단체장선거법」 - 을 만장일치로 통과시켜 1991년 3월 26일에는 구·시·군의회선거가 그리고 6월 20일에는 시·도의회선거가 실시되게 되었다(임승빈 2008, 56-57).[14]

1990년 12월 15일 통과된 「지방의회의원선거법」을 개정하는 과정에서 쟁점이 된 사항은 지방의회의원의 정당공천을 허용할 것인가의 여부였다. 평민당은 기초의회와 광역의회 모두 정당공천을 허용해야 한다는 입장이었고 민자당은 모두 정당공천을 해서는 안 된다고 맞섰다. 결국 협상과정에서 시·도의회선거는 정당공천을 허용하고, 구·시·군의회선거는 정당공천을 허용하지 않기로 했다. 아울러 1991년 4월

---

14) 그러나 1992년 실시예정이었던 지방자치단체장 선거는 3년 후인 1995년에 치러졌는데, 노태우 대통령이 1992년 4개의 선거(국회의원선거, 대통령선거, 기초단체장선거, 광역단체장선거)를 치를 경우 경제적, 사회적 안정을 이룰 수 없다며 연기시켰기 때문이다.

23일부터 재개된 「지방의회의원선거법」 개정협상에서 신민주당(전 평민당)은 국회의원선거처럼 비례대표제를 도입하고, 선거권을 18세로 하향조정하자고 제안했지만 합의를 보지 못했다. 결국 최종 결정된 선거법은 구·시·군의회의원선거의 경우 1선거구에서 1인을 선출하는 소선거구와 인구 2만을 초과할 때마다 1인을 추가하도록 하는 중선거구제를 실시하도록 했으며, 시·도의회의원선거의 경우 소선구제를 채택하게 되었다.

3. 수서사건 대 정원식 국무총리 폭행사건의 선거과정

1991년 3월 26일 실시된 구·시·군의회선거에서 가장 큰 쟁점이 되었던 사안은 수서사건이었다. 사건은 한보그룹 정태수 회장이 서울 수서·대치지구 내 조합주택 건축사업을 위해 수서택지개발지구 중 일부를 수의계약 형식으로 특별 분양 받을 수 있게 해달라는 청탁과 함께 정치권에 거액의 뇌물을 제공한 것에서 비롯되었다. 1991년 1월 21일 박세직 서울시장은 부임한 지 20일 만에 강남구 수서·대치택지개발예정지구의 민간주택 소유 토지 35,000평을 이들 조합에게 특별 분양하기로 결정했다고 발표했다. 검찰의 수사결과 정태수 회장이 청와대 관계자와 국회건설위원회 소속 국회의원, 건설부 공무원 등에게 수억 원의 뇌물을 준 사실이 밝혀졌고, 2월 16일 검찰은 정태수 회장, 청와대 정병조 비서관, 국회건설위원회 오용운 우원장과 이태섭, 김동주 의원(이상 민자당), 이원배, 김태식 의원(이상 평민당), 이규황 건설부국토계획국장을 구속했다. 이어 노태우 대통령은 2월 19일 특별담화문을 통해 수서사건에 대해 사과하고, 박세직 서울시장을 경질하였으며, 민자당의 당직도 개편했다.

평민당은 선거운동이 시작된 지 이틀째인 3월 9일 서울 보라매공원에서 대규모 규탄집회를 개최하겠다고 발표하는 등 수서사건을 적극적으로 선거쟁점화하려는 등 정당공천이 허용되지 않던 구·시·군의회 선거를 정당대결구도로 몰고 가려 했다. 옥외 규탄대회를 놓고 선거법 위반 논란이 있었지만 평민당은 보라매집회를 강행했고, 집회에서 김대중 총재는 노태우 대통령과의 TV토론을 요구했다. 그러나 민자당은 이를 정당관여를 배제한「지방의회의원선거법」을 위반한 불법선거운동이라고 비난하는 등 수서사건이 고도의 정치쟁점으로 발전하는 것을 차단하고자 했다. 오히려 민자당은 지방개발 정책으로 수서사건의 효과를 무마시키려 했다. 3월 12일 정부는 충청·호남지역의 신산업지대 육성, 전국 25개 노선의 2,100Km 고속도로 건설, 주택 538만 가구 건설을 주 내용으로 하는 '제3차 국토종합개발계획'을 발표했다. 야당은 즉각적으로 여당 후보를 지원하는 명백한 간접 선거운동이라고 비난하고 중지할 것을 요구했다.

1991년 3월 26일 구·시·군의회선거 끝난 후 4월 26일 명지대학교 교문에서 시위를 벌이던 강경대 학생이 진압경찰에게 폭행당한 뒤 사망하는 사건이 발생했다. 정부는 4월 27일 안응모 내무부장관을 경질하여 사건을 일단락짓고자 했으나, 야당은 이를 '제2의 박종철 고문치사 사건'으로 규정하고 대통령의 대국민사과와 내각총사퇴 등을 요구하며 정치쟁점화를 시도했다. 전국민족민주운동연합 등 재야단체들도 범국민대책위원회를 구성하고 정부를 규탄하는 집회와 시위를 연일 개최했다. 아울러 종교계와 교육계의 시국선언도 잇따라 나왔다. 이런 와중에 4월 29일 전남대학교 박승희, 5월 2일 안동대학교 김영균, 5월 3일 경원대학교 천세용 등 대학생들이 학내시위 도중 잇달아 분신자살하는 사건이 발생해 정국이 더욱 경색되었다. 정부는 5월 24일 노재봉 국무총리를 경질하고 후임에 정원식 전 문교부장관을 지명했다. 그러나 학원가의 격앙된 분위기는 가라앉지 않았다.

그러던 와중 6월 3일 한국외국어대학교에 강의하러 온 정원식 국무총리서리를 대학생들이 계란으로 폭행하는 사건이 발생했다. 이 사건은 정원식 국무총리서리가 취임 전 시간강사로 출강했던 한국외대 교육대학원에 마지막 특강을 마치고 귀가하던 길에 발생했다. 총학생회장을 비롯한 학생들은 정원식 서리가 문교부장관재직 시절인 1989년에 1,500여 명의 전국교직원노동조합 교사들이 해직되는 소위 '전교조 사태'의 주범이라는 이유로 계란과 밀가루 세례를 받고 발길질 등 폭력을 행사했던 것이다. 정원식 총리서리 폭행사건이 발생하자 강경대군 사망사건으로 민자당을 수세로 몰아넣었던 정국은 반전되기 시작했다. 민자당은 폭행사건을 패륜행위로 몰아가기 시작했고 그동안 정부와 여당을 불신해온 중산층과 부동층의 안정심리와 운동권에 대한 반발심을 자극하여 여당 지지로 선회시키는 적극적인 기회로 활용하기 시작했다. 반면, 신민주당과 민주당은 수서사건과 강경대사건에 대한 비판여론을 적극적으로 했던 선거전략에 제동이 걸릴 수밖에 없었다.

4. 민자당의 압승과 지방정치의 장악

1991년 3월 26일 실시된 구·시·군의회 의원선거는 55.0%의 투표율을 보였다. 이 투표율은 가장 최근에 실시한 1988년 제13대 국회의원선거의 75.8%에 비해 20.8%포인트, 1987년 제13대 대통령선거의 89.2%보다는 무려 34.2%포인트나 떨어진 것이었다. 아울러 역대 지방의원선거에서 가장 낮은 투표율을 보였던 1960년 시의회의원선거의 투표율 62.6%보다도 뒤처진 것이었다. 6월 20일 실시된 시·도의회의원선거는 58.9%의 투표율로 3.9%포인트 향상되긴 했지만 여전히 낮은 투표율에 머물렀다.

당선자 현황을 살펴보면 3월 26일 구·시·군의회 선거는 총 4,303명의 당선자 가운데,[15] 614명이 무투표 당선되었으며 나머지 3,689명은

---

15) 구·시·군의회의원선거의 의원정수는 총 4,304명이었는데, 당선자가 4,303명으로 1명 부족한 것은 경북 구미시 선주동선거구의 후보자가 모두 사퇴해 당선

투표로 당선되었다. 민자당의 자체집계에 따르면 당선자 중 민자당 당적보유자는 49.8%(2,142명)로 평민당 18.2%(785명)와 민주당 0.8%(33명)에 비해 큰 차이로 앞섰다. 아울러 당적이 없는 당선자는 31.2%(1,343명)였는데, 대부분이 민자당 지지성향인 것으로 알려졌다. 평민당도 자체 집계 결과를 발표했는데, 당이 지원한 후보 중 총 901명이 당선되었다고 해 민자당의 발표내용과 차이를 보였지만, 민자당 지지성향의 후보들이 더 많이 당선되었다는 점은 인정했다.

정당공천을 허용하지 않았던 구·시·군의회의원선거와 달리 시·도의회의원선거는 정당공천을 허용했기에 당선자별 득표율과 의석수가 정확하게 파악된다. 민자당은 40.6%의 득표율을 보였고, 신민주당이 21.9%, 그리고 민주당은 14.3%의 득표율을 보였다. 지역별 당선자 수와 의석비율은 다음의 〈표 6-5〉와 같다. 민자당은 전체의석 866석 중 564석을 차지해 65.1%의 의석율을 보였다. 시·도의회선거가 소선거구제로 실시되었다는 점을 감안한다면 민자당은 선거구의 기계적 효과(mechanical effect)의 최대 수혜자가 되었다(Duverger 1954). 신민주당은 21.9%를 득표했지만, 의석률에서는 19.1%(165석)에 머물렀다. 민주당은 전국적으로 14.3%를 득표하고도 의석율에서는 2.4%(21석)에 불과해 소선거구제의 최대 피해자가 되었다.

한편, 시·도의회의원선거에서도 1987년 대통령선거와 1988년 국회의원선거와 마찬가지로 지역주의투표성향이 심하게 표출되었다. 민자당은 호남지역을 제외한 나머지 12개 시·도의회의 전체의석 718석 중 563석을 차지하여 78.4%의 점유율을 보였지만, 호남지역에서는 148개의 의석 중 단 1석만을 획득했을 뿐이었다. 특히, 신민당은 전체 165명의 당선자 중 83.0%인 137명을 호남지역(광주·전남·전북)에서만 배출해 지역당적 한계가 부각될 수밖에 없었다. 게다가 '비호남 유일야당' 기치를 내걸었던 민주당도 영남에서 참패해 지역주의구도 아래에서의

자가 없었기 때문이다.

〈표 6-5〉 1991년 6월 20일 시·도의회 정당별 당선자수와 의석률

구분	당선자수 (의석률)					
	민자당	신민주당	민주당	민중당	무소속	합계
서울	110 (83.3)	21 (15.9)	1 (0.8)	-	-	132
부산	50 (98.0)	-	1 (2.0)	-	-	51
대구	26 (92.9)	-	-	-	2 (7.1)	28
인천	20 (74.1)	1 (3.7)	3 (11.1)	-	3 (11.1)	27
광주	-	19 (82.6)	-	-	4 (17.4)	23
대전	14 (60.9)	2 (8.7)	1 (4.3)	-	6 (26.1)	23
경기	94 (80.3)	3 (2.6)	2 (1.7)	-	18 (15.4)	117
강원	34 (63.0)	-	1 (1.9)	1 (1.9)	18 (33.3)	54
충북	31 (81.6)	-	2 (5.3)	-	5 (13.2)	38
충남	37 (67.3)	-	4 (7.3)	-	14 (25.5)	55
전북	-	51 (98.1)	-	-	1 (1.9)	52
전남	1 (1.4)	67 (91.8)	-	-	5 (6.8)	73
경북	66 (75.9)	-	5 (5.7)	-	16 (18.4)	87
경남	73 (82.0)	1 (1.1)	1 (1.1)	-	14 (15.7)	89
제주	8 (47.1)	-	-	-	9 (52.9)	17
합계	564 (65.1)	165 (19.1)	21 (2.4)	1 (0.1)	115 (13.3)	866

야당의 한계를 보여주었다(정대화 1992).

선거결과 여당인 민자당이 대부분의 지방의회를 장악함으로써 중앙 정치뿐만 아니라 지방정치 영역에 있어서도 국정장악력을 높일 수 있었다. 민자당은 노태우 대통령과 김영삼, 김종필 최고의원의 연고지인 부산/경남, 대구/경북, 그리고 대전/충청지역에서 압도적인 의석을 차지했을 뿐 아니라 서울과 경기의 수도권에서도 압도적인 다수당이 되었다. 민자당이 이처럼 압도적인 승리를 거둘 수 있었던 가장 큰 이유는 3당 합당 이후 거대여당으로 정치안정과 지역발전 중심의 선거전략

의 효과라고 할 수 있었다. 아울러 선거기간 중 발생한 정원식 국무총리서리 폭행사건도 유리하게 작용했다. 실제, 한 일간지가 발표한 여론조사 결과에 의하면, 유권자들은 민자당이 승리한 이유로 시국불안과 국민의 안정욕구(31.3%)와 자금동원력(19.9%)을 대표적으로 꼽았으며 그 밖에 야당과 재야에 대한 불신감, 야권후보 난립 등을 들었다(중앙일보 1991/6/22).

마지막으로 지방자치제가 30년 만에 부활되어 역사적 의미가 컸으나 두 번의 선거에서 투표율이 55.0%와 58.9%밖에 되지 않았다는 점은 지방자치를 통해 민주주의를 심화시키고자 했던 당초의 취지가 국민들 속에 아직까지 체화되지 못하고 있음을 보여주었다. 수서사건과 정원식 국무총리 폭행사건 등 부정적 정치이벤트로 인한 유권자의 불신의 증가와 뚜렷한 선거쟁점이 부재했기에 저조한 투표율을 보였다는 지적이 없었던 것은 아니지만, 최초로 시행되다시피 한 지방자치제에 대한 국민들의 인식 부족은 여전히 극복해야 될 대상임은 분명했다.

V. 제14대 국회의원선거와 여소야대의 재현

1. 통합민주당과 국민당의 등장과 3당 경쟁구도

1991년 6월 20일 시·도의회의원선거에서 '3당 합당'으로 거대여당이 된 민자당이 압승하자 야권은 위기감을 느낄 수밖에 없었다. 그리하여 신민주당과 민주당은 6월 24일과 7월 10일 당내에 각각 '야권통합추진위원회'와 '범야권통합추진위원회'를 구성하고 통합협상을 진행했다. 그러나 또다시 지도체제와 지분문제를 놓고 의견차를 보여 협상은 진척되지 못했다. 민주당의 이기택 총재는 7월 30일 '공동대표제와 김대중 총재의 이선후퇴'를 합당의 조건으로 제시한 반면, 신민주당 김대중 총재는 8월 17일 '단일성집단지도체제, 순수집단지도체제, 상임대표하의 공동대표제' 등 3개 방안을 제시하고 정기국회 개회 전까지 선택할 것을 요구하며 갈등양상을 보이기도 했다. 1991년 9월 초순 양당은 지도체제와 관련하여 법적으로는 김대중 총재 단독대표, 정치적으로는 김대중·이기택 공동대표제라는 절충안을 통해 합의점을 찾아내었다. 이어 9월 10일 양 총재는 합동기자회견을 열고 합당을 선언하고 당명을 '통합민주당'으로 정했다. 아울러 지도체제는 최고위원 동수의 집단지도체제로 하되 김대중과 이기택을 공동대표로 하며, 중앙당의 당직배분은 신민주당과 민주당이 6:4의 비율로 하기로 했다. 그리고 9월 11일 신민주당 의원 67명과 민주당 의원 7명의 국회의원으로 국회에 교섭단체 등록을 마쳤다.

1992년 1월 3일 현대그룹 정주영 명예회장이 정계진출의사를 밝히고 '(가칭)통일국민당' 창당준비위원회를 결성하고 본격적인 창당작업을 시작했다. 이어 2월 7일 김동길 전 연세대 교수가 주축이었던 '(가칭)새한당창당준비위원회'과 통합한 후, 2월 8일에는 중앙당창당대회를 개최했다. 통일국민당(이하 국민당)의 창당으로 한국의 정당체제는 14대 국회의원선거이후 여당인 민자당과 야당인 민주당의 양당구도로 진행되다가 다시 3당의 경쟁구도로 전환되었다.

한편, 현대그룹의 정주영 회장이 정계진출의사를 밝힌 1월 3일 노태우 대통령은 연두기자회견을 통해 지방자치단체장선거를 1~2년 연기하고 실시시기는 제14대 국회에서 결정하겠다고 밝혔다. 이유는 1992년은 국회의원선거와 대통령선거가 있는 해이기에 두 번의 지방자치단체장선거를 추가할 경우 4번의 선거를 치르게 되어 사회경제적 비용이 너무 크다는 것이었다. 민주당은 이에 즉각 반발했다. 1월 12일 김대중·이기택 공동대표는 연두기자회견을 열어 연기방침 철회를 요구했고, 1월 17일에는 민주당 주요간부회의를 통해 이 문제에 대해 헌법소원을 제기하겠다는 방침을 밝혔다.

2. '3당 합당'의 부당성 대 안정론의 선거과정

1992년 3월 초부터 본격화된 각 당의 선거운동은 크게 '3당 합당'의 정당성에 대한 공방과 안정론 대 견제론으로 진행되는 가운데, 국가안전기획부 직원의 선거개입 사건과 군부재자 부정투표논란, 한맥청년회 불법동원 사건 등 여당에 악재가 되는 사건들이 발생해 유권자들의 표심에 영향을 미쳤다. 우선, 1990년의 3당 합당 쟁점은 이미 1991년 두 번의 지방의회의원선거를 통해 이미 공방을 벌였지만, 14대 총선이 3당 합당 이후 처음 실시되는 국회의원선거였기에 다시 정치적 쟁점이 되었다. 민주당과 국민당은 3당 합당을 13대 총선에서 나타난 유권자의 선택을 거스른 정치야합이자 반민주적인 행위라고 비판했다. 이에 반해 민자당은 3당 합당이 4당 체제 아래 나타난 정치혼란을 해소하고 안정적 국정을 운영하기 위한 구국적 차원의 결단이었음을 강조하고 이는 이미 1991년 지방의회의원선거에서 확인되었다고 주장했다.

오히려 민자당은 경제문제를 중심으로 한 안정론을 강조했다. 김영삼 대표위원은 정당연설회를 통해 민주당의 약진은 혼란만 가져올 뿐이라며 최대 당면과제인 경제발전을 위해 정치안정이 필요하다고 주장했다. 아울러 노태우 정부의 민주화 성취, 주택 200만 호 건설, 북방외교 등의 치적을 자신의 주장과 연결시키려 했다. 민자당은 득표전략으로 '계파별 득표분담제'를 추진했는데, 김영삼 대표위원은 부산과 경남을, 김종필 최고위원은 충청권을, 그리고 박태준 최고위원은 대구와 경북을 맡아 지역의 정당연설회에 참석하여 민자당 후보들에 대한 지지를 호소했다.

반면, 민주당은 한편으로 3당 합당의 부당성을 강조하면서도 다른 한편으로 노태우 정부의 경제실정을 비판하면서 민주당을 강력한 견제세력으로 키워주면 긴축예산, 한국은행독립, 사치세 신설 등으로 물가를 잡아 경제를 살려내겠다고 지지를 호소했다. 국민당 또한 고물가 및 무역적자 누적 등을 집중적으로 거론하며 집권당의 경제실정을 비판했다.

　선거운동 와중 발생한 몇 가지 사건은 여당에게 악재로 작용했다. 먼저, 민자당이 대학생 선거동원조직인 한맥청년회를 조직하여 연설회장 등에 동원한 뒤 1인당 하루 2만~3만 원씩의 일당을 지급한 사실이 언론을 통해 밝혀져 논란이 되었다. 민자당은 한맥청년회는 직능별 성격의 대학생 조직이며 일당을 지급한 사실을 부인했지만, 언론이 입수한 상황보고서는 한맥청년회가 30여 차례 대학생들을 동원했으며, 3월 15일 구로갑구 선거구의 유세장에 200명을 동원하고 1인당 2만 원씩 지급한 사실이 적시되어 있었다.

　두 번째 사건은 국가안전기획부(안기부) 직원의 선거개입사건이었다. 선거를 3일 앞둔 3월 21일 강남구 개포동 주공 1단지 125동에서 안기부 대공수사국 소속 한기용 사무관 등 4명이 민주당 홍사덕 후보의 사생활을 비방하는 내용의 흑색선전물을 우편함에 투입하다 민주당 선거운동원들에게 붙잡혀 구속되는 사건이 발생했다. 안기부는 이 사건과 전혀 무관하다고 해명했지만 논란은 쉽게 진정되지 않았다.

　세 번째 사건은 선거를 이틀 앞둔 3월 22일 밤 육군 제9사단 소속 이지문 중위가 공명선거시민운동실천협의회 사무실에서 기자회견을 열어 군부재자 투표과정에서 지휘관의 정신교육, 공공연한 공개투표, 기무부대의 사전검열 등 부정이 있었다고 주장한 일이었다. 야당은 3월 23일 일제히 공정한 감시하에 군부재자 투표를 실시할 것과 관련자 처벌을 요구했다. 특히 민주당과 국민당은 각각 조사단을 구성하여 의혹이 있다고 주장하는 선거구에 대한 증거보전신청과 선거무효소송 등 법적철차를 밟겠다고 하여 선거종반 최대의 쟁점으로 부각시키려 했다.

3. 여소야대 국회의 재현과 지역주의의 고착화

　1992년 3월 24일 치러진 제14대 국회의원선거는 71.9%의 투표율을

<표 6-6> 제14대 국회의원선거 정당별 득표 및 당선자수

구분	득표수(득표율)	당선자수		
		지역구	전국구	계
민자당	7,923,719 (38.5%)	116	33	149
민주당	6,004,577 (29.2%)	75	22	97
국민당	3,574,419 (17.4%)	24	7	31
신정치개혁당	369,044 (1.8%)	1	-	1
무소속	2,372,005 (11.5)	21	-	21
합계	20,583,812 (100.0%)	237	62	299

보였다. 물론 1991년 두 차례의 지방선거보다는 투표율이 상당히 높은 것이었지만 1988년 제13대 국회의원선거의 투표율 75.8%보다는 3.9% 포인트 감소한 것이었다. 아울러 제헌 국회의원선거 이후 역대 14번의 국회의원선거 중 가장 낮은 투표율이었다.

<표 6-6>에 나타났듯이, 민자당은 유효투표총수의 38.5%를 득표하여 지역구에서 116명, 전국구에서 33명[16] 등 총 149명을 당선시켰다. 이는 1990년 3당 합당 당시 216석의 거대여당의 위상과 비교하면 약 70여 석을 잃은 셈이었다. 민주당은 29.2%를 득표하여 지역구에서 75명, 전국구에서 22명 등 총 97명을 당선시켰다. 국민당은 17.4%를 득표하여 지역구에서 24명, 전국구에서 7명 등 총 31명을 당선시켰다. 이 밖에 소수정당으로 신정치개혁당은 서울 서초구갑에서 박찬종 후보가 유일하

---

16) 제14대 국회의원선거는 전국구의석 배분방식에서 변화가 있었는데, 1991년 12월에 있었던 선거법 개정협상에서 민자당은 기본적으로 의석비율에 따라 배분하되 군소정당 배려차원에서 5석 이상 확보한 정당에게만 배분하도록 제한 규정을 삭제하자고 제안했다. 그러나 민주당은 지역구와 전국구에 각기 투표하는 '1인 2표제'를 도입하여 유효투표총수의 5% 이상 득표한 정당에게 득표율에 따라 전국구의석을 배분하자고 주장해 대립했었다. 협상결과 12월 17일 국회 본회의에서 의결된 선거법은 제13대 국회의원선거에 적용했던 제1당에 전국구의 석의 50%를 배정한다는 기준을 폐지했다.

<표 6-7> 제14대 국회의원선거 정당의 지역별 당선자 현황

구분	서울	부산	대구	인천	대전	광주	경기	강원	충북	충남	전북	전남	경북	경남	제주	합계
민자당	16	15	8	5	1	-	18	8	6	7	2	-	14	16	-	116
민주당	25	-	-	1	2	6	8	-	1	1	12	19	-	-	-	75
국민당	2	-	2	-	-	-	5	4	2	4	-	-	2	3	-	24
신정치개혁당	1	-	-	-	-	-	-	-	-	-	-	-	-	-	-	1
무소속	-	1	1	1	2	-	-	2	-	2	-	-	5	4	3	21
합계	44	16	11	7	5	6	31	14	9	14	14	19	21	23	3	237

게 당선되었다.

　제14대 국회의원선거 결과의 가장 큰 특징은, <표 6-7>에 제시되어 있듯이, 민주화 이후 지역주의투표 현상이 고착화되었다는 것이다. 물론, 민자당은 12개 시·도에서 당선자를 내어 가장 광범위한 지역별 의석분포를 보였다. 그러나 노태우 대통령의 연고지인 대구·경북에서는 32석 중 22석(68.8%), 그리고 김영삼 대표최고위원의 연고지인 부산·경남에선 39석 중 31석(79.5%)을 획득한 반면, 김대중 민주당 공동대표의 연고지인 광주·전남에서는 단 1석도 획득하지 못했다. 전북에서 2석은 그나마도 놀라운 것이었다. 민주당도 비록 9개 시·도에서 당선자를 내어 민자당 다음으로 전국적인 의석분포를 보였으나 민자당의 주연고지인 부산·경남 및 대구·경북에서는 단 1석도 획득하지 못했다. 반면, 자신의 연고지인 광주·전남·전북에선 39석 중 37석(94.9%)을 차지했다. 국민당은 민자당의 연고지인 대구, 경북, 경남 및 충청지역뿐만 아니라 강원에서도 의석을 확보해 그나마 지역주의로부터 다소 자유로워 보이는 듯 했지만, 이 역시 현대그룹의 연고지가 경남이었다는 점과 정주영 총재의 고향이 강원이었다는 점이 작용했던 것으로 보인다.

선거결과는 비록 민자당이 총 149석을 얻어 원내 제1당이 되었지만, 과반의석을 획득하지 못해 제13대 국회의원선거 때와 마찬가지로 여소야대의 분점정부를 출현시켰다. 이러한 결과는 여러 가지 원인이 있겠지만 노태우 정부와 거대여당에 대한 유권자들의 견제 심리가 컸었다(정대화 1992). 6공 출범 이후 노태우 정부의 민주화 진척 정도 및 경제 실적에 대한 회고적인 판단들이 유의미한 효과를 미쳤다(이정복 1993). 아울러 선거막판에 불거진 안기부직원의 선거개입 사건, 이지문 중위의 부정선거 폭로 사건 등도 여당에게는 악재로 작용했다. 신생 국민당이 선전한 것도 여소야대의 한 원인이었다고 볼 수 있다. 그러나 선거가 끝난 4월 9일 경북의 무소속 당선자 2명과 강원의 무소속 당선자 1명 등 무소속 당선자 10명이 민자당에 입당함으로써 제14대 국회 개원(1992년 6월 29일) 전에 민자당은 159석을 갖추어 여대야소의 단점 정부를 구성했다.

제7장

김영삼 정부 시기의 선거

이현우

I. 민간정부의 출현과 14대 대통령선거

1. 정치상황 — 민간정부 출현

제14대 대통령선거는 1992년 12월 18일 치러졌다. 14대 대통령선거는 선거결과에 관계없이 이미 문민의 시대를 의미하였다. 민자당의 김영삼 후보, 민주당의 김대중 후보 등 주요 정당의 두 후보가 모두 민주화 투쟁을 해온 문민 출신이었기 때문이다. 30여 년간 군의 정치개입에 근간을 둔 세력이 이번 선거에서 정권의 중심에서 밀려난 것이었다. 따라서 14대 대통령선거는 정치적 정통성이 확보될 수 있는 선거라는 상징적 의미를 갖고 있었다. 따라서 그동안 선거 때마다 가장 큰 이슈였던 '민주 대 반민주'의 구도가 형성되지 않았다. 그러나 다른 한편, 선거가 인물대결, 지역감정, 금권공방, 색깔논쟁이 중점이 되면서 정책대결이 부재했다는 아쉬움이 남는 선거였다.

　대통령선거에 영향을 미친 정치 환경으로 가장 먼저 꼽을 수 있는 것이 같은 해 3월 24일에 치러진 제14대 국회의원선거이다. 제14대 대통령선거는 국회의원선거가 치러지고 9개월 만에 실시된 만큼 총선의 여파가 영향을 미쳤다. 국회의원선거의 결과에서 민주자유당이 149석으로 49.8%를 차지하여 야당인 민주당의 97명(32.4%)을 훨씬 압도하여 노태우 행정부와 함께 명실상부한 단일정부(unified government)를 형성하고 있었다.

　그러나 여전히 3당 합당의 정치적 충격은 대선정국에 중요한 쟁점으로 남아 있었다. 이러한 정치구도하에서 여야당은 첨예하게 대립하여, 국회 원구성에서부터 밀리면 대선에 불리할 수 있다는 생각이 팽배하였다. 여야당 사이의 갈등이 나타나게 된 계기는 여당인 민주자유당이 고위당정회의에서 「지방자치법」 중 1992년 6월 30일까지 지방자치단체장 선거를 실시하도록 되어 있는 규정을 개정하기로 결정한 것이었다. 표면적으로는 여당에서는 제14대 국회의원선거, 기초단체장선거, 광역단체장선거 그리고 제14대 대통령선거를 한 해에 치르게 되면 사회경제적 부담이 크다는 것을 내세웠다.

　그러나 여당의 지방자치법 개정 명분의 이면에 있는 정치적 이해관계는 사뭇 다르다. 지방자치단체장선거에서 여당인 민주자유당이 승리하게 되면 국회의원선거와 단체장선거에서의 승리를 통해 권력이 집중되었다고 국민들이 느끼게 되고, 자칫하면 대통령선거에서 권력견제를 야당이 주장하는 것이 먹혀들고 여당의 프리미엄을 얻기 힘들 수 있다는 점을 우려하였던 것이다. 반면, 단체장선거에서 패할 경우에도 자유민주당에 좋은 조건이 될 수는 없다고 생각했다. 대통령선거 분위기가 가라앉고, 야당 단체장들로 인해 선거운동이 쉽지 않을 것이라고 계산한 것이다. 결국 민주자유당의 입장에서는 단체장선거의 승리나 패배라는 결과 모두가 대선에 부정적 영향을 미칠 수 있다는 점을 우려하였다. 그러나 선거로 인한 자원낭비나 후유증을 줄여야 한다는 명분을 내세운 민주자유당의 주장은 현행법을 파괴한다는 점에서 여론의 지지를 받지 못했다. 세계일보와 한국여론조사연이 전국의 성인 7백16명을 대상으로 3월 26, 27일 이틀간에 걸쳐 실시한 여론조사는 43%가 단체장선거 연내실시를 찬성하고 나섰다. 내년으로의 연기는 31.8%, 2~3년 후 연기는 9.1%였다. 뿐만 아니라 여권은 이에 대한 위법시비가 일자 14대 총선에서 공약으로 내걸고 국민의 심판을 받아 과반수를 넘으면 14대 국회에서 법을 개정, 1~2년 뒤로 연기하겠다는 입장을 발표했었다. 따라서 총선에서 과반수의석 획득에 실패한 만큼 형식상 단체장선거 연기조치를 밀고갈 명분이 없어진 셈이라는 것이 당시 언론의 중론이었다.

　마침내 1992년 8월 11일 김영삼 민주자유당 대표와 김대중 민주당 대표가 회동하여 합의를 이루고 「정치관계법심의특별위원회」를 여·야 각 9명씩 18명의 위원으로 구성하였다. 이를 계기로 구성파행이 수습되고 14대 국회의 임기가 시작한지 125일이 지난 1992년 10월 2일 17개의 상임위원회를 구성하여 국회 원구성을 마치게 되었다. 국회 원구성이 3달 이상 지연된 것은 대선을 겨냥한 여야당 사이의 긴장이 매우 심했다는 것을 보여준다.

　선거와 관련되어 관권선거의 폐해가 아직도 잔존하였지만, 국민들의 의식은 이미 관에 의한 영향력이 미칠 수 없는 정도에 이르렀다. 대표적으로 선거 국면에 영향을 미친 사건으로 한준수 전(前) 연기군수가 1992년 8월 31일 제14대 국회의원선거에 정주가 조직적으로 개입했다는 내용의 양심선거를 한 것을 들 수 있다. 한 전(前) 연기군수는 1992년 3월 충남도로부터 2천만 원, 임재길 민자당 후보로부터 2천5백만 원, 그리고 군 자체 조달 4천만 원 등 총 8천5백만 원을 받아 선거 직전 두 차례에 걸쳐 7개 읍면 196개 마을에 10만 원씩 배포했고 2천 세대가 넘은 친여성향의 특별관리 세대에 3만 원씩을 살포했다고 폭로하였다. 또한 내무부장관으로부터 여당후보 당선을 위해 최선을 다하라는 독려 전화를 받았다고 밝혔다.

여당과 정부는 그의 양심선언은 개인적 불만에 의한 것이라며 의미를 축소하려 했으나, 야권의 문제제기와 여론이 나빠지자 급기야 9월에 노태우 대통령은 중립내각을 선언하기에 이르렀다. 그러나 대통령선거에서 중립내각이 정치적 중립에 얼마나 기여를 했는가에 대해서는 회의적으로 평가되었다. 예를 들어, 김동길 통일당 선거대책위원장은 12월 15일 기자회견에서 소위 부산 '초원복집 사건'이 폭로하여 관권선거의 폐해가 사라지지 않았다는 것을 다시 확인시켜 주었다. 김기춘 전 법무부장관이 주재하여 부산시장과 부산경찰청장을 포함한 기관장들이 초원복집에 모여 "이번 대선에서 경남 부산이 발전할 기회를 못 잡으면 영영 파이다", "민간에서 지역감정을 좀 불러 일으켜야 돼"라는 등 김영삼 후보의 당선을 위해서 지역감정을 부추기고 신문사 간부들을 매수하며, 상공회의소 등 민간단체들이 유세장 인원 동원에 적극 나서야 된다는 의견을 같이 했다는 것이다. 그러나 이 사건과 관련된 기관장들이 모두 무혐의로 처리되었고, 선거결과를 보면 오히려 부산·경남에서 김영삼 후보에 대한 표의 결집이 나타난 것으로 분석되어 지역주의가 얼마나 큰 영향을 끼쳤는지를 확인할 수 있다.

2. 선거제도 변화

제14대 대통령선거에 적용될 선거법 개정은 1992년 8월 "정치관계법심의특별위원회"를 구성하면서부터 시작되었다. 주요한 개정내용을 살펴보면, 첫째, 기탁금에 관한 규정이다. 13대 대통령선거에서는 정당추천 후보자의 경우 5천만 원, 무소속 후보자 1억 원이었던 것을 정당공천 여부에 관계없이 3억 원으로 변경하였다. 이는 평등선거원칙을 준수해야 한다는 헌법재판소의 판결에 따른 것이다.

둘째, 선거운동 기간을 이전의 30일에서 28일로 단축하였다. 이는 선거운동 방식이 방송광고에 주안점을 두고 연설회의 법정개최 횟수를 줄이는 등 대중동원 방식을 지양하여 선거운동의 효율성을 높이려는 의도에 따른 것이다. 이에 따라 13대 대통령선거에서는 최고 3,428회까지 가능했던 연설회가 1,540회로 줄어들게 되었다. 뿐만 아니라 선거비용과 관련하여 선거운동원에게 실비와 일당을 지불할 수 있었던 규정을 바꿔 실비만을 보상하고 일당을 지불하지 못하게 하였다. 그러나 선거운동 방식의 다양화를 위해 이전의 9가지 선거운동 방법에서 정견·정책집과 소형인쇄물 발간, 수기 사용 방송광고 등을 허용하였다.

세 번째로는 선거소송 처리기간을 1년에서 180일로 단축하고 선거사범의 공소시효를 3개월에서 6개월로 연장하며, 재판기간을 1년 이내에 종결하도록 하였다. 이처럼 선거사범에 대한 처리를 단기간에 끝내게 함으로써 선거법의 유효성을 높였다. 사실 그동안 선거법을 어겼음에도 불구하고 재판과정이 지연되어 실질적으로는 공직을 유지하는 문제가 지적되어 왔다는 것을 감안할 때 적절한 법 제정이라 할 수 있다.

부재자투표 방식도 그동안 군인의 투표가 강제성이 있었다는 지적과 직접·비밀투표의 원칙이 제대로 지켜지지 못할 우려가 있다는 점을 반영하여 변화되었다. 이전까지는 부재자는 부재자투표용지에 기표한 후 우편으로 선관위에 보내는 방식이었지만, 부재자투표소 제도를 도입하여 부재자는 선관위 위원과 정당참관인이 지켜보는 가운데 부재자투표소에 가서 직접 투표하도록 하였다. 따라서 그동안 끊임없이 제기되었던 군대 내 타인의 강제에 의한 투표가 불가능해졌다는 점에서 부재자투표의 부정시비가 사라지게 되었다는 점은 매우 고무적인 것이다. 물론 이동이 불편한 신체장애자나 오지의 군인 그리고 함대의 군인 등은 이전과 같이 '거소투표'를 하는 것이 허용되었다.

3. 경선과 선거운동 — 미흡한 경선의식

　제14대 대선후보 공천을 두고 각 정당은 이전의 지명이나 추대방식 대신에 당내경선이라는 방식이 본격적으로 도입되었다는 점에서 당내 민주화에 기여하는 계기가 되기를 기대하였다. 그러나 경선과정이 계파 간 갈등을 제도화하지 못함에 따라 잡음과 항의가 점철된 경선이 되어 버렸다. 민주자유당은 1992년 5월 19일 집권당 사상 최초로 대통령후보 자유경선을 벌였다. 김영삼 대표위원과 이종찬 의원으로 경선후보가 압축되었지만, 이종찬 의원이 경선 직전 공정한 자유경선이 아니라는 이유로 경선을 거부하는 사태가 벌어졌다. 그러나 경선투표를 실시하여 김영삼 후보가 대의원 66.3%의 득표로 민주자유당의 대통령후보로 선출되었다.

　민주당의 경선도 애초의 예정대로 진행되지 못했다. 당내 지지가 높았던 김대중 공동대표가 추대가 가능했지만 김 공동대표가 당내 민주화와 개혁의지를 보여주기 위해 경선을 주장하였다. 5월 25일과 26일에 치러진 경선과정에서 이기택 공동대표가 김 공동대표의 불공정선거에 항의하며 경선보이콧을 주장하고, 대통령선거 이후 김 공동대표의 2선 퇴진을 요구하였다. 선거결과 김대중 공동대표가 투표대의원의 60.2%의 득표로 민주당 대통령 후보로 선출되었다. 이처럼 주요 두 정당은 경선이라는 방식을 통해 대통령후보를 선출하겠다는 당내 민주화에 기여할 수 있는 제도적 장치는 마련하였지만, 실제로 정치인들의 의식 속에는 경선이 갖는 민주성에 대한 가치존중이 부족했다. 또한 경선 이전에 이미 각 정당별로 대통령후보가 실질적으로는 정해진 상태에서 형식적인 행사로 경선이 치러졌기 때문에 당내 민주화에는 경선제도의 채택이 크게 기여하지는 못했다.

　한편, 제3당인 통일국민당은 경선 없이 단독출마한 정주영 대표를 찬반 기립표결을 통해 대통령후보로 선출하였다. 통일민주당은 창당부터 정당운영까지 정주영 대표에 의존하는 정당이었으며, 정주영 대표가 대통령 출마를 염두하고 창당한 정당이므로 경선에서 정 대표를 견제할 수 있는 정치인이 있을 수 없는 상황이었다.

대통령선거에 8명의 후보가 등록을 하여 본격적인 선거운동이 시작되었다. 민주자유당은 여당이지만 한국사회는 부정부패가 만연하고 상류층의 사치와 낭비가 심하다는 점을 강조하고, 이를 극복하기 위해 '신한국 건설'이 필요하다는 점을 역설하였다. 이러한 선거운동 방향의 설정은 김영삼 후보가 3당 합당을 통해 노태우 정부와 더불어 정권을 잡기는 하였지만, 민주화 운동의 기수라는 이미지를 갖고 있는 김영삼 후보의 입장에서는 현정부와의 연속성보다는 민간정부라는 차별성을 보임으로써 새로운 이미지를 창출하고 지지를 확대할 수 있다는 계산에서 출발한 것이다. 김영삼 후보는 안정이냐 교체냐의 문제를 놓고 국회의석 1/3이나 1/10밖에 되지 않는 정당은 국가를 안정시키고 국민적 합의를 이루지 못한다고 주장하면서 힘없는 소수정당에 정권을 맡겨 정치경제를 혼란스럽게 해서는 안 된다고 주장하였다.

한편, 민주당은 야당으로서 당연히 정권교체를 목표로 하였고, 선거운동 과정에서 3당 합당의 부당성을 강하게 지적하면서 진정한 민주화를 위해서는 변화의 정치가 필요함을 역설하였다. 또한 김대중 후보의 야당투사로서의 강한 이미지를 바꾸기 위해 부드러운 미소와 화합을 강조하였다. 공약 역시도 화합을 키워드로 하여 거국내각 구성과 대사면 실시를 내세웠다. 보수층 지지확대를 위해 노력하기도 하였지만, 전교조의 합법화, 초등학교 급식 및 중학교 전면의무교육, 고용보험제 실시 등 사회적 약자들을 배려하는 정책에 중점을 두었다.

기존 정치의 대안으로 출마한 통일국민당의 정주영 후보는 경제대통령의 선거전략을 바탕으로 김영삼 후보의 국가경영능력 부족과 김대중 후보의 급진적 정치성향을 문제점으로 지적하였다. 경제 분야에서 보수적 이미지를 벗어나는 공약이 눈에 띄는데 수도권 아파트 값을 절반으로 낮추어 공급하겠다는 약속, 경제구조를 중소기업 위주로 전환하고 금융실명제와 토지실명제를 실시하겠다는 주장은 국민들의 관심을 끝었다. 또한 노동자의 정년을 65세까지 연장하고 노조의 정치활동 보장과 총액임금제 폐지 등은 기존의 기업인 정주영의 이미지와 큰 차이를 보이는 것이었다.

선거유세를 살펴보면, 14대 대통령선거의 유세내용은 1987년 13대 대통령선거때와 특별히 다르지 않았다. 김영삼 민주자유당 후조는 유세장에서 한국병 치유를 통한 '신한국 건설'에 가장 역점을 두었으며, 김대중 민주당 후보는 '이번에는 바꿔보자,' 정주영 국민당 후보는 '경제대통령 통일대통령'이라는 이미지를 내세웠다. 또한 박찬종 신정당 후보는 '깨끗한 정치의 구현'을, 무소속의 백기완 후보는 '과거청산'을 구호로 내세웠다. 그런 가운데 선거전 초반부터 김대중 민주당 후보를 겨냥한 간첩단사건과 관련된 '사상논쟁'이 야기되었고, 김영삼 민자당 후보를 겨냥한 자질론이 대두되었다. 정주영 국민당 후보에 대해서는 도덕성의 문제가 제기되었다. 한편, 정주영 국민당 후보 측이 14대 총선 때부터 제시한 아파트 반값공약이 유세장에서 뜨거운 논쟁거리가 되기도 하였다.

유세방식을 보면 13대 대통령선거 때처럼 100만 명 이상의 대규모 유세는 각 후보들이 자제하였다. 오히려 김대중 민주당 후보는 개조한 버스를 타고 시장 등 지방 구석구석을 다니면서 수백 명을 모아놓고 연설하는 소규모 선거운동방식을 선택하였다. 박찬종 신정당 후보는 시내곳곳에서 노상유세를 했고 무소속의 백기완 후보의 유세장에는 대학생들이 다수 참석하였다. 이처럼 대규모 선거유세가 없었기 때문에 대형불상사가 발생하지 않았다.

14대 대통령선거유세의 특이점은 이전 선거보다 유권자의 이목을 끌기 위해 여러 가지 아이디어와 첨단장비를 사용했으며 연예인 동원도 두드러졌다. 주요정당들은 컴퓨터 전자기기를 유세전에 투입하였는데, 민주자유당은 대전 엑스포용으로 수입된 영상광고 차량인 점보트론을 유세장에 배치하여 후보의 연설모습을 외곽 청중들에게 중계하였다. 또한 전국에 200만 대 이상 보급된 PC를 이용한 'PC통신'을 선거운동에 동원하였다. 민주당은 김대중 후보의 유세를 위해 특장버스를 마련하였는데, 여기에는 무선전화기 이동통신용 팩시밀리 등이 장치되어 있어 당시의 첨단이동장비를 모두 갖춘 셈이었다. 그리고 국민당은 현대정공이 자체조립으로 생산한 헬기를 정주영 후보가 타고 다니면서 세를 과시하는 전략을 구사하였다.

선거운동 방식이 대중 집회에서 언론매체를 이용하는 방향으로 바뀌어 과도한 정치동원이 줄어들었지만, 선거운동 과정에서 금권과 관권선거의 논란이 아직도 종식되지 못하였다. 금권선거는 이전처럼 야당의 여당에 대한 비난이 아니라, 현대그룹 총수였던 정주영 통일민주당 후보를 겨냥한 것이었다. 민주자유당이 통일국민당의 금권선거를 비난하자 경찰과 검찰 그리고 국세청이 현대그룹 계열기업을 세무조사와 압수수색을 하면서 이번에는 관권선거의 시비에 휘말리게 되었다. 사실 민주자유당이 상대적으로 당선가능성이 낮았던 통일국민당을 겨냥한 비난의 수위를 높인 것은 지지집단의 중첩성 때문이라는 해석이 설득력이 있었다. 보수적 유권자들의 표가 통일민주당의 등장으로 인해 분산되면서 결국 민주당의 김대중 후보에게 유리해질 것이라는 우려가 민주자유당이 통일민주당을 견제하게 된 주된 이유였다. 그리고 민주자유당의 관권시비를 야기한 직접적 계기는 앞에서 설명한 부산의 초원복집 사건으로 부산과 경남지역 기관장들이 민주자유당 후보를 밀어주기 위해 공모를 했다는 것이 폭로되면서 지역주의 조장이라는 비난과 함께 권력의 편파적 지원을 우려하게 만들었다.

4. 투개표 관리 및 선거결과 — 낮은 선거관리 신뢰

1992년 12월 18일 시행된 선거에서 전체 유권자 2천 942만 명의 유권자들 중 2천 410만 명이 참가해 투표율은 81.9%에 달했다. 같은 해 실시된 제14대 국회의원선거의 투표율인 71.9%보다는 높았지만 이전 대통령선거의 투표율 89.2%보다는 7.3%p 낮은 것이었다. 투표율이 낮아졌다는 것을 어떻게 해석해야 하는가에 대해서는 합의된 견해는 없다. 또한 이상적인 투표율이 얼마인가에 대한 판단의 잣대를 정하기도 어렵다. 다만 당선자의 득표율이 전체 국민의 대표성을 가질 수 있어야 정권의 정통성을 높일 수 있다는 의견을 제시할 수 있다. 서구민주국가들의 경우 전국단위 선거에서 70% 내외의 투표율을 보인다는 것을 감안할 때 낮은 투표율이 우려할 수준은 아니었다.

　투표관리에 관한 한국선거법의 기준은 매우 높다고 하겠다. 이는 긍정적인 측면도 있지만, 정치에 대한 신뢰가 낮은 것도 하나의 이유가 된다. 대통령선거뿐 아니라 매 선거마다 발생하는 고의성이 없는 사고에 관해서도 너무 민감한 반응을 하는 것이 현실이다. 이번 대통령선거에서도 몇 건의 사고로 인해 투·개표가 정지되는 일이 발생했다. 중앙선거관리위원회가 발간한 『대한민국선거사』 제5집의 기록에 따르면, 부산 서구 아미2동에서 거동이 불편한 선거인을 그의 딸이 기표소 안까지 부축하고 대리투표를 한 사례가 있었다. 이를 선관위는 개표 시 무효처리했다고 한다. 투표자 본인의 의사가 반영된 투표라는 것을 확인할 수 있었다면 유효표로 처리하는 것이 더 타당한 것이 아닐까 한다.

　직접·비밀투표의 원칙이 지켜져야 하지만 원칙에 대한 탄력적 운영이 아쉬운 부분이다. 외국의 사례를 보면 선거관리위원의 책임하에 이러한 융통성은 얼마든지 발휘될 수 있으며, 보도거리가 되지도 못하는 정도의 빈번한 경우이다. 직접·비밀투표의 취지는 타인에 의해 강압적으로 투표가 이루어져서는 안 된다는 취지이며, 자유 투표를 보장하기 위한 것이다. 만일 육체적으로 투표를 하기 어려운 경우라면 오히려 조력을 받아 투표하는 것이 본인의 투표권을 행사하는 방법이라고 할 수 있다.

　강원도 원주시 명륜동 제6투표소에서는 잔여투표용지가 부족한 것이 발견되어 야당참관인들이 그 경위를 밝힐 것을 주장하면서 개표를 방해하였다. 당시 선관위는 선거인명부의 날인자수, 절취된 일련번호자수, 회수된 투표통지표수를 확인한 결과 투표자수와 모두 일치하는 것으로 확인하였지만, 100장의 잔여투표용지가 부족한 것을 부정투표로 간주한 야당참관인들의 항의로 10시간 넘게 개표가 중단되었다. 이들은 여기에 그치지 않고 개표소가 마련된 원주시청 앞까지 몰려가 농성을 벌이기도 하였다.

또한 서울 양평갑 개표소에서는 심사부 집계를 거쳐 검산부로 넘어온 투표함의 투표용지가 집계표상의 기록보다 2백 장 적은 것을 민주당 참관인이 발견하고, 개표부정의 의혹을 제기했다. 조사결과 심사부 종사자가 김영삼 후보의 지지표 1백장짜리 2묶음을 빠뜨린 채 검산부로 넘긴 것으로 확인되었는데, 이 과정에서 항의하는 참관인을 전경이 개표장 밖으로 끌어내는 일이 발생하여 개표가 1시간가량 중단되었다.

투개표는 정확하고 공정하게 이루어져야 하지만, 불가피하게 발생하는 의도성이 없는 사고에 대해서는 참관인들이 신뢰를 가지고 협조적으로 응해야 할 것이다. 그러나 아직까지 한국선거에서는 여당의 부정선거관리에 대한 뿌리 깊은 불신으로 인해, 툭하면 투개표를 중단시키는 수준으로 확대되곤 한다. 선관위가 오류의 가능성을 줄이도록 노력해야 하는 것뿐만 아니라, 유권자들이나 참관인들도 선관위의 선거관리를 좀 더 신뢰할 필요가 있다.

제14대 대통령선거가 끝난 후 선거전문가들은 선거에서 나타난 지역주의 성향에 대해 깊은 우려를 표명하였다. 이번 선거에서 양 김씨의 대결이 다시 벌어지면서 출신지역에 따른 지지율의 편차가 크게 나타났다. 다음의 표를 보면 표면상으로는 지역주의가 더 심해진 것으로 보인다. 특히 제13대 대통령선거와 비교하여 김영삼 후보가 경북지역에서의 득표가 증가한 것이 두드러진다. 따라서 결과의 맥락을 읽지 않은 채 제14대 대통령선거에서 이전보다 더 지역주의가 심해졌다고 평가하는 경우가 있다.

그러나 지역별 후보의 득표율 변화를 이전선거와 비교하여 맥락적 관점에서 본다면 반드시 지역주의의 강화라고 할 수 없음을 알 수 있다.

우선 김영삼 후보가 영남지역에서 약진한 것은 지난 선거에서 같은 영남지역 출신의 노태우 후보가 얻었던 지지의 대다수를 김영삼 후보가 흡수했기 때문이라고 하겠다. 지난 선거와 비교하여 김대중 후보가 경북에서 얻은 득표는 6.4%p가 증가하여 전국평균과 차이가 없으며, 경남이 김영삼 후보의 출신지임에도 불구하고 4%p의 득표가 늘어났다는 점을 고려할 때 지역주의가 더 심해졌다고 단언할 수는 없다.

〈표 7-1〉 김영삼, 김대중 후보의 지역별 득표율, 13~14대 대선

구분		전국	수도권	경남	경북	호남
김영삼 후보	13대 대선	28.0	28.7	53.7	26.6	1.2
	14대 대선	42.0	36.5	72.8	62.5	4.3
	차이	+14	+7.8	+19.1	+35.9	+3.1
김대중 후보	13대 대선	27.1	28.4	6.9	2.5	88.4
	14대 대선	33.8	35.2	10.9	8.9	91.9
	차이	+6.7	+6.8	+4	+6.4	+3.5

총평을 한다면 제14대 대통령선거는 이전 선거에서 지속되었던 민주화라는 화두가 한국선거의 균열 축이었던 것에서 벗어나 정당과 후보자의 정책경쟁이 가능한 정치적 상황이었다. 그러나 당내경선부터 아직 민주화의 절차를 실천할 수 있는 역량이 준비되지 못했다는 것을 보여주었다. 여전히 정당 내 계파 간 갈등이 민주절차에 우선하여 당내경선이 파행으로 치러졌다. 선거법은 세몰이 정치를 지양하고 대중매체를 통한 정책선거를 추진하도록 대중매체를 통한 선거운동의 방향으로 개정되었지만, 정책정당의 준비가 미비한 정당들은 유권자들을 유인할 수 있는 수준의 정책을 제대로 제시하지 못했다. 따라서 유권자들은 후보자 출신지 중심의 투표를 할 수밖에 없었다.

한국선거에서 지역주의의 책임을 유권자의 문제로 간주하는 시각도

있지만, 사실은 정당들이 차별적 정책을 제대로 제시하지 못하기 때문에 유권자들이 정당정책을 기초로 투표결정을 하지 못하는 것이다. 정당이나 후보자의 선호를 정할 수 있는 요건이 기껏해야 출신지의 차별성 밖에 없다면, 지역주의의 책임은 유권자가 아닌 정치인들이 져야 할 것이다. 더욱이 지역주의를 득표확대를 위해 조장하는 측면도 있다는 점을 감안한다면 지역주의의 원인과 치유책을 유권자에게 돌리는 것은 타당하지 못한 것이라 하겠다.

II. 집권여당에 대한 평가와 제1회 전국동시지방선거

제14대 대통령선거에서 이른바 '3당 합당'으로 민자당의 대통령후보로 출마한 김영삼 후보가 당선되었다. 야당시절 지방자치 도입을 꾸준히 주장하였던 김영삼 정부가 출범한 뒤에도, 정부와 민자당은 연기된 지방자치단체장선거 실시에 대해 여전히 미온적 태도로 일관하였다. 그러나 국민 여론의 지속적인 압력에 의해 여·야는 무려 1년 6개월에 이르는 긴 협상 끝에 합의에 이르러, 1994년 3월 4일 「지방자치법 개정안」과 기존의 4개 선거법을 통합한 「공직자선거 및 선거부정방지법」을 제정하였다. 본격적인 지방자치시대의 개막을 알리는 4대 지방선거는 1995년 6월 27일에 전국적으로 일제히 실시되었다. 1991년 지방의회 의원선거에 이어 6·27선거는 지방의회의원선거와 동시에 처음으로 자치단체장을 주민의 손으로 선출하였다는 점에서 의의를 찾을 수 있다. 이것은 단순히 법률상 선출직으로 규정된 공직자를 선출한다는 것 이상의 의미를 가진다. 이로 인해 지방자치의 외형적 형태가 완전히 갖추어졌고, 실질적 의미의 지방자치를 구현할 수 있는 대표자를 모두 구성하였다는 점에서 새로운 지방자치시대의 개막을 알리는 것이었다.

특히 1991년 지방선거와는 달리 지방자치단체장을 선출한다는 것은 큰 역사적 의미를 가지고 있었다. 우리나라 지방자치단체는 단체장이 지방의회에 비해 강한 권한을 소유하고 있다. 따라서 지방의회의 구성만으로는 제대로 된 자치가 없는 상황이며, 따라서 지방자치의 핵심이라 할 수 있는 자치단체장선거를 포함한다는 것은 완전한 지방자치의 제도적 구성이 되었음을 의미하는 것이다.

이번 선거를 통해 시·도지사 15명, 시장·군수·구청장 230명, 시·도의회의원 970명, 시·군·구의회의원 4,541명 등 총 5,758명의 자치단체장과 지방의원이 선출되었으며, 1995년 7월 1일부터 민선단체장과 기초의원들의 임기가 시작되고 시·도의회의원의 임기가 7월 8일부터 시작되어 본격적인 지방자치시대가 막을 올리게 되었다.

1. 정치적 상황

지방선거는 분명히 지방자치를 강화하기 위한 제도적 방안이었지만, 정치적 의미를 보면 집권여당에 대한 평가의 의미를 담고 있었다. 김영삼 대통령이 취임한 후 1993년 8월 12일 대통령 긴급명령으로 금융실명제가 전격 도입되었다. 이후 실명제에 반대하는 이들의 주장과 달리 실명제는 도입 당시의 일부 우려와는 달리 경제에 별다른 충격을 주지 않고 정착돼가는 모습을 보였다. 실명제 실시로 정경유착·부정부패 등 고질병의 고리를 끊고, 종합과세를 통해 조세 형평을 이룰 수 있는 기반이 마련된 것으로 평가되었으며, 김영삼 정부의 업적 중 눈에 띄는 것이었다.

1994년 1월 지난 대선에서 패배한 후 정계를 은퇴했던 김대중 전 민주당 대표가 아시아·태평양평화재단을 설립하고 이사장에 취임하여 정치활동을 위한 기초를 다지기 시작했다. 더욱이 향후 정치를 한다면 기존의 민주당이 아닌 다른 대안을 모색하겠다는 발언은 정치정국을 더 복잡하게 만들어갔다. 지방선거를 앞두고 김대중 이사장이 지지기반인 호남지역에서 대규모 옥외집회를 개최하고 지방선거후보의 지원을 약속하였다.

한편, 1994년 10월 29일 검찰이 12·12사건과 관련되어 고발되었던 전두환, 노태우 두 전 대통령에 대하여 '집행유예'와 '공소권 없음'으로 결정하여 1년 넘게 조사한 결과를 두고 여야 간의 정쟁이 심화되었다. 여당인 민주자유당은 역사적 판단에 맡겨야 한다는 입장이었으나, 민주당은 쿠데타 세력에게 면죄부를 주는 꼴이라며 강하게 반발하였다. 이후 장외투쟁을 주장하는 민주당 이기택 총재와 원내에서 문제를 해결해야 한다는 김대중 아태재단 이사장의 주장이 민주당 내의 갈등으로 비화되었고, 지방선거 전 건당대회 개최문제로 갈등은 더욱 심화되었다.

1995년 2월 3당 합당으로 민주자유당 소속이었던 김종필 대표가 탈당하면서 과거 민주공화당과 충청권 정치세력을 규합하여 자유민주연합의 정당을 창당하였다. 의원내각제 개헌을 강령에서 채택함으로써 정치체제의 변화를 공론화하였으며, 충청권을 지역기반으로 한다는 사실에 비추어 볼 때 지역주의를 더욱 조장할 가능성이 높아졌다. 자유민주연합은 지방선거를 앞두고 "반(反)민자연합"을 모색하는 전략을 구사하였다. 그리고 후보공천에서 강원도지사 선거에 자유민주당의 최각규 후보를 민주당이 지원한 등 양 당의 협조가 이루어졌다. 그러나 민주당 내에서도 김대중 이사장이 자민련과의 공조를 강조하는 데 반해 이기택 총재는 자민련을 비난하는 등 정리된 모습을 보이지는 못하였다.

1994년 5월 김대중 아태재단 이사장이 강연에서 각 지역이 권력을 균등하게 나누어 갖자는 소위 지역등권론을 주장한 것이 지방선거를 앞두고 정치권에 상당한 파장을 가져왔다. 각 지역이 자기 몫을 바탕으로 국가적 차원에서 협력하는 지역협력주의라는 주장에 대해 민주자유당은 지역대립구도를 조장하는 무책임한 발언이며, 지역할거주의라고 비난하였다. 여기에 합세하여 자유민주연합의 김종필 총재가 충청도 사람에게 핫바지라고 하는데, 충청인의 자존심을 찾자는 '충청도 핫바지론'이 지역주의 심리를 자극하였다.

민주당과 자민련은 이번 선거를 김영삼 정부에 대한 중간평가로 규정하고 대여공세를 취했다. 반면 민자당은 이 같은 주장은 생활자치와 주민자치를 중앙정치에 예속시키려는 정치논리라고 비판했다. 그러나 민자당도 김대중 이사장과 김종필 총재를 겨냥해 세대교체론을 주장하면서 양 김의 퇴진을 요구하는 등 정쟁에 참여한 것은 마찬가지였다.

2. 선거제도 변화

1994년 3월 「공직선거 및 선거부정방지법」을 여야가 합의하여 제정한 것은 지방선거를 앞두고 의미가 깊은 일이었다. 17장 277개 조문으로 구성된 이 선거법은 선거의 공정성을 지키기 위해 선거사범 처벌의 강화와 선거비용지출의 엄격화를 중심으로 담고 있다. 제1회 전국동시지방선거를 앞두고 개정이 이루어졌는데, 쟁점이 된 것은 정당추천에 관한 것이었다. 기초자치단체장과 기초의회의원에 대한 정당공천을 배제해야 한다는 민주자유당의 주장과 정당공천을 해야 한다는 민주당의 주장이 맞서 국회의장과 부의장을 사택감금하는 사태까지 벌어지고 국회가 공전하기에 이르렀으며, 양 당의 타협 결과 기초단체장의 정당공천은 허용하고 기초의회의원의 정당공천은 배제하는 것으로 결정되었다.

새로운 「공직선거 및 선거부정방지법」에 따른 이번 지방선거에서 이전과 획기적으로 달라진 것은 선거운동의 주체였다. 이전에는 선관위에 신고한 선거사무장과 선거운동원만이 선거운동을 할 수 있었지만, 새로운 공선법에서는 법으로 제한된 경우를 제외하고는 누구든지 선거운동을 할 수 있게 함으로써 국민들의 선거참여 범위를 확대하였다. 또한 이전에는 합동연설회만이 가능했지만, 후보자 또는 그 배우자와 등록된 연설원이 확성장치를 사용하여 다수인이 왕래하는 장소에서 횟수의 제한 없이 연설이나 대담을 할 수 있도록 하였고, 연설회도 개최할 수 있도록 하였다. 뿐만 아니라 광역단체장의 신문광고도 1회에서 5회 이내까지 게재할 수 있도록 하였다. 그리고 정책선거를 위하여 대담과 토론회의 활성화를 꾀하였는데, 언론기관 등은 후보자 등을 초청하여 정책이나 정견을 알아볼 수 있는 대담이나 토론회를 개최할 수 있도록 하였다.

    선거비용의 엄격한 관리도 과거와는 다른 부분이다. 선거비용 지출은 선관위에 신고한 예금계좌를 통해서만 가능하게 했고, 선거비용의 수입과 지출을 확인하기 위해 선관위가 회계장부뿐 아니라 해당 후보자나 회계 책임자 등 관계인에 대해 조사하고, 필요한 경우 금융거래 자료를 금융기관에 요구할 수 있도록 권한을 확대하였다. 이처럼 엄격하게 선거비용의 수입과 지출을 감독할 수 있는 권한을 선관위에 부여하였지만, 선거일 후 30일까지 선거비용의 수입과 지출보고서를 제출토록 규정하여 사후적 조치에 그치고 있다는 비판이 있었다. 본래의 취지를 살리기 위해서는 선거기간 중에 보고를 하거나 공개하는 방안이 마련되어야 한다는 주장은 일리가 있는 것이다. 또한 수입·지출 보고서를 선관위에 제출하는 데 그치지 않고 인터넷을 통해 공개하는 방안이 선거비용의 투명화를 위해 실효성이 있다는 지적도 있다. 선관위는 선거비용의 수입과 지출보고서는 누구든지 열람할 수 있고, 열람인은 보고서의 사본을 요청할 수 있도록 하였지만 완전공개를 하지 않는 것에 대한 이유는 설득력이 떨어진다. 선거법이 훨씬 느슨한 미국의 경우에도 선거자금에 관해서는 철저하게 공개원칙을 준수하고 있다. 사실 현재까지도 선관위에 신고된 선거비용을 실제 사용한 선거비용이라고 믿지 못하는 국민들이 많다는 것은 법의 실효성이 낮다는 것을 반증하는 것이다.

3. 후보자 추천과 선거운동

지방선거를 앞두고 정당들은 당내경선 방식을 통해 후보자 공천을 하려 하였지만 기득권을 주장하는 현역의원들과 당에서 영입하고자 하는 새로운 인물들의 경선회피 등으로 인하여 제대로 실시되지 못하였다. 외부인사의 경우 이미 지역구에서 인맥을 가지고 있는 인물과 경선을 통해 선출될 가능성이 적었다. 정당들은 외부인사들은 전략공천 방식 등을 통해 하향공천을 하고 지역의 사정에 따라 상향공천이 필요한 곳을 선정할 수 있는 기준을 마련했어야 하지만, 상향식 공천이 바람직하다는 규범적 사실에 공감을 했을 뿐 이를 시행할 수 있는 준비와 의지가 부족한 결과였다.

민주자유당은 여당의 기득권을 이용하여 행정경험과 인지도가 높은 인물들을 주로 공천하였다. 광역단체장의 경우 경선을 통한 공천은 15개 지역 중 서울, 경기, 제주 3곳에 그칠 정도로 경선은 큰 의미를 갖지 못했다. 새로 도입된 비례대표의 경우에는 여성과 직능대표 그리고 당 관료를 우선시하는 기준을 가지고 있었는데, 96명의 비례대표 중 여성의 비율이 54%에 이르러 여성대표성을 높인 것이 두드러진 특징이었다.

민주당의 공천에서 특징을 보면 지역주의에 따른 공천의 편향성이 나타난다. 대구, 경북, 경남에서는 광역단체장 후보를 내지 못했으며, 강원에서는 자유민주연합과의 공조로 인해 후보자를 내지 않았다. 기초단체장의 경우에도 부산에서는 16개 선거구 가운데 3곳에서만 공천을 하였고, 경북에서 23곳 중 6곳, 경남에서는 21개 선거구 중 7곳에서만 공천을 하였다. 이처럼 공천이 지역주의에 따른 편향성을 보인 것은 공천을 해도 당선가능성이 없다는 현실적 이유에 따른 것이지만, 제1야당의 위상을 고려한다면 전국정당의 면모를 보이지 못한 것이라는 평을 부인하기 어려웠다. 한편, 자유민주연합은 충청이라는 지역적 한계를 벗어나지 못하였다. 단체장선거후보는 물론이고 광역의회 비례대표의 공천도 24명에 그쳐, 충청권에서는 의원정수를 채웠지만 서울 등 수도권에서는 의원정수의 절반을 공천하지 못했고, 기타 지역에서는 후보를 제대로 내지 못하였다.

선거운동의 큰 틀은 여당은 지방자치에 중점을 두어 중앙정부로부터 지원을 받을 수 있는 여권후보의 장점을 내세우고, 야당은 김영삼 정부에 대한 중간평가라는 점을 강조하였다. 민주자유당은 본격적인 지방자치의 시대를 맞아 능력 있는 인물이 지방자치를 책임져야 한다는 입장이었다. 여당으로서 행정경험이 많은 후보를 공천할 수 있었던 장점을 살리고자 했으며, 정치적 평가를 경계하였다. 반면에 야당은 주변인물에 집착한 인사정책과 주제파악이 미숙했던 세계화 전략 그리고 북한과의 쌀 협상에서 주체성을 상실한 것 등 정국현안에 대한 판단이 지방선거에서 평가되어야 한다는 것이었다.

선거가 가까워올수록 중앙정치의 대리전 성격이 강해졌는데, 이의 직접적 계기는 김대중 아태재단 이사장이 지역등권론을 주장하면서 자유민주연합과 연대하였다는 사실이었다. 김대중 이사장의 이러한 발언은 향후 정치를 재개할 것이라는 메시지를 전달한 것이며, 동시에 자유민주연합으로 하여금 충청지역을 기반으로 한 지역정당으로서 명분을 살릴 수 있는 기회를 제공하였던 것이다. 따라서 민주자유당이 망국적인 지역할거주의라는 맹비난에도 불구하고 지역적 감성을 자극하기 충분했으며, 선거결과에까지 영향을 미치게 되었다. 민주자유당은 김대중, 김종필 두 정치인을 과거의 정치인으로 간주하고 이들의 정치퇴진을 요구했지만 지역주의가 팽배한 분위기에서 여론의 공감을 얻어내지 못하였다.

새로운 선거법에 적용을 받은 선거운동의 실질적 내용을 살펴보면, 우선 선거벽보나 선거공보, 소형인쇄물 등에 학력을 포함한 경력에 대한 허위사실이 많다는 것이 확인되었다. 대부분 단기연수과정을 이수하고도 마치 정규과정을 수료한 것처럼 과장게재한 경우였다. 예를 들어, 의정부시에서는 18명의 광역의회의원들이 대학원을 수료한 것으로 게재하였으나 확인결과 단 한 명도 대학을 졸업하지 않은 것으로 나타났다.

방송매체의 활용이 활발했던 것이 확인되는데, 광역단체장 후보들은 TV와 라디오를 통해 각각 56회씩 가능한데 실제로 각각 49회와 41회를 실시하였다. 광역의회의원 후보자들 역시도 규정의 절반에 가까운 횟수의 방송연설을 실시하였다. 방송광고의 경우도 광역단체장 후보들은 TV와 라디오를 통해 각각 168회를 실시하는 것이 가능한데 TV에서 120회, 라디오에서 103회를 실시하였다. 신문광고도 활발하게 이용되었다. 광역단체장에게 법적으로 가능한 378회 중 232회가 실시되었다. 이처럼 대중매체를 이용한 선거운동이 활발해지면서 이미지와 정책을 중심으로 한 선거운동이 이루어졌다.

4. 선거관리

이번의 4대 지방선거는 종전의 선거와는 다르게 4개의 선거를 동시에 실시하게 됨으로써 제대로 치를 수 있을 것인가에 대한 우려의 목소리도 많았지만, 결과적으로 큰 문제없이 선거관리가 이루어졌다. 이번 선거에서 후보자의 홍보물을 단체장은 선전벽보, 선거공보 전단형·명함형 인쇄물 등 5종, 지방의원은 책자형 인쇄물을 제외한 4종의 홍보물을 작성할 수 있도록 규정되어 있었다. 그런데 후보자 수에 비해 전국 인쇄소의 컬러인쇄 능력이 크게 부족하고 지역적으로 편중되어 있어 법정기일 내에 홍보물을 선관위에 제출하는 데 어려움이 있을 것으로 예상되었다. 이에 대응하여 선관위는 후보자들에게 기호를 제외한 나머지 부분을 사전 인쇄하고, 후보자 등록 후 확정된 기호를 추후에 삽입하는 방법 등을 홍보하여 후보자 각자가 사전에 준비토록 하였다. 이에 따라 자진 미제출자 53명과 무투표 당선자 312명을 제외하고 후보자 전원이 기간 내 홍보물을 제출 완료할 수 있었다.

이번 선거에 후보자는 단체장 및 광역의원의 경우 정당추천을 할 수 있도록 하였으며, 기초의원에 한해서만 정당공천이 배제되었다. 총 5,758명 선출대상에 15,596명이 등록하여 전체 2.7:1의 경쟁률을 보였다. 광역단체장의 경우 지난 1960년 광역단체장 선거 8.3:1보다 크게 밑도는 3.7:1, 기초단체장의 경우에는 이번 선거에서 가장 높은 경쟁률을 보여 4.1:1을 보였다. 또한 광역의원은 1991년 광역의원선거의 3.1:1보다 약간 떨어지는 2.7:1, 기초의원은 1991년의 2.4:1보다 약간 높은 2.6:1의 경쟁률을 나타냈다.

한편, 시도의원의 경우에는 지역구 시·도의원 875명 중 정당득표 비율에 따라 10%를 비례대표 시·도의원으로 선출하도록 규정하여 97석의 비례대표의원이 추가로 선출되었으며, 여기에는 178명의 후보자가 등록하여 1.8:1의 경쟁을 나타냈다. 이번 선거에 최고 경합지역은 시·도지사의 경우 서울시장이 9:1, 시·군·구청장은 강원도 원주시장 11:1, 시·도의원은 전남함평군 제 1선거구 7:1, 시·군·구의원은 전남 고흥 남양면 선거구가 9:1로 나타났다.

5. 선거결과

제1회 전국동시지방선거는 6월 27일 오전 6시를 기해 전국의 17,230개 투표소에서 일제히 투표가 시작되었으며, 오후 6시에 투표소에 도착한 유권자들까지 모두 투표를 할 수 있었다. 선거인수 3,104만 명 중 2,121만 명이 투표에 참가하여 투표율은 68.4%로 1991년 시도의원선거에서의 투표율 58.9%보다 높아졌다. 시·도별로는 제주도가 80.5%로 투표율이 가장 높았고 인천광역시가 62.1%로 가장 낮았다. 서울을 비롯한 5개 광역시 및 경기도 등 도시지역이 평균투표율보다 낮았고, 강원도 등 8개도에서는 70%가 넘는 투표율을 보였다.

선거의 중요성을 감안한다면 단순한 수치비교를 통해 그 의미를 확인할 수는 없다. 다만 선거 초반에 본격적인 지방자치를 위한 지방정부의 자율성에 대한 국민관심에 비해 투표율이 높다고는 볼 수 없었다. 이는 지방선거가 중앙정치의 대리전 양상을 벗어나지 못하고, 구 정치권이 다시 선거의 중심으로 부각하는 것에 대한 실망이 포함된 것이었다. 그럼에도 불구하고 지역주의에 함몰된 선거분위기 속에서 유권자들은 중앙정치와 차별화된 지방정치를 염두한 투표를 하지 못하였다.

〈표 7-2〉 제1회 전국동시지방선거에서 정당별 의석 분포

구분	계	광역단체장	기초단체장	광역의회	
				지역구	비례
합계	1,215	15	230	875	95
민주자유당	410	5	70	286	49
민주당	478	4	84	352	38
자유민주연합	121	4	23	86	8
무소속	206	2	53	151	-

가장 많은 당선자를 낸 정당은 민주당으로 478명을 당선시켰다. 여당인 민주자유당은 전국에 모두 후보자를 냈지만 410명을 당선시키는 데 그치고 말았다. 한편, 선거직전 창당된 자유민주연합은 충청권을 중심으로 121명을 당선시켰다. 눈에 띄는 것은 무소속의 대거 당선이다. 정당의 도움 없이 출마한 후보들이 무려 206명이나 당선되어 기존 정치에 대한 유권자들의 불신을 간접적으로 보여주었다.

정당별 지역득표율을 보면 지배지역에서 높은 득표를 보였는데, 더욱 심각한 문제는 특정정당에 의해 지방정부가 구성되었다는 사실이다. 광역단체장 선거결과를 보면 민주자유당은 지배지역인 부산에서 51.4%를 득표하고, 민주당은 호남권에서 74.4%를 득표하였다. 그리고 자유민주연합은 충남에서 67.9%를 득표하였다. 비슷한 비율로 광역의

회선거에서도 정당들은 지배지역에서 득표를 하였는데 소선거구제로 인해 득표가 의석으로 전환되는 과정에서 훨씬 높은 비율로 의석을 차지하게 되었다. 그 결과 부산에서 광역의회의원선거에서 민주자유당은 55.7%를 득표했지만 55석 중 49석을 차지하여 의석점유율은 무려 89%에 이른다. 마찬가지로 민주당은 전남에서 55.1% 득표했지만 의석점유율은 91.2%에 달했다. 이처럼 의석전환율의 왜곡이 지역별 1당 지배체제를 강화시켰다.

한편, 이번 지방선거에서 무소속 당선자가 이전에 비해 많은 것이 또 하나의 특징이라 할 수 있다. 광역단체장 선거에서 2명이 당선된 것을 비롯해서 기초단체장의 23%, 지역구 광역의회선거에서 17.3%의 당선자가 나왔다. 이처럼 무소속의 약진의 원인으로 지역주의의 또 다른 효과를 들 수 있다. 지배지역 정당에서 공천을 받지 못한 후보자들이 다른 정당의 공천을 받기보다 무소속으로 대거 출마한 것이 바로 그 원인이다. 이와 연관하여 공천받지 못한 인물들이 지배지역 정당의 공천을 받은 인물보다 더 경쟁력이 있다는 것을 보여주는데, 이는 공천이 지역의 정서를 제대로 반영하지 못한 것이라고 해석할 수도 있다. 이 같은 해석이 타당성을 갖는다면 무소속의 약진에 대한 일반적인 해석, 즉 기존정당에 대한 항의의 의미로 제3당이나 무소속이 많이 당선되는 경우와는 차별적이라는 것이라 하겠다.

마지막으로 4대 선거를 동시에 치르면서 선거관리의 복잡성과 유권자의 정보처리 능력의 한계를 지적하게 된다. 후보자 수가 15,596명으로 이전 국회의원선거에 비해 11배가 넘었고, 합동연설회만 해도 14대 국회의원선거보다 6배가 많은 4,787회나 되었다. 투개표에 동원된 연인원은 121만 명에 이르러 이전에 관리했던 선거와는 비교가 되지 않는 규모와 복잡성을 띠었다. 결과적으로 이 같은 규모의 선거를 선관위가 큰 과오없이 치러냈다는 것이 그동안 선거관리의 전문성을 키워온 결과라고 하겠다.

유권자 입장에서도 투표결정이 쉽지 않은 선거였다. 광역단체장은 이미 전국적으로 알려진 인물이고 이슈 또한 구분할 수 있으며, 언론을 통해 정책정보를 확인하는 것이 어렵지 않았다. 그러나 기초단체장이나 광역의회 후보들에 대한 정보는 상대적으로 적었고 제한된 선거기간 동안 엄청난 양의 선거정보를 유권자들이 모두 이해하기는 쉽지 않았다. 더욱이 정당공천이 없는 기초의회의원선거의 경우에는 아무런 정보 없이 투표를 해야 하는 경우가 많았다. 그 결과 기초의회의원선거에서 정당공천이 없었음에도 불구하고 첫 번째 후보의 당선비율이 높고, 호남지역에서는 두 번째 후보의 당선율이 다른 순서의 후보보다 높은 기이한 현상이 발생하였다. 이러한 결과는 후보자에 대한 정보가 거의 없는 상태에서 다른 투표에서 선호하는 정당의 순서에 따라 투표한 경우가 많았기 때문이라 생각된다.

III. 정당구도의 변화와 제15대 국회의원선거

이번 국회의원선거는 한국 민주주의 정치제도와 과정이 얼마나 제도화되고 공고화되었는가를 평가할 수 있는 잣대가 되었다. 한국의 민주화는 이행기를 거쳐 공고화의 과제를 안고 있었다. 민주주의의 공고화란 정치의 불확실성을 제거하고 민주적 절차를 제도화하는 것을 의미한다. 한국의 민주화 이행은 권위주의 세력과 민주세력 간의 타협에 의해 진행된 것이었다. 따라서 민주화의 이행에 권위주의 시대의 인물과 유산이 문민정부에도 지속적인 영향을 미치게 된다. 이러한 상황에서 민주주의의 공고화의 핵심은 권위주의 유산의 청산과 새로운 민주주의 관행의 제도화이다.

또한 이번 국회의원선거의 현실적 의미를 보면 향후 정국운영과 1년 후의 대통령선거를 앞두고 예상되는 정계개편의 폭과 방향에 영향을 미친다는 것이다. 신한국당은 이번 국회의원선거를 통해서 대권 재창출의 가능성과 전략을 시험해 보려 하고, 국민회의도 지난 지방선거의 승리여세를 몰아 이번 선거에서 다시 승리함으로써 신한국당의 분열을 기대하고 대통령선거에서 유리한 고지를 확보하려는 계산을 가지고 있었다.

1. 정치상황

지방선거에서 여당인 민주자유당이 패하고 약 9개월 만에 치러진 제15대 국회의원선거까지는 매우 많은 정치변화가 있었다. 이번 국회의원선거가 향후 대통령선거에 영향을 미칠 수 있다는 점에서 정당들은 큰 의미를 부여하고 있었으며, 정당들의 이합집산과 김대중 이사장의 정계복귀가 이루어지는 등 정계구도의 개편이 급속하게 이루어졌다.

1995년 6월 지방선거에서 민주당 후보들을 지원했던 김대중 아태재단 이사장은 1995년 7월 18일 정계복귀와 신당창당의사를 밝혔다. 김이사장의 정계복귀는 민주당 내의 계파갈등으로 이어지고 결국 민주당 의원 54명이 탈당하여 새정치국민회의라는 김대중 총재가 이끄는 새로운 정당이 창당에 합류하였다. 이에 따라 정당구도는 새정치국민회의가 53석으로 제1야당이 되고, 42석의 민주당, 22석의 자유민주연합이 야당이 되는 새로운 4당 체제를 형성하게 되었다.

전직 대통령인 노태우 전 대통령을 비자금 사건으로 구속하고 전두환 전 대통령을 12·12군사반란사건의 주역으로 구속한 것은 김영삼 정부가 이전 정부로부터 단절을 의미하며, 새로운 역사 세우기라는 기치하에 새로운 정치이미지를 구축하려는 노력이었다. 그러나 지역주의가 팽배한 정서 속에서 대구·경북지역에서는 김영삼 대통령의 시도를 제대로 받아들이지 않았다. 3당 합당과정에서 민주자유당 안에 5·18관련자들이 있고, 이들의 정치적 부담으로 인해 5·6공 단절은 계파 내 갈등의 소지가 되었다. 이러한 문제를 극복하고 국민들에게 민주자유당과 차별화할 수 있는 방안으로 당명을 신한국당으로 변경하였다. 이러한 조치는 정권의 창출 이외에는 민주자유당이 성공적이지 못했다는 인식에 근거한 것이다. 지난 지방선거에서도 참패하였고 정당은 구태의연하다는 이미지를 벗어나지 못하고 있었다.

2. 선거제도 변경

한국에서 선거법 개정의 기본적 문제는 항상 선거를 앞둔 시점에서 법개정을 시도한다는 점이다. 각 정당의 이해가 첨예한 시점에 선거법을 개정한다는 것은 필연적으로 정당 간의 합의를 어렵게 만들고, 타당성보다는 이해관계에 따라 찬반이 나뉘게 된다. 따라서 충분한 시간적 여유를 갖고 정당들이 목전에 얽매이기 이전에 선거법 개정이 논의되도록 일정을 조정해야 할 것이다.

제15대 국회의원선거를 앞두고 논쟁이 된 개정사항은 지역구 획정에 관한 문제였다. 선거구 획정위원회가 인구수 상·하한선을 최대 30만, 최소 7만 명으로 확정하였지만, 여야는 최소선거구의 통·폐합은 배제하고 30만 이상 선거구는 분구하기로 결정하였다. 그 결과 기존의 지역구 237개가 260개로 늘어나게 되고 이에 따라 전국구는 62명에서 39명으로 줄어들게 되었다. 이에 대해 시민단체들은 여야의 담합의 결과라고 비난하기에 이르렀다. 헌재연구관 이석연 변호사가 제기한 헌법소원에 대해 헌법재판소가 기존의 선거구획정을 위헌으로 판결하면서 재조정 작업에 들어간 정치권은 결국 최종적으로 지역구를 253개, 전국구 의석을 46석으로 결정하였다.

선거법 개정내용을 보면 선거운동의 제한대상이 이전과 달라졌는데, 이번부터 공직자라 해도 후보자의 배우자인 경우에는 선거운동이 가능하도록 했다. 더욱 중요한 것은 후보자들이 선전벽보나 선거공보에 학력을 과장 게재하는 것을 방지하기 위해, 상세한 규정이 적시되었다는 것이다. 교육법에서 인정하는 정규학력 이외의 교육과정을 수학한 이력을 게재하는 경우에는 그 교육과정 및 수학기간을 기재토록 하여 유권자들이 학위과정과 기타과정을 혼동하지 않도록 조치하였다. 선거비용은 기존의 '비목별제한주의'에서 '총액제한주의'로 바뀌었는데, 이러한 법개정은 총액의 범위 내에서 지출을 자유롭게 함으로써 선거비용 사용의 융통성을 높이게 되었다.

위의 법 개정과 맞먹을 정도로 중요하지만 제대로 주목받지 못한 개정내용이 바로 전국구 의석의 배분방식의 변화이다. 이전에는 1인 1표제에서 지역구 의원을 선출한 후 다시 정당별 의석비율에 의해 전국구 의석을 배분하는 방식을 채택하였다. 이 경우 소선거구제에서 사표의 문제가 발생하는 문제가 있으며, 따라서 거대정당들이 득표율에 비해 의석률에서 보너스를 받게 된다. 그런데 이처럼 이득을 본 의석률을 근거로 전국구 의석을 배분한다면 다시금 다수의석을 점한 정당에게 유리하게 된다. 한 표를 지역구와 전국구라는 다른 방식의 대표선출에 사용하는 것도 논리적으로 타당치 않지만, 더욱이 의석전환율 왜곡에 따른 이득을 중복적으로 다수의석 정당에 주도록 규정하고 있는 것은 투표자의 의사를 제대로 반영하지 못하는 것이다. 다행히 15대 국회의원 선거에서부터 정당의 의석률 기준이 아니라 정당의 득표율을 기준으로 전국구 의석을 배분하기로 함에 따라 대표성의 왜곡을 감소시키도록 개선되었다.

3. 후보공천과 선거운동

후보자 공천과정을 보면 경선을 통한 공천방식이 채택되지 못하였다. 공천의 메커니즘은 당에 따라 조금씩 다르지만 공통점이 있다. 결국은 김영삼 대통령, 김대중 국민회의 총재, 김종필 자민련 총재 등 당의 최고실력자가 공천을 결정한다는 점이다. 정당들이 특정인 중심의 붕당(朋黨)수준에 머물러 있다는 증거이다. 신한국당의 경우 표면적으로는 청와대와 당의 이원적 시스템으로 공천이 진행되었지만, 실제로는 청와대 정무팀이 인물선정을 주도하고 당에서 수렴한 각종 의견을 듣는 형식으로 후보자군을 압축하면서 공천윤곽을 잡아나가고 있다. 그리고 공천기초자료는 수시로 김영삼 대통령에게 보고돼 확인받는다. 특히 전략지역이나 후보자 정리가 필요한 곳은 김 대통령의 지시를 받아 인물을 조정하였다. 김 대통령은 공개적으로 국회의원선거를 직접 챙기겠다고 밝힌 바 있다.

신한국당이 대외적으로 발표한 공천의 기준은 당선가능성, 도덕성, 참신성이었다. 새로운 정당으로 출범하면서 특히 5·6공화국과의 단절에 주력하였다. 공천신청의 분포를 보면 지역주의에 영향을 받아 영남지역에서는 3대 1의 경쟁을 보였지만, 호남지역에서는 1대 1의 경쟁률이었다. 신한국당은 현역의원을 대폭 교체하겠다고 공언했지만 최종 공천 결과를 보면 불출마를 한 현역을 제외하면 실제 현역의원 교체율은 15%를 넘지 못했다.

새정치국민회의는 신당으로 선거에 참여하면서 전국적인 조직의 정비와 함께 신한국당이나 민주당과 차별성을 강조하였는데, 후보자 심사기준으로 민주주의 공헌도, 국가 및 지역발전 헌신성, 당 발전 기여도, 당선가능성을 내세웠다. 조직강화특위에서 만장일치 방식으로 조직책을 선정하기로 하고 김대중 총재는 불간섭을 천명하였지만 사실은 김대중 총재의 뜻이 상당히 반영될 수밖에 없었다. 조직책선출방식은 전원합의에 의한 만장일치제였다. 과거 계보정치가 존재했던 민주당시절에 경합이 심한 지역의 조직책을 선정할 때 흔히 사용하던 표결방식은 피하겠다는 의도였다. 김 총재는 조직강화특위의 활동과 합의결과에 대해 자신은 아무런 간섭도 하지 않겠다고 말한 적이 있다. 1인 정당이라는 당 안팎의 비판여론을 의식하고 조직강화특위 활동과 일정 거리를 유지하겠다는 의사를 밝힌 것이다. 그러나 김 총재의 의중이 알게 모르게 특위에 반영되고 있다는 것은 상식이었다.

민주당은 이기택 상임고문, 김원기, 장을병 공동대표 등 3개 정파가 각 3인씩 조직강화특위의 몫을 차지하면서 공천권을 행사하였다. 조직책인선기준을 첫째 도덕성, 둘째 당성, 셋째 정치적 자질과 능력, 넷째 전문성, 다섯째 참신성으로 상정했다. 그러나 이는 대외홍보용 추상적인 원칙에 불과하다. 실제 공천 작업이 진행되면 조직강화특위 위원들은 소속계파의 이해를 대변할 수밖에 없었다. 공천희망자들이 경합을 벌이는 곳에서는 특위가 결론을 내리기 어렵기 때문에 당 지도부 3인이 지역구 조정을 위한 막후대화를 하였는데, 이는 아직도 막후교섭을 통한 정치가 중요한 역할을 한다는 것을 보여주는 것이다.

자유민주연합은 당선가능성, 경륜, 자립능력을 기준으로 공천심사의 기준으로 삼았으나, 당선가능성이 높은 충청지역에서는 김종필 총재의 의사가 가장 중요하게 작용하였다. 그리고 다른 정당과 같이 지역편중성이 높아 충청권뿐만 아니라 상대적으로 당선가능성이 높은 대구와 경북지역에서는 지역구 후보를 대부분 공천하였다. 그러나 전남과 전북에서 15개 선거구, 부산과 경남에서는 14개 선거구에서 후보자를 공천하지 못하였다. 그리고 자민련 공천에서 탈락한 이필선 부총재가 당 지도부가 전국구 공천 대가로 30억 원을 요구했다고 주장하여 공천파동에 휘말렸다.

선거를 앞두고 새로이 4개의 정당이 출현했다는 것은 한국정당의 제도화가 이루어지지 못하고 있다는 것을 보여주는 것이다. 신한국당은 여당으로서 안정론과 세대교체론을 주장하였다. 여당에 힘을 실어주어야 한다는 안정론과 함께 야당인 새정치국민회의의 김대중 총재와 자유민주연합의 김종필 총재를 겨냥한 세대교체론으로 김영삼 대통령이 주장하는 개혁의 정치를 유권자들에게 호소하였다.

새정치국민회의는 야당의 전통적인 전략인 견제론을 내세웠다. 여기에 김영삼 대통령의 일방적 정치에 대한 국민들의 불만을 묶어낼 수 있다고 생각했기 때문이다. 특히 자유민주연합과 신한국당이 향후 내각제로 개헌을 추진할 것이라고 주장하면서 개헌저지선인 1/3의 의석을 차지할 수 있도록 유권자의 지지가 필요하다는 것을 설파하였다. 또 하나의 중요한 전략은 경제제일주의였다. 지난 지방선거에서 김대중 당시 아태재단 이사장이 권력등권론을 주장한 것과 일맥상통한 관점에서 경제등권론을 펼쳤는데, 도시와 농촌 그리고 대기업과 중소기업이 똑같은 경제권을 누릴 수 있어야 한다는 것이 핵심이었다.

통합신민당은 김대중 총재를 추종하는 정치세력이 모두 탈당한 후 개혁적인 이미지를 추구할 수 있었다. 따라서 3김 정치의 종식을 내세우고, 대안정당으로서 개혁적이고 도덕적인 젊은 정당으로 이미지를 구축하였다. 비록 당명을 바꾸고 신생정당으로 창당했지만 3김씨가 이끄는 정당들은 모두 구시대적이라는 부정적 이미지를 부각시키려 했다. 지역적 기반이 없는 통합민주당은 지역주의 성향이 적은 수도권에 집중해야 한다는 전략을 세웠다.

선거기간 동안 제기된 이슈 중 하나가 제14대 대선에 당시 노태우 대통령이 각 후보에게 선거자금을 제공했는가의 여부였다. 노 전 대통령은 김영삼 후보에게 3,000억 이상을, 김대중 후보에게 20억+α를 주었다는 주장이 제기되었다. 그리고 김종필 총재도 100억 원의 비자금을 가지고 있다는 것이다. 이에 대하여 새정치국민회의는 적극적으로 대응하여 국회에서 대선자금청문회를 열겠다고 약속하였다. 야당들은 주로 김영삼 대통령의 비자금 문제를 집중공격하여 신한국당의 이미지를 부정적으로 이끌어 갔다. 더욱이 선거를 20일 앞두고 장학로 청와대 부속실장이 축재비리 사건을 저지른 것으로 확인되면서 신한국당의 이미지가 훼손되었다. 이는 소위 장풍이라고 언론에 보도되었다.

4. 선거관리

이번 선거과정을 평가해 보면, 권위주의 시대의 선거와 비교하면 상대적으로 공정하고 깨끗했다고 할 수 있지만, 민주적 관행과 절차의 제도화 측면에서 미흡했다고 할 수 있다. 선거과정에서 탈법과 금권선거가 만연했고, 지난 지방선거에서 나타난 비교적 깨끗한 선거의 풍토가 원점으로 돌아가는 결과가 초래되었다.

　탈법, 금권선거의 양상은 조직과 자금에서 우월한 여당이 선거법을 무시하고 여당 프리미엄을 이용했다는 것에 일차적 책임이 있다. 지난 지방선거에서 여당은 선거법을 준수하는 노력을 보였고 비교적 깨끗한 선거풍토를 만드는 데 기여하였다. 그러나 여당이 지방선거에서 패하게 되자 이번 선거에서 자금을 풀고 여당 프리미엄을 이용하는 전략을 구사한 것이다. 여당은 자금과 조직의 우위를 최대한 이용했고, 그 결과는 표로서 나타났다. 예를 들어, 여당은 자당 후보에게 몇억 원씩의 지원금을 주었고 경합지구에서는 막판에 집중적으로 자금을 살포한 것으로 알려졌다. 선거과정에서 나타난 또 다른 문제점은 방송과 신문의 여당편향적 태도였다. 여당은 언론을 선거에 적극적으로 이용하려 시도하였다. 문화방송의 강성구 사장의 연임을 청와대가 지원한 것은 선거와 관련이 있다고 보기에 충분했다. 더욱이 여론조사에 기초한 판세분석 등에서도 여당에 유리한 보도가 많았다.

5. 선거결과

　제15대 국회의원선거의 투표율은 63.9%로 직전 국회의원선거에서 71.9%보다 8%p나 낮아졌다. 처음으로 총선투표율이 60%대로 내려갔다. 최고 투표율을 보인 선거는 제헌의회선거의 95.5%였다. 시·도별로는 경북이 71.6%로 가장 높은 투표율을 기록했고 인천이 60.1%로 전국에서 가장 낮았다. 이처럼 저조한 투표율은 서울, 부산, 대구, 인천 등 4개 대도시와 경기도의 투표율이 60% 안팎에 그쳤기 때문이었다. 이들 지역은 지난해 6·27지방선거 때도 다른 시도지역이 73~80%의 투표율을 기록한데 비해 62~67%로 10% 가까이 낮은 경향을 보였었다.

투표율이 급락한 이유는 정치권 전반에 대한 유권자들의 뿌리 깊은 냉소현상 때문이었다. 특히 젊은 층의 정치불신은 심각한 수준에 이르렀다. 20대의 투표율이 44.0%로 14대 국회의원선거에서의 56.8%보다 12.8%p나 감소하였다는 것이 확인되었다. 선거운동 초반부터 터져 나온 장학로 전 청와대 제1부속실장 축재비리, 야권의 공천헌금시비 등을 비롯해 선거운동과정에서 지역감정 부추기기, 흑색선전 비방난무 등이 선거에 대한 무관심과 혐오를 불러일으켰다. 또한 정치쟁점이 제대로 부각되지 않은 것도 투표율을 끌어올리지 못한 요인으로 지적된다. 현정권에 대한 중간평가론, 대선자금 논란, 내각제 개헌시비, 장학로씨 사건 등이 불거지긴 했으나 전반적으로 선거에 대한 관심을 고조시키기에는 역부족이었다.

〈표 7-3〉 제15대 국회의원선거 정당별 의석 분포

구분	지역구	전국구	득표율(%)	의석 합계
신한국당	121	18	34.5	139
새정치국민회의	66	13	25.3	79
통합민주당	9	6	11.2	15
자유민주연합	41	9	16.2	50
무 소 속	16	-	11.9	16
합계	253	46	100	299

선거결과에서 나타난 특징 중 하나가 신한국당에서는 다선의원들이 다수 탈락한 것이다. 전국구를 포함하여 전체 299명의 당선자들 중 45.8%인 137명이 초선의원들이었다. 한국선거에서 초선비율은 항상 높았다. 14대 선거에서는 39.1%이고, 16대 선거에서는 40.7%이다. 따라서 이번 15대 국회의원선거에서만 특별히 높다고는 할 수 없다. 그럼

에도 불구하고 절반 가까운 초선의원이 진출했다는 것은 국회에 대한 국민들의 불신이 높다는 것을 보여주는 증거임에는 틀림이 없다.

지역주의가 선거결과를 지배했다는 것은 지역주의의 연속성을 보여주는 것이며, 동시에 정당들이 아직도 정당지도자의 출신지역 이외에는 차별적 입장을 보여주지 못하고 있으며, 아울러 지역주의를 득표에 이용하고 있다는 것을 보여주었다. 이전 선거와 마찬가지로 신한국당은 호남에서 단 1석만을 차지했고, 새정치국민회의는 영남에서 한 석도 얻지 못하였다. 자유민주연합은 대구에서 8석을 얻는 등 분발했으나, 주로 대부분의 의석은 충청권에 집중되어 있다.

〈표 7-4〉 정당별 지역 의석 분포

합계	신한국당	국민회의	민주당	자민련	무소속
서울/경기	54	30	4	5	3
호남	1	36	0	0	0
영남	51	0	3	10	12
충청	3	0	0	24	1

의석수로만 본다면 전통적 야당 강세지역인 서울 등 수도권에서 신한국당이 예상보다 선전하고, 상대적으로 국민회의가 당초 기대보다 부진한 성적을 거둔 것도 이번 선거의 특징이었다. 신한국당은 서울의 47개 선거구 중에서 27개 선거구에서 승리하였다. 비록 득표율은 36.5%로 새정치국민회의가 득표한 35.2%와 별 차이가 없었지만 의석에서는 18석을 얻은 새정치국민회의보다 9석을 더 얻은 것이다. 이 같이 작은 득표율 차이에도 불구하고 의석차이가 난 것은 새정치국민회의는 서울의 선거구에서 고르게 득표한데 비하여 신한국당은 선거구별로 득표율의 집중도가 높았기 때문이라고 할 수 있다. 따라서 비록 의석의 차이는 있지만 득표율에서 큰 차이가 없다는 점에서 서울에서 여

당이 성공적이라는 것을 크게 부각시킬 필요는 없다.

　선거운동과 유세에서 이슈와 쟁점이 부각되지 않고, 정당의 노선과 정책의 차별성이 없어지고 동질화하는 추세를 나타냈다. 언론은 이번 선거를 이슈와 쟁점이 없는 선거였다고 평가하였다. 그 이유는 정당들이 우리사회가 직면한 여러 쟁점에 대해 자신의 정책과 입장을 공표하고 이를 통해 유권자의 심판을 받기보다는 지연, 학연 등을 통해 표를 얻으려 시도했기 때문이다. 정당 간 차별성이 없어지면서 여야 파괴현상이 나타났다. 신한국당이 재야인사와 개혁지향적인 인물들을 대거 공천한 반면, 자민련이 보수의 원조임을 내세웠고 상대적으로 진보적인 입장을 취했던 국민회의도 중산층을 대변하는 보수정당을 표방하면서 정강과 공약이 전반적으로 보수화되는 추세가 나타났다.

　총체적으로 제15대 국회의원선거는 정치발전에 기여한 선거라고 보기는 힘들다. 정당들이 선거를 앞두고 급조되는 현상이 나타났으며, 여전히 정당보스에 의해 공천부터 선거운동까지 모든 것이 결정되는 구도를 그대로 유지하고 있었다. 정당들은 네거티브 선거운동에 주력함으로써 유권자들의 정치 불신을 오히려 더 조장시켰다는 것도 부인할 수 없다. 또한 선거 직전 알려진 비자금과 공천헌금 등의 문제에서 주요정당들이 자유롭지 못한 것은 밀실정치와 국민과 유리된 정치가 지속되고 있다는 것을 다시 한 번 확인시켜 준 것이다.

제8장

김대중 정부 시기의 선거*

임성호

I. 세계화, 탈냉전화, 정보화와 선거정치

　김대중 대통령이 후보자로 선거운동을 펼치고 당선 후 5년간 재위한 1997년부터 2002년까지의 시기는 한국현대사에서 중요한 위치를 차지한다. 우리 사회가 새 밀레니엄으로 넘어가는 도상에서 여러 중대한 전환기적 변화를 겪은 시기다. 첫째로, 1987년 민주화운동 이래 발전해온 민주주의가 1997년 12월 김대중 야당후보의 대통령 당선에 의한 최초의 평화적 정권교체 덕에 안정되게 뿌리 내리는 계기를 잡게 되었다.

---

* 이 장은 주로 다음의 참고자료에 의존하였음: 국회사무처, 『대한민국국회 60년사』(2008년 5월); 중앙선거관리위원회, 『제16대 국회의원선거 총람』(2000년 10월); 중앙선거관리위원회, 『제3회 전국동시지방선거 총람』(2002년 12월); 중앙선거관리위원회, 『대한민국선거사: 제6집』(2009년 12월); 황아란, 『1998년 6·4지방선거 분석』(한국지방행정연구원 연구보고서, 1998년).

둘째 변화로, 1997년 말 터진 외환위기로 한동안 국제통화기금(IMF) 관리체제에 놓이게 되며 우리 사회도 세계화 조류 속으로 더욱 깊게 들어가게 되고 실질적 의미의 자유시장체제로 이행하게 되었다. 셋째, 김대중 정부의 대북 햇볕정책과 2000년 6월 남북정상회담으로 한반도가 오랜 적대적 분위기에서 벗어나 탈냉전 구도로 전환하는 변화도 있었다. 넷째, 과학기술의 빠른 진보로 우리 사회도 후기산업화와 정보화의 심화 단계로 들어가며 사회경제적으로 서구와 수렴하는 모습을 보이게 되었다.

이러한 여러 갈래의 전환기적 변화는 이 시기에 있었던 네 번의 선거에 여실히 반영되었고 한편으로는 이 선거들로 인해 더욱 촉진되기도 하였다. 1997년 12월 제15대 대통령선거를 필두로 1998년 6월 제2회 전국동시지방선거, 2000년 4월 제16대 국회의원선거, 2002년 6월 제3회 전국동시지방선거가 뒤를 이으며 민주화, 권력분산화, 세계화, 시장화, 탈냉전화, 후기산업화, 정보화 등의 시대변화로부터 그 과정과 결과상 지대한 영향을 받고 동시에 그러한 시대변화를 더욱 추동하기도 했던 것이다. 그러한 시대변화가 없었다면 이 네 번의 선거는 다른 양상을 가져왔을 것이고, 역으로 이 선거들이 없었다면 그러한 시대변화는 충분히 진행되기에 좀 더 많은 시간을 요했을 것이다.

이 글은 이 네 번의 선거를 각각 살펴보며 관련된 정치상황, 선거제도, 선거과정, 선거결과의 특징을 서술한다. 짧은 지면에서 다양한 측면을 세세히 다루기가 불가능하므로 전반적 특징과 특기할 점을 지적하는 수준에 머물고자 한다. 본문에서의 논의를 통해 상기 전환기적 시대변화가 각 선거의 과정과 결과를 어떻게 특징지었고 반대로 각 선거에 의해 어떻게 영향을 받았는지 짐작할 수 있을 것이다. 그러나 우리 사회가 겪은 전환기적 시대변화를 똑같은 비중으로 다 다루기에는 역부족이라, 이 글은 민주화에 주된 초점을 맞춰 정권교체, 권력분산, 권력균형, 유권자 참여, 공정 경쟁, 지역주의, 선거과열 등 민주화의 성숙을 위해 필요하거나 없애야 할 것들이 각 선거의 과정과 결과에서 어느 정도 기해지거나 완화되었는지 살펴보는 데에 주안점을 두고자 한다.

II. 제15대 대통령선거와 평화적 정권 교체

　1997년 12월 18일 실시된 제15대 대통령선거에서 김대중 새정치국민회의 총재가 당선되었다. 1971년 선거에서 젊은 '40대 기수'로 나서 박정희 대통령과 접전 끝에 패하고, 1987년 민주화 시대를 여는 선거에서 김영삼 후보와 단일화에 실패한 탓에 노태우 후보에게 어부지리 승리를 안겨주고, 1992년 대통령선거에서는 '3당합당'을 이룬 평생의 경쟁자 김영삼 후보에게 패한 후 '4수'만의 대통령 당선이었다. 이 선거는 김대중 대통령 개인의 '인동초(忍冬草)' 같은 승리라는 의미뿐 아니라 한국 헌정사상 최초의 평화적 정권교체로서 민주화운동 10주년을 맞아 민주주의를 공고하게 다지는 계기를 마련했다는 의미에서 한국 선거사에서 중요한 위치를 차지한다. 지역적 차별을 받아온 호남에서 대통령이 나옴으로써 지역균형발전과 사회통합의 단초를 제공했다는 점도 특기할 만하다. 이 제15대 대통령선거 이후 한국 정치권과 행정부에서는 대폭적인 엘리트 지형 변화가 일어나고 대북정책이 유화적인 탈냉전 기조로 바뀌는 등 정책기조 전반이 궤도 수정을 겪게 된다. 특히 국제통화기금(IMF) 관리체제에서 외부 압력에 의한 것이기도 하지만 선거 후 김대중 정부는 경제정책을 정부규제 중심에서 자유시장 체제 중심으로 전환시키며 세계화에 부응하는 자본주의체제의 기반을 다지게 된다.

1. 정치상황: 비리사건과 경제파탄에 의한 민심 이반과 여권 분열

선거가 있던 1997년은 정치 혼란과 대립이 과도하게 분출된 한 해였다. 당시 김영삼 대통령은 최측근이 연루된 여러 비리사건과 경제파탄으로 인해 거의 한 자리 숫자로 떨어진 지지도에 발목 잡히며 국정 리더십을 발휘할 수 없었고 각종 현안에 무기력할 수밖에 없었다. 당시 제15대 국회에서는 여당인 신한국당이 다수의석을 차지하고 있었지만, 1996년 제15대 국회의원선거의 결과로 '여소야대'가 발생하였던 것을 야당의원에 대한 무차별 영입교섭을 통해 '여대야소'로 전환시킨 것이었기 때문에 정통성 시비로부터 자유롭지 못했다. 국회의원 임기 개시 이후 2개월여 동안 개원이 지연되는 등 당시 제15대 국회는 심한 대립과 교착으로 점철되고 있었다.

노동법 개정안 기습처리는 정국을 최고조로 경색시켰다. 정부가 제출한 이 개정안의 골자는 상급단체 복수노조 허용, 제3자 금지조항 삭제, 정리해고제와 변형근로제 도입 등이었다. 1996년 12월 26일 새벽 6시경 신한국당은 소속 국회의원 155명만 참석한 가운데 이 법안을 기습적으로 통과시켰다. 이에 야당 측은 장외투쟁을 펼치고, 노동계는 전국적 총파업에 돌입하고, 종교계 · 학계 · 사회단체도 반발하며 시국선언문 발표를 주도하였다. 반발이 워낙 크고 민심 이반 징후가 크자 김영삼 대통령은 강경입장에서 선회하여 노동법 재심의를 국회에 요구하게 되었고 여야는 40여 일간의 재협상 끝에 상급단체의 복수노조 허용, 정리해고의 2년간 유예를 골자로 하는 안을 1997년 3월 통과시켰다. 이러한 일련의 과정을 거치며 김영삼 정부와 신한국당은 신뢰도와 통치력에 큰 정치적 상처를 입게 된다.

한보특혜대출 비리사건과 김현철 비리사건은 정부와 여당을 더욱 곤경에 빠지게 하였다. 한보사태란 한보그룹 총수인 정태수 회장이 은행 대출을 받을 수 있게 해달라는 청탁과 함께 정치권에 거액의 뇌물을 제공한 일련의 금융부정 사건을 일컫는다. 1997년 1월 한보철강이 부도 처리되자 야당, 언론, 시민단체 등은 한보특혜대출의 배후로 김영삼 대통령의 차남인 김현철을 지목하였으나 폭로 공세에도 불구하고 검찰은 몇몇 의원만 기소하며 김현철과 대부분의 정치인은 무관하다는 결론을 내고 수사를 종결하였다. 이에 국회가 직접 국정조사에 착수해 1997년 3월부터 5월까지 45일간 국정조사를 진행해 김현철이 국정 전반과 정부 고위직 인사 및 국회의원선거 공천에 개입한 사실을 어느 정도 밝혀내었지만, 종반에는 여야 대립으로 결국 파행으로 끝났다. 그 후 김현철은 다시 기업인들로부터 이권청탁 대가로 66억 원을 받은 혐의로 검찰에 의해 기소되어 1997년 10월 제1심 법원에서 징역 3년형을 선고받았다.[1]

이처럼 한보사태는 대통령 아들의 비리 및 전횡까지 드러내게 함으로써 정치권을 어수선하게 하며 민심을 악화시켜 정부와 여당에 큰 타격을 주었다. 뿐만 아니라 뇌물성 정치자금 관행을 막아야 한다는 여론을 일으켜 정치자금 관련법이 대폭 개정되는 계기를 가져오기도 했다. 이 개정법의 골자는 지정기탁금제의 폐지, 음성적 정치자금 수수에 대한 처벌규정 신설, 후원회를 통한 정치자금의 장려 등으로 요약된다.

한보 사태 이상으로 정부와 여당의 악재로 작용한 것은 외환위기에 의한 경제파탄이었다. 이미 1996년부터 대외경제 환경이 나빠지며 큰 폭의 무역적자를 기록하고 여러 기업이 부도 처리되면서 금융시스템도 불안해지고 국내 금융기관들은 신용위기로 치달았다. 외국인들은 본격적으로 투자자금을 회수하기 시작했고 환율이 천정부지로 오르며 외환시장이 마비되었다. 급기야 정부는 1997년 11월 21일 국제통화기금(IMF)에 구제금융을 신청해, 성장률 3%, 소비자 물가상승률 5% 이내, 긴축통화정책 실시, 금융개혁법안 처리, 부실금융기관 폐쇄, 자본자유

---

1) 김현철 비리사건은 결국 항소심과 상고심을 거쳐 김대중 대통령 집권 시기인 1999년 7월에 와서 징역 2년에 벌금 10억 5천만 원과 추징금 5억 2천만 원의 형이 확정되었다. 그러나 김현철은 곧 김대중 대통령의 8·15특별사면을 받고 잔여형기를 면제받았다.

화 조기추진 등을 받아들이는 조건으로 구제금융을 받았다. 경제가 이처럼 IMF관리체제에 놓이며 김영삼 대통령의 지지도는 최악으로 떨어졌고 제15대 대통령선거에 나선 여당과 이회창 후보도 덩달아 큰 타격을 받게 되었다. '경제 살리기'가 최대 선거쟁점으로 등장한 것은 당연한 일이었다.

야당인 새정치국민회의와 자유민주연합은 공조체제를 공고히 하면서 대통령후보 단일화에 성공해 새정치국민회의 김대중 총재를 후보로 확정하였다. 이 소위 'DJP연합(김대중 총재의 영문 이니셜 DJ와 자유민주연합 김종필 총재의 영문 이니셜 JP의 조합)'은 호남과 충청을 묶는 지역연합의 한 형태로서 1990년 '3당합당'으로 형성된 호남 대 비호남 지역구도를 깨는 효과를 가져왔다. 또한 1996년 제15대 국회의원선거 이후 신한국당이 주도한 인위적 정계개편('의원 빼내기'를 통한)에 대항하는 모양새를 취했다. 'DJP연합'은 처음엔 정책공조로 시작했지만 곧 선거공조로 확대되어 1996년 9월과 11월, 1997년 3월에 연이어 실시된 기초자치단체장 및 국회의원 재·보궐선거에 단일 후보를 출마시켜 모두 승리하였다. 결국 1997년 10월에는 내각제 개헌을 핵심 매개 고리로 하여 대통령선거 후보단일화를 합의하는 데 이르렀다. 그 합의내용의 골자는, 김대중 총재를 대통령선거 단일후보로 하고 그 대신 1999년 말까지 내각제 개헌을 추진하고, 김종필 총재는 차기 공동정부의 국무총리를 맡고, 각료배분과 지방선거 공천 등에서 양당의 배분비율을 동일하게 한다는 것이었다.

이처럼 야당진영이 연합을 이룬 것과 반대로 여당인 신한국당은 분열로 자멸의 길을 걷는다. 1997년 7월 신한국당 대통령후보 경선에서 이회창 후보가 당선되지만 아들 병역면제 의혹으로 지지도가 급락하자 후보경선에서 2위를 한 이인제 경기지사가 9월에 탈당 후 독자출마를 결행한다. 이 지사를 따르는 전·현직 의원을 비롯한 지지자들은 11월 국민신당을 창당하고 이 지사를 대통령후보로 추대하였다. 이런 와중에 김영삼 대통령이 껄끄러운 이회창 후보보다 이인제 후보를 은밀히 지원한다는 '국민신당 청와대 지원설'이 부상해 큰 논란을 낳기도 하였다.

수세에 몰린 신한국당은 이회창 후보의 지지율이 김대중, 이인제 후보에 이어 3위로 떨어지자 반전을 위해 김대중 총재의 비자금 의혹을 제기했다. 그러나 검찰은 이에 대한 수사 유보를 결정하고, 이에 격앙된 이회창 후보 측은 김영삼 대통령이 검찰 배후에 있다고 비난하며 양측 간 갈등이 격화되기도 하였다. 결국 신한국당은 국면전환을 위해 동년 11월 민주당(소위 '꼬마 민주당')과 당 대 당 통합을 선언해 한나라당을 창당하고, 대통령후보는 이회창, 당 총재는 민주당의 조순이 맡는다는 후보 단일화에 합의하고 '3김 정치' 청산을 슬로건으로 내세웠다. 그 이후 이회창 후보의 지지도가 급상승하며 김대중 후보와 선거일까지 호각지세를 형성하게 된다.

2. 선거제도: 제약적 선거운동 방식과 선거공영제의 확대

제15대 대통령선거는 1994년에 각종 선거법을 통합해 제정한 '공직선거 및 선거부정방지법(공선법)'을 기본 골격으로 하고 선거 직전인 1997년 11월에 통과된 개정법에 따라 실시되었다. 한보사태 이후 정경유착과 정치부패구조에 대한 국민적 비판이 고조된 상황을 반영해, 돈 안 드는 선거를 위해 전통적 방식의 선거운동은 그 규모나 횟수를 줄이고 선거운동 방법을 옥외집회 중심에서 TV 등 보다 새로운 미디어 선거운동 중심으로 전환하는 것이 당시 개정법의 핵심이었다. 또한 선거공영제의 확대도 개정법의 주요 내용이었다.

구체적으로 살펴보면, 선거과열과 선거비용을 줄이기 위해 공식적 선거운동기간을 28일에서 23일로 단축시켰고 정당·후보자 연설회의 옥외집회를 폐지하며 옥내연설회의 개최횟수도 제14대 때에 비해 5분의 1로 대폭 줄였다. 대신 미디어 매체에 의한 선거운동을 확대해 방송

광고, 방송연설, 신문광고 횟수를 증편시켰고 언론기관과의 대담·토론회는 횟수제한을 없앴다. 후보 난립을 막기 위해 기탁금은 제14대 대선 때의 3억 원에서 5억 원으로 올렸고, 기탁금 반환은 제14대 때의 득표율 7% 이상에서 10% 이상으로 요건을 강화하였다. 부재자 투표기간을 제14대 때의 10일간에서 3일간으로 대폭 줄인 것도 선거과열 방지가 주된 이유였다. 물론 이러한 여러 제약적 제도의 도입이 소기의 효과를 거둬 실제로 선거비용을 줄이고 선거분위기를 차분하게 만들었는지에 대해선 의문을 남겼다. 미디어 선거운동의 비용도 만만치 않았고 지지자 확보와 동원을 위한 조직운영에도 여전히 거액의 음성적 자금이 소요되었다는 것이 세간의 관측이었다. 후보 간, 정당 간, 심지어 유권자 간 갈등도 선거운동 방식의 몇몇 변화로 완화시키기에는 그 정도가 너무 컸다.

선거운동 방식에 여러 제약이 가해진 것과는 대조적으로 선거운동의 주체와 관련해서는 제14대 때에 비해 제약이 크게 완화되어 선거법상 금지된 일부의 사람(미성년자, 공무원, 향토예비군 소대장급 이상의 간부, 통·리·반장 등)을 제외하고 누구든지 선거운동을 할 수 있게 되었다. 또한 선거비용 수입과 지출에 대한 선거관리위원회의 통제를 강화하는 대신, 선거공영제가 확대되어 선거 결과로 기탁금 반환요건을 충족한 경우에는 선전벽보, 소형인쇄물, 현수막, 신문 및 방송 광고, 방송연설 등의 비용과 선거사무원 수당을 대폭 보전할 수 있도록 하였다. 선거공영제는 후보자들이 선거자금을 마련하려고 각종 불법·편법적 방식에 의지하는 일이 없도록 하고 재력 있는 후보에게 불공정하게 유리한 금권선거가 발생하지 못하도록 하는 데에 그 목적이 있다. 그러나 국민의 세금으로 선거운동을 치르는 것이 정당한지에 대한 논란이 있었고, 새로 강화된 기탁금 반환요건을 충족한 경우에 한해 선거비용을 보전해 주는 제도는 거대정당 측에 유리하고 군소후보를 차별하는 것이라는 비판을 받기도 하였다.

3. 선거과정: 당내경선, 후보단일화, 미디어 선거운동과 그 명암

민주화 흐름에 부응하기 위해 주요 4당은 당내경선을 통해 대통령후보를 선출하였다. 당내 민주화라는 대명제뿐 아니라 소위 '흥행'을 통해 국민적 지지를 높이려는 목적도 있었다. 신한국당의 경선을 보면, 총 9명이 경선에 나서 이른바 '9룡(龍)'으로 불렸으나 최종적으로는 6명(김덕룡, 이수성, 이인제, 이한동, 이회창, 최병렬)이 경선을 치렀다. 1997년 7월 전당대회에서 2차 결선투표까지 가는 접전 끝에 이회창 후보(60% 득표)가 이인제 후보(40% 득표)를 누르고 후보로 선출되었다. 새정치국민회의의 경우, 획기적인 국민경선제로 당 후보를 결정하자는 제안이 있었지만 당무회의에서 부결되었고, 결국 당내 경선을 실시하게 되었다. 대통령후보로 김대중 총재와 정대철 부총재가 경쟁을 펼쳐 1997년 5월 전당대회에서 김대중 후보(78%)가 압도적으로 승리함으로써 김 후보는 생애 네 번째로 대통령선거에 도전하게 되었다. 자유민주연합에서는 김종필 총재와 한영수 의원이 경선을 벌여 김 총재가 압도적 표차로 대통령후보로 선출되었다. 이 밖에 민주당은 조순 서울시장을 대통령후보로 추대하였다. 민주노총도 정기대의원대회에서 제15대 대통령선거에 참여하기로 결정하고 '건설국민승리21'을 창당한 후 권영길 민주노총 위원장을 대통령후보로 추대하였다.

과거처럼 극소수 정치인의 밀실 거래로 후보가 결정되지 않고 개방적이고 민주적인 당내경선이 후보결정의 보편적 방식이 되었다는 점은 민주사적으로 큰 의의를 지닌다. 그러나 당내경선 결과가 나온 후 당내 의견수렴의 노력 없이 전격적인 합당과 후보단일화를 하거나 경선결과에 불복해 출마한 경우가 있어 당내경선의 취지가 흐려지고 당내 민주주의의 제도화가 침해된 측면도 있었다. 전술했듯이 김대중, 김종필 두 후보가 단일화에 성공했고 이회창, 조순 두 후보도 단일화를 결행하였다. 이는 아래로부터의 참여에 의한 후보결정을 위로부터의 전략적 계산에 의한 후보단일화가 덮어버린 셈이라 하겠다. 신한국당 경선에서 차점으로 패한 이인제 전 경기지사는 탈당 후 국민신당을 창당하고 대통령후보로 출마하였다. 이로 인해 민주절차에 의한 결과를 불복하는 나쁜 관례가 남게 되었고 애써 도입한 당내경선의 존재이유가 흔들리게 되었다.

각 정당은 후보를 확정한 후 본격적인 선거전에 돌입했다. 특히 국제통화기금 구제금융의 여파로 인해 각 후보는 경제위기 해결능력을 부각시키는 데 주력했고 각종 정치비리가 터진 당시 상황을 반영해 구질서의 청산과 변화를 모토로 내세웠다. 이회창 후보 측은 "깨끗한 정치", "튼튼한 경제", "3김 청산"을 슬로건으로 강조했고, 여당이지만 김영삼 대통령의 문민정부와 정책적 차별화를 하는 데 주안점을 두었다. 또한 이 후보의 강직하고 경륜을 겸비한 새 시대 정치인으로서의 면모를 홍보하는 전략을 썼다. 김대중 후보 측은 "정권교체"를 핵심 구호로 하고 "준비된 대통령, 경제 대통령"이라는 점을 부각시켰다. 특히 경제파탄책임론으로 한나라당과 이회창 후보를 비난하는 전략을 썼고, 'DJT 연대(전술한 DJP연합에 소위 대구·경북 TK의 박태준 씨를 합한)'를 통한 전국적 화합과 안정을 강조하고 김대중 후보의 대세론을 홍보하는 노력도 기울였다. 이인제 후보 측은 후보의 상대적 강점인 "젊음"을 부각시키고 "세대교체"를 슬로건으로 내세웠다.

각 후보는 다양한 방식을 통해 선거운동을 전개하였다. 선전벽보, 소형인쇄물, 현수막, 정당·후보자 연설회(제15대 대통령선거부터 옥내로 한정됨) 등 전통적 방식은 물론 방송연설, 방송광고, 신문광고, 거리유세(자동차 1대와 확성장치 1조 사용으로 한정), 언론매체 대담·토론회, PC 통신망과 홈페이지, 전화 등 보다 새로운 방식이 총동원되었다. 언론매체가 대거 활용되기 시작했고 컴퓨터도 중요한 선거운동의 도구로 떠올랐다는 점은 이전 선거와 차별되는 특징이라 하겠다. 이와 관련해, 선거운동을 저비용, 고효율로 할 수 있게 하고 유권자가 보다 충분한 정보를 얻을 수 있게 한다는 긍정성을 찾을 수 있으나 실효성에 대한 논란이 있었고 이미지 정치와 포퓰리즘의 폐해가 커진다는 부정적 지적도 있었다.

주요 선거쟁점 중 하나는 정치자금이었다. 먼저 1997년 상반기에 새정치국민회의와 자유민주연합이 김영삼 대통령의 제14대 대통령선거 자금 공개를 요구하면서 선거쟁점이 되었고, 이어 1997년 10월 신한국당이 김대중 후보의 비자금 조성의혹을 제기하면서 선거정국에 파란을 일으켰다. 그러나 검찰은 이회창 후보 측의 격한 반발에도 불구하고 이 사건에 대한 수사유보를 발표해 결국 판도라의 상자가 다 열리지는 않았다. 그 밖의 주요 선거쟁점으로 IMF 사태 책임 공방과 재협상 논란, 이회창 후보 두 아들의 병역면제 의혹 논란, 외환위기와 김현철 비리사건 등으로 불신대상이 된 청와대의 국민신당 지원 의혹, 김대중 후보의 건강문제 논란, 북풍 논란 등이 격렬한 설전을 낳았다.

선거법 위반행위는 이전 제14대 대통령선거 때에 비해 격감하였다. 제14대 때에 2,258명이 입건되어 994명이 기소된 것에 비해, 제15대의 경우 391명이 입건되어 129명이 기소되었다. 이처럼 선거사범이 줄어든 이유로, 선거법 개정으로 대규모 청중동원에 의한 옥외집회가 사라지고 미디어 선거의 활성화로 노골적이고 직접적인 금품살포가 감소했다는 점을 들 수 있다. 그 외에 선거관리위원회와 여러 시민단체가 공명선거운동을 전개하였고 선거관리위원회, 검찰, 경찰의 단속활동이 예방 효과를 냈을 것이라는 점도 들 수 있다.

4. 선거결과: 김대중 후보의 신승과 지역주의 구도의 존속

선거는 1997년 12월 11일부터 13일까지 3일간 부재자투표를 실시하고 일반투표는 동년 12월 18일 실시되었다. 부재자신고인 총 80여만 명 중 96.8%가 투표하였고, 일반투표에서는 선거인 3,229만여 명 중 80.7%가 투표하였다. 이 투표율은 제13대 대통령선거(1987년) 때의 89.2%, 제14대 대통령선거(1992년) 때의 81.9%에 비해 떨어진 것이다. 그러나 그

〈표 8-1〉 역대 대통령선거 투표율 (13대~17대)

대수	13대	14대	15대	16대	17대
연도	1987	1992	1997	2002	2007
투표율(%)	89.2	81.9	80.7	70.8	62.9

후의 대통령선거 투표율이 70.8%(제16대, 2002년), 62.9%(제17대, 2007년)로 격감한 것에 비하면 투표참여가 특별히 낮았다고 말할 수는 없다.

김대중 후보의 고향인 호남권이 가장 높은 투표율을 기록해 최초의 호남 대통령 탄생에 대한 염원을 보였다. 반면 연고지 출신 후보가 나오지 않은 영남권의 투표율은 대체로 낮았고, 후보단일화에 의해 무대 뒤로 물러난 김종필 자민련 명예총재의 지역기반인 충남은 전국 최하위 투표율에 머물렀다.

개표 결과, 김대중 후보가 40.3%의 득표로 당선되었고 2위 이회창 후보는 38.7%의 득표율을 기록해 근소한 차로 패했다. 매우 치열한 접전이었다. 이인제 후보는 19.2%를 얻어 3위에 그쳤고 여권을 분열시켜 결과적으로 야권에 승리를 안겼다는 비난에 봉착해야 했다. 김대중 후보는 호남권에서 90%를 크게 상회하는 압승을 거두었고 'DJP연합' 덕에 충청권에서 낙승을 거두었으며 수도권에서도 근소하나마 1등을 차지하였다. 반면 이회창 후보는 한나라당(신한국당과 민주당이 1997년 11월 합당해 생긴)이 아성을 굳히고 있던 영남과 강원에서 높은 득표율을 기록했다.

'3김 시대'의 끝자락을 장식한 선거지만 지역주의 구도가 여전히 존속했음을 알 수 있다. 선거 결과에 따라 김대중 당선자는 1998년 2월 25일 취임식을 갖고 제15대 대통령으로서 업무를 시작하였다.

선거결과는 한국 헌정사에 있어서 여러 의미를 지닌다. 첫째, 헌정사상 최초로 혁명, 쿠데타, 여당 내에서의 승계가 아닌 자유선거를 통해 여야 정권이 평화적으로 교체되었다. 민주화가 진척된 결과이자 민주

〈표 8-2〉 제15대 대통령선거 후보별 득표율 (%)

	한나라당 이회창	국민회의 김대중	국민신당 이인제	국민승리21 권영길	기타 후보
전국	38.7	40.3	19.2	1.2	0.6
서울	40.9	44.9	12.8	1.1	0.3
부산	53.3	15.3	29.8	1.2	0.4
대구	72.7	12.5	13.1	1.2	0.5
인천	36.4	38.5	23.0	1.6	0.5
광주	1.7	97.3	0.7	0.2	0.1
대전	29.2	45.0	24.1	1.2	0.5
울산	51.4	15.4	26.7	6.1	0.4
경기	35.5	39.3	23.6	1.0	0.5
강원	43.2	23.8	30.9	1.0	1.1
충북	30.8	37.4	29.4	1.3	1.1
충남	23.5	48.3	26.1	1.0	1.1
전북	4.5	92.3	2.1	0.4	0.7
전남	3.2	94.6	1.4	0.2	0.6
경북	61.9	13.7	21.8	1.5	1.2
경남	55.1	11.0	31.3	1.7	0.8
제주	36.6	40.6	20.5	1.4	0.9

화를 더욱 촉진시키는 요인이었다고 할 수 있다. 적어도 두 번의 평화적 정권교체는 있어야 민주주의가 공고화된 것으로 볼 수 있다면(몇몇 정치학자들처럼), 제15대 대통령선거는 또 다른 정권교체를 가져온 2007년의 제17대 대통령선거와 함께 한국민주주의 공고화의 결정적 계기가 되었다고 볼 수 있다. 둘째, 지역주의투표행태가 고착화되었다. 과거 '3김 시대'부터 지속되어온 '영남 대 호남 대 충청'의 지역주의투표행태가 호남-충청 연대로 인해 동서분할로 변형되었을 뿐 재현되었다. 소위

'3김' 중 김대중 후보만 출마한 선거였음에도 불구하고 지역주의가 존속했다는 점은 한국정치의 앞날에 부정적 징조였다고 하겠다. 실제로 그 후에도 지역주의는 다소의 정도 차에도 불구하고 한국정치의 큰 특징으로 상존해 오늘에까지 이르고 있다. 셋째, 후보들의 정치적 계산에 따른 이합집산이 선거결과에 지대한 영향을 끼쳤다. 그러한 이합집산이 뚜렷한 명분 없이 선거승리만을 목표로 책략적 차원에서 이루어졌고 정당민주주의의 제도화에 큰 타격을 가했지만, 지역연합에 성공한 측은 승리하고 당내 분열로 분당을 겪은 측은 패배하는 결과가 나타났다. 이러한 경험은 부정적 역사유산으로 남아 그 후로도 대선 얼마 전에 갑작스럽게 후보단일화가 이루어지거나(제16대의 경우) 급조신당이 나타나는(제17대의 경우) 비예측성의 전통이 이어져오고 있다.

III. 제2회 전국동시지방선거와 지역할거주의

1998년 6월 4일 광역단체장 선거구 16개, 기초단체장 선거구 232개, 광역의회의원선거구 616개, 기초의회의원선거구 3,456개에서 동시에 선거가 실시되었다. 이 제2회 전국동시지방선거는 초대 민선지방정부들의 경험을 반영해 지방자치를 궤도에 올리고 민생에 직결되는 지역 이슈를 공고하게 정립한다는 점에서 그 의미가 컸다. 뿐만 아니라 취임한 지 3개월 조금 넘은 김대중 대통령의 집권 초기 권력기반을 점검해 본다는 의미에서도 주목을 받았다.

1. 정치상황: 중앙정치의 대리전

1997년 12월 제15대 대통령선거가 정권교체를 가져오며 워낙 큰 관심을 끌었던지라 그 후 6개월이 채 지나지 않은 시점에 실시된 지방선거는 상대적으로 그리 큰 관심을 받기 힘들었다. 더욱이 나라가 경제위기의 충격 속에 IMF 관리체제에 놓이고 경제가 워낙 심한 파탄상태에 빠져 있었기 때문에 생계에 급급한 일반국민으로서는 선거에 큰 관심을 기울일 여유가 없었다. 또한 전국 단위의 선거가 아니고 지역별 선거이다 보니, 각 지역별로 아성을 굳히고 있는 정당 측 후보들이 일방적으로 유리한 판세에 있어 선거경쟁이 치열하기 힘들었다.

그러나 일반국민의 낮은 관심과는 달리 정치권에서는 이 제2회 지방선거에 큰 중요성을 부여했다. 여당인 새정치국민회의는 한편으로 임기 초 김대중 대통령의 지지기반을 다지고 또 한편으로 한나라당이 과반수 의석을 차지하고 있던 국회구도를 바꿀 정계개편의 계기를 잡기 위해 지방선거에서의 승리가 절실했다. 여권의 공동 축인 자유민주연합 역시 새정치국민회의에 일방적으로 따라가지 않고 집권 파트너로서의 위상을 높이기 위해 많은 의석을 확보할 필요가 있었다. 한나라당은 대통령선거에서 정권을 내준 후 허탈감은 물론 존립의 위기감마저 느끼고 있던 차라 지방선거 승리로 국면 전환을 꾀하려 하였다. 이에 따라 제2회 지방선거는 중앙정치권의 과도한 개입 시도 속에 중앙정치의 대리전 양상을 띠게 되었다. 반면 각 지방에 고유한 지역현안은 주요쟁점으로 부각되지 않아 지방선거로서의 취지를 살리기 힘든 상황이었다.

2. 선거제도: 의원정수의 축소와 제약적 선거운동

지방선거 한 달여 전인 1998년 4월 30일 개정 공포된 「공직선거및선거부정방지법(공선법)」에 의해 지방의회 의원정수가 크게 축소되었다.

〈표 8-3〉 역대 지방의회 의원정수 (1995~2006)

		1995	1998	2002	2006
광역	지역	875	616	609	655
	비례대표	97	74	73	78
기초	지역	4,541	3,489	3,485	2,513
	비례대표	-	-	-	375

IMF 관리체제에서 대부분의 공사 조직이 인원 감축에 동참하는 시대 분위기를 반영한 것이다. 광역의회 지역구의원은 총 875명에서 616명으로, 광역의회 비례대표의원은 총 97명에서 74명으로 감소하였다. 기초의회의원은 총 4,541명에서 3,489명으로 감소하였다. 각 지방의회별 의원정수를 보면, 16개 광역의회 의원정수는 평균 43명이고 최소 17명(광주, 대전, 울산, 제주)에서 최대 104명(서울)까지 분포하였다. 한편, 232개 기초의회 의원정수는 평균 15명으로 최소 7명에서 최대 40명까지 분포하였다.

개정 공선법은 고비용 선거를 방지하기 위한 목적으로 선거운동에 많은 제약을 가하였다. 예를 들어, 명함형 소형인쇄물과 현수막을 모든 지방선거에서 폐지하였고, 시도지사 선거의 경우 방송광고도 폐지하였다. 지자체장 선거에서 사용가능한 인쇄홍보물은 선전벽보, 선거공보, 책자형 소형인쇄물로 제한하였고, 지방의회선거에서는 선전벽보와 선거공보만이 가능하게 하였다. 또한 지자체장 선거에서 정당·후보자 등이 할 수 있는 연설회의 횟수도 줄였고 유급선거사무원 수도 축소하였다. 다만, 대통령선거와는 달리 옥외연설은 허용하였다. 몇 개월 앞선 제15대 대통령선거에서 확산되었던 미디어 선거가 더욱 활성화되도록 후보자의 방송연설이 지자체장 선거 및 비례대표 광역의회선거에서 허용되었지만, 지역구 광역의회와 기초의회 선거의 경우에는 방송연설이 허용되지 않았다. 이처럼 전반적으로 개정 선거법은 고비용 선거 방지라는 명분 아래 선거운동에 제약을 가함으로써 후보를 유권자에게 알릴 수 있는 기회를 크게 줄였다. 그 결과, 정당추천이 허용되지 않은 기초의회선거는 아예 유권자 관심 밖으로 밀리게 되고, 지방선거가 중앙당 간의 대리전 양상으로 과열된 광역단체장 선거 중심으로 흘러가게 되었다.

한편, 후보의 과도한 난립을 막기 위해 기탁금 반환요건을 강화하였다. 제1회 지방선거에서는 단체장선거의 경우 유효투표수의 10% 이상을 득표할 때, 지방의원선거의 경우 유효투표수를 후보자 수로 나눈 값의 1/2 이상을 득표할 때 기탁금을 반환하도록 하였으나, 제2대 지방선거에서는 유효투표수를 후보자 수로 나눈 값 이상이거나 유효투표수의 20% 이상을 득표한 경우에 기탁금을 반환하도록 하였다. 또한 선거공영제의 확대를 위하여 기탁금 반환요건이 충족된 유력 후보에게는 각종 선거운동비용을 보전해 주도록 하였다. 이러한 기탁금 및 선거비용 보전 관련제도는 재력이 강하지 않은 사람이나 정치신인, 군소정당 후보의 출마를 억제하고 유력 후보자에게 일방적으로 유리해 결국 기회의 형평성이 침해되는 것 아니냐는 논란을 낳기도 하였다.

3. 선거과정: 지역기반 중심의 전략적 공천과 연합공천

정당공천 중 광역단체장선거의 경우를 보면, 새정치국민회의와 자유민주연합의 여권 연합공천이 핵심 특징으로 두드러진다. 전자는 지역기반인 광주, 전남, 전북에 더해 서울, 경기, 부산, 경남, 제주에서 공천을 했고, 후자는 지역기반인 대전, 충남, 충북에 더해 인천, 대구, 울산, 경북, 강원에서 공천권을 행사했다. 여권의 양당이 각각 8개 시도에서 공천을 했지만, 최대 인구의 수도권(서울, 경기), 제2도시(부산), 두 번째로 인구가 많은 도(경남)를 차지한 새정치국민회의가 상대적 우세를 보였다고 할 수 있다. 또 다른 특징으로 각 정당이 지역기반 중심으로 전략적으로 공천을 했기 때문에 공천율이 낮다는 점을 들 수 있다. 연합 공천으로 인해 새정치국민회의와 자민련이 각각 50%의 공천율에 그쳤을 뿐 아니라 한나라당도 75%의 공천율에 그쳤다. 이는 제1회 지방선거 때 주요 정당의 공천율보다 낮은 것이다. 그 만큼 각 정당이 지역분할구도 속에서 당선가능성을 염두에 둔 공천을 했고 명실상부 전국정당으로서의 면모를 보여주지 못했다는 점을 알 수 있다.

〈표 8-4〉 1998년 광역/기초단체장선거 정당별 공천 후보자수 (무소속 포함)

	한나라당		국민회의		자민련		국민신당		무소속	
	광역	기초	광역	기초	광역	기초	광역	기초	광역	기초
전국	12	148	8	169	8	93	4	35	8	232
서울	1	23	1	22	-	9	-	4	1	14
부산	1	13	1	8	-	5	-	-	1	22
대구	1	8	-	4	1	5	1	-	-	9
인천	1	7	-	9	1	3	1	4	-	6
광주	-	1	1	5	-	1	-	-	1	1
대전	-	1	-	4	1	5	1	4	1	2
울산	1	4	-	4	1	3	1	-	1	7
경기	1	28	1	25	-	8	-	13	1	32
강원	1	17	-	14	1	9	-	3	-	13
충북	1	2	-	9	1	11	-	1	-	19
충남	1	3	-	9	1	15	-	2	-	14
전북	-	-	1	14	-	1	-	-	-	21
전남	-	-	1	22	-	1	-	-	-	21
경북	1	19	-	7	1	10	-	-	-	19
경남	1	19	1	9	-	7	-	3	1	29
제주	1	3	1	4	-	-	-	1	1	3

기초단체장선거의 정당공천에서도 비슷하게 배타적 지역기반 중심의 전략적 공천과 여권의 연합공천 양상이 보였는데, 그 연합의 정도는 광역단체장 선거에 비해 상대적으로 높지 않았다. 수도권 지역에서는 한나라당과 새정치국민회의가 대부분의 선거구에 공천을 한 반면 자유민주연합은 30% 정도의 낮은 공천율을 기록했다. 충청지역에서는 자민련이 100% 공천했고 국민회의도 높은 공천율을 보였지만 한나라당의 공천율은 매우 낮았다. 호남지역에서는 국민회의가 100% 공천했고 다른 정당은 거의 공천을 하지 않았다. 영남지역에서는 한나라당이 매우 높은 공천율을 기록한 반면 다른 정당의 공천율은 매우 낮았다. 정당추천이 허용된 광역의회선거에서도 지역할거주의를 반영한 전략적 공천 양상이 비슷하게 나타났다.

후보경쟁률은 제1회 지방선거 때에 비해 떨어졌다. 전략적 공천과 여권의 연합공천에 따라 후보 수가 줄었고 이에 따른 후보경쟁력의 강화로 인해 무소속 후보도 출마를 주저할 수밖에 없었기 때문이다. 광역단체장의 평균 경쟁률은 2.5 대 1로 앞선 지방선거보다 1.2포인트 감소했고, 기초단체장의 경우는 2.9 대 1로서 역시 1.2포인트 감소했다. 광역의원과 기초의원의 경쟁률도 상대적으로 작은 폭이지만 떨어졌다.

불과 6개월 전 실시된 제15대 대통령선거에서 선거사범이 상대적으로 많지 않았던 것과 달리 제2회 지방선거는 역대 선거사상 최다의 선거사범 발생건수와 기소건수를 기록했다. 총 4,463명의 선거사범 중 2,420명이 기소되었다. 제1회 지방선거에서는 총 3,259명의 선거사범 중 1,681명이 기소되는 수준에 머물렀다. 이렇게 선거사범이 급증한 것은 정부기관의 단속이 엄해진 이유 때문이기도 하지만 후보자 간의 대립이 격화되며 흑색선전이 난무하고 상호 고소·고발이 크게 늘어났다는 데서도 이유를 찾을 수 있을 것이다. 대통령선거의 경우 선거법 위반으로 적발될 경우 워낙 파장이 크고 역풍을 맞게 되므로 서로 조심하는 경향이 있고 부득이 위반하더라도 소위 '완전범죄'가 되도록 당 차원에서 만전을 기한다. 반면 지방선거에서는 급한 김에 후보 차원에서 조심성 없이 모든 수단을 동원하려 들기 쉽고 아마추어 같은 선거운동원의 법지식이 일천할 수 있어 선거사범 수가 늘어나게 되는 것이다.

4. 선거결과: 투표율의 저조와 지역주의 구도의 지속

투표율은 52.6%로 상당히 저조하였다. 이는 불과 6개월 앞선 제15대 대통령선거의 투표율 80.7%는 물론 1995년 제1회 지방선거 때의 68.4%보다도 크게 떨어진 것이다. 특히 대도시의 투표율이 낮아, 광역단체장선거 경합이 치열했던 울산을 제외한 모든 광역시가 40%대를 기록했다. 도(道)의 경우 50.0%를 기록한 경기도를 제외하고 모두 60%대이거나 60%에 거의 육박하는 상대적으로 높은 투표율을 보였다. 투표참여의 도저촌고(都低村高) 현상이 나타났다고 볼 수 있다.

낮은 투표율은 전술했듯이 유례없는 국가적 경제위기로 국민이 정치와 선거에 큰 관심을 기울일 상황이 아니었다는 데서 선거 전부터 예견된 것이었다. 여기에 더해, 지역별로 특정 정당이 아성을 굳히고 있는 지역주의 구도에서 정당들이 승산 있는 지역기반을 중심으로 공천을 한 탓에 선거경쟁이 치열하기 힘들었다는 이유도 들 수 있다. 유권자 무관심은 선거운동 방법이 너무 제한적이었고 기탁금 반환요건 강화로 보다 많은 군소후보가 출마하기 힘들었다는 데에도 기인했을 것이다. 뿐만 아니라 선거대결이 지역별 현안 중심이 아니라 중앙정치의 대리전으로 변질되고 과열 혼탁 양상이 심화되면서 유권자의 정치불신이 커졌다는 점도 투표율 저조를 초래했을 것이다(황아란 1998, 56-58).

투표결과를 보면, 광역단체장선거에서 한나라당이 6명(부산 안상영, 대구 문희갑, 울 심완구, 강원의 김진선, 경북 이의근, 경남 김혁규), 국민회의가 6명(서울 고건, 광주 고재유, 경기 임창열, 전북 유종근, 전남 허경만, 제주 우근민), 자민련이 4명(인천 최기선, 대전 홍선기, 충북 이원종, 충남 심대평)의 당선자를 냈다. 당선자의 득표율을 보면, 압도적으로 높은 득표율로 당선된 후보자가 모두 영남, 호남, 충청 등 지역주의가 강한 지역에서 나왔다. 지역주의가 여전히 영향력을 행사하고 있음을 알 수 있다. 부산과 울산에선 초접전이었지만 지역에서 맹주로 있는 한나라당 후보가 무소속 후보(다른 정당 후보가 아니라)의 도전을 받은 것이라는 점에서 지역주의의 해소라고 볼 수는 없다. 반면 서울, 인천, 경기, 강원, 제주 등 지역주의 색채가 강하지 않은 곳에서는 비교적 접전이 펼쳐졌다.

〈표 8-5〉 1998년 광역/기초단체장선거 정당별 당선자수 (무소속 포함)

	합계		한나라당		국민회의		자민련		무소속	
	광역	기초	광역	기초	광역	기초	광역	기초	광역	기초
합계	16	232	6	74	6	84	4	29	0	44
서울	1	25	-	5	1	19	-	1	-	-
부산	1	16	1	11	-	-	-	-	-	5
대구	1	8	1	7	-	-	-	-	-	1
인천	1	10	-	-	-	9	1	1	-	-
광주	1	5	-	-	1	5	-	-	-	-
대전	1	5	-	-	-	1	1	4	-	-
울산	1	5	1	3	-	-	-	-	-	2
경기	1	31	-	6	1	20	-	2	-	3
강원	1	18	1	13	-	1	-	2	-	2
충북	1	11	-	-	-	2	1	6	-	3
충남	1	15	-	-	-	-	1	11	-	3
전북	1	14	-	-	1	9	-	-	-	5
전남	1	22	-	-	1	15	-	-	-	7
경북	1	23	1	14	-	1	-	2	-	6
경남	1	20	1	14	-	-	-	-	-	6
제주	1	4	-	1	1	2	-	-	-	1

기초단체장선거의 정당별 당선현황은 한나라당 74명, 국민회의 84명, 자민련 29명, 국민신당 1명, 무소속 44명이었다. 한나라당은 영남, 국민회의는 호남, 자민련은 충청에서 거의 독점이라고 할 만큼의 높은 당선율을 기록해 지역할거주의 구도가 재현되었다. 한편, 수도권에서 여권이 압승한 것은 연합공천 덕인 것으로 보인다. 기초단체장 선거의 현직 재선율을 보면, 총 194명의 현직후보 가운데 148명이 당선되어 76.3%의 높은 수치를 기록했다. 재선율은 도(79.3%)에서 특별·광역시(68.5%)보다 높게 나타나 도시에 비해 촌지역의 역동성이 떨어짐(다른 말로, 안정성이 높음)을 알 수 있다.

광역의회선거의 정당별 당선현황은 한나라당 224명, 국민회의 271명, 자민련 82명, 무소속 39명으로 나타났다. 정당 간 세력판도가 기초단체장 선거에서와 비슷함을 알 수 있다. 또한 각 광역의회별 정당분포를 보면 강원과 제주를 제외하고는 모두 특정 정당이 2/3 이상의 압도적 비율로 의석을 점유해 지역할거 현상이 두드러졌다. 제1회 지방선거에서 16개 광역의회 중 7곳에서만 특정 정당이 2/3 이상의 의석점유율을 차지했던 것과 비교하고 또한 무소속 광역의원 수가 크게 줄었다는 점을 고려해보면, 정당들의 지역할거주의가 더욱 심화되었다는 점이 시사된다. 현직 재선율은 전체적으로 63.3%로서 기초단체장 선거의 76.3%보다 낮은데, 특히 무소속 현직후보의 재선율이 18.2%로 매우 낮게 나왔다. 정당소속 현직후보의 경우엔 한나라당 73.5%, 국민회의 83.2%, 자민련 66%로서 비교적 높은 편이어서 정당 프리미엄을 엿볼 수 있다.

기초의회선거의 득표결과를 보면, 총 7,723명의 후보 중 3,489명이 당선되어 평균 2.2 대 1의 경쟁률을 보였다(출마자가 없어 당선자를 내지 못한 1개 지역을 제외). 현직의원의 재출마율은 61.8%이었고 그 중 56%가 재선에 성공해 전체 당선자 가운데 45%가 재선의원으로 채워지게 되었다. 기초의회선거에는 정당공천이 허용되지 않아 후보자의 기호는 '가, 나, 다'로 표시했는데, 이를 정당기호 '1, 2, 3'과 같은 것으로 착각한 유권자가 제법 있었던 것으로 보인다. 이는 호남에서 '나' 기호의 당선자가 '가' 기호 당선자보다 훨씬 많고 영남에선 반대로 '가' 기호 당선자가 훨씬 많으며 충청에선 '다' 기호 당선자의 상대적 비율이 높다는 데서 짐작할 수 있다.

당선자들의 특징 중 주목할 점은 여성이 매우 적다는 것이다. 광역 및 기초 단체장선거에서는 단 한 명의 여성후보도 당선되지 못하였고, 지역구광역의원 중 2.3%(14명), 기초의원 중 1.6%(56명)만이 여성이었다. 그나마 광역의회 비례대표 의원 중 여성의원이 36.5%를 차지해 미흡하나마 여성의 대표성 증가에 기여했다. 그러나 전반적으로 볼 때 여성의 비중은 제1회 지방선거 때로부터 별로 나아지지 못했다. 시도별로 여성의원 수를 보면 대도시보다 도에서 특히 적고 당선율도 낮다. 전반적으로 여성의 정치적 진출이 미약하고 특히 도농 간에 여성의 사회적 위상에 차이가 있음을 알 수 있다.

또 하나 특기할 점은 노동조합 등 사회단체가 약진했다는 것이다. 사회단체의 정치활동이 허용된 후 처음 실시된 이 선거에서 민주노총과 한국노총 등 노동계는 4명의 기초단체장, 19명의 광역의원, 41명의 기초의원을 당선시키는 성과를 냈다. 특히 공업단지 지역인 울산과 구미 등에서 많은 당선자를 내었다. 그 밖에 농민단체인 전국농민회총연맹(전농)은 기초단체장 1명, 광역의원 4명, 기초의원 16명을 당선시켰다. 환경운동연합은 기초단체장 2명, 광역의원 6명, 기초의원 13명을 당선시키는 성과를 냈다. 시민사회가 발전하고 특히 진보적 시민사회가 세를 확대해 제도정치권에까지 진출할 정도에 이르렀음을 의미한다.

IV. 제16대 국회의원선거와 여소야대

2000년 4월 13일 실시된 제16대 국회의원선거는 새 밀레니엄을 여는 선거이자 임기 절반을 마친 김대중 대통령에 대한 중간평가로서 중차대한 의미를 지녔다. 지역구 227명, 비례대표 46명 등 총 273명의 국회의원이 선출되었는데, 제15대 국회의원선거 때와 마찬가지로 대통령 소속정당(여당)이 과반수 의석을 얻지 못하는 '여소야대'의 결과가 나왔다. 김 대통령으로서는 뼈아픈 정치적 패배였다. 국민이 어느 한쪽으로의 권력집중을 원치 않는 견제심리를 갖고 있음을 재확인해주는 선거였다. 특기할 점으로, 시민단체 주도의 낙천·낙선운동이 선거과정에서 큰 논란을 낳았고 선거결과에도 지대한 영향을 끼쳤다. 낙천·낙선운동은 정치권에 꼭 필요한 민주적 자극이라는 긍정론과 선거법 위반, 대표성 결여, 시민단체의 순수성 상실 등의 문제점이 크다는 부정론으로 국민여론을 양분시키며 사회갈등의 중심에 서기도 하였다.

1. 정치상황: 'DJP연합'의 해체

IMF 관리체제를 비교적 성공적으로 버틴 김대중 정부는 국민의 높은 지지를 기대했지만 김 대통령의 임기 전반기에 대한 여론은 그렇게 호의적이지만은 않았다. 특히 1997년 대선 승리를 가져온 'DJP연합'이 점차 긴장관계에 빠지며 김 대통령의 통치기반에 균열이 생기기 시작하였다. 'DJP연합'의 연결고리였던 내각제 개헌이 김대중 정부의 출범 이후에도 추동력을 얻지 못하자 그 정략적 연합의 지속적 필요성에 의문이 제기되었던 것이다. 결국 1999년 7월 내각제 개헌 유보가 공식 발표되었고, 새정치국민회의는 자유민주연합 내 충청권 의원들의 반대로 양당 간의 합당이 잘 추진되지 않자 내부 및 외부 인사를 규합해 2000

년 1월 새천년민주당이라는 이름으로 확대 창당하였다. 이런 상황에서 새천년민주당과 자유민주연합은 이전 몇 개의 선거에서와는 달리 연합공천을 시도하는 노력마저 없이 독자적으로 국회의원선거를 준비하였다. 당시 국민적 관심이 된 정책이슈는 의약분업이었다. 오랜 논란 끝에 2000년 1월 의약분업 시행의 기본골격을 담은 약사법이 개정되었으나, 이에 불만을 품은 의료계의 휴폐업사태가 발생하며 정국의 긴장요인으로 작용하였다.

2. 선거제도: 개정선거법과 국회의원 정수 감축

선거관련법 개정 노력은 이미 1998년부터 있었으나 지연되다가 제16대 국회의원선거가 2개월 밖에 남지 않은 시점인 2000년 2월 9일에야 국회에서 의결되고 2월 16일 공포되었다. 이렇게 지연된 주된 이유는 1997년 경제위기 이후 사회 전반에 구조조정의 필요성이 제기되면서 국회의원 정원도 감축해야 한다는 여론이 거세짐에 따라 지역구 수를 감축하는 선거구획정안을 만들게 되었는데 그 과정에서 정치적 이해관계가 첨예하게 얽혔기 때문이다. 어느 지역구를 통폐합하고 선거구 경계를 어떻게 획정하느냐에 따라 정당정치의 세력판도뿐 아니라 개별 의원들의 정치생명도 좌우될 수 있었던 것이다. 선거관련법 개정이 지연된 또 다른 이유는, 시민단체들의 낙천·낙선운동이 사회적 파장을 낳자 사회단체들의 선거운동에 대한 규정을 만들 필요가 있었고 이에 관해 각계각층의 의견을 수렴하는 데 많은 시간이 들었기 때문이다.

선거구 조정으로 지역구가 종전 253개에서 227개로 줄었다. 지역구마다 1명의 당선자를 내는 소선거구제가 유지되는 가운데 지역구 의원 정수는 227명으로 감소 확정되었고, 여기에 정원의 변동이 없는 비례대표 의원 46인을 합해 총 273인으로 국회의원 정수가 확정되었다. 경제위기라는 심대한 외적 충격 앞에 국회의원들도 의원 수 감소를 받아들일 수밖에 없었던 것이다. 한편, 각 정당은 비례대표 의원 후보자 중 30% 이상을 여성으로 추천하도록 의무화되어 여성의 국회진출 기회가 늘어났다.

선거사상 처음으로 후보자와 직계비속의 병역사항, 후보자의 최근 3년간 재산세와 소득세 납부실적, 금고 이상의 전과기록 등 후보자의 자질검증을 위한 자료를 공개하도록 하였다. 유권자의 알 권리를 도모하고 합리적 판단을 돕기 위한 조치였다. 국회의원 출마자의 기탁금은 1,000만 원에서 2,000만 원으로 상향되었지만, 선거공영제를 확대하여 공개장소 연설용 차량과 확성장치의 임차 및 유류비, 선거사무관계자의 수당을 국가에서 보전해주도록 하였다. 너무 낮은 득표로 보전기준에 미달한 후보자에게도 선전벽보, 선거공보 작성비용은 기탁금에서 보전해주던 종전 조항은 삭제하였다. 이러한 제도변경은 유력 후보자에게 유리하고 군소 후보에게 불리한 것이라 하여 형평성 논란을 낳기도 했다. 한편, 정당의 후보자 추천에 관한 단순한 지지·반대의 의견 개진은 선거운동으로 보지 아니하도록 하고, 후보자를 초청하여 대담이나 토론회를 개최할 수 있는 단체는 선거기간 중에 선거운동을 할 수 있도록 하여 선거운동의 제약성을 낮추고 유연성을 높였다.

제도변화 중 특기할 만한 것으로 선거관리위원회의 권한 증대를 들 수 있다. 선거부정을 감시하기 위하여 구·시·군 선관위마다 50인 이내의 선거부정감시단을 설치 운영하도록 하였다. 또한 선관위 위원·직원에게 금품·향응 제공에 관련된 선거범죄 혐의자의 동행 또는 출석요구권과 증거물품의 수거권을 부여하였다. 선관위가 고발한 사건에 대해 검사가 공소제기를 하지 않을 때는 선관위가 재정신청을 할 수 있도록 하는 조치도 추가하였다. 이러한 선관위 권한 증대 조치들은 이후 후속 선거들에서도 계속 선관위의 역할이 커지고 중요해지는 기폭제가 되었다고 말할 수 있다.

3. 선거과정: 시민단체의 낙천·낙선운동과 선거과열

227개 지역구에 1,040인이 후보자로 등록해 평균 4.6 대 1의 경쟁률을 보였다. 이는 제15대 국회의원선거 때의 5.5 대 1보다 다소 낮아진 것이다. 여러 원인이 있겠으나 기탁금이 상향 조정되고 선거비용 보전이 엄격해짐에 따라 군소후보의 출마가 억제되었다는 점도 하나의 원인이었을 것이다. 지역별 후보 경쟁률을 보면, 서울이 평균 5.4 대 1로 최고를 기록했고 제주가 3.3 대 1로 최저를 기록했다. 한나라당과 새천년민주당은 225개 지역구에 후보자를 낸 반면 자유민주연합은 171개 지역구, 민주국민당은 125개 지역구에만 후보자를 냈다. 제15대 국회의원 299명 중 77.9%가 다시 입후보하였다.

특기사안으로, 시민단체 주도의 낙천·낙선운동이 선거과정상 큰 논란을 일으켰다. 낙천·낙선 대상자를 많이 낸 한나라당 측의 반발이 특히 컸다. 이 운동은 선거결과에도 지대한 영향을 주어 낙인찍힌 대상자들은 대부분 낙마하고 말았다. 이 운동은 시민단체의 정치적 역할에 대한 격한 논쟁을 일으켜 정치권에 꼭 필요한 민주적 자극을 가하는 것이라는 긍정론과 선거법 위반, 대표성 결여, 시민단체의 순수성 상실 등의 문제점이 크다는 부정론이 팽팽하게 맞섰다. 그 긍정성에도 불구하고 국민여론을 양분시키고, 사회갈등을 증폭시키고, 부분적이나마 단속에 불응하고 심지어 단속공무원을 폭행하는 일까지 발생했다는 점은 시민사회 내에서도 자성의 목소리를 내게 하기에 충분하였다.

선거운동은 어느 선거 때보다도 치열하였다. 의원정수가 축소되어 선거구 재획정이 이루어졌고 실현되지는 않았지만 중선거구제 도입 논의도 있었던 만큼 선거 판세를 점치기 힘들었다. 이러한 불확실성이 선거운동 과열의 한 원인이었을 것이다. 또한 여야 정권교체 후 처음이자 새 밀레니엄에 들어서 처음 치러진 국회의원선거로서 정국의 주도권 확보에 중요한 선거라고 판단한 각 정당 지도부가 선거승리에 모든 것을 걸었다. 이에 따라 선거가 과열되며 지역감정에 호소하는 지역주의 구태가 나타났고, 행정부는 국정홍보물 과다 배포 및 고위 공직자의 지방방문 등으로 관권개입 시비를 초래하였다. 선거운동 방식은 인터넷, PC통신, 전화 등 온라인이나 첨단기기에 크게 의존하는 경향을 보였는데, 선거정보를 보다 신속하고 효율적으로 유권자에게 전달하는 장점도 있었지만 이러한 도구의 특성상 일방적 선전이나 근거 없는 인신공격이 난무하는 결과가 나타나기도 하였다. 일방적 선거운동이 전개되는 상황에서 상호 정견·정책 대결에 의한 선거경쟁이 미흡하게 되어 뚜렷한 정책이슈가 부상하기 힘들었다. 더욱이 정부가 선거일 사흘 전에 남북정상회담 개최합의를 전격 발표함으로써 선거용 깜짝쇼라는 비판을 받는 등 관권선거 공방이 재연되기도 하였다.

선거관리의 측면을 보면, 관련 선거법 개정의 지연으로 선관위는 준비에 어려움을 겪었으나, 선거관리사상 처음으로 선거부정을 감시하기 위하여 구·시·군 선관위마다 선거에 참여한 정당이 추천한 자를 포함한 50인 이내의 선거부정감시단을 구성·운영하였다. 이 선감단제도는 후속 선거들에서도 선관위의 단속 및 홍보 역할에 큰 기여를 해오고 있다. 선관위는 또한 인터넷의 급격한 보급에 따라 사이버단속반도 운영하였다. 선거법 위반행위에 대한 단속으로 총 3,017건을 적발·조치했는데, 이는 제15대 국회의원선거 때의 741건보다 4배나 증가한 것이다. 선거의 과열로 불법행위가 실제로 많이 발생했기 때문이기도 하겠지만 단속 의지와 기법의 향상, 대규모 선거부정감시단의 밀착 감시에 힘입은 결과이기도 할 것이다.

4. 선거결과: 낮은 투표율, 여소야대, 지역주의 양상

전체 선거인수 약 3,348만 명의 57.2%가 투표에 참여하였다. 이는 1998년 6월 제2회 지방선거의 투표율 52.6%보다는 약간 높은 것이지만, 1997년 12월의 제15대 대통령선거 투표율 80.7%보다 크게 낮은 수치이고 역대 국회의원선거사상 최저의 투표율이다. 제12대부터 제15대까지 국회의원선거 투표율이 84.6%, 75.8%, 71.9%, 63.9%로 계속 하강세를 그렸는데 제16대 투표율은 그 연장선에서 더욱 낮게 추락한 것이다. 시도별 평균투표율을 비교하면, 제주 67.2%, 전남 66.8%, 경북 64.6%, 강원 62.9%가 상위를 차지한 반면 대전 53.3%, 인천 53.4%, 서울 54.3%, 대구 53.5%가 하위로 깔렸다. 7대 도시가 울산을 제외하고 모두 평균투표율 미만을 보였고 9개 도(道)는 경기를 제외하고 모두 평균투표율을 상회했다. 투표참여의 도고촌저(都高村低) 현상이 재현되었음을 알 수 있다.

한나라당은 전체 39.0%의 득표율로 지역구 112인, 비례대표 21인을 합해 133인의 당선자를 배출했다. 새천년민주당은 전체 35.9%의 득표율로 지역구 96인, 비례대표 19인을 합해 115인이 당선되었다. 자유민주연합의 경우 전체 9.8% 득표율에 머물며 지역구 12인, 비례대표 5인을 합해 불과 17인이 당선되어 크게 위축되었다. 그 외 민주국민당 2인(지역구 1인, 비례대표 1인), 희망의 한국신당 1인, 무소속 5인의 당선자가 나왔다.

어느 정당도 과반수 의석을 얻지 못하고 대통령 반대당(야당)인 한나라당이 원내 제1당으로 부상하였다. 의석이 55석에서 17석으로 줄어 교섭단체 구성요건조차 충족시키지 못한 자유민주연합의 충격이 컸다. 제15대 국회의원선거 때와 마찬가지로 대통령 소속정당(여당)이 과반

〈표 8-6〉 제16대(2000) 국회의원선거 정당별 득표율 및 의석률

정당	한나라당	민주당	자유민주연합	민주국민당	민주노동당	기타	무소속
득표율	39.0	35.9	9.8	3.7	1.2	1.1	9.4
의석수	133(21)	115(19)	17(5)	2(1)	0	1	5
의석률	48.7	42.1	6.2	0.7	-	0.4	1.8

* 의석수 표기는 총수(1인 1표제하의 비례대표 의석수)로 나타냄

수 의석을 확보하지 못하는 결과가 나왔다. 새천년민주당과 자유민주
연합이 공조하지 않고 각각 선거를 준비해 여권성향 유권자의 표가 분
열되었기 때문이기도 하지만, 국민이 어느 한쪽으로의 권력집중을 원
치 않는 견제심리를 갖고 있음을 재확인해주는 선거였다.

　시도별 정당 당선자 분포를 보면 영호남에서 고착화된 지역주의 양
상을 여실히 볼 수 있다. 한나라당은 부산, 대구, 경북, 경남의 의석 60
개를 모두 휩쓸고 울산의 5석 중 4석을 획득해(나머지 1석은 무소속 정몽
준 후보가 승리함) 영남에서의 절대적 위치를 재확인했다. 새천년민주당
은 호남의 29석 중 3석을 무소속 후보자에게 놓친 것을 제외하고 나머
지 의석을 석권했다. 한나라당의 득표율이 부산, 대구에서 60%를 약간
넘고 경남북에서 50%대 초반이었지만 소선거구제의 특성상 전승을 거
둘 수 있었고, 새천년민주당도 광주, 전남북에서 70%에 미달하는 득표
율을 기록했지만 소선거구제의 덕을 볼 수 있었다. 반면 자유민주연합
은 충청에서 의석수와 득표율에서 공히 절대 강자의 위치를 잃고 근소
하게 다수를 점하는 수준으로 떨어졌다. 수도권에서는 새천년민주당
이 근소한 우위를 지켰다.

　선거결과에 대한 이의로 선거무효소송 또는 당선무효소송이 제기된
건수는 총 24개 선거구에서 28건으로 과거 제15대 국회의원선거의 9건
에 비해 크게 늘어났다. 여야 호각지세 속에서 워낙 근소한 표차로 당
락이 결정된 선거구가 많아서 투표지의 유무효 판정에 대한 소송이 늘
어났던 것이다. 예를 들어, 경기 광주군 선거구에서 박혁규 후보(한나라
당)는 문학진 후보(민주당)보다 3표를 더 얻어 당선되었고 서울 동대문
구을 선거구에서는 김영구 후보(한나라당)가 허인회 후보(민주당)보다
11표를 더 얻어 당선되었다.[2]

---

2) 소송에 따른 투표지 검증 결과, 최종 표차는 광주군의 경우 2표, 동대문구을의 경
　우 3표로 바뀌었지만 당락에는 변화가 없었다.

V. 제3회 전국동시지방선거와 야당의 압승

제3회 전국동시지방선거는 제16대 대통령선거를 6개월여 앞둔 정치적으로 민감한 시점인 2002년 6월 13일 실시되었다. 마침 월드컵축구대회가 국내에서 개최되며 전 국민을 열광의 도가니로 몰아넣던 기간과 겹쳤다. 이 선거는 결국 야당인 한나라당의 압승으로 끝나며 김대중 대통령과 그의 새천년민주당을 정치적 위기에 몰아넣고 김 대통령 집권 말기의 통치에 큰 타격을 가하였다. 그러나 결과적으로 회고해볼 때, 여권은 지방선거의 참패로 절박함을 느껴 대통령후보 단일화 등 각종 전략을 총동원하고 폭넓게 결집하게 되어 제16대 대통령선거를 신승으로 이끄는 전화위복의 계기를 맞게 된다. 반면 야당인 한나라당은 방심의 덫에 빠지게 되고, 권력이 너무 한쪽으로 쏠리는 것을 견제하고자 하는 심리를 가진 일반유권자는 언더독(underdog)인 새천년민주당에 동정심을 갖게 된다. 이처럼 제3회 지방선거는 선거승리의 패러독스를 극명히 재확인해주는 사례이다.

1. 정치상황: 권력누수와 대통령선거 전초전

2000년 4월 제16대 국회의원선거로 재등장한 여소야대의 정치상황이 김대중 대통령의 발목을 잡고 있었다. 이 당시 여소야대는 더 이상 비정상적 일탈이라고 보기에는 너무 오랫동안 한국정치의 일상적 특징으로 유지되고 있었다. 김 대통령처럼 노련한 정치인도 여소야대의 벽 앞에서는 정책의제를 원하는 쪽으로 만들어나가기 쉽지 않았다. 2000년 6월의 남북정상회담과 김 대통령의 노벨평화상 수상에도 불구하고 정부와 여당에 대한 국민지지는 높지 않았고, 김 대통령은 보수진영의 의심에 시달린 것은 말할 것도 없고 진보진영 일각으로부터도 신자유주의의 전도사라는 비판에 직면해 있었다. 더욱이 집권 말기에 어쩔 수 없이 나타나는 권력누수도 대통령과 여당의 어려움을 가중시키고 있었다. 이런 상황에서 여권이 지방선거에서 승리할 것이라고 예상하기는 힘든 일이었다.

물론 지방선거는 지방별로 고유한 이슈를 놓고 벌어지는 만큼 중앙정치 상황으로부터 독립적일 수 있지만 현실은 그렇지 않았다. 앞선 제2회 지방선거도 중앙정치권의 과도한 개입으로 과열되었듯이, 이 제3회 지방선거도 불과 6개월 후로 다가온 제16대 대통령선거를 앞두고 주요 정당의 대통령후보가 확정된 가운데 실시되었기 때문에 실제상 대통령선거의 전초전으로서 중앙정치의 대리전 양상을 띠게 되었다. 각 정당의 지도부와 대통령후보, 의원, 당원이 총동원되어 지방선거에서 조금이라도 더 의석을 차지하려고 치열한 기(氣)싸움을 펼쳤다.

한편, 이전 정부와 마찬가지로 김대중 정부도 각종 비리의혹에 시달리고 이것이 정치불안정과 정치불신을 증폭시키게 되자 정치자금에 관한 국민적 관심이 높아지고 돈 선거를 청산하자는 여론이 비등하게 되었다. 2002년 1월에는 재계의 최고경영자 105명이 모여 불법적 정치자금 제공을 중단하겠다고 선언한데 이어 2월에는 전국경제인연합이 정기총회에서 같은 취지의 선언을 공표하였다. 물론 이러한 재계의 입장이나 일반여론이 지방선거에서 잘 충족되었는지는 의문부호를 남긴다. 후술하듯이, 제3회 지방선거는 유례없이 많은 선거사범을 낳았고 그 중 상당수는 자금에 관련된 것이었다.

2. 선거제도: 광역의원선거의 1인 2표제

2002년 3월 공직선거및선거부정방지법(공선법) 등 관련법이 개정되었다. 광역단체장 및 기초단체장 선거의 선거구는 제2회 지방선거 때와 마찬가지로 각각 16개, 232개로 확정되었다. 그러나 (광역)시·도의회선거에서 선출하는 의원 정수는 682명(지역구 609명, 비례대표 73명)으로 제2회 지방선거의 690명(지역구 616명, 비례대표 74명)에서 약간 감소했고 (기초)구·시·군의회선거의 선출 의원 정수는 3,485명으로 5명의 근소한 감원이 있었다.

특기할 점은 광역의원선거에서 지역구 후보와 비례대표 후보에게 각각 1표씩 투표하는 1인 2표제가 도입되었다는 것이다. 여기에는 광역의원선거에서나마 정당명부식 비례대표제를 도입함으로써 정당정치를 활성화시키자는 취지, 보다 다양한 직능대표가 이루어지게 하자는 취지, 그리고 소선거구제의 승자독식 방식에 의한 사표(死票) 발생을 최소화하자는 취지가 있었다. 또한 여성의 사회적 참여라는 시대적 소명에 부응하여 비례대표 광역의원선거에서 후보의 50% 이상을 여성으로 추천하도록 의무화하였고, 지역구 광역의원선거 후보 중 여성을 30% 이상 추천한 정당에 대해서는 보조금을 추가로 지급하도록 하였다.

기탁금은 시·도 단체장선거 5,000만 원, 시·군·구 단체장선거 1,000만 원, 시·도의원선거 300만 원, 시·군·구의회선거 200만 원으로 제2회 지방선거보다 하향되었다. 이는 한편으로 과도한 기탁금을 금하는 헌법재판소의 판결에 의한 것이고 또 한편으로 2001년 공선법 개정에서 국회의원선거 기탁금이 2,000만 원에서 1,500만 원으로 낮아진 것과 맥을 같이 하는 것이다. 지방의회의원선거운동기간은 기존 14일에서 국회의원 및 지방자치단체장 선거기간과 동일하게 17일로 늘렸다. 또한 선거운동 방법으로 피켓, 깃발 등 소품의 사용이 금지되고 사전 신고한 선거사무관계자나 후보자의 가족만이 어깨띠를 착용할 수 있게 되었고, 학력과 경력이 기재된 명함의 사용은 허용하였다.

3. 선거과정: 과열된 분위기

후보자등록 상황에 의한 경쟁률을 높은 순서대로 보면, 시·도지사

(광역단체장)선거 3.4 대 1, 시·군·구의 장(기초단체장)선거 3.2 대 1, 비례대표 시·도(광역)의회선거 2.9 대 1, 지역구 시·도(광역)의회선거 2.5 대 1, 시·군·구(기초)의회선거 2.4 대 1이었다. 이러한 순서는 제1회 및 제2회 지방선거 때와 똑같은 것이었다. 정치적 비중을 고려해 익히 예상할 수 있듯이 기초보다 광역, 의회보다 단체장 선거가 더 많은 후보자를 끌었다. 정당별 후보자등록을 보면, 한나라당이 광역단체장 선거 16곳에 모두 후보를 내고 기초단체장 선거 232곳 중 190곳에 후보를 내 가장 많았다. 새천년민주당은 여당임에도 불구하고 광역단체장 선거 10곳에만 후보를 내고 기초단체장선거 155곳에 후보를 내 명실상 부 전국정당으로 보기 힘든 한계를 노정했다.

여성의 진출을 적극 장려한 법 개정에도 불구하고 여성 후보자는 매우 적었다. 시·도지사선거에 후보로 나선 55명 중 여성은 한 명도 없었고, 기초단체장선거에서는 후보자 750명 중 불과 8명만이 여성이었다. 지역구 광역의원 후보등록자 1,531명 중 48명, 기초의원 후보등록자 8,373명 중 222명만이 여성이었다. 그나마 비례대표 광역의원 후보자 209명 중 여성이 과반수인 116명을 차지해 여성 배려를 의무화한 법 개정의 효과를 보여주었다.

흥미로운 점은 제3회 지방선거가 제16대 대통령선거 후보 경선 및 본선 경쟁과 실제상 연동되어 있었다는 것이다. 주요 정당의 대통령후보가 지방선거 실시 전에 이미 확정되었고 지방선거 결과가 6개월 후에 있을 대통령선거의 향방을 가늠해주는 것이었던 만큼 각 정당은 대통령후보를 중심으로 치열한 선거운동을 전개하였다. 지방선거의 후보자등록과 함께 공식적 선거운동이 시작되면서 대통령후보들을 비롯한 중앙정치권의 정치인이 대거 지방으로 돌아다니기 시작하였다. 자연히 대통령선거의 사전선거운동 양상이 벌어지고 지방선거후보들이 이에 편승하려는 모습을 보이며 선거분위기가 과열되었다.

선거과정상 국민 참여는 증가하였다. 주요 정당은 실행상의 여러 부작용에도 불구하고 국민참여경선으로 후보를 선출하는 상향식 공천제를 폭넓게 적용하였다. 물론 정치적 흥행을 염두에 둔 것이기는 하지만 국민 참여라는 민주주의의 가치가 신장될 수 있었다. 참여라는 대명제에 부응해 많은 시민단체가 후보자들의 정책과 자질을 검증해 유권자의 선택에 도움을 주는 후보자정보공개운동과 유권자운동을 실시하였다. 일부 시민단체는 좋은 후보를 추천하고 당선시키는 캠페인을 벌이기도 했다. 이는 제16대 국회의원선거에서 불법적인 낙천·낙선운동으로 논란을 일으켰던 것과 대조적으로 포지티브운동으로 좋은 평가를 받았다.

선거운동 방식으로는 인쇄물, 연설회, 신문·방송 연설 및 광고 등 전통적 방식에 더해 사이버를 이용한 방식이 널리 사용되었다. 후보자들뿐 아니라 각종 사회단체와 선거관리위원회가 선거 관련 정보를 인터넷을 통해 유권자에게 제공하였고 수많은 네티즌이 온라인에서 선거 관련 의견을 개진하고 논쟁을 벌였다. 그러나 사이버공간이 새로운 선거운동 수단으로 각광을 받은 한편 사회 일각에서는 사이버 선거운동을 보다 제약 없이 허용해야 한다는 의견과 사이버 선거운동의 병폐가 크다는 입장이 팽팽히 맞서며 논란을 일으키기도 하였다.

선거법위반행위 단속건수는 8,648건으로 제2회 지방선거 때의 1,740건에 비해 몇 갑절 늘어났다. 선관위의 단속 의지와 기법 향상, 포상금의 대폭 인상 등의 요인이 있겠지만, 선거분위기의 과열, 후보 측의 승리지상주의 행태, 유권자들의 금품 등에 대한 기대심리가 잔존하는 정치 후진성이 여전히 남아있기 때문인 것으로 보인다.

4. 선거결과: 낮은 투표율과 한나라당의 석권

선거인 수는 3,474만여 명이었는데 전국규모 선거사상 최저인 48.9%의 투표율이 나왔다. 특히 20대의 투표참여가 저조해 30%에도 미치지 못하였다. 월드컵축구대회 기간과 중첩돼 투표참여율이 저조할 것으로 예상되었음에도 너무 낮은 수치였다. 정치무관심과 정치불신이 심각한 수준에 달해 있음을 보여주는 것이었다. 선거과정상 사회단체들의 참여가 적극적으로 이루어졌지만 이러한 일부 사회단체만의 참여로는 보다 폭넓은 국민의 민주적 참여라는 이상을 실현할 수 없다는 시사점을 던졌다.

시도별 투표율을 보면, 제주도가 68.9%로 가장 높고 인천이 39.3%로 가장 낮았다. 특별시와 광역시 7곳의 경우, 울산을 제외하고 모두 40%대 이하를 기록한 반면 9개 도(道)에서는 경기를 제외하고 모두 50%대 이상을 기록했다. 성별로 보면 여자가 남자보다 0.2% 높게 나타났는데, 이는 지금까지 각종 선거에서 남자의 투표율이 더 높았던 것에 비해 흥미로운 일이다. 여성의 사회참여의식이 커졌고 살림살이에 직결되는 지방이슈가 다루어졌기 때문일 것이다. 연령대별로 보면, 20대 후반이 27.0%로 가장 낮고 그 위로 연령대가 오를수록 투표율도 비례해서 올라가 60세 이상이 72.5%로 가장 높게 나타났다. 20대 전반이 후반보다 높은 투표율을 기록한 이유는, 투표율이 높을 수밖에 없는 군인 신분인 사람이 많고 또한 정치사회화가 상대적으로 높게 이루어진 대학생이 많기 때문일 것이다.

개표는 선거사상 처음으로 전자개표기를 도입하여 신속하게 진행될 수 있었고 개표결과를 실시간으로 공개하였다. 정당별 전체 득표 현황을 보면, 광역단체장 선거의 경우 한나라당 52.9%, 새천년민주당 29.2%, 자유민주연합 5.2%, 민주노동당 4.7%의 순서를 보였고 비례대표 광역의원선거에서는 한나라당 52.2%, 새천년민주당 29.1%, 민주노동당 8.1%, 자유민주연합 6.5%의 순서였다. 민주노동당의 경우 두 득표율의 차이가 유독 두드러졌는데, 이는 광역단체장 선거에는 7개 시도에만 후보를 낸 반면 비례대표 광역의원선거에는 16개 시도에 모두 후보를 냈기 때문일 것이다. 기초단체장 선거를 보면, 한나라당 44.5%, 새천년민주당 26.7%, 자유민주연합 4.2%, 민주노동당 1.2%, 기타 정당 및 무소속 23.4%로 득표율이 나와 무소속이 상대적으로 많이 득표했음을 알 수 있다.

정당별 당선인 현황을 보면, 한나라당이 16개 광역단체장 선거에서 11곳(68.8%), 232개 기초단체장 선거에서 140곳(60.3%), 609개 지역구 광역의원선거에서 431곳(70.8%)을 승리로 이끌었고 비례대표 광역의원선거에 걸린 73석 중 36석(49.3%)을 차지해 전체적으로 압승을 거두었다. 여당인 새천년민주당은 광역단체장선거 4개, 기초단체장선거 44개, 지역구 광역의원선거 121개에서 승리하고 비례대표 광역의원 22명을 당선시켜 현격한 표차로 2등으로 밀렸다. 자유민주연합은 그 정치적 존재가 더욱 미미해졌다.

〈표 8-7〉 제3회 전국동시지방선거 결과 정당별 당선인 현황

	합계	한나라당	민주당	자유민주연합	민주노동당	기타	무소속
광역단체장	16	11	4	1	-	-	-
기초단체장	232	140	44	16	2	-	30
광역의회(지)	609	431	121	29	2	-	26
광역의회(비)	73	36	22	4	9	2	-

정당의 지역별 당선현황을 보면, 한나라당이 전통적 지지기반인 영남은 물론 수도권과 강원을 휩쓸었고 새천년민주당은 호남으로 지지기반이 축소되었다. 자민련은 충청에서조차 확실한 지지기반을 굳히고 있지 못하다. 광역단체장 선거를 보면, 한나라당이 영남권은 물론 수도권, 강원, 심지어 대전과 충북에서마저 승리를 거두었고 새천년민주당은 호남과 제주에서만 당선자를 내었다. 자민련은 충남에서의 승리로 간신히 전패를 모면했다. 기초단체장 선거의 경우, 한나라당이 수도권과 강원의 총 84곳 중 69곳에서 승리하고 영남을 거의 독식한데다 충청에서도 선전해 여러 당선자를 내었다. 새천년민주당은 기대했던 수도권에서 참패해 불과 9명의 당선자를 냈고 아성인 전남북에서조차 여러 선거구를 무소속후보에게 놓쳤다. 자민련은 충청 이외의 지역에서는

단 1명의 기초단체장 당선자를 내며 그 세가 크게 위축되었다. 비슷한 양상이 지역구 광역의회선거에서도 보였다. 한나라당이 수도권, 강원, 영남을 거의 독식하고 심지어 충북에서도 24석 중 19석을 석권하는 기염을 토한 반면, 새천년민주당은 호남에서 아성을 굳히는 것으로 만족해야 했고 자민련은 확실한 지지기반이 충청 내에서도 충남으로 좁혀지는 것을 지켜봐야만 했다. 그나마 비례대표 광역의회선거에서는 득표수에 비례한 의석배분 덕에 지역별 특정 정당의 석권 효과가 완화되어 나타났다.

여성 당선자 현황을 보면, 전술했듯이 여성 후보등록자가 워낙 적었기 때문에 그 수가 많을 수 없었다. 기초단체장 당선자 232명 중 2명, 지역구 광역의원 당선자 609명 중 14명, 기초의원 당선자 3,485명 중 77명만이 여성이었다. 개정법 덕에 비례대표 광역의원으로 여성이 많이 진출해 총 73명 중 여성이 49명을 차지하는 성과를 냈다.

VI. 시대변화와 선거정치

1997년 12월 제15대 대통령선거에서 김대중 후보는 야당 후보로는 최초로 당선되어 평화적 정권교체를 이룬다. 그것은 우리 사회가 정치, 경제, 사회의 제(諸) 측면에서 근원적 변화를 경험하는 계기를 마련해 주었다. 그러나 김대중 대통령 집권기에 실시된 3번의 선거는 그의 국정 리더십에 큰 타격, 혹은 적어도 상당한 제약을 가져왔다. 1998년 6월 제2회 전국동시지방선거에서 김 대통령의 새정치국민회의가 전체적으로 가장 많은 당선자를 내었지만 그 승리를 가능하게 한 자유민주연합과의 연합공천은 선거 후 김 대통령이 당내 단합을 기하거나 강력한 국정운영을 함에 있어서 걸림돌로 작용하였다. 2000년 4월 제16대 국회의원선거에서는 여당인 새천년민주당이 다수당의 위치를 한나라당에 빼앗겨 여소야대 정국이 등장했다. 2002년 6월 제3회 전국동시지방선거에서는 한나라당이 압승을 거둬 김 대통령의 국정 리더십이 크게 위축되게 되었고 불과 6개월 뒤 대통령선거를 치러야 하는 여당이 큰 위기의식을 갖게 하였다.

이처럼 김대중 정부의 출범 전후에 있었던 네 번의 선거는 김 대통령과 여당에게 축배를 건넨 것으로 시작해서 레임덕 현상을 더 악화시킬 만큼 참패를 가져온 것으로 끝났다. 국가 전체의 입장에서 보면, 네 번의 선거에서 공히 정치인들의 지역주의적 행태와 특정 정당에 몰표를 던지는 유권자들의 집단주의적 행태가 반복되는 부정적 측면이 있었다. 선거 때마다 정치불신이 심화되고 정치무관심이 팽배하는 면도 있었다. 그러나 정권교체를 가져온 데 이어 여당 쪽으로 권력이 집중되지 않게 하고 지방정부와 국회가 대통령의 견제세력으로 작동할 수 있게 해주었다는 의미에서 이 네 번의 선거가 종합적으로 지니는 민주주의사적 의의는 매우 높다 하겠다. 우리나라의 민주화를 촉진시켰다는 점뿐 아니라 세계화, 시장화, 탈냉전화, 탈산업화, 정보화 등 새 밀레니엄의 근본적 시대변화를 한편으로 반영하고 또 한편으로 견인하였다는 점에서도 이 선거들의 중요성을 인정해야 할 것이다.

제9장

노무현 정부 시기의 선거

지병근

2002년 12월 19일 개최된 제16대 대통령선거에서 노무현 후보가 당선됨으로써, 소위 "평화적 정권교체"를 통해 출범했던 김대중 정부에 뒤이어 제2기 민주당 정권이 시작되었다. 노무현의 참여정부 시기에는 지역주의에 기초한 '1987년 체제'를 마감하고, 새로운 선거 및 정당정치를 태동시켜야 한다는 주장에 대하여 비교적 폭넓은 사회적 공감대가 형성되면서, 이를 위한 다양한 정치개혁이 시도되었다. 그리고 이러한 노력은 당시에 개최된 선거들을 통해 매개되고 실현될 수 있었다.

이 장에서는 이 시기에 개최되었던 선거들의 정치적 배경과 선거제도의 변화를 소개하고 후보공천 및 선거운동 과정, 선거결과에서 나타난 특징을 분석함으로써 당시의 노력이 빚어낸 성과와 한계에 대한 평가를 시도할 것이다. 여기에서 다루는 선거들에는 2002년 제16대 대선과 2004년 제17대 총선, 2006년 제4회 동시지방선거가 포함된다.

I. 2002년 제16대 대통령선거

1. 3김 시대의 종결과 새로운 선거정치의 시작

한국의 선거정치사에서 2002년 제16대 대통령선거는 매우 새로운 정치적 환경 속에서 개최되었다고 볼 수 있다. 첫째, 당시의 대선에서는 1987년 체제를 이끌었던 핵심적인 정치지도자들, 즉 김영삼, 김대중, 김종필 등을 대신하여 새로운 인물들이 유력한 대통령 후보로 나서게 되었다. 전근대적 지역감정을 동원하며 한국의 선거정치를 지배해왔던 이들의 정치적 퇴장은 지역주의를 탈피한 선거정치가 발전할 수 있을 것이라는 기대감을 불러일으키기에 충분한 것이었다. 둘째, 이 선거가 개최되던 시기 한국사회는 보수와 진보세력 사이의 이념논쟁과 갈등이 점차 심화되어가고 있었다.[1] 남북한 정상회담을 비롯하여 김대중 정부가 추진한 자유주의적 정책에 대하여 반공이념에 뿌리를 둔 보수세력의 공세가 점차 가속화되었으며, 당시의 대선은 지역을 대신하여 이념적 균열이 정치사회에 부상하는 중대한 계기가 되었다.

2. 국민참여경선제도를 통한 대통령 후보결정

제16대 대통령선거는 제15대 대통령선거와 비교하여 별다른 정치관계법 규정의 변화 없이 진행되었다. 15대 대선과 마찬가지로 선거일 현재 5년 이상 국내에 거주한 만 40세 이상인 자가 피선거권을 가질 수 있었다. 선거운동기간과 부재자 투표 기간도 각각 23일과 3일간으로 제

---

1) 지역, 이념, 세대 등 새로운 정당재편상의 가능성에 대한 논의는 이내영(2007 175)을 참조할 것.

한되었으며, 후보자의 옥외 연설회는 금지되고, 후보기탁금 역시 여러 논란에도 불구하고 5억 원을 유지하였다. 다만, 법정 기탁금의 반환조건은 20퍼센트 이상의 득표율로 상향조정되었다(공직선거법 57조).

16대 대선에서 가장 주목할 만한 제도적 변화는 민주당과 한나라당의 국민참여후보 경선제도의 도입이라고 할 수 있으며, 당시의 정치적 배경을 요약하면 다음과 같다. 김대중 정부와 여당이었던 새천년민주당은 집권초기 경제위기를 극복하는 과정에서 국민들로부터 비교적 높은 수준의 지지를 얻을 수 있었다. 그럼에도 불구하고, 정권 후반기에 이르러, 대통령의 자녀들이 연루된 비리사건들을 포함하여 각종 비리사건들이 불거져 나오면서 민주당과 김대중 정부는 정치적으로 매우 심각한 위기에 직면하고 있었다.[2]

대선을 얼마 남겨두지 않은 시점에서 이러한 정부여당의 위기는 한나라당과 이회창 후보에게 매우 유리한 정황을 연출하였다. 이회창 후보는 대선후보로 물망에 오르던 다른 이들에 비해 압도적으로 높은 지지율을 유지하면서, 가장 유력한 대통령 후보로서의 입지를 확립해 나갔다. 비록 지난 1997년 제14대 대통령선거에서는, IMF 금융위기와 병풍, "DJP 연합"이라고 불리던 김종필과 김대중 후보 사이의 선거연합 때문에 그가 패배했지만, 2002년 대선을 앞두고 소위 "이회창 대세론"이 강력하게 형성되고 있었다.

하지만 민주당은 "국민참여경선"이라는 후보공천제도의 혁신을 통해 대선 정국의 급변을 예고하기 시작하였다. 국민참여경선 제도는 공직후보자를 선출하는 과정에 당원이 아닌 일반 유권자들의 참여를 허용하고 있는 미국의 예비선거(primary election)를 참고하여 만든 것이다. 이 제도는 당원들만이 폐쇄적으로 후보를 선출하던 관행에서 탈피하여,

---

[2] 김대중 대통령의 아들인 김홍걸과 김홍업과 최측근인 권노갑이 2002년 비리 혐의로 구속되었으며, 결국 김대중 대통령은 대선을 앞두고 2002년 5월 새천년민주당을 탈당하였다.

당원뿐만 아니라 일반국민들에게도 후보선출권자(selectorate)의 자격을 부여함으로써 본선 경쟁력이 높은 후보를 선출하려는 의도에서 추진되었다. 특히, 대선을 얼마 남겨두지 않은 시점에 한나라당의 이회창 후보에 비해 대선주자들의 지지율이 크게 뒤처지던 민주당으로서는 정치적 돌파구가 될 수도 있는 이 제도가 상당히 매력적이었다고 볼 수 있다.

제주(3월 9일)에서 시작된 민주당의 대통령후보 경선대회는 7인의 후보군이 참여하여, 서울지역 경선(4월 27일)까지 약 50여 일간의 일정으로 전국에서 진행되었다. 제주 경선에서 한화갑, 이인제, 노무현, 정동영 후보가 각각 26.1퍼센트, 25.6퍼센트, 18.6퍼센트, 16.4퍼센트를 차지하여 4강 구도를 형성하였다(한겨레신문 2002). 하지만 울산(3월 10일) 경선에서 3퍼센트 미만의 득표에 그친 유종근, 김근태 후보가 사퇴하고, 광주지역에서 노무현(37.9%), 이인제(31.3%) 후보에 뒤이어 3위에 그친 한화갑(17.9%) 후보가 대전 경선을 끝으로 사퇴한 이후에는 이인제, 노무현 후보 중심의 양강 구도로 재편되었다. 이인제 후보 역시 대전과 충남, 충북 지역 경선에서 각각 67.5퍼센트, 73.7퍼센트, 61.0퍼센트의 지지를 얻었지만 제주를 제외한 다른 모든 지역 경선에서 노무현 후보의 지지율을 밑돌면서 후보지명이 사실상 어려워지자 결국 수도권 지역 경선을 앞둔 4월 18일 사퇴하였다. "경선지킴이"를 자처한 정동영 후보만이 패배가 거의 확실시됨에도 불구하고 사퇴하지 않고 끝까지 후보경선에 참여함으로써 노무현 후보가 누적 득표율 72.2퍼센트로 국민적 관심을 받으며 민주당의 대선후보로 선출될 수 있도록 도왔다(오마이뉴스 2002/04/28).

한나라당 역시 대통령 후보를 선출하기 위하여 국민참여경선제도를 실시하였다. 민주당과 달리 이회창의 대통령후보선출이 거의 확실시되었기 때문에 민주당의 후보경선과정에서 나타난 높은 수준의 국민적 관심과 지지를 기대하기는 힘들었겠지만 한나라당은 물론 이회창 후보의 입장에서도 국민참여경선과 같은 개방적이며 상향식 후보선출방법을 시도할 필요가 있었다. 결국 한나라당에서는 인천경선(4월 13일)을 시작으로 서울경선(5월 9일)까지 40여 일에 이르는 12개 지역경선을 통해 이회창 후보가 누적 득표율 68퍼센트의 지지를 얻어 대통령 후보로 확정되었다.[3] 하지만 한나라당 경선의 경우 극적인 반전이 있었던 민주당 경선과 달리 이회창 후보가 줄곧 1위를 놓치지 않고 지역경선에서 승리함으로써 흥행 면에서 그다지 성공적이지는 못하였다.[4]

3. 이회창 대세론 vs. 후보단일화, 촛불시위, 희망돼지

2002년 4월과 5월 새천년민주당과 한나라당의 대통령후보가 각각 확정됨에 따라 양당 사이의 본격적인 선거경쟁이 시작되었다. 이 과정에서 후보자들은 극심한 지지율 변동을 경험하였다. 새천년민주당의 노무현 후보의 경우에는 후보경선 과정에서 지지율이 급속히 상승하였다가, 김영삼 전대통령의 자택 방문(4월 30일)과 6·13 지방선거에서 새천년민주당이 대패한 것을 계기로 지지율이 급락하게 되었다.[5] 반면, 한나라당의 이회창 후보의 경우에는 후보경선을 기점으로 지지율이 반등세로 돌아섰으며, 12월 대선시기까지 35퍼센트 내외의 비교적 높은 지지율을 안정적으로 유지하였다. 이러한 조건에서 이회창 후보는 "새로운 공약을 제시하기보다 집권당의 실정을 비난하며 노무현 후보가 집

---

3) 민주당과 한나라당의 경선 선거인단은 일반 당원 및 대의원선거인단과 국민참여선거인단의 구성비가 각각 50퍼센트로 같았지만, 민주당의 경우 7만 명, 한나라당은 5만 명 규모의 선거인단을 구성하였다는 점에서 차이가 있었다(프레시안 2002/04/09).
4) 최종 득표율에서 최병렬 후보가 18.3퍼센트, 이부영 후보가 11.4퍼센트, 이상희 후보가 2.4퍼센트를 얻는 데 그쳤다(한겨레신문 2010/11/17).
5) 2002년 6·13 지방선거에서 새천년민주당이 승리한 광주광역시, 전남, 전북, 제주, 자유민주연합이 승리한 충남을 제외한 모든 지역의 광역단체장 선거에서 한나라당이 압승하였다. 노무현 후보는 지방선거 결과와 자신의 후보재신임을 연계시켰으며, 이는 선거가 패배로 끝난 후 후보교체론의 빌미가 되었다(노무현 재단 2010).

권당의 후보라는 것을 강조하는" 선거운동전략을 선택한 반면, 노무현 후보는 "선거구도의 변화"를 위해 "호남 정서를 건드리지 않으면서 김대중 정부와의 단절"을 꾀할 수 있는 "낡은 정치 청산"을 주장하는 선거운동전략을 추진하였다(이남영 2006, 48-49).

한편, 월드컵 개최(5월 31일~6월 30일)를 계기로 정몽준 의원의 인기가 급상승하면서 9월경에는 이회창 후보의 지지율과 큰 차이가 없게 되자 새천년민주당내에서는 정권재창출을 위해 이미 지지율이 급락한 노무현 카드를 버리고 당선가능성이 높은 다른 후보로 교체해야 한다는 요구가 부상하게 되었다: 예를 들면, 9월 22일 조선일보-한국갤럽 조사에서 이회창 후보와 정몽준 의원의 지지율은 각각 31.3퍼센트와 30.8퍼센트였으며, 노무현 후보는 16.8퍼센트의 지지율에 머무르는 것으로 나타났다(조선일보 2002/11/03). 이러한 요구에 대하여 노무현 후보 측은 초기에는 부정적 입장을 견지하고 있었지만, 이회창 후보가 30퍼센트를 넘는 지지율을 보이는 가운데, 월드컵 열기와 함께 정몽준 후보의 지지율이 점차 하락하자 후보단일화에 합의하였다.

대선을 코앞에 둔 11월 11일 창당한 국민통합 21의 정몽준 후보와 새천년민주당의 노무현 후보 사이의 후보단일화에 대한 구체적인 합의문이 발표된 11월 16일에는 이미 이들 사이의 지지율이 역전되어 노무현 후보가 약간 앞서고 있었다(이현우 2006, 57). 단일화 시점인 11월 25일까지 양 후보의 지지율은 점차 벌여져 결국 노무현 후보가 단일후보로 최종 결정되었다.[6] 노무현 후보는 이 과정에서 단순히 국민참여후보경선을 통해 성취했던 대통령 후보의 지위를 지켜냈을 뿐만 아니라 또다시 국민적 관심을 불러일으키면서 이회창 후보에 대한 열세를 극적으

---

[6] 양자 사이의 후보 단일화 합의안에 대해서는 이준한(2007, 161)을 참조할 것. 당시 후보단일화를 위한 리서치 엔드 리서치의 조사(11월 24일: 오전 12시~오후 10시, 2,000명) 결과는 이회창 32.1%, 노무현 46.8%, 정몽준 42.2%였다(중앙일보 2002/11/25).

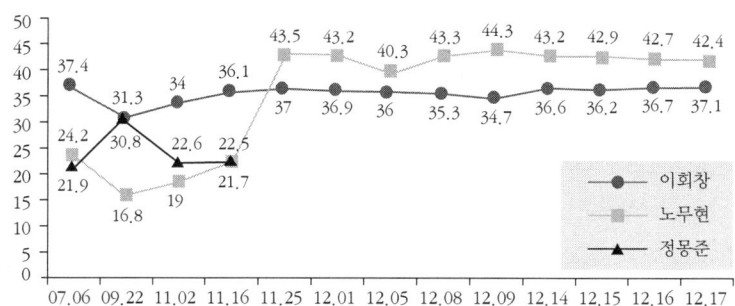

<그림 9-1> 2002년 대선후보의 지지율 변화

*출처: 조선일보 02/11/03, 02/11/19, 02/12/19. 조사기관은 한국갤럽

로 역전시킬 수 있는 계기를 마련하였다.[7] 후보단일화 이후에는 노무현 후보의 행정수도 이전 공약으로 인하여 이회창 후보와의 지지율 격차가 일시적으로, 특히 수도권을 중심으로, 좁혀지기도 하였지만 전국적인 지지율에 큰 변화가 발생하지는 않았다(조선일보 2002/12/19).

대통령선거의 본선에서 주요 이슈들은 북핵 2차 위기 발생에 따른 대북정책의 방향, 효순이 미선이 사망사건(2002년 6월 13일) 이후 미군 관계자의 무죄평결에 따른 SOFA 개정, 국정원 도청, 행정수도 이전 등에 관한 것이었다(이현우 2006).[8] 이 가운데 SOFA 개정 문제는 11월 말 대규모 촛불시위가 발생하면서 사회적으로 큰 파장을 불러왔으며, 보수적인 이회창 후보에게 불리하게 작용했다. 이와 달리 언론사에 대한

---

7) 노무현과 정몽준의 후보단일화를 위한 여론조사는 이후 각종 선거에서 각 정당의 주요 공직후보공천 및 후보 간 연대에 기제로 널리 활용되었다. 여론조사를 이용한 후보공천 및 후보 단일화의 규범적, 방법론적 문제점에 대해서는 조성겸 외(2007), 강원택(2009), 지병근(2010)을 참조할 것.
8) 2차 북핵 위기는 2002년 10월 17일 제임스 켈리(James Kelly) 미국무부 동아시아태평양 차관보의 평양방문 당시 "우리는 HEU를 추진할 권리가 있고 그보다 더 강력한 무기도 만들게 돼 있다"고 강석주 외무성 제1부상이 발언한 것에서 시작된 북한의 고농축 우라늄(HEU) 소유 여부에 관한 것이다(조선일보 2010/11/22).

국가정보원의 도청 파문은 폭로전에 지친 유권자들에게 별다른 관심을 불러일으키지 못하였으며, 집권 여당의 후보였던 노무현 후보의 지지율에도 큰 영향을 미치지는 못하였다. 행정수도 이전 문제는 16대 대선의 대표적인 정책 이슈로서 비록 일부 수도권 유권자들의 우려와 지지율 하락을 불러일으켰음에도 불구하고 충청권 유권자들의 지지를 이끌어내기 위해 노무현 후보가 제기한 것이었다(이현우 2006).

16대 대통령선거에서 나타난 특징으로는 무엇보다 선거운동이 정당 중심이 아닌 후보자 중심으로 이루어졌다는 점에서 찾을 수 있다. 정구종(2007)이 "정당정치의 실종"이라고 요약하였듯이 대선 과정에서 노무현 후보는 민주당 조직만이 아니라 '노무현을 사모하는 사람들의 모임(이하 노사모, 2000년 창설)'과 같은 후보 개인의 조직을 적극적으로 이용하였다. 아울러 인터넷과 휴대전화를 이용한 선거운동이 활성화되었다. 비록 논란의 여지는 있지만 미군 장갑차에 의해 여중생들이 사망한 사건이 발생한 것을 계기로 시작된 반미성향의 촛불집회가 인터넷을 통해 조직화됨으로써 이회창 후보에 비해 상대적으로 진보적인 노무현 후보에게 유리한 정국이 형성되었으며, 선거 당일 모바일 폰을 이용하여 노무현 후보에 대한 투표독려가 이루어짐으로써 그의 당선에 상당한 영향을 미쳤다는 점은 이미 잘 알려졌다.[9] 그 밖에도 미디어 선거라고 부를 수 있을 만큼 인쇄 매체보다 방송 광고를 이용한 선거운동이 크게 두드러졌다.[10] 소위 "노무현의 눈물"로 묘사되는 방송홍보는 매우 효과적으로 그에 대한 지지를 이끌어낸 것으로 평가받았다. 아울러 노무현 후보는 '희망돼지저금통'을 이용하여 일반 국민들로부터 50

---

9) 윤성이(2003)는 2002년 대선이 소위 "인터넷 선거"였다는 여러 주장에도 불구하고 실제 온라인 활동이 비정치적 활동에 집중되어 있으며, 오히려 TV가 선거 관련 정보의 주요한 원천이었을 뿐만 아니라 인터넷 주이용자인 20대의 투표율이 높지 않았다는 점에서 그 영향력을 과장하는 주장들을 비판하였다.

10) 예를 들어, 방송 토론회는 15대 대선보다 2배 증가한 87번 개최되었으며, 3번의 합동토론회를 진행하였다(양효경 2004/12/20).

억여 원의 선거자금을 모으는 획기적인 방법을 동원하였다.[11]

4. 노무현 후보의 당선과 세대 및 이념 균열

2002년 대통령선거는 70.8퍼센트의 유권자가 참여하여 이회창 후보와 약 53만 표 차이(2%)로 노무현 후보가 당선되었다. 이 선거에는 한나라당의 이회창, 민주당의 노무현 후보 이외에도 민주노동당의 권영길, 하나로 연합의 이한동, 사회당의 김영규, 호국당의 김길수 등 총 5명의 후보가 참여하였다. 하지만 이회창과 노무현 후보를 제외한 나머지 후보들이 얻은 득표율은 유효 투표의 5퍼센트에도 미치지 못했다. 2000년 1월 30일 창당한 민주노동당의 권영길 후보는 국민승리 21로 참가했던 1997년 대선에서 얻은 득표율 1.2퍼센트보다 많은 4.0퍼센트의 득표율을 올렸지만, 양 후보 중심의 선거에서 큰 주목을 받지는 못하였으며, 하나로 연합의 이한동 후보를 비롯한 나머지 후보들의 득표율 역시 1퍼센트에도 미치지 못하였다.

〈표 9-1〉에 나타난 바와 같이 1997년 15대 대선에 비하여 전국 모든 지역에서 이회창 후보의 득표율은 상승하였다(전국 평균 7.8%). 하지만 15대 대선 당시 상당수의 친한나라당 성향의 유권자들이 국민신당의 이인제 후보에게 투표했다는 점을 고려한다면, 16대 대선에서 이회창 후보의 득표율 상승은 기대 이하였으며 선거결과를 바꾸지는 못하였다. 15대 대선과 비교하여 이회창 후보는 이번 대선에서 자신의 주요 정치적 지지기반인 충남과 대전에서 민주당 후보와의 득표율 차이를 각각 13.8퍼센트와 0.6퍼센트 벌려놓았으며, 광주, 전남, 전북 등 호

---

11) 희망돼지를 분양하고 유세장에서 흔드는 선거운동에 대하여 중앙선거관리위원회는 12월 10일 연호를 금한 공직선거법 제105조와 "후보자를 상징하는 인형·마스코트 등 상징물을 제작·판매하는 행위"를 금한 제90조 규정을 위반한 것이라고 발표하였다(김범현 2002/12/10).

〈표 9-1〉 지역별 16대 대선 득표율(이회창과 노무현)

구분	이회창(한나라당)		노무현(민주당)		△
지역	16대	△(16대~15대)	16대	△ (16대~15대 김대중)	(한나라당-민주당)
전체	46.6	7.8	48.9	8.6	-0.8
서울	45.0	4.1	51.3	6.4	-2.4
부산	66.7	13.4	29.9	14.6	-1.2
대구	77.8	5.1	18.7	6.1	-1.0
인천	44.6	8.2	49.8	11.3	-3.1
광주	3.6	1.9	95.2	-2.1	4.0
대전	39.8	10.6	55.1	10.1	0.6
울산	52.9	1.5	35.3	19.9	-18.3
경기	44.2	8.6	50.7	11.4	-2.7
강원	52.5	9.3	41.5	17.8	-8.5
충북	42.9	12.1	50.4	13.0	-0.9
충남	41.2	17.7	52.2	3.9	13.8
전북	6.2	1.7	91.6	-0.7	2.3
전남	4.6	1.4	93.4	-1.2	2.7
경북	73.5	11.5	21.7	8.0	3.6
경남	67.5	12.4	27.1	16.0	-3.7
제주	39.9	3.3	56.1	15.5	-12.1

△ 15대 대선과의 비교 시 득표율 변화
* 출처: 중앙선거관리위원회 역대선거정보시스템

남지역에서도 그 격차를 각각 4.0퍼센트, 2.3퍼센트, 2.7퍼센트 줄이는 데 성공하였다. 하지만 한나라당의 주요 지지기반인 영남지역에서 그 격차가 크게 줄어들었다. 노무현 후보는 호남지역에서 90퍼센트가 넘는 득표율을 올렸을 뿐만 아니라, 부산, 대구, 울산, 경남 등 경북을 제외한 영남지역에서는 지난 15대 대선에서 발생한 김대중 후보와 이회창 후보 사이의 득표율 격차를 이번 대선에서 줄이는 데 성공하였다. 그런데 이처럼 15대 대선과 비교하여 호남지역과 영남지역에서 양당 후보 사이의 득표율 격차가 줄어든 것은 한국 유권자들의 지역주의적 투표성향이 약화되어가는 경향을 보여준 것이라고 볼 수 있다. 영남출신의 민주당 후보였던 노무현은 성공적으로 탈지역주의적 정치인으로 자신을 상징화함으로써 영남지역에서도 상당한 수준의 지지를 끌어낼 수 있었으며, 반공보수세력에 지친 진보적 성향의 젊은 유권자들을 비롯한 국민들의 지지를 창출하는 데 성공하였다. 그는 민주당 조직과 함께 노사모를 통해 핵심 지지층을 동원하고 국민참여경선 및 정몽준 후보와의 후보단일화 과정에서 국민적 관심을 성공적으로 이끌어냄으로써 승리할 수 있었다.

II. 2004년 17대 4 · 15국회의원선거

1. 열린우리당의 창당과 노무현 대통령 탄핵

집권 이후 노무현 대통령과 정부여당은 지속적으로 보수언론은 물론 진보세력으로부터 비판을 받았다. 이는 "지역주의에 기초한 정당정치를 타파"하고 "한반도 평화체제의 구축"을 추구하면서도 "신자유주의적 기조를 유지"하고자 했던 참여정부의 특성상 피할 수 없는 것이었다고 볼 수 있다(지병문 외 2010, 366-367). 특히 박지원 등 김대중 전 대통령 측근들에 대한 대북송금특검(2003년 4월~6월) 요구에 대하여 노무현 대통령이 거부권을 행사하지 않은 점과 2003년 4 · 24보궐선거에서의 패배에 대한 책임론이 불거지면서 민주당 내부로부터의 비판이 심화되었다. 결국 민주당의 내분이 격화되어, 일부 친노 성향의 의원들이 탈당하고 한나라당 탈당파, 개혁국민정당과 함께 동년 11월 11일 불과 47명의 의원으로 구성된 열린우리당을 창당하게 됨으로써 노무현 정부는 심각한 정치적 곤경에 처하게 되었다.

이미 집권 초기 여소야대 의회에서 국가정보원장 임명과 김두관 행자부 장관 해임안 처리과정에서 거대 야당인 한나라당과 대립하던 노무현 정부는 열린우리당의 창당 이후에는 민주당마저 등을 돌리게 되면서 더욱 정치적인 수세에 몰리게 되었다. 더구나 대선자금과 최도술 사건과 관련한 비리사건이 불거져 나오면서 대통령의 거부권 행사에도 불구하고 대통령 측근비리조사를 위한 특검법(조사 기간: 2003년 11월~2004년 5월)이 국회를 통과하면서 여야 간의 정치적 갈등은 더욱 심화되어갔다.[12]

2004년 4월 15일 개최된 총선은 한나라당과 새천년민주당, 자민련이 주도한 노무현 대통령의 탄핵(2004년 3.10일 발의 12일 가결) 이후 헌법재판소에 의해서 기각(5월 14일)되기까지 63일간 대통령의 직무가 정지되고 고건총리가 직무를 대행하던 시기에 개최되었다.[13] "정치인인 대통령이 선거와 정치에 대한 의사표현을 하지 못하게 막는 것은 헌법과 법률을 잘못 해석한 것"이라고 믿는 노무현 대통령의 지속적인 총선관련 발언은 한나라당을 비롯한 야당의 공분을 샀다(노무현재단 2010, 236). 하지만 탄핵소추 이후 이에 반대하는 국민여론이 널리 형성되면서 탄핵반대 촛불시위가 전국적으로 확산되었다. 탄핵안이 가결된 직후 5백여 시민단체들은 "탄핵무효와 부패정치 척결을 위한 범국민행동"을 결성하였으며, 3월 말까지 연인원 150만 명에 이르는 시민들이 국회와 광화문을 비롯한 전국 각지에서 탄핵반대 시위를 벌여나갔다.

다음 〈그림 9-2〉에서 나타난 바와 같이 탄핵 직전까지 노무현 대통

---

12) 대선자금 조사과정에서 노무현 대통령의 측근이었던 안희정(2003년 12월)과 이재정 의원(2004년 1월)이 구속되었다.
13) 2004년 3월 12일 열린우리당 의원들이 불참한 가운데 국회에서 가결되었으나, 5월 14일 헌법재판소에 의해 탄핵소추안이 기각되었다.

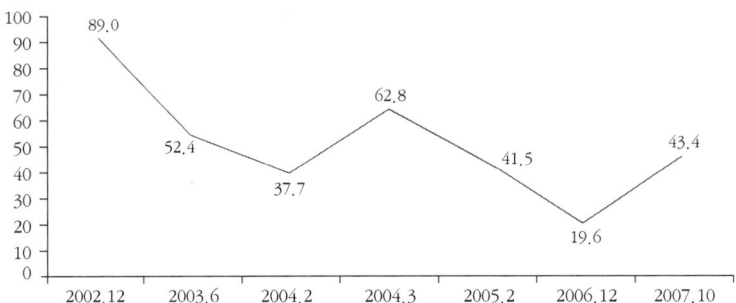

〈그림 9-2〉 국정운영 지지도 (조사기관-미디어리서치)

* 출처: 한국일보 2007/10/07

령의 국정운영에 대한 지지도는 급속도로 하락하고 있었다. 집권초기인 2003년 6월 여론조사에서 52.4퍼센트의 국정운영지지도를 나타내다가 1년 만인 2004년 2월 37.7퍼센트로 하락하였다. 하지만 탄핵직후인 동년 3월 노대통령의 국정운영 지지도는 62.8퍼센트로 급상승하게 되었다.

2. 지구당 폐지, 정치자금의 제한, 비례대표제와 예비후보제 도입

2004년 17대 총선은 동년 3월 국회에서 매우 큰 폭으로 개정되어 가결된 정치관계법(공직선거법, 정당법, 정치자금법 등)에 따라 치러졌다. 당시의 개정은 정당들 사이의 "개혁경쟁" 속에서 추진되어 시민사회의 요구를 상당히 반영한 것으로 잘 알려져 있다(윤종빈 2004): 의원정수는 299석(지역구 243=227+15, 비례대표 46+10)으로 총 25석을 늘렸으며 고비용 선거를 유발하는 합동연설회와 정당 및 후보자 연설회를 폐지하고 인터넷과 미디어를 이용한 선거를 활성화하기 위한 조항들(공직선거법

제8조, 제10조)이 신설 또는 개정되었다; 각급 선관위 산하 선거방송토론위원회를 신설하여 방송 대담 및 토론회를 주관하도록 하였다; 정치자금의 투명성을 높이기 위하여 후보자의 3년간 납세실적을 공개하도록 요구하던 것을 배우자와 직계존비속으로 확대하고 그 기간 또한 5년으로 늘렸다; 아울러 현역의원들이 확인서로 대체하지 않고 다른 후보자들과 마찬가지로 재산신고를 하도록 의무화하여 형평성을 높였으며 회계 책임자가 300만 원 이상의 벌금형을 받는 경우에도 당선무효가 되도록 선거사범에 대한 처벌수준을 높였다.[14]

정당법 또한 개정하여 지구당을 폐지하고, 전체 지구당의 1/20 이상을 요구하던 정당설립요건을 완화하여 5개 이상 시도당만으로도 창당이 가능하도록 하였으며, 인터넷을 이용한 정당 가입과 탈퇴(정당법 20조)를 허용하였다. 아울러 당내 경선 탈락자가 본 선거에 등록할 수 없도록 하였으며, 국고보조금을 지급받는 정당의 요청이 있을 경우 선관위가 당내 경선의 위탁관리를 할 수 있도록 하였다(정당법 31조). 아울러 정책정당을 촉진하기 위하여 정당연구소의 설치 및 운영에 관한 조항(정당법 제29조)도 신설하였다.

공직선거법과 정당법과 함께 정치자금법 역시 큰 폭으로 개편되었다. 사실 당시의 정치관계법 개정은 불법대선자금에 대한 국민적 공분이 한창이던 당시 국회 정치개혁특별위원회의 한나라당 간사였던 오세훈 의원이 주도한 것으로 소위 '돈 안드는 선거'를 만드는 것이 가장 중요한 목표 가운데 하나였다. 지역구를 폐지하기로 결정한 것도 경조사비로 인해 막대한 정치자금이 소요되는 조직적 뿌리를 없애기 위해서였다. 개정된 정치자금법은 기업 및 노동조합의 정치자금 기부를 전면 금지하고, 개인의 기부한도를 연간 1억 2,000만 원에서 2,000만 원으로, 국회의원의 후원금은 3억 원에서 1억 5천만 원으로 축소하였으며, 수

---

[14] 2004년 3월 정치관계법 개정에 대해서는 윤종빈(2004)과 오승룡(2005)을 참조할 것.

입내역과 고액 정치자금 기부자의 신상을 공개하도록 하는 등 정치자금의 모금과 사용에 대한 투명성을 제고하려고 하였다. 2004년 총선을 앞두고 정치자금법의 개정과 관련하여 많은 사람들의 주목을 끈 것 가운데 하나는 선거사범의 경우 최대 50배의 과태료를 부과하고, 신고자에게도 50배의 포상금을 지급하도록 법적인 제제와 함께 보상제도를 정비한 것이었다.

하지만 무엇보다 가장 큰 변화는 2004년 총선에서 헌정사상 처음으로 국회의원을 선출하면서 비례대표제를 시행하였다는 점이다. 한나라당과 민주당 등 거대정당들의 기득권을 위협하는 비례대표제의 도입은 의회의 의지보다는 공직선거 및 선거부정방지법 제146조와 제189조에서 각각 규정하고 있는 1인 1표제와 비례대표의석수 배분방식에 대한 헌법재판소의 한정위헌 및 위헌 판결(2001년 7월 19일) 때문이었다. 이 배분방식이 도입됨에 따라 단순다수제에 의해 선출되는 지역구 의원수 또는 이들이 지역구에서 얻은 득표율에 비례하여 의석을 배분하던 과거 전국구 제도와 달리 정당투표에서 3퍼센트 이상 득표한 정당에게는 득표율에 비례하여 의석을 배분하게 되었다(조진만 최준영 2006).[15] 1인 2표제의 도입은 비례대표 후보의 50퍼센트를 여성에게 할당하도록 규정한 공직선거법(2002. 2)과 함께 선거과정의 민주화를 심화시키는 것이었다.

아울러 2004년 총선에서는 예비 후보자 제도(공직선거법 60조 2-4항, 2004.3.12)가 도입되었다. 본래 이 제도 도입은 현직자에 비해서 불리할 수 있는 예비후보자들이 공정한 경쟁을 할 수 있도록 배려하기 위한 것이었다. 대통령선거, 국회의원 및 광역단체장 선거, 광역의원, 기초단

---

15) 정당 소속 지역구 의원의 득표율에 비례한 전국구 비례대표의석 배분방식은 15대 총선(1996년) 이후 도입되었으며 그 이전에는 각 정당의 의석수에 기초하여 배분되었다. 지역구 후보자들에 대한 투표에 기초하여 비례대표의석을 배분한 방식이 직접선거의 원칙을 위반하는 것이기에 위헌으로 판결이 이루어졌다(조진만 · 최준영 2006).

체장 및 지방의원선거의 경우는 각각 선거개시일 전 240일, 120일, 90일, 60일부터 예비후보로 등록하여 선거운동을 할 수 있도록 하였다(공직선거법 60조 2항, 2004.3.12). 물론 이 제도를 악용하여 본선에는 관심이 없지만 예비후보 자격을 이용하여 사익을 노리는 이들이 발생하였다(중앙일보 2008/2/18).

3. 탄핵심판론과 거여견제론

17대 4·15총선과정에서 가장 주목할 만한 것 가운데 하나는 각 정당이 개방적이고 상향식 후보공천을 확대하였다는 점이다. 비록 한나라당의 경우 총 212명의 후보들 가운데 약 13.2퍼센트인 28명의 후보자들만을 경선방식을 통하여 선출하는 데 그쳤지만, 열린우리당의 경우 전체 243명의 후보자들 가운데 34.2퍼센트인 83명을, 새천년민주당의 경우에도 전체 152명의 후보들 가운데 28.3퍼센트인 43명을 경선을 통해서 선출하였다(전용주 2005, 223).

17대 총선은 "탄핵 선거"라고 불릴 만큼 노무현 대통령 탄핵의 정당성 여부를 둘러싼 논쟁을 중심으로 진행되었다. 시민운동단체들은 2000년 총선연대에 이어 '2004 총선시민연대(2월 5일)'와 '물갈이 연대(1월 15일)'를 결성하여 활동하였다. 총선시민연대는 부패, 선거법 위반, 헌정질서 파괴에 연루된 정치인과 함께 탄핵안에 찬성한 의원들의 명단을 공표(208명, 4월 6일)하고 이들에 대한 낙선운동을 펼쳤다. 반면, 물갈이 연대는 후보자들을 선별하여 이들에 대한 당선운동을 중심으로 활동을 전개하였다. 물론 이 과정에서 탄핵안에 찬성한 의원들은 배제되었다.

각 당의 선거운동과정에서 열린우리당은 "탄핵 심판론"을 한나라당은 "거여견제론"을 중점적으로 제기하였다(지병문 외 2010). 이미 앞서 밝힌 대로 2003년 노무현 대통령의 막말시비와 측근 비리문제가 터져 나오면서 노무현 대통령에 대한 지지율이 하락하였지만, 탄핵안이 가결된 이후 열린우리당의 지지율은 급속히 상승하고 있었다(강원택 2010).[16] 비록 정동영의 노인폄하발언(2004. 3.26)이 열린우리당의 지지도에 상당히 부정적인 영향을 미쳤음에도 불구하고, 탄핵심판론을 줄곧 제기한 열린우리당은 선거운동과정에서 유리한 고지를 선점할 수 있었다.[17] 반면, 한나라당은 대선 직후 불거져 나온 840여억 원에 달하는 불법 대선자금 모금 사건으로 인해 소위 "차떼기 정당"의 오명을 벗지 못하고 있었다. 선거직전 한나라당 당대표에 선출(2004년 3월 23일)된 박근혜 대표는 탄핵역풍이 부는 가운데 차떼기 사건에 대한 지속적인 사과와 함께 천막당사로 이전하며 당 이미지 쇄신을 시도하고 거여견제론을 제기하여 총선에서의 참패를 막는 데 주력하였다.

4. 열린우리당의 압승과 민주노동당의 약진

60.6퍼센트의 투표율을 보인 4·15총선은 열린우리당의 승리로 종결되었다. 〈표 9-2〉에서 나타난 바와 같이 민주화 이후 자유주의적 성격의 집권여당이 처음으로 원내 의석의 과반수가 넘는 152석(지역구 129석+비례대표 23석)을 차지하게 된 것이다.[18] 반면 한나라당은 원내 제1당의 지위를 열린우리당에 내주고 121석(지역구 100석+비례대표 21석)을

---

16) 강원택(2010)의 분석에 따르면 탄핵 직후 열린우리당의 지지율이 두 배가량 수직 상승한 반면 한나라당의 지지율은 정체되어 양당 사이의 지지율 격차가 30퍼센트 이상으로 크게 벌어졌다.
17) 정동영 의원은 열린우리당에 우호적이지 않은 고령층의 투표율이 높은 점을 지적하며 "60~70대는 투표 안 해도 괜찮다"는 내용의 노인폄하발언을 하여 야당 및 시민단체들로부터 비판을 받자 4월 12일 선거대책위원회 위원장직과 비례대표 후보를 모두 포기하였다.
18) 열린우리당은 특히 영남지역에서 지난 16대 총선과 비교하여 한나라당과의 득표율 차이를 크게 줄일 수 있었다: 부산 31.7퍼센트, 경남 28.6퍼센트, 울산 23.9퍼센트, 대구 16.3퍼센트, 경북 9.1퍼센트.

〈표 9-2〉 17대 국회의원선거 결과: 의석수

	합계	한나라당	민주당	열린우리당	자민련	통합21	민주노동당	무소속
합계	243	100(21)	5(4)	129(23)	4	1	2(8)	2
서울	48	16		32				
부산	18	17		1				
대구	12	12						
인천	12	3		9				
광주	7			7				
대전	6			6				
울산	6	3		1			1	1
경기	49	14		35				
강원	8	6		2				
충북	8			8				
충남	10	1		5	4			
전북	11			11				
전남	13		5	7				1
경북	15	14						1
경남	17	14		2			1	
제주	3			3				

( )안은 비례대표 의석수
*자료 출처: 중앙선거관리위원회 역대선거정보

차지하는 데 만족해야 했다. 하지만 한나라당이 차떼기 정당의 오명과 탄핵역풍에도 불구하고, 영남권을 중심으로 상당한 성과를 얻어냄으로써 박근혜는 한나라 당내의 지도력을 확립하는 중요한 정치적 계기를 마련할 수 있었다.

민주노동당 역시 지역구 의석(창원과 울산 등 2석)과 비례대표 의석(8

석, 13% 정당득표)을 합하여 총 10석을 확보함으로써 원내 3당으로 부상할 수 있었다. 이러한 민주노동당의 성공은 "기존 정당에 대한 반감과 진보성의 강화"에 따른 결과라고 볼 수 있다(안순철·가상준 2006, 55). 다만 강원택(2010)이 지적하였듯이 민주노동당의 지지자들이 열린우리당의 지지자들에 비하여 이념적으로 큰 차이가 없을 뿐만 아니라 양당에 대한 선호 역시 중첩되어 있었다는 점에서 4·15총선의 정당투표에서 민주노동당이 높은 득표율을 올릴 수 있었던 것은 노무현 정부와 열린우리당에 대한 실망감을 표출하기 위한 일시적인 저항투표(protest voting) 때문이라고 볼 수도 있다.

반면, 탄핵을 주도하였던 새천년민주당은 불과 9석을 차지하는 데에 그쳤다. 이러한 민주당의 참패는 보수정당인 한나라당에 대항하면서 형성되었던 민주당의 "정치적 정체성"이 노무현 대통령의 탄핵을 위해 한나라당과 공조하는 과정에서 약화되었기 때문이라고 볼 수 있다 (강원택 2010, 144). 자민련 역시 지역구 의석 4석을 얻는 데 그쳤으며 정당투표의 득표율 또한 매우 저조하여, 지난 1990년 3당 합당의 주역으로 민주자유당을 창당하고, 이후에는 자민련을 만들어 충청권의 정치적 지주 역할을 수행하던 김종필이 결국 비례대표의원직을 얻지 못하고 정계 은퇴를 선언하게 만들었다.[19]

탄핵 열풍 속에서 개최된 2004년 총선에서 신생 정당인 열린우리당의 압승은 의원들의 급격한 교체를 가져왔다. 선거후 구성된 17대 국회에서 초선의원의 비율은 무려 62.5퍼센트로 지난 15대 국회(46.2%), 16대 국회(41.2%)와 비교하여 거의 20퍼센트 가까이 증가한 것이다(가상

---

19) 선거 참패의 여파로 자민련은 이후 한나라당에 흡수통합(2006년 4월 7일)되었으며, 자민련의 해체 과정에서 당시 충남지사였던 심대평을 중심으로 중부권 신당을 표방하는 국민중심당이 창당되어 충청지역정당의 명맥을 이어가게 되었다. 국민중심당은 2007년 대선을 앞두고 이회창 후보를 중심으로 만들어진 자유선진당과 통합하였으며, 자유선진당은 18대 총선에서 지역구 14석과 비례대표 4석을 확보함으로써 성공적으로 충청지역정당으로 정착하게 되었다.

준·유성진·김준석 2009, 301).[20] 앞서 언급했던 여성비례대표 할당제의 영향으로 여성의원의 수도 증가하여 16대 총선에서 16명에 불과하던 것이 17대 총선에서는 39명(비례대표 29명, 지역구 10명)으로 증가하였다.

17대 총선은 정치관계법의 개정취지에 어느 정도 부합하였다고 볼 수 있다. 비례대표제의 도입에 따라 투표의 비례성과 여성의 대표성이 강화된 것은 물론 선거과정의 공정성과 정치자금의 투명성이 강화되었다고 볼 수 있다. 예를 들면, 불법선거운동은 상당히 감소하여 공식 선거운동기간 동안 고발과 수사의뢰가 취해진 사건 수는 16대 총선에서는 429건이었던 반면 17대 총선에서는 203건으로 거의 절반 정도 감소한 것으로 나타났다(윤종빈 2004). 이 가운데 금품과 향응제공의 경우는 16대 총선에서 125건이었던 반면 이번 선거에서는 28건으로 크게 감소하였다. 하지만 인터넷 선거운동관련 선거법 위반 사범은 상당히 증가한 것으로 나타났다. 하지만 윤종빈(2004)이 잘 지적하였듯이 폐지된 지역구를 대신하는 정당 활동의 음성화, 비민주적 방식의 당내경선이 이루어진 후보자의 본선출마 금지의 문제, 약소후보의 TV 토론 참여 배제, 유권자 접촉에 대한 지나친 제약과 현실성 없는 법적선거비용 규정 등의 문제점들은 여전히 해결되지 않은 채 남아 있다.

---

20) 가상준·유성진·김준석(2009)의 분석에 따르면 17대 초선의원들의 40대 이하가 무려 52.6퍼센트를 차지하며, 이념적으로도 진보적 경향이 강하였다.

III. 2006년 제4회 동시지방선거(5 · 31)

1. 여대야소의 붕괴와 여야간 갈등 심화

4·15국회의원선거 결과 열린우리당이 의회의 과반수 의석을 장악하게 되었음에도 불구하고 선거법 위반으로 인해 2005년 3월 일부의 소속 의원들이 의원직을 상실하게 됨에 따라 여대야소 정국은 오래가지 못하였다. 그리고 동년 개최된 4·30보궐선거 결과 충남 연기군 1곳을 제외한 지역의 선거에서 한나라당 후보에게 모두 패함으로써 열린우리당의 정국운영 주도권은 크게 흔들리게 되었다. 비록 노무현 대통령이 한나라당의 협조를 구하며 선거구 개편 및 대연정을 제안(2005년 7월 28일)하기도 하였지만, 야당의 호응을 얻지 못하고 오히려 오해와 갈등만 심화되었다.[21]

노무현 정부와 열린우리당은 지속적으로 보수진영은 물론 진보진영으로부터 비판을 받으면서 국정운영의 어려움에 봉착했다. 자이툰 부대의 파병(2004년 8월)과 한미자유무역협정 협상에 대한 친노세력 내부의 정치적 반발에 직면해야 했으며, 여소야대인 국회에서 야당의 동의를 얻어 2003년 말 어렵게 통과시킨 "신행정수도건설특별법" 또한 위헌판정(2004년 10월)을 받았으며, 2005년 날치기 통과된 사학법 재개정을 둘러싸고 한나라당과의 갈등이 지속되었다. 게다가, 제4대 동시지방선거운동이 한창이던 5월 20일 서울에서 한나라당의 박근혜 대표에 대한 테러가 발생하면서 선거의 향방을 갈랐다.

---

21) 이준한(2007)은 열린우리당과 한나라당 사이의 대연정은 양당 사이의 이념적인 거리 때문이라기보다는 "공동으로 추진하려는 프로그램"이 없었을 뿐만 아니라 그 필요성에 대한 "공감대와 의지가 결여"되어 있었기 때문에 실패하였다고 보았다.

2. 기초단체장의 정당공천 허용

제도적인 차원에서 2006년 지방선거의 가장 큰 특징은 성인 연령에 대한 민법개정에 맞추어 선거연령이 만 19세로 하향조정되었다(공직선거법 17조)는 점과 더불어 기초의원의 정당공천을 허용하고, 2002년 광역의원선거에 도입되었던 비례대표제를 기초의원선거에도 확대 적용하였다는 점이다: 기초비례의원(375명)의 경우 전체 기초의원(375명+2,513명)의 10퍼센트에 해당한다. 아울러 정당명부의 50퍼센트를 여성 후보자들에게 할당하도록 하였다(주용학 2007; 이상묵 2008).

아울러 2002년 광역의원선거에 도입된 중선거구제를 기초의원선거에도 확대 적용하여 한 선거구에서 2~4인의 의원을 선출하도록 하였다. 하지만 중선거구제 도입이 약소 정당의 의회 진출에 큰 도움을 주지는 못하였다. 왜냐하면 중선거구의 대부분은 2인 선거구 중심으로 획정되었으며, 지역기반이 강한 선거구에 각 정당들이 복수로 후보를 출마시켰기 때문이다. 아울러 지방의원에 대한 유급제가 처음으로 시행되었다(이상묵 2008).

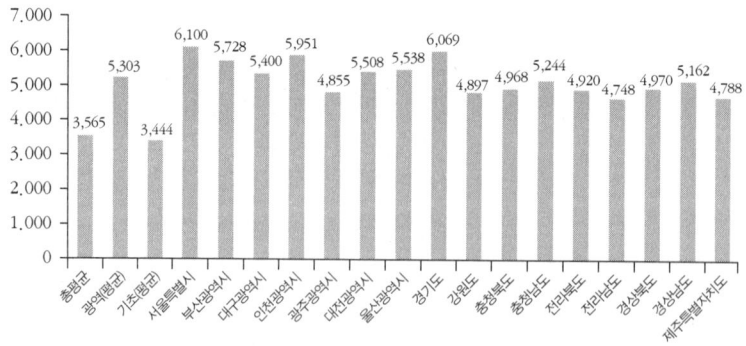

〈그림 9-3〉 전국 지방의원의 의정비

* 자료 출처: 행정안전부(2010), 2010년도 의정비 결정결과(게시일: 2010-08-30)

지방의원들의 의정비(의정활동비, 여비, 월정수당)는 보통 지방자치단체의 재정능력을 고려하여 의정비심의위원회가 결정하며, 그렇지 않을 경우는 지방 공무원의 보수인상률을 고려하여 산정한다(지방자치법 시행령 33조, 2007. 10. 4). 2010년의 경우 총 평균은 3,565만 원이었지만, 광역의원이 지방의원보다 약 2천만 원 정도 더 많이 받았다. 지역적 차이를 살펴보면, 서울시가 6,100만 원으로 가장 많았고, 제주특별자치도가 4,788만 원으로 가장 낮았다(행정안전부 2010). 2006년 이후 유급화된 의정비는 일시적으로 2008년 31.7퍼센트 급상승(평균 2,911만 원에서 3,835만 원)하였다가 2009년에는 7.2퍼센트 하락하였으며, 2010년에는 다시 0.23퍼센트 인상되었다(행정안전부 선거의회과 2009).

3. "노무현 정권 심판론" vs. "지방정부 심판론"

　　2006년 5 · 31지방선거에서도 열린우리당과 한나라당은 일부 후보자의 공천을 위해 상향식의 개방적 공천방식을 시행하였다. 하지만 열린우리당의 경우 경선을 통한 후보 공천사례의 수는 지난 2002년 6 · 13 지방선거에 비해 오히려 감소하였다: 광역단체장 후보의 경우 16개 지역 가운데 3개 지역(전남, 전북, 서울, 18.8%), 기초단체장 후보의 경우에도 29.9퍼센트만을 경선으로 선출하였다. 반면, 한나라당은 15명의 광역단체장 후보들 가운데 8명(서울, 부산, 대구, 경기, 충북, 충남, 경북, 제주, 53.3%), 기초단체장의 경우 25.1퍼센트를 경선을 통해 선출하였다. 민주당은 광역단체장을 제외한 기초단체장 후보의 31퍼센트를 경선을 통해 선출하였다(경실련 2006).[22]

---

22) 2002년 6 · 13지방선거에서 경선을 통한 기초단체장의 후보 공천이 이루어진 비율은 민주당은 52.3퍼센트, 한나라당은 37.9퍼센트였다(모종린 · 전용주 2004, 240).

5·31지방선거는 "노무현 정권 심판론"과 "지방정부 심판론"을 중심으로 여야 간의 대결이 이루어졌다(이부희·송건섭 2006; 정원칠 외 2007; 지병문 외 2010). 한나라당은 지방선거를 통해서 "실정과 민주주의 파괴"의 책임을 물어 노무현 정부와 정부여당에 대한 심판해야 한다고 주장한 반면 집권여당인 열린우리당은 "참여정부의 성공적인 국정운영"과 야당에 의해 장악된 다수의 "지방권력 교체"가 필요하다고 주장하였다(지병문 외 2010).

지방선거에서의 패배가 예측되는 상황에서 집권여당인 열린우리당은 후보 선출과정에서 전략공천을 확대한 것은 물론 선거운동 과정에서 영남 지역의 반여당 정서를 무마하기 위하여 문재인 수석이 "현정부는 경상도 정권"이라고 발언하는 등 지역주의를 동원하려는 시도를 하거나, 정상회담 가능성을 흘리는 등 "퇴행적 선거운동방식"을 노출하면서 국민들의 비판을 받았다(정원칠 외 2007).

5·31지방선거에서 주목할 만한 것은 한국선거에서 처음으로 매니페스토(manifesto) 운동이 등장하였다는 사실이다(김영래 2007; 김상준 오현순 2009; 김혁 2010). 정책선거를 강화하기 위한 이 운동은 본래 영국에서 유래한 것으로 정당 또는 후보자들의 공약을 문서화하여 당선 시에 추진할 것을 공식적으로 약속할 것을 요구하는 것이다. 2006년 2월 경실련을 비롯한 시민사회단체들이 "5·31 스마트 매니페스토 정책선거 추진본부"를 발족하였으며, 중앙선거관리위원회의 협력하에 열린우리당, 한나라당, 민주노동당, 민주당, 국민중심당과 함께 협약식을 거행하였다(김영래 2007). 지역네트워크를 구성한 추진본부는 스마트(SMART), 셀프(SELF), 파인(FINE) 등의 지표를 만들어 후보자들에 대한 평가를 진행함으로써 상당한 반향을 얻는 데 성공하였다(김혁 2010).[23]

---

23) 학계의 지원을 받아 만든 스마트(SMART: Specific, Measurable, Achievable, Relevant, Timed) 지표, 셀프(SELF: Sustainability, Empowerment, Locality, Following), 파인(FINE: Feasibility, Interactivity, Efficiency) 등의 지표들은 각각 상이한 정책평가 요소들을 갖고 있다(김혁 2010).

4. 한나라당의 압승, 민주당의 약진

 2006년 지방선거의 투표율은 전국적으로 51.6퍼센트로 나타났다(중앙선거관리위원회 제4회 동시지방선거 투개표 조회): 이는 1998년 지방선거(투표율 52.7%) 이후 2002년 지방선거(48.9%)에서 하락하였다가 다시 상승한 것이다. 2002년 지방선거와 마찬가지로 집권여당에 대한 중간평가 성격이 강했던 이 지방선거에서 집권 여당인 열린우리당은 참패하였다. 특히 열린우리당은 전라북도를 제외한 모든 지역의 광역단체장 선거에서 패배하였으며, 광주광역시와 전라남도에서는 민주당에게 패배하였다. 반면 한나라당은 호남과 제주를 제외한 12개 지역에서 광역단체장을 당선시키는 데 성공하였다(중앙선관위 제4회 동시지방선거 투개표 조회).
 기초단체장 선거에서도 열린우리당은 전체 230명 가운데 불과 19명만을 당선시키는 데 성공하였으며, 한나라당(155명)은 물론, 민주당(20명)에게도 뒤지는 수의 당선자를 내면서 참패하였다. 반면 한나라당은 호남을 제외한 모든 지역에서 기초단체장을 당선시킬 수 있었으며, 영남은 물론 수도권에서 대부분의 기초단체장 선거를 석권하는 데 성공하였다: 서울 25명/총 25명(100%); 경기 27명/ 총 31명(87%); 인천 9명/총 10명(90%). 민주당 역시 탄핵 역풍을 맞았던 2004년 총선에서와 달리 약진하여 광역 및 기초단체장 선거와 마찬가지로 광역의원선거에서도 열린우리당의 당선자 수 52명보다 많은 80명을 당선시켰다. 기초의원선거에서도 민주당은 열린우리당의 당선자 수 629명의 절반에 해당하는 276명을 당선시켰다.
 한나라당과 민주당의 성공과 달리 민주노동당은 단 한 명의 광역 및 기초단체장도 당선시키지 못하였을 뿐만 아니라 15명의 광역의원, 66명의 기초의원만을 당선시키는 데 머물렀다. 충청지역을 대표하려던 국민중심당 역시 단 한 명의 광역의원을 당선시키지 못하고 7명의 기초단체장과 15명의 광역의원, 67명의 기초의원을 당선시키는 데 만족

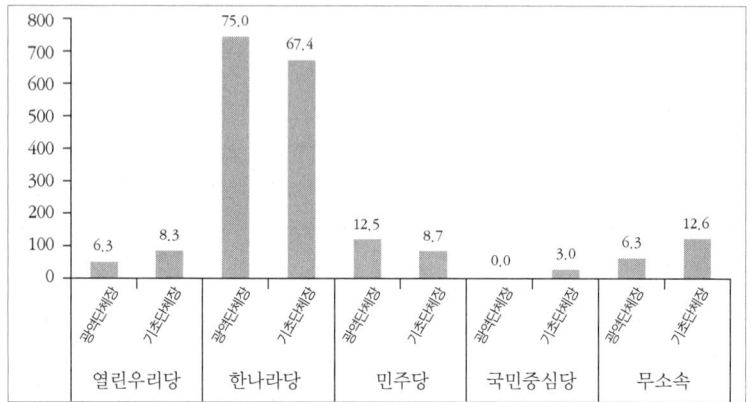

〈그림 9-4〉 정당별 광역/기초단체장 점유율

* 출처: 중앙선거관리위원회 '제4회 동시지방선거정보'(http://www.nec.go.kr:7070/dextern)

해야 했다.

위의 〈그림 9-4〉에서 나타나는 바와 같이 정당별 광역 및 기초단체장 점유율을 비교해보면 각 정당이 5·31지방선거에서 얻은 성과의 차이는 확연히 나타난다. 단체장 선거에서 열린우리당은 10퍼센트 미만의 점유율에 그친 데 반해서 한나라당은 70퍼센트에 육박하는 점유율을 차지하였다. 비록 큰 차이는 아니지만 민주당 역시 열린우리당에 비해 광역 및 기초단체장 선거에서 높은 점유율을 나타내고 있다.

5·31지방선거에서 열린우리당이 대패한 원인은 무엇보다 노무현 정부와 열린우리당의 국정운영에 대한 불만 때문이었다고 볼 수 있다. 동아시아 연구원의 여론조사 결과에 의하면, 2004년 17대 총선에서 열린우리당에게 투표했던 이들 가운데 5·31지방선거에서도 열린우리당에게 투표한 이들은 절반에도 미치지 못하는 44.7퍼센트에 불과하였으며, 열린우리당 대신 한나라당에게 투표한 이들이 차지하는 비율이 무려 37.4퍼센트였다(정원칠과 정한울 2007, 72); 지방선거 결과의 원인에 대하여 "한나라당이 잘 해서(3%)"나 "한나라당 후보가 다른 정당 후

보보다 좋아서(4.4%)"라고 응답한 이들의 비율은 단지 7.4퍼센트에 불과하였으며, "노 대통령과 정부가 못해서(58.6%)"나 "열린우리당이 못해서(29.2%)"라고 대답한 비율은 무려 87.8퍼센트에 달하였다(이내영 2007, 79). 달리 말하면, 지방선거에서 유권자들의 선택은 한나라당에 대한 보상의지보다는 노무현 정부와 열린우리당의 실정에 대한 징계의지가 더 강했기 때문이라고 볼 수 있다.

선거패배 원인이 노무현 정부와 열린우리당의 "무능과 정책실패" 때문인지 아니면 일부의 주장처럼 단지 보수언론에 의해 조작된 부정적 이미지에 기초한 것인지는 여전히 논쟁 대상으로 남아 있다. 하지만 분명한 것은 이들이 국가보안법, 언론관계법, 사립학교법, 과거사 규명법 등 4대 개혁입법, 전시작전권 반환, 햇볕정책 등 진보적인 정책을 추진하는 과정에서 보수진영의 반발을 샀을 뿐만 아니라 한미 FTA 협상, 새만금 개발 사업 등 진보적 가치와 충돌하는 신자유주의적 국정사업을 추진하면서 진보진영의 반발 또한 불러일으켰다는 점이다.

제4회 동시지방선거의 광역단체장과 기초단체장 선거에서 여성후보의 출마율은 과거보다 높아진 것은 사실이지만 여전히 각각 6.1퍼센트와 2.7퍼센트에 불과하였으며, 여성 당선자는 기초단체장 3명(1.3%)뿐이었다(전기택 2006); 광역 및 기초의회의 비례대표 후보들 가운데 여성후보가 차지하는 비율은 각각 64.5퍼센트와 73.2퍼센트에 달했으나, 지역구의 경우 여성후보는 각각 5.2퍼센트와 4.9퍼센트에 불과하였다; 당선자들 가운데에서도 여성은 광역의회 비례대표당선자 비율(73.1%)은 높았지만 지역구 당선자비율(4.9%)은 매우 낮았다; 기초의원 당선자들 가운데 여성이 차지하는 비율 역시 각각 87.2퍼센트와 4.4퍼센트로 대부분의 당선자는 지역구가 아닌 비례대표에 심각하게 편중되어 있었다.

IV. 민주적 선거를 향한 발걸음

민주화 이후 지역주의가 한국의 선거정치를 지배해왔지만, 3김 시대의 종식은 새로운 형태의 민주적 선거를 활성화하는 결정적 계기를 마련하였다. 소위 "1987년 체제"를 마감하면서 노무현 정부 시대의 선거는 1인 2표제와 여성할당제의 도입을 통하여 비례성을 강화하였으며, 각 정당들은 개방적이고 상향식 후보공천 방식을 개발하여, 이를 적용함으로써 정당 민주화의 계기를 마련하였다. 정치자금의 투명성과 공공성 역시 크게 강화되었다. 정당들 사이의 이념적 정책적 차원의 논쟁 또한 활성화되었으며 유권자들 역시 감정적인 지역주의적 투표행태를 탈피하여 정당과 후보자들의 정책과 성과에 대한 평가에 기초한 합리적 투표성향을 보이기 시작하였다.

물론 이러한 변화에도 불구하고 이 시기의 선거는 여전히 구시대의 유산으로부터 자유롭지 못했던 것이 사실이다. 단순다수제 중심의 현행 혼합선거제도 아래에서 국회의원 및 지방의원선거의 비례성 수준은 매우 낮아 유권자들의 선호가 선거결과에 제대로 반영되지 못하였으며, 여성들의 정치적 대표성 또한 선진 국가들에 비하여 현저히 낮았다. 후보공천과정의 민주적 특성은 여전히 미약하여 선거캠페인에 이용하기 위한 형식적인 수준에 머물렀으며, 투명하고 공정한 선거를 위해 제정된 법규들이 오히려 정당의 발전과 자유로운 선거를 침해하였다는 비판을 받고 있으며, 영호남 사이에 한나라당과 민주당의 득표율 편차는 여전히 확고하고, 지역감정을 동원하려는 정치권의 시도 또한 사라지지 않았다.

평화적인 정권교체의 경험이 축적되면서 선거를 통한 참여와 경쟁의 민주적 정치 문화가 점차 한국의 정치인들과 유권자들에게 내면화되고 있다. 탈지역주의와 자유주의적인 노무현 정부의 시대는 최소한 과거 어느 때보다 선거과정에서 시민들이 민주적으로 자신의 정치적 대표자를 선출하기 위한 자발적 정치참여의 경험을 넓힐 수 있었다. 아울러, 투명한 선거자금의 모금과 사용, 선거에서 선출직 공직자의 정치적 중립성, 선거연합의 원칙과 방법 등 다양한 이슈들에 대한 폭넓은 논쟁이 이루어졌다. 피상적으로 보면 소모적이라고 치부할 수 있었지만, 근본적으로 한국의 선거정치가 안고 있는 다양한 문제점들을 노출시키고 여전히 부족하지만 그 해법에 대한 일정한 사회적 합의를 형성할 수 있었다는 데에 이 시기에 이루어진 선거들의 의미를 찾을 수 있을 것이다.

〈부록〉 노무현 정부 시대 선거관련 주요 정치 일지

국민개혁정당 창당(2002. 10. 16)
새천년민주당 국민참여경선 시작(2002. 3. 9)
한나라당 후보경선 시작(2002. 4. 13~5. 9)
노무현 후보 김영삼 전 대통령의 자택 방문(2002. 4. 30)
김대중 대통령 민주당 탈당(2002. 5.6)
6 · 13 지방선거(2002. 6.13)
미군 장갑차에 의한 여중생 사망(2002. 6. 13)
월드컵 개최(2002. 5. 31~6. 30)
정몽준의원의 국민통합 21 창당(2002. 11. 11)
여중생 사망관련 미군 무죄평결(2002. 11.20, 22)과 촛불 집회 확산

제16대 대통령선거(2002. 12. 19)

대북송금특검(2003. 2.26 가결, 4.17~6. 25)
건설공병단과 의료지원단 중심의 국군부대의 이라크 전쟁 파병동의안 통과
  (2003. 4.3)
4 · 24 보궐선거(2003. 4. 24)
노무현 대통령의 민주당 탈당(2003. 9.23)
불법대선자금 수사(2003. 11. 3~2004. 5.21)
열린우리당 창당(2003. 11. 11)
노무현대통령 측근비리 특검(1차: 2004. 1.6~3. 5; 2차: 2004. 3.6~4.4)
이라크 전쟁 추가파병 동의안 통과(2004. 2. 13)
노무현 대통령의 탄핵(2004. 3.10 발의, 3. 12 가결)

제17대 국회의원선거(2004. 4. 15)

노무현 대통령의 열린우리당 입당(2004. 5. 20)
지자체 재보선(2004. 6)
전투부대인 자이툰 부대 파병(2004. 8. 3)
"신행정수도 건설을 위한 특별조치법" 위헌 결정(2004. 10. 21)
공직선거법이 개정되어 기초단체 의원의 정당공천을 허용(2005. 7. 1)
노무현 대통령의 선거구 개편 및 대연정 제안(2005. 7. 28)
한미자유무역협정 협상 시작(2006. 2. 3)

제4회 지방동시선거(2006. 5. 31)
북한의 지하 핵실험(2006. 10. 9)
노무현 대통령의 열린우리당 탈당(2007. 2. 28)
한미자유무역협상 타결(2007. 4. 2)
원 포인트 개헌 제안(2007. 1. 9)
남북정상회담 개최와 10.4 공동선언 발표(2007. 10. 2~4)

종장

결론 및 시사점

김 욱

지난 60년간의 한국 선거사를 돌이켜 볼 때 한국의 선거 및 선거정치는 상당한 변화가 있었다. 이러한 변화는 부분적으로는 한국 정치의 역동성을 반영하는 것이기도 하며, 보다 중요하게는 한국 민주주의의 꾸준한 발전 과정을 반영하는 것이다. 이번 장에서는 지난 60년간의 주요 변화를 정리해 보고, 그러한 변화의 근본적 동력을 찾아보고, 마지막으로 이에 근거하여 향후 한국 선거정치 및 민주주의의 미래를 전망해 보고자 한다.

I. 60년간의 주요 변화

1. 선거제도의 측면

지난 60년간의 변화 중에서 가장 쉽게 감지할 수 있는 것은 선거제도의 변화이다. 제2공화국의 짧은 시기를 제외하면, 한국은 대통령중심제를 계속 유지해 왔으며, 따라서 대통령선거가 가장 커다란 관심의 대상이 되곤 했다. 그동안 총 17차례의 대통령선거가 있었는데, 그중 국민에 의한 직접선거가 10차례(2~3대, 5~7대, 13~17대), 국회에 의한 간접선거 두 차례(1대와 4대), 통일주체국민회의에 의한 간접선거가 네 차례(8대~11대), 대통령선거인단(12대)에 의한 간접선거가 한 차례 있었다(〈표 1〉 참조).

민주화가 본격적으로 시작된 제13대 대통령선거 이전의 기간에는 대통령선거제도가 상당한 굴곡을 경험했다. 1대에서 국회에 의한 간접선거가 실시된 것은 초대 헌법이 가진 의원내각제적 요소를 반영하는 것

〈표 1〉 역대 대통령선거제도의 변화

	직접-간접 선거	간접 선거의 주체	비고
1대	간접	국회	의원내각제적 성격 반영
2~3대	직접		
4대	간접	국회	의원내각제하 대통령 선출
5~7대	직접		
8~11대	간접	통일주체국민회의	
12대	간접	대통령선거인단	
13~17대	직접		

이었으며, 2~3대에는 대통령제에 보다 어울리는 직접선거가 채택되었다. 4대의 국회에 의한 간접 선거는 의원내각제하에서 상징적인 대통령 선출을 위한 것이었다. 5~7대에서 다시 직접선거로 정상을 되찾았지만, 권위주의가 위세를 떨치던 8~11대에는 통일주체국민회의, 12대에는 대통령선거인단이라는 대표성이 약한 기구를 통해 비정상적인 방법으로 간접선거가 실시되었다. 13대부터 현재까지는 직접선거가 안정적으로 실시되고 있다.

국회의원선거는 소선거구 단순다수제 중심으로 시작되었으며, 현재도 그 형태가 유지되고 있다. 보다 구체적으로 살펴보면, 1948년 5월 10일 제헌의회선거 이래 우리의 국회의원선거제도는 크고 작은 변화를 거듭해 왔다(〈표 2〉 참조). 제헌의회 선거의 경우 소선거구 단순다수제 방식으로 총 200명의 의원을 선출하였다. 이후 제5대 국회의원선거까지는 기본적으로 소선거구 단순다수제 방식이 유지되면서, 단지 다소간 의원정수의 변화만 있었다. 그러다가 1963년 6대 국회의원선거에서부터 소위 전국구 제도를 도입함과 동시에 무소속 출마를 금지해, 선거제도가 커다란 변화를 겪게 된다.

국회의원선거제도는 9대 국회의원선거를 앞두고 또다시 크게 변화한다. 즉 소선거구 단순다수제는 여당의 전략적 이익을 위해 2인 중선거구 다수대표제로 바뀐다. 그리고 전국구 제도를 폐지하는 대신, 대통령이 지명하는 유신정우회 제도를 신설한다. 비민주적인 방식이라고 할 수 있는 유신정우회 제도는 1980년에 접어들면서 다시 전국구 제도로 바뀌게 된다.

한편 민주화 이후 첫 선거인 13대 국회의원선거에서는 2인 선거구 다수대표제가 폐지되고 소선거구 단순다수제가 다시 도입된다. 그리고 민주화 이후에는 전국구-비례대표제도 과거 제1당에게 유리했던 왜곡된 모습에서 각 정당의 득표율에 따라 배분하는 정상적인 방식으로 점진적으로 변화해 왔다. 현재의 국회의원선거제도는 과거에 비해 상당히 민주성과 합리성을 회복했다고 평가할 수 있다.

〈표 2〉 역대 국회의원선거제도의 변화

국회	의원정수	지역구 선출방식	전국구·비례대표 선출방식
제헌 (1948)	200	소선거구 단순다수제	해당 없음
2대 (1950)	210		
3대 (1954)	203		
4대 (1958)	233		
5대 (1960)	민의원:233		
6대 (1963)	175(지역구:151, 전국구:44)		전국: 제1당 과반수 이상 득표의 경우 득표율에 따라, 제1당이 과반수 미만 득표의 경우 제1당 1/2, 잔여의석 제2당 이하 득표율에 따라 배분, 의석배분조건: 5% 이상 또는 지역구 3석 이상 *무소속 출마금지
7대 (1967)			
8대 (1971)	204(지역구:153, 전국구:51)		
9대 (1973)	219(지역구:146, 유정회:73)	2인 중선거구 다수대표제	*유정회: 대통령 추천
10대 (1978)	231(지역구:154, 유정회: 77)		
11대 (1981)	276(지역구:184, 전국구:92)		전국: 제1당 2/3, 1/3은 제2당 이하 득표율에 따라 배분, 조건: 5석 이상 획득
12대 (1985)			
13대 (1988)	299(지역구:224, 전국구:75)	소선거구 단순다수제	전국: 제1당 1/2, 1/2은 제2당 이하 지역구 의석 비율에 따라 배분, 조건: 5석 이상 획득
14대 (1992)	299(지역구:237, 전국구:62)		정당의 지역구 의석율에 비례 배분, 조건: 5석 이상 (5석 미만 혹은 3% 이상 1석 배정)
15대 (1996)	299(지역구:253, 전국구:46)		정당득표율에 비례 배분, 조건: 5석 이상 혹은 3% 이상 (3%~5% 1석 배정)
16대 (2000)	273(지역구:227, 비례:46)		
17대 (2004)	299(지역구:243, 비례:56)		정당투표 정당득표율 비례, 조건: 5석 이상 혹은 3% *17대 총선부터 정당투표제 도입
18대 (2008)	299(지역구:245, 비례:54)		

역대 국회의원선거제도의 변화 과정에서 나타난 제도적 특징을 종합적으로 정리해 보면 먼저 제헌의회에서 8대까지와 13~18대 국회의원선거 때는 소선거구 단순다수제 방식을 채택하였으며, 9~12대에는 2인 선거구 다수대표제를 실시하였다. 또한 6~18대 국회의원선거에서는 지역구 제도와 함께 부분적으로 비례대표 혹은 전국구(9~11대의 경우 유신정우회)제도를 병행하였다. 이러한 점에서 우리의 국회의원선거제도는 소선거구 단순다수제를 기본으로 하면서, 여기에 부가적으로 전국구-비례대표제를 결합하는 방식을 취해 왔다고 볼 수 있다.

2. 투표 행태 및 선거결과의 측면

지난 60년간 유권자의 투표 행태에 있어서의 주요 변화는 다음과 같다. 일단 투표율은 권위주의 시대에 비해 민주화가 진행되면서 지속적으로 하락하고 있다. 최근 들어 하락세가 다소 주춤하고 있지만, 전반적으로 하락 추세임은 분명하다. 이러한 투표 참여율 감소에는 여러 요인이 작용하겠지만, 가장 큰 원인은 과거 권위주의 시대 널리 퍼져 있던 소위 '동원투표(Kim 1980)'(혹은 준봉투표)가 점차 줄어들면서, 보다 자발적인 참여가 증가하고 있기 때문이다. 따라서 이러한 투표율의 감소를 무조건 부정적인 현상으로만 볼 필요는 없다.

유권자의 투표 성향에 영향을 미치는 요인 또한 변화해 왔다. 민주화 이전 권위주의 시대에는 도시와 농촌 유권자의 투표 성향에 커다란 차이가 존재했다. 소위 '여촌야도'라는 표현으로 집약되고 있듯이, 농촌 유권자들은 여당을, 그리고 도시 유권자들은 야당을 지지하는 성향을 보여왔다. 이러한 도시-농촌 간 투표 성향의 차이는 전근대적(전통적) 문화와 근대적 문화 간의 갈등으로 이해할 수 있다. 전통적 문화를 가지고 있던 농촌 유권자들이 앞서 말한 '동원투표' 등으로 인해 여당을 상대적으로 지지한 데 반해, 상대적으로 교육 수준이 높고 근대적인 문화를 가진 도시 유권자들은 인권과 민주주의를 강조하는 야당에 대해 높은 지지를 보였다.

민주화 이후 초기는 지역주의 투표가 위세를 떨쳤다. 도시-농촌 간 차이가 줄어든 대신에, 호남과 영남, 그리고 상대적으로 약하지만 충청 지역, 이 세 지역 간에 현격한 차이가 발생했다. 이러한 지역 갈등과 지역주의의 확산에는 소선거구제의 도입이라는 제도적 요인과 함께(이갑윤 1998), 한국 정당의 동질화가 크게 작용하였다고 본다. 민주화가 되면서 과거에 존재했던 여당과 야당 간의 입장 차이(여당은 경제성장, 야당은 민주주의)가 희석되면서, 정치인과 유권자 모두 지역이라는 새로운 요인에 무게를 두게 되었던 것이다.

2000년대에 들어서면서, 지역주의와 지역 갈등은 다소 약화 혹은 변화하는 징후가 나타나고 있다. 이와 동시에 이념 갈등, 세대 갈등 등 새로운 갈등 요인이 부상하며, 이들의 상대적 중요성이 증가하고 있다. 정치적 갈등 구조의 다변화가 이루어지고 있는 것이다. 그런데 이러한 최근의 변화의 기저에는 정치문화의 변동이 자리잡고 있다. 보다 구체적으로는 젊은 세대를 중심으로 탈물질주의적 가치(post-materialistic values)가 부상하면서, 기성 세대의 물질주의적 가치와 대조를 이루고 있다(Inglehart 1977). 그리고 이러한 기본적 가치관의 차이는 단순히 세대 갈등으로 표출될 뿐만 아니라, 더 나아가 이념 갈등 및 지역 갈등의 변화에도 영향을 미치고 있는 것이다.

선거 결과라는 측면에서도, 한국의 선거는 상당한 성과를 거두었다. 민주화 이후 이미 벌써 두 차례의 평화적 정권교체를 달성했으며, 국회의원선거에서도 다수정당이 빈번하게 변화하고 있다. 특히 우리보다 오랜 민주주의의 역사를 가진 일본보다 앞서 평화적 정권교체를 실현한 것은 놀라우면서도 자랑할 만한 사실이다. 선거에 의해 정권교체가 이루어지고 국회의 다수당도 규칙적으로 변화하고 있다는 것은 한국의 민주주의가 공고화 단계로 진입하고 있음을 시사한다.

3. 선거 공정성 및 선거 문화의 측면

지난 60년간에 걸쳐 한국 선거의 공정성이 크게 발전해 왔다는 데에는 이견의 여지가 없다. 권위주의 시절 창궐했던 각종 형태의 부정선거, 관권선거, 금권선거 등이 민주화 이후 크게 감소했다. 그리고 이러한 선거 공정성의 증가는 민주화 이후에도 계속 지속되고 있으며, 최근에는 정책선거 운동(매니페스토 운동)이 전개되면서 단순한 선거의 공정성을 넘어 혈연, 지연 등보다는 정책에 기반한 투표를 강조하고 있다.

이처럼 민주화 이후 선거의 공정성이 꾸준히 증가해 온 데에는 선거관리의 주체로서 선거관리위원회(선관위)의 역할이 매우 컸다. 선관위는 민주화 이후 점차 정부로부터의 독립성과 자율성을 증대시켜 왔으며, 이러한 독립성을 기반으로 하여 각종 선거를 객관적이고 중립적으로 관리하여 왔다고 할 수 있다. 선거라는 것이 권력을 창출하는 제도라는 점을 감안할 때, 앞으로도 권력으로부터의 독립성은 선관위가 보존해 나가야 할 가장 중요한 가치라고 할 수 있다. 또한 이러한 독립성과 중립성은 선관위가 국민으로부터 신뢰를 확보할 수 있는 가장 중요한 자산이기도 하다.

선거 공정성이 증가할 수 있었던 가장 근본적인 요인은 물론 선거 문화의 변화에 있다. 다시 말하면, 선거에 임하는 한국 유권자의 수준이 과거에 비해 높아지고 있다는 것이다. 과거의 관권선거나 고무신 선거는 한국의 유권자에게 이제 더 이상 통하지 않게 된 것이다. 그리고 이러한 선거 문화의 변동의 기저에는 한국 정치문화 전반의 변동이 자리 잡고 있음은 물론이다.

II. 변화의 근본 동력: 정치문화의 변동

앞에서 지난 60년간에 걸쳐 발생한 한국 선거에서에서의 여러 가지 변화를 살펴보았는데, 이러한 변화의 근본 동력은 정치문화의 변동에 있다. 선거제도 변화의 궁극적인 원인은 유권자 의식 수준의 향상이다. 앞에서 살펴 본 바와 같이, 대통령 및 국회의원선거제도가 점차 민주적이고 합리적인 방향으로 변화할 수 있었던 데에는 유권자의 향상된 의식 수준이 크게 작용하였다. 물론 제도가 유권자 의식에도 영향을 미친다는 점에서, 양자의 관계는 상호 강화적(mutually reinforcing)이라고 할 수 있다.

투표 행태와 선거 결과 측면의 변화에도 유권자의 의식 변화가 작용했음은 물론이다. 특히 최근 들어 지역 갈등과 함께 세대 갈등과 이념 갈등이 부상하게 된 근본 원인이 바로 정치문화의 변동, 그리고 보다 구체적으로는 탈물질주의적 가치의 확산에 있다고 할 수 있다. 젊은 세대를 중심으로 확산되고 있는 탈물질주의적 가치는 기성 세대의 가치와 대조를 이루고 있으며, 이러한 기본적 가치관의 차이가 세대 갈등과 이념 갈등의 형태로 나타나고 있는 것이다.

마지막으로 선거 공정성 및 선거 문화 측면에서의 변화에도 정치문화의 변동이 근본적으로 작동하고 있음은 이미 앞에서 강조하였다. 특히 선거 문화의 변화에 있어서는 과거의 권위주의적인 문화에서 보다 자율적인 문화로의 변화가 중요하게 작용한다.

정치 문화의 변동, 혹은 한국 유권자의 의식 변화는 크게 두 가지 측면에서 진행되고 있다. 하나는 권위주의적 문화에서 자율적 문화로의 변동이며, 또 다른 측면은 물질주의적 문화에서 탈물질주의적 문화로의 변동이다. 물론 이 양자가 서로 연관된 것은 분명하지만, 약간의 차이가 존재한다. 탈권위주의화가 전통사회에서 근대사회로의 이전, 그리고 근대사회에서 탈근대사회로의 이전에서 지속적으로 발생하고 있

〈표 3〉 전통사회, 근대사회, 탈근대사회의 비교

항목	사회 유형		
	전통사회	근대사회	탈근대사회
중심 사회 목표	안정적 경제에서의 생존	경제성장의 극대화	주관적 행복의 극대화
개인적 가치	전통적, 종교적, 공동체적 가치	성취 동기	탈물질주의적 가치
권위 체계	전통적 권위(종교적, 가부장적 권위)	합리적-법적 권위 (국가 혹은 관료)	전통적, 합리적 권위 양자 모두 거부

* 출처: Inglehart(1997), 76

다만, 탈물질주의화는 주로 근대사회에서 탈근대사회로의 이전에서 발생하는 탈근대화(post-modernization)의 성격을 가진 변화이다(〈표 3〉 참조).

그런데 이러한 정치문화 변동의 장기적이고 궁극적인 원인은 결국 사회경제적 환경의 변화이다. 결국 탈권위주의 혹은 탈물질주의는 경제 발전과 산업화로 인한 경제적 풍요의 산물인 것이다. 경제적 빈곤의 시대에서는 권위주의와 물질주의가 위세를 떨칠 수밖에 없다.

이처럼 사회경제적 변화와 정치 문화의 변동 간의 연계성을 강조하는 장기적이고 거시적인 입장에서 본다면, 정치와 경제는 어느 정도 수렴할 수밖에 없다. 혹자는 한국 경제는 선진국 수준이지만, 정치는 후진국 수준이라고 말한다. 그러나 장기적으로 양자는 결국 수렴하게 되니, 단지 그 과정에서 시간이 걸릴 뿐이다. 바로 이러한 장기적 관점에서 바라볼 때, 한국 민주주의의 미래에 대한 낙관적인 전망이 가능하다.

III. 한국 민주주의의 미래

앞에서의 주장과 같이, 지난 60년간 한국 선거정치의 발전의 기저에 정치문화의 변동이 자리잡고 있다면, 한국의 선거정치, 그리고 보다 넓게 한국 민주주의의 미래는 밝다. 특히 젊은 세대를 중심으로 한 탈물질주의적 가치의 확산은 향후 한국 민주주의의 공고화에 크게 기여할 것으로 생각된다.

탈물질주의적 가치의 확산은 민주주의와 밀접한 연관이 있다. 이론적으로 볼 때, 탈물질주의적 가치는 절대적 사회 규범 및 권위를 부정하는 한편, 관용(tolerance), 신뢰(trust), 각종 의사결정에의 적극적 참여를 통한 자기 표현(self-expression) 등을 강조한다. 이러한 태도와 가치들이 민주주의의 발전과 공고화에 기여함은 물론이다(김욱 2005).

근대화 이론가들에 따르면, 근대화와 그것이 수반하는 산업화, 도시화 등은 민주화를 촉진한다고 한다. 그러나 사실 근대화와 민주주의와의 관계는 경험적으로 그리 강하지 않게 나타나고 있다. 상당한 수준의 근대화를 달성하고도 권위주의를 위시한 비민주적 체제를 유지하고 있는 국가들은 아직도 많이 존재한다. 이에 반해 탈근대화(그리고 보다 좁게는 탈물질주의)와 민주주의와의 관계는 경험적으로 무척 강하게 나타나고 있다.

결국 경제발전과 민주주의는 밀접한 관계를 갖고 있다고 할 수 있다. 그러나 경제발전 그 자체가 민주주의를 보장하는 것은 결코 아니다. 경제발전은 민주정치를 위한 필요조건은 될 수 있어도 충분조건은 아니다. 경제발전이 상당한 수준 도달하여 국민들의 일정 수가 탈물질주의적 가치를 갖게 될 때, 이러한 경제적 요인과 문화적 요인이 복합적으로 작용하여 민주주의가 안정적으로 작동할 수 있는 것이다.

사실 탈물질주의적 가치의 정치적 효과는 이미 한국 사회에서 뚜렷하게 나타나고 있다. 최근의 지역주의 완화와 세대 간 투표 행태의 극심한 차이의 기저에는 탈물질주의적 가치의 대두가 깔려있다. 지역주의의 완화에 기여한 유권자는 바로 젊은 층이며, 이들은 기성 세대와는 전혀 다른 투표 행태를 보였다. 그런데 이러한 투표 행태는 이들의 마음 속에 자리잡고 있는 탈물질주의적 가치와 무관하지 않다.(김욱 2005).

그리고 선거 과정에서 일부 젊은 유권자들이 보여준 새로운 선거운동 방식 또한 탈물질주의적 가치와 밀접한 연관이 있다. 탈물질주의적 가치를 가진 이들은 단순한 투표 행위로 만족하지 않는다. 엄청난 열정과 높은 수준의 정치적 효능감으로 무장된 이들은 여러 형태의 적극적인 참여를 주도했다. 이들은 인터넷 등 새로운 수단을 이용하여 촛불시위를 조직하는 등, 정치적 의제를 설정하는 데 주도적 역할을 수행하였으며, 또한 자발적인 정치조직체를 통해 선거운동에도 적극적으로 참여하였다.

또한 현재 우리 사회가 정치적으로 경험하고 진보-보수 양 진영 간 이념 갈등의 부상도 탈물질주의적 가치의 정치적 효과 중의 하나이다. 많은 사람들이 이념 갈등을 우려하고 있지만, 그것이 너무 극단으로 치닫지만 않는다면 과거의 지역 갈등을 대체할 수 있다는 점에서 오히려 긍정적인 변화라고 할 수 있다. 특히 과거의 지역 갈등이 정책적 함의가 없는 데 반해, 이념 갈등은 정책적 함의를 갖고 있다는 점을 주목해야 할 것이다.

이러한 측면에서 한국 민주주의의 미래가 어둡지만은 않다. 탈물질주의적 가치의 부상과 확산으로 대변되는 한국 정치문화의 변동은 한국 민주주의의 발전에 이미 커다란 기여를 하고 있다고 생각한다. 특히 한국정치의 발목을 잡고 있던 지역주의가 완화되고, 그 대신 이념에 기반한 정당 대결의 가능성이 높아지고 있다는 점, 그리고 유권자의 자발적인 정치참여가 증가하고 있다는 점은 한국 민주주의 커다란 발전으로 볼 수 있다.

부록

⟨부록 1⟩ 역대 정부 시기별 선거 현황 및 공식 투표율

시기 구분	선거명	선거일	투표율(%)
	제헌 국회의원선거	1948. 05. 10	95.5
	초대 대통령·부통령선거	1948. 07. 20	의회선출
	제2대 국회의원선거	1950. 05. 30	전쟁, 기록유실
	제2대 부통령선거	1951. 05. 16	의회선출
	시·읍·면의회의원선거	1952. 04. 25	전시, 제한실시
	도의회의원선거	1952. 05. 10	전시, 제한실시
	제2대 대통령·3대 부통령선거	1952. 08. 05	88.1
제1공화국	제3대 국회의원선거	1954. 05. 20	91.1
	제3대 대통령·4대 부통령선거	1956. 05. 15	94.4
	시·읍·면의회의원선거	1956. 08. 08	
	시·읍·면장선거		
	서울시·도의회의원선거	1956. 08. 13	
	제4대 국회의원선거	1958. 05. 02	87.7
	제4대 대통령·5대 부통령선거	1960. 03. 15	97.0
	제5대 국회의원선거	1960. 07. 29	84.4
	제4대 대통령선거	1960. 08. 12	97.0
제2공화국	서울시·도의회의원선거	1960. 12. 12	
	시·읍·면의회의원선거	1960. 12. 19	
	시·읍·면장선거	1960. 12. 26	
	서울시장·시도지사선거	1960. 12. 29	
군사정부	제1차 국민투표	1962. 12. 17	85.3
	제5대 대통령선거	1963. 10. 15	85.0
	제6대 국회의원선거	1963. 11. 26	72.1
	제6대 대통령선거	1967. 05. 03	85.0
제3공화국	제7대 국회의원선거	1967. 06. 08	76.1
	제2차 국민투표	1969. 10. 17	77.1
	제7대 대통령선거	1971. 04. 27	79.8
	제8대 국회의원선거	1971. 05. 25	73.2

제4공화국	제3차 국민투표	1972. 11. 21	91.9
	제8대 대통령선거	1972. 12. 23	간접선거
	제9대 국회의원선거	1973. 02. 27	72.9
	제4차 국민투표	1975. 02. 12	79.8
	제9대 대통령선거	1978. 07. 06	간접선거
	제10대 국회의원선거	1978. 12. 12	77.1
	제10대 대통령선거	1979. 12. 06	간접선거
제5공화국	제11대 대통령선거	1980. 08. 27	간접선거
	제5차 국민투표	1980. 10. 22	95.5
	제12대 대통령선거	1981. 02. 25	간접선거
	제11대 국회의원선거	1981. 03. 25	78.4
	제12대 국회의원선거	1985. 02. 12	84.6
노태우 정부	제6차 국민투표	1987. 10. 27	78.2
	제13대 대통령선거	1987. 12. 16	89.2
	제13대 국회의원선거	1988. 04. 26	75.8
	구·시·군의회의원선거	1991. 03. 26	55.5
	시·도의회의원선거	1991. 06. 20	58.9
	제14대 국회의원선거	1992. 03. 24	71.9
	제14대 대통령선거	1992. 12. 18	81.9
김영삼 정부	제1회 전국동시지방선거	1995. 06. 27	68.4
	제15대 국회의원선거	1996. 04. 11	63.9
	제15대 대통령선거	1997. 12. 18	80.7
김대중 정부	제2회 전국동시지방선거	1998. 06. 04	52.7
	제16대 국회의원선거	2000. 04. 13	57.2
	제3회 전국동시지방선거	2002. 06. 13	48.9
	제16대 대통령선거	2002. 12. 19	70.8
노무현 정부	제17대 국회의원선거	2004. 04. 15	60.6
	제4회 전국동시지방선거	2006. 05. 31	51.6
	제17대 대통령선거	2007. 12. 19	63.0

〈부록 2〉 역대 국회의원선거제도

	제1대	제2대	제3대	제4대	제5대
정부형태	대통령 의회 선출제		대통령 직선제		의회제
선거구제	1선거구 1인 선출제				
의원임기	2년	4년			민의원:4년 참의원:6년
총의석수	200	210	203	233	
지역구의석수	200	210	203	233	
전국구의석수	없음				
전국구 의석배분방식	없음				
선거운동기간	41일			31일	
후보출마방식	선거인 추천제				
기타	유권자 등록제	-		기탁금제 도입	부재자투표 도입

	제6대	제7대	제8대	제9대	제10대
정부형태	대통령 직선제			대통령 간선제(선거인단)	
선거구제	1선거구 1인 선출제			1선거구 2인 선출제	
의원임기	지역구: 4년 전국구: 4년			지역구: 6년, 전국구: 3년	
총의석수	175	204		219	231
지역구의석수	131	153		146	154
전국구의석수	44	51		73	77
전국구 의석배분방식	제1당이 과반의석 미달일 경우 1/2 우선 배분, 나머지 의석률 기준 배분			통일주체국민회의 간접선거	
선거운동기간	31일	23일		19일	
후보출마방식	정당추천제			정당추천제, 본인등록제	
기타	무소속 출마금지, 중앙선거관리위원회 헌법기관화(1962년 헌법개정)			통일주체국민회의, 2,000~5,000명 구성	

	제11대	제12대	제13대	제14대	제15대
정부형태	대통령간선제(선거인단)		대통령 직선제		
선거구제	1선거구 2인 선출제		1선거구 1인 선출제		
의원임기	지역구: 4년, 전국구: 4년				
총의석수	276		299		
지역구의석수	184	184	224	237	253
전국구의석수	92	92	75	62	46
전국구 의석배분방식	제1당 2/3배분, 나머지 의석률 기준 배분		의석률 기준, 5% 이상 득표나 5석 이상 획득한 정당		지역구 득표율 기준
선거운동기간	19일			18일	17일
후보출마방식	정당추천제, 선거인추천제				
기타					

	제16대	제17대	제18대
정부형태	대통령 직선제		
선거구제	1선거구 1인 선출제		
의원임기	지역구: 4년, 전국구: 4년		
총의석수	273	299	299
지역구의석수	227	243	245
전국구의석수	46	56	54
전국구 의석배분방식	지역구 득표율 기준	정당투표 득표율 기준	
선거운동기간	17일	13일	
후보출마방식	정당추천제, 선거인추천제		
기타	-	1인 2표제 도입	-

<부록 3> 역대 대통령선거 득표율 (총투표수 기준 vs. 유효투표수 기준): 2~7대

		2대	3대	4대	5대	6대	7대
	연도	1952	1956	1960	1963	1967	1971
	소속	자유당	자유당	자유당	민주공화당	민주공화당	민주공화당
	후보자	이승만	이승만	이승만	박정희	박정희	박정희
	득표율	72.0	55.7	88.7	42.6	48.8	51.1
	소속	무소속	무소속	민주당	민정당	신민당	신민당
	후보자	조봉암	조봉암	조병옥	윤보선	윤보선	김대중
	득표율	11.0	23.9	0.0	41.2	38.9	43.5
	소속	무소속	민주당		추풍회	정의당	국민당
	후보자	이시영	신익희		오재영	이세진	박기출
총투표수 기준	득표율	10.5	0.0		3.7	0.8	0.4
	소속	무소속			정민회	한국독립당	자민당
	후보자	신흥우			변영태	전진한	이종윤
	득표율	3.0			2.0	2.0	0.1
	소속				신흥당	민중당	정의당
	후보자				장이석	김준연	진복기
	득표율				1.8	2.1	1.0
	소속					통한당	
	후보자					오재영	
	득표율					2.3	
	무효 투표율	3.5	20.5	11.3	8.7	5.0	4.0

	대수	2대	3대	4대	5대	6대	7대
	연도	1952	1956	1960	1963	1967	1971
	소속	자유당	자유당	자유당	민주공화당	민주공화당	민주공화당
	후보자	이승만	이승만	이승만	박정희	박정희	박정희
	득표율	74.6	70.0	100.0	46.6	51.4	53.2
	소속	무소속	무소속	민주당	민정당	신민당	신민당
	후보자	조봉암	조봉암	조병옥	윤보선	윤보선	김대중
	득표율	11.4	30.0	0.0	45.1	40.9	45.3
유효 투표수 기준	소속	무소속	민주당		추풍회	정의당	국민당
	후보자	이시영	신익희		오재영	이세진	박기출
	득표율	10.9	0.0		4.1	0.9	0.4
	소속	무소속			정민회	한국독립당	자민당
	후보자	신흥우			변영태	전진한	이종윤
	득표율	3.1			2.2	2.1	0.1
	소속				신흥당	민중당	정의당
	후보자				장이석	김준연	진복기
	득표율				2.0	2.1	1.0
	소속					통한당	
	후보자					오재영	
	득표율					2.4	

〈부록 4〉 역대 대통령선거 득표율 (유효투표수 기준): 13~17대

대수	13대	14대	15대	16대	17대
연도	1987	1992	1997	2002	2007
소속	민주정의당	민주자유당	한나라당	한나라당	한나라당
후보자	노태우	김영삼	이회창	이회창	이명박
득표율	36.6	42.0	38.7	46.6	48.7
소속	통일민주당	민주당	국민회의	민주당	대통합민주신당
후보자	김영삼	김대중	김대중	노무현	정동영
득표율	28.0	33.8	40.3	48.9	26.1
소속	평화민주당	국민당	국민신당	민주노동당	민주당
후보자	김대중	정주영	이인제	권영길	이인제
득표율	27.0	16.3	19.2	3.9	0.7
소속	신민주공화당	신정당	국민승리21	하나로연합	민주노동당
후보자	김종필	박찬종	권영길	이한동	권영길
득표율	8.1	6.4	1.2	0.3	3.0
소속	한국당	정의당	공화당	사회당	창조한국당
후보자	신정일	이병호	허경영	김영규	문국현
득표율	0.2	0.2	0.2	0.1	5.8
소속		무소속	바른정치연합	호국당	경제공화당
후보자		김옥선	김한식	김길수	허경영
득표율		0.4	0.2	0.2	0.4
소속		무소속	한국당		무소속
후보자		백기완	신정일		이회창
득표율		1.0	0.2		15.1

※참조: 17대 대통령선거에서 한국사회당(금민, 0.1%), 참수인연합(성근모, 0.1%), 새시대참사람연합(전관 0.0%)등은 생략하였음

<부록 5> 역대 국회의원선거 정당 (단체, 무소속) 득표율과 의석률

대수	제헌의회	2대	3대	4대	5대(민의원)
연도	1948	1950	1954	1958	1960
소속	대한독립촉성국민회	대한국민당	자유당	자유당	자유당
득표율	26.1	9.7	36.8	42.1	2.8
의석률	27.5	11.4	56.2	54.1	0.9
소속	한국민주당	민주국민당	민주국민당	민주당	민주당
득표율	13.5	9.8	7.9	34.0	41.7
의석률	14.5	11.4	7.4	33.9	75.1
소속	대동청년단	국민회	국민회	기타	사회대중당
득표율	9.6	6.8	2.6	2.3	6.0
의석률	6.0	6.7	1.5	0.4	1.7
소속	민족청년단	대한청년단	대한국민당		기타
득표율	2.2	3.3	1.0		2.7
의석률	3.0	4.8	1.5		1.3
소속	대한노총	대한노총	기타		
득표율	1.6	1.7	3.8		
의석률	1.0	1.4	0.0		
소속	기타	사회당			
득표율	6.7	1.3			
의석률	5.5	1.0			
소속		일민구락부			
득표율		1.0			
의석률		1.4			
소속		기타			
득표율		3.6			
의석률		1.9			
소속	무소속	무소속	무소속	무소속	무소속
득표율	40.3	62.9	47.9	21.7	46.8
의석률	42.5	60.0	33.5	11.6	21.0

대수	6대	7대	8대	9대	10대
연도	1963	1967	1971	1973	1978
소속	민주공화당	민주공화당	민주공화당	민주공화당	민주공화당
득표율	33.5	50.6	48.8	38.7	31.7
의석률	62.9	73.7	55.4	33.3	29.4
소속	민정당	신민당	신민당	신민당	신민당
득표율	20.1	32.7	44.4	32.5	32.8
의석률	23.4	25.7	43.6	23.7	26.4
소속	민주당	자유당	국민당	민주통일당	민주통일당
득표율	13.5	3.6	4.1	10.1	7.4
의석률	7.4	0.0	0.5	0.9	1.3
소속	국민의당	민주당	민중당	유신정우회	유신정우회
득표율	8.8	3.0	1.4	-	-
의석률	1.1	0.0	0.0	33.3	33.3
소속	자유민주당	민중당	통일사회당		
득표율	8.1	1.7	0.9		
의석률	5.1	0.0	0.0		
소속	자유당	정의당	대중당		
득표율	2.9	1.3	0.5		
의석률	0.0	0.0	0.0		
소속	신민회	대중당			
득표율	1.8	2.3			
의석률	0.0	0.0			
소속	신흥당	한국독립당			
득표율	2.0	2.2			
의석률	0.0	0.0			
소속	한국독립당	기타			
득표율	1.4	2.5			
의석률	0.0	0.0			

소속	보수당				
득표율	3.0				
의석률	0.0				
소속	정민회				
득표율	2.8				
의석률	0.0				
소속	추풍회				
득표율	2.0				
의석률	0.0				
소속				무소속	무소속
득표율				18.6	28.1
의석률				8.7	9.5

대수	11대	12대	13대	14대	15대	16대	17대
연도	1981	1985	1988	1992	1996	2000	2004
소속	민주정의당	민주정의당	민주정의당	민주자유당	신한국당	한나라당	한나라당
득표율	35.6	35.2	34.0	38.5	34.5	39.0	37.9(35.8)
의석률	54.7	53.6	41.8	49.8	46.5	48.7	40.5
소속	민주한국당	신민당	통일민주당	민주당	국민회의	민주당	열린우리당
득표율	21.6	29.3	23.8	29.2	25.3	35.9	42.0(38.3)
의석률	29.7	24.3	23.4	32.4	26.4	42.1	50.8
소속	한국국민당	민주한국당	평화민주당	통일국민당	통합민주당	자유민주연합	민주당
득표율	13.2	19.7	19.3	17.4	11.2	9.8	8.0(7.1)
의석률	9.1	12.7	19.7	10.4	5.0	6.2	3.0
소속	민주사회당	한국국민당	신민주공화당	신정치개혁당	자유민주연합	민주국민당	자유민주연합
득표율	3.2	9.2	15.6	1.8	16.2	3.7	2.7(2.8)
의석률	0.7	7.2	11.7	0.3	16.7	0.7	1.3

소속	민권당	신정 사회당	한겨레 민주당	민중당	기타	민주 노동당	민주 노동당
득표율	6.7	1.4	1.3	1.5	0.9	1.2	4.3(13.0)
의석률	0.7	0.4	0.3	0.0	0.0	0.0	3.3
소속	신정당	기타	기타	공명당		기타	통합21
득표율	4.2	1.2	1.2	0.1		1.1	0.3(0.6)
의석률	0.7	0.0	0.0	0.0		0.4	0.3
소속	민주 농민당						기타
득표율	1.4						0.3(2.5)
의석률	0.4						0.0
소속	기타						
득표율	3.3						
의석률	0.4						
소속	무소속	무소속	무소속	무소속	무소속	무소속	무소속
득표율	10.7	3.3	4.8	11.5	11.8	9.4	4.6
의석률	3.6	1.4	3.0	7.0	5.4	1.8	0.7

※참조: 17대 선거는 1인 2표제로 시행되었고, ( )안의 득표율은 비례대표 정당투표 득표율임

참고문헌

◆ **국내문헌자료**

가상준·유성진·김준석. 2009. "18대 국회 초선의원과 17대 국회 초선의원의 비교연구." 『세계지역연구논총』 27권 1호: 285-314.
강원택. 2003. 『한국의 선거정치: 이념, 지역, 세대와 미디어』. 서울: 푸른길.
_____. 2009. "당내 공직 후보 선출 과정에서 여론조사 활용의 문제점." 『동북아연구』 14권: 35-63.
_____. 2009. "한국 선거 정치의 변화 과정과 개혁 과제." 이정복 편. 『21세기 한국정치의 발전 방향』. 서울대학교 출판부, pp.445-466.
_____. 2010. 『한국 선거정치의 변화와 지속: 이념, 이슈, 캠페인과 투표참여』. 서울: 나남.
강정구. 1993. "5·10선거와 5·30선거의 비교연구." 경남대 극동문제연구소. 『한국과 국제정치』, Vol.9, No.1.
공보부. 1962. 『헌법 개정과 국민투표』. 공보부.
국회사무처. 2008. 『대한민국국회 60년사』.
_____. 1981. 『국회사(제9대)』. 서울: 국회사무처.
_____. 1980. 『제10대 국회 경과보고서』. 서울: 국회사무처.
길승흠. 1990. "한국에 있어서 정당정치와 정치문화: 한국의 정당과 정치." 『한국논단』 1990년 4월호.
길승흠 외 공저. 1987. 『한국선거론』. 서울: 지구문화사.
김광선. 1993. "Sartori의 가설검증을 통한 한국 정당제도의 특성연구." 전북대학교 사회과학연구소. 『사회과학연구』 제20집.
김광웅 편. 1990. 『한국의 선거정치학』. 서울: 나남.

김규환·박동은·정형수·이임규. 1965. "1963年 大統領 選擧戰 分析: 共和黨과 民政黨이 新聞紙上을 通해 展開한 宣傳戰을 中心으로." 『언론정보연구』 2권, pp.47-76.
김대중. 2010. 『김대중 자서전 1』. 삼인.
김만흠. 1991. 「한국의 정치균열에 관한 연구: 지역 균열의 정치 과정에 대한 구조적 접근」. 서울대학교 대학원 정치학과 박사 학위 논문.
김민하. 1994. 『한국정당정치론』. 서울: 풀빛.
김상준·오현순. 2009. "매니페스토 운동과 심의 민주주의: 한국의 경험에 대한 평가와 대안." 『시민사회와 NGO』.
김성희. 1978. 『정당론』. 서울: 박영사.
김영명. 1992. 『한국현대정치사—정치변동의 역학』. 서울: 을유문화사.
김영태. 2002. "1인2표제의 제도적 효과와 정치적 영향: 독일·뉴질랜드·일본의 경험과 시사점." 진영재 편. 『한국의 선거제도 1』. 서울: 한국사회과학데이터센터.
김용태. 1991. "국회의원 선거제도에 관한 연구." 대구대학교 박사학위논문.
_____. 1990. "정당에 대한 선거제도의 정치적 영향." 『사상과 정책』 제27호. 1990. 6.
김용호. 1991. "민주공화당의 패권정당운동." 서울대학교 한국정치연구소. 『한국정치연구』 제3집.
_____. 2001. 『한국 정당정치의 이해』. 서울: 나남출판.
김 욱. 2002. "분권화시대의 선거제도 개혁방안." 진영재 편. 『한국의 선거제도 1』. 서울: 한국사회과학데이터센터.
_____. 2008. "선거: 선거제도와 투표행태." 한국정치학회 편. 『정치학 이해의 길잡이: 정치과정』. 서울: 법문사.
김운태. 1996. "권력구조와 정부." 이우진·김성주(공편). 『현대한국정치론』. 서울: 사회비평사.
김운태 외. 1993. 『한국정치론』(증보판). 서울: 박영사.
김일영. 1995. "농지개혁, 5·30선거, 그리고 한국전쟁." 경남대 극동문제연구소. 『한국과 국제정치』, Vol.11, No.1.
김재한 편. 1994. 『정당구조론』. 서울: 나남.
김재홍. 1992. 『한국정당과 정치지도자론—분단극복의 정치과정연구』. 서울: 나남.

김종헌. 1986. "한국「제3공화정(1961~1971)」연구—권위구조와 통치엘리트를 중심으로." 부산대학교 박사학위논문.
김종훈. 1982. 『한국정당사』. 서울: 고시학회.
김 혁. 2010. "매니페스토와 선거 결과의 관계성에 대한 연구—2006년 지방선거에서의 매니스토 평가결과를 중심으로." 『한국정책학회보』, Vol.19, No.3: 289-314.
남광규. 2001. 「해방 초기 중간파 약화와 좌우대결의 격화(1945.8.-1946.2)」. 고려대학교 정치외교학과 박사학위 논문.
노무현 재단 편. 유시민 정리. 2010. 『노무현 자서전: 운명이다』. 돌베개.
동아일보사. 1974. 「동아연감」.
로드 헤이그 · 마틴 해롭. 2007. 김계동 외 옮김. 『현대비교정치론』. 서울: 명인문화사.
모종린 · 전용주. 2004. "후보경선제, 본선경쟁력 그리고 정당 민주화: 2002년 6 · 13 기초자치단체장선거를 중심으로." 『한국정치학회보』 38집 1호, 233-253.
문용직. 1992. "한국의 정당과 지역주의." 경남대학교 극동문제연구소. 『한국과 국제정치』 제8권 1호.
박명림. 1999. "한국전쟁과 한국정치의 변화." 한국정신문화연구원 편. 『한국전쟁과 사회구조의 변화』. 백산서당.
박명호. 2007. "2006 지방선거의 공직후보자 선정과정에 대한 분석: 열린우리당과 한나라당을 중심으로." 『정치정보연구』 10집 2호, 79-95.
박상철. 1989. "한국의 정치발전과 혁신정당론." 『현대사회』 제35호.
_____. 1995. 『선거운동과 정치관계법』. 서울: 한줄기.
박승식. 1991. 『선거분석의 이론과 실제』. 서울: 대영문화사.
박찬욱 편. 2000. 『비례대표 선거제도』. 서울: 박영사.
박찬표. 2007. 『한국의 국가형성과 민주주의』. 후마니타스.
백운선. 1992. 「제헌국회내 소장파에 관한 연구」. 서울대학교 대학원 정치학과 박사학위 논문.
서복경. 2003. 「한국 정당체제의 기원과 변화에 관한 연구」. 고려대학교 대학원 정치외교학과 박사학위 논문.
손호철. 1994. "분단 후 한국사회에서 '진보적' 투표 행태에 관한 연구: 1956년, 63년 대통령 선거를 중심으로." 『사회비평』 11호, pp.323-352.

신두철. 2007. "재·보궐 선거의 특징과 정치적 의미: 2005년 4월 30일 국회의원 재선거를 중심으로." 『21세기 정치학회보』 제17집 1호, pp.71-86.
_____. 2007. "5·31 지방선거의 특징과 선거캠페인." 『한국정당학회보』 제6권 1호, pp.55-78.
신두철·김원 역. 2004. 『선거법과 정당제도』. 서울: 엠-애드.
신두철·허영식. 2009. 『민주시민교육의 정석』. 서울: 도서출판 오름.
신명순. 1989. "한국정당의 기능수행에 관한 연구: 제3공화국의 민주공화당을 중심으로." 연세대학교 『사회과학논집』 제20집.
新民黨. 1967. 『六·八不正選擧 白書』. 新民黨.
심지연. 1982. 『한국민주당연구1―정치적 성장과정과 정치이념 및 관계자료』. 서울: 풀빛.
_____. 1990. "한국보수정당론." 『사상과 정책』 제11호, 1990. 6.
_____. 1991. 『인민당연구』. 서울: 경남대학교극동문제연구소.
_____. 2009. 『증보판 한국정당정치사: 위기와 통합의 정치』. 백산서당.
심지연·김민전. 2006. 『한국 정치제도의 진화경로―선거·정당·정치자금 제도』. 서울: 백산서당.
안병만. 1985. 『한국선거론』. 서울: 다산출판사.
안순철. 1998. 『선거체계 비교: 제도적 효과와 정치적 영향』. 서울: 법문사.
양재인. 1996. "정치엘리트의 역할과 공과." 이우진·김성주(공편). 『현대한국정치론』. 서울: 사회비평사.
여현덕. 1996. "신군부권위주의체제의 등장과 정치갈등." 한흥수 편. 『한국정치동태론』. 서울: 도서출판 오름.
오명호. 1998. "제2공화국과 민주적 실험." 한양대 「사회과학논총」 제17집.
운남이승만문서편찬위원회. 1998. 『이화장소장 운남이승만문서(동문편)』 13권.
윤성이. 2003. "16대 대통령선거와 인터넷의 영향력." 『한국정치학회보』 제37집 제3호: 71-87.
윤종빈. 2008. "2007년 대선과 정당의 후보 선출: 대통합민주신당과 한나라당을 중심으로." 『세계지역연구논총』 26권 1호: 31-55.
이갑윤. 1985. "제5공화국 국회의원선거의 분석과 전망." 『한국정치학회보』 제19집: 47-58.

_____. 1992. "선거제도와 정당정치." 서강대학교 사회과학연구소.『사회과학연구』제1집.
이기택. 1987.『한국야당사』. 서울: 백산서당.
이남영. 1985. "산업화와 정치문화: 민주의식 변화를 중심으로(1974년과 1984년의 비교분석)." 한국정치학회.『한국정치학회보』제19집.
이남영 편. 1993.『한국의 선거 I』. 서울: 나남.
_____. 1998.『한국의 선거 II』. 서울: 푸른길.
이내영·이현우·김장수 공편. 2007.『변화하는 한국 유권자 2: 패널 조사를 통해 본 5.31 지방선거』. 동아시아연구원.
이은진·김석준 외. 1992.『한국의 정치와 선거문화』. 서울: 사회문화연구소.
이은국. 1996. "한국 선거제도하에서 득표—의석간의 편의 측정에 관한 연구." 김광웅 편.『정당·선거·여론』. 서울: 한울. pp. 96-97.
이정복. 1996. "제5공화국 시대의 정치제도." 민준기 외.『한국의 정치』. 서울: 나남출판.
_____. 2006.『한국 정치의 분석과 이해』(개정증보판). 서울: 서울대학교출판부.
이정식. 1976. "제2공화국." 한국사료연구소 편.『해방30년사』제3권. 서울: 성문각.
이준한. 2007. "한국정당 연합의 사례와 전망."『개헌과 민주주의』. 파주: 한울. pp. 150-170.
이현우. 2006. "16대 대통령 선거에서 나타난 이슈와 후보자 전략." 어수영 편.『한국의 선거 V: 제16대 대통령 선거와 제17대 국회의원 선거』. 서울: 도서출판 오름. pp. 39-73.
_____. 2006. "지방선거를 통한 지방자치 평가: 대표성, 민주성, 자율성."『세계지역연구논총』24집 3호: 219-245.
임혁백. 1997. "한국에서의 민주화과정 분석." 임혁백.『시장·국가·민주주의: 한국 민주화와 정치경제이론』. 서울: 나남.
장달중. 1986. "제 3 공화국과 권위주의적 근대화." 한국정치학회 편.『現代韓國政治論』. 법문사, pp. 225-250.
장 훈. 2000. "민주공화당의 실패한 실험: 전통 앞에서 좌절한 민주공화당의 대중정당의 실험." 한국정치학회 한국정치사 기획학술회의.「박정희 시대의 한국: 국가, 시민사회, 동맹체제」발표논문.

전상인. 1994. "510선거와 530선거를 어떻게 볼 것인가." 경남대 극동문제연구소. 『한국과 국제정치』, Vol.10, No.1.
전선일. 2008. 『한국의 공직선거와 선거문화』. 서울: 성문기획.
전용주. 2005. "후보공천과정의 민주화와 그 정치적 결과에 관한 연구: 제17대 국회의원 선거를 중심으로."『한국정치학회보』 39집 2호: 217-236.
전홍기혜. 2002. 『한나라당 경선 민주당과 어떻게 다른가』. 프레시안 2002/04/09.
정병준. 2001. 「이승만의 독립노선과 정부수립 운동」. 서울대학교 대학원 국사학과 박사학위 논문.
정승화. 1987. 『12·12사건: 정승화는 말한다』. 서울: 까치.
조성겸·김지연·나운정·이명진. 2007. "선거여론조사의 문제점과 개선방향: 2006년 지방선거 전화조사를 중심으로."『조사연구』 8권 1호: 31-54.
조진만·최준영. 2006. "1인 2표 병립제의 도입과 유권자의 투표행태: 일관투표와 분할투표의 결정요인 분석."『한국정치학회보』 제40집 제1호: 71-90.
주용학. 2002. "지방선거에서의 기초단체장 정당공천제에 대한 연구."『한국지방자치학회보』 14권 1호: 43-69.
중앙선거관리위원회. 1973. 『대한민국선거사』 제1집. 중앙선거관리위원회.
_____. 1981. 『대한민국정당사 제1집』. 서울: 중앙선거관리위원회.
_____. 1981. 『대한민국정당사 제2집』. 서울: 중앙선거관리위원회.
_____. 1983. 『국회의원선거법 변천상황』. 서울: 중앙선거관리위원회.
_____. 1989. 『대한민국선거사 제1집』(3판). 서울: 서광문화사.
_____. 1992. 『대한민국정당사 제3집』. 서울: 중앙선거관리위원회.
_____. 1992. 『대한민국정당사 제1집』(3판). 서울: 영진사.
_____. 1992. 『국회의원 선거법령집』. 서울: 중앙선거관리위원회.
_____. 2000. 『제16대 국회의원선거 총람』. 서울: 중앙선거관리위원회.
_____. 2002. 『제3회 전국동시지방선거 총람』. 서울: 중앙선거관리위원회.
_____. 2009. 『대한민국선거사 제4집』. 서울: 중앙선거관리위원회.
_____. 2009. 『대한민국선거사: 제6집』. 서울: 중앙선거관리위원회.
지방자치법 시행령. 2007. 제16599 호 전자관보. 행정안전부.
지병문·김용철·안종철·김철홍. 1997. 『현대한국정치의 전개와 동학』. 서

울: 박영사.
지병문·김용철·천성권·지충남·유경화. 2010.『현대한국의 정치: 전개과정과 동인』. 서울: 박영사.
진영재 편. 2002.『한국의 선거제도 1』. 서울: 한국사회과학데이터센터.
최장집. 2010.『민주화 이후의 민주주의』개정 제2판. 후마니타스.
최종두. 1985.『민주정치와 선거론』. 서울: 태창출판사.
최한수. 1995.『한국정치의 새도전』. 서울: 대정진.
_____. 1996.『한국선거정치론』. 서울: 대왕사.
필립스 쉬블리. 2008. 김계동 외 옮김.『정치학 개론: 권력과 선택』. 서울: 명인문화사.
한국정치연구회. 1989.『한국정치론』. 서울: 백산서당.
_____. 1990.『한국정치사』. 서울: 백산서당.
한정일. 1994. "신군부 등장과 5·18 광주의 비극." 동아일보사.『5공 평가 대토론: 현대사를 어떻게 볼 것인가 6』. 서울: 동아일보사.
행정안전부 선거의회과. 2009. "보도자료: 2010년 지방의원 의정비 동결 수준에서 결정"(게시일: 2009-12-10).
_____. 2010. "2010년도 의정비 결정결과"(게시일: 2010-08-30).
호광석. 1993. "한국혁신정당의 변천에 관한 연구." 동국대학교대학원.『대학원연구논집』제23집.
_____. 1994. "정당체계 분석을 위한 이론적 고찰." 동국대학교대학원.『대학원연구논집』제24집.
_____. 1996.『한국 정당체계의 유형 변화에 관한 연구: 환경·구조 분석을 중심으로』. 동국대 박사학위논문.
_____. 1996.『한국 정당체계 분석: 제헌 국회부터 제14대 국회까지 한국 정당체계의 환경과 구조』. 서울: 들녘.
홍석률. 2009. "1971년 대통령선거의 양상: 근대화 정치의 가능성과 위험성."『역사비평』여름호(통권 87호), pp.461-493.
황아란. 1998.『1998년 6·4 지방선거 분석』. 한국지방행정연구원 연구보고서.

◈ 언론 및 인터넷 자료

국회 홈페이지(http://www.assembly.go.kr/).
국회도서관 홈페이지(http://www.nanet.go.kr/).
『조선일보』, "盧, 단일화로 李 추월 성공," 2002/12/19.
_____, "이 34%-정 22.6%-노 19%," 2002/11/03.
_____, "'미국이 헛소리한다'고 북한도, 국내 좌파도 펄펄 뛰더니…," 2010/11/22.
_____, "盧, 단일화로 李 추월 성공," 2002/12/19.
_____, "단일후보 노무현 확정," 2002/11/25.
_____, "예비후보 도입 4년… '보완' 목소리," 2008/2/18.
중앙선거관리위원회 홈페이지(http://www.nec.go.kr/nec_new2009/Main.do).
『한겨레 신문』, 2002. 특집 민주당 대선후보 국민경선(http://www.hani.co.kr/section-special/2002/2002vote-1.html).
_____, 한나라 이회창 후보 당선 확정. 2002. 05.09. 접근일 2010.11.17(http://www.hani.co.kr/section-003000000/2002/05/003000002200205091803083.html).
『한국일보』, "노대통령 지지도 43%," 2007/10/07.

◈ 해외문헌자료

Laakso, M., and R Taagepera. 1979. "Effective Number of Parties: A measure with Application to West Europe." *Comparative Political Studies*. 12: 1, pp.3-27.
Edelman, Murray. 1964. *The Symbolic Uses of Politics*. Urbana: Illinois University Press.
Hermet, Guy, Richard Rose, Alain Rouquie, eds. 1978. *Elections without Choice*. London: MacMillan.
Koh, B. C. 1985. "The 1985 Parliamentary Election in South Korea." *Asian*

Survey 25(9): 883-897.

Downs, Anthony. 1957. *An Economic Theory of Democracy.* New York: Harper & Row.

Duverger, Maurice. 1963. *Political Parties: Their Organization and Activities in the Modern State.* New York: Wiley.

Farrell, D. 2001. *Electoral Systems: A Comparative Introduction.* London and New York: Palgrave.

Hague, Rod, and Martin Harrop. 2001. *Comparative Government and Politics.* New York and London: Palgrave Macmillan.

Katz, Richard. 1997. *Democracy and Elections.* Oxford: Oxford University Press.

Lijphart, Arend. 1994. *Electoral Systems and Party Systems: A Study of Twenty Seven Democracies, 1945-1990.* Oxford: Oxford University Press.

_____. 1999. *Patterns of Democracy: Government Forms and Performance in Thirty Six Countries.* New Haven: Yale University Press.

Norris, Pippa. 2004. *Electoral Engineering: Voting Rules and Political Behavior.* Cambridge: Cambridge University Press.

Rokkan, S. 1970. *Citizens, Elections, Parties.* New York: McKay.

Shively, Phillips. 2008. *Power and Choice: An Introduction to Political Science.* 11th ed. New York: McGraw-Hill.

Shugart, M., and M. Wattenberg. 2000. *Mixed-Member Electoral Systems: The Best of Both Worlds.* Oxford and New York: Oxford University Press.

Taagepera, Rein, and Matthew Soberg Shugart. 1989. *Seats and Votes: The Effects and Determinants of Electoral Systems.* New Haven: Yale University Press.

색인

| ㄱ |

강경대 207, 208
거소투표 223
거여견제론 308
게리 맨더링(gerrymandering) 195
계보정치 246
계엄포고 10호 147
공선법 268
공영제 120, 124, 139
공직선거및선거부정방지법(공선법) 267, 284
공천신청의 분포 246
공천의 기준 246
공천의 편향성 236
과도입법의원 34
관권선거 221, 331
관제야당 169

광주민주화운동 147
구자경 157
국가보위비상대책위원회 137
국가보위에 관한 특별조치법 117
국가보위입법회의 160
국가재건최고회의 93
국무총리 폭행사건 206
국민직선제 182
국민참여경선 286, 294
국민투표 94
국민투표-제5차 142, 152
국제통화기금(IMF) 관리체제 254, 255
국회의 국정조사권 발동 172
국회의원 정수 감축 277
국회의원선거-제7대 109

국회의원선거-제9대 123, 124, 129
국회의원선거-제10대 133, 134
국회의원선거-제11대 142, 160
국회의원선거-제12대 142, 166, 168
국회의원선거-제13대 193
국회의원선거-제14대 220
국회의원선거-제15대 242, 252
국회의원선거-제16대 277
국회의원선거법 개정 논의 166
국회의원선거제도 327
국회해산권 182
군정 93, 188
권력누수 283
권위주의 유산의 청산 242
권위주의 정부의 연장 190
권위주의적 통제 171
금권, 관권 선거 103, 107, 227, 331
금융실명제 225, 232
기탁금 285
기탁금 반환요건 269
기탁금에 관한 규정 222
긴급조치 제9호 131, 134, 137, 143
김구 36, 99
김구의 정치노선 33
김규식 36
김대중 99, 110, 143, 144, 212, 224, 233, 290
김대중 사면복권 172
김영삼 110, 130, 144, 181, 202, 224, 232, 243
김재규 136
김종철 158

김종필 144, 187, 202, 233
김현철 비리사건 256, 257
김현희 189

| ㄴ |

낙천·낙선운동 276, 277, 279, 287
남덕우 153
남북정상회담 254
남한단독선거 34
내각제 개헌 276
노동법 개정안 기습처리 256
노무현 293, 296, 301
노무현 대통령의 탄핵 304
노무현 정권 심판론 315
노재봉 207
노태우 181, 202
노태우 선언 181

| ㄷ |

다당화 전략 154, 160
다수대표제 29
단독정부수립노력 33
단순다수제 29
단일정부(unified government) 220
당내경선 224
당내민주화 224

색인 359

대북 햇볕정책 254
대선거구-비례대표제 19
대통령 간선제 151, 152
대통령 직선제 개헌 172, 173, 177
대통령선거-제6대 105
대통령선거-제8대 119
대통령선거-제9대 131
대통령선거-제10대 137
대통령선거-제11대 141, 149
대통령선거-제12대 158
대통령선거-제13대 187
대통령선거-제14대 219, 231
대통령선거-제15대 255, 259, 290
대통령선거-제16대 283, 293
대통령선거법 156
대통령선거유세-제14대 226
대통령선거의 결과-제13대 190
대통령선거인단 152
대통령선거인선거 154, 156
대통령의 비상조치권 182
도저촌고(都低村高) 현상 184
동원투표 329
뒤베르제의 법칙 19, 20
DJP연합 258, 262, 264, 276

| ㅁ |

매니페스토(manifesto) 운동 24, 316, 331
명본사본교부제 120
명성사건 163
모스크바 3국외상회의 31, 33
무소속의 약진 241
미국의 저강도전략 165
미소공동위원회 32
민주 정치과정 18
민주노동당의 성공 311
민주화세력의 단합 165
민주화추진협의회 165
민청학련 사건 130

| ㅂ |

박관용 190
박세직 206
박정희 대통령 98, 105, 109, 131, 203
박정희 대통령 사망 187
박정희 대통령 시해사건 142
박종철 179
박종철군 고문치사 은폐조작사건 1/3
박찬종 226
박충훈 149
반민족행위특별조사위원회 39
방송 토론회 300

| ㄹ |

레임덕 현상 291

방송매체의 활용 238
방송홍보 300
법의 실효성 235
보수양당체제 31
부산 초원복집 사건 222
부재자투표 방식 223
불법 대선자금 모금 사건 309
비례대표의석 배분방식 307
비례대표제 29, 128
비목별제한주의 245
비자금 사건 243
비자금 조성의혹 263

선거관리 238, 248
선거구 조정 277
선거문화 24
선거방송토론위원회 306
선거법 96
선거부정감시단 280
선거비용 235, 245
선거사 연구 25, 26
선거사범의 공소시효 223
선거소송 처리기간 223
선거운동 기간 222
선거운동 방식 223, 260
선거운동의 공정성 129
선거운동의 주체 260
선거의 공정성 331
선거의 의미 18
선거정치 93, 94, 116, 294, 334
선거제도 19, 96, 127
선거제도 변화 326, 332
선거제도의 개혁 20
선거제도의 정치적 효과 20
선택 없는 선거 172
세대교체론 234
소선거구-단순다수제 19, 327
소선거구제 194, 195
수서사건 206, 208
수시선거인명부제 120
신군부세력 142
신자유주의적 국정사업 319
신탁통치반대운동 33
신행정수도건설특별법 313
10·26사태 136

| ㅅ |

사상논쟁 99, 226
4·13호헌조치 173, 179
4·19혁명 93
40대 기수론 110
4대 개혁입법 319
4대 의혹 사건 99
사회단체의 정치활동 275
3·15 부정선거 24
3당합당 202, 210, 211, 213, 220, 231, 243, 258
3선 개헌 107, 109, 110, 115
상향식 후보공천 236, 308, 315
새마을운동본부 비리사건 196
새만금 개발 사업 319
선거공영제 260, 278

12·12군사반란 141, 146, 188, 243
17대 총선 305

| ㅇ |

IMF 사태 책임 공방 263
IMF관리체제 258, 276
안두희 34
야권 분열전략 165
야권통합 194
양당제 96
여성의 사회참여의식 288
여소야대 256, 280
여소야대 분점정부 198, 217
여야 파괴현상 252
여야합의에 의한 개헌 184
여운형 33
여촌야도(與村野都) 106, 329
여촌야도의 전통 170
여촌야도의 현상 114
연고주의 112
연좌제 99
연합공천 274
열린우리당의 창당 303
영동개발진흥 사건 163
예비 후보자 제도 307
예비선거(primary election) 295
5·17계엄조치 137, 141
5·18광주민주화운동 137, 141, 165
5·31지방선거 316, 318

5년 단임제 182
올림픽 유치 165
외환위기 254
위컴 주한유엔군 및 한미연합사령관 147
유권자 18, 287
유권자 의식 수준의 향상 332
유권자의 투표 성향 329
유사 경쟁적 선거 21
유신반대투쟁 130
유신이념 123
유신정우회(약칭 유정회) 119, 126, 127, 138
유신체제 94, 117, 126, 130
유신체제하의 정당법 139
유신헌법 118, 138
유신헌법 개정 150, 151
유신헌법의 폐지 143
유진산 105, 110, 123
유진오 105
유치송 158
유효 정당 수 97
6·29선언 173, 180, 184, 188
6·8부정선거 108
6월 민주항쟁 188, 204
윤보선 98, 100, 105
의석배분방식 128
의약분업 277
이기택 211, 224
이민우 166, 177, 185
이석연 244
이승만 대통령 30, 33

이인제 258, 262
2인 중선거구 다수대표제 327
이종찬 224
이철승 133, 134
이철희·장영자 사건 163
이한열 사건 180
이회창 258
인터넷 선거 300
1.5당제 96
1구 1~3인제 167
1구 2인제 167
입법의원 선거법 34, 35

| ㅈ |

자유시장체제 254
자치단체장선거 232
저항투표(protest voting) 311
전국구 비례대표제 138
전국구의석 배분방식 194, 196, 245
전국구제도 120, 127
전두환 대통령 141, 145, 149, 155, 157, 158, 168
전두환 정권의 부패성 163
전두환 정권의 위기 171
전두환 정권의 정통성 163
전략공천 방식 236
전시작전권 반환 319
전자개표기 288
절대다수제 29

정당 설립의 요건 95
정당공천 120, 205, 209, 234, 239, 269
정당공천제 95
정당구도의 변화 242
정당민주주의의 제도화 266
정당법 95, 96, 155
정당의 창당요건 155
정당의 회의참관인제도 132
정당정치의 실종 300
정당제도의 특성 96
정당추천 129, 269
정당해산소송 122
정래혁 사건 163
정부수립 30
정승화 143, 145
정원식 207
정주영 157, 211, 224
정초선거(founding election) 22, 24
정치 피규제자들에 대한 해금조치 164
정치 효능감 22
정치관계법 305
정치문화의 변동 330, 332
정치자금 263, 284, 320
정치자금법 306
정치적 갈등 구조의 다변화 330
정치해금 164
정태수 206
제1회 전국동시지방선거 239
제2회 전국동시지방선거 266
제3공화국의 선거정치 95, 115

제3공화국의 헌법 98
제3회 전국동시지방선거 283
제4공화국 137
제5공화국 142
제5공화국 비리문제 197
제5공화국 헌법 152, 154, 177
제6공화국 헌법 193
제도혁명당(PRI) 20
제주 4·3사건 36
제헌국회 30
제헌국회 선거결과 38
제헌국회 선거법 34, 35, 36
제헌국회 의원선거 29, 31, 34
제헌의회선거 327
조중훈 157
조직책선출방식 246
조직책인선기준 247
중대선거(crucial election) 170
중립내각 222
중선거구제 120, 122, 125, 135, 194, 195, 314
지구당수의 변화 129
지방선거의 부활 202
지방자치시대의 개막 231
지방자치제 203, 204
지방정부 심판론 315
지배지역 정당의 공천 241
지역구 획정 244
지역균형발전 255
지역별 1당 지배체제 241
지역주의 111, 222, 229, 251, 280, 320

지역주의 완화 334
지역주의의 강화 198
지역주의의 원인 231
지역주의의 책임 230
지역주의투표성향 209
지역주의투표행태 265, 320
지역주의투표현상 199, 330
지역할거주의 237, 274
직선제 개헌 180
직접·비밀투표의 원칙 228
직접·비밀투표의 취지 228
진산 파동 113

| ㅊ |

참여정부의 특성 303
1987년 체제 293, 294, 320
천주교정의구현사제단 180
총액제한주의 245
최규하 대통령 136, 143, 137
최원석 157
최장집 184
충청도 핫바 지론 234
7년 단임제 182

| ㅋ |

KAL기 폭파사건 189

| ㅌ |

탁치논쟁 32
탄핵 선거 308
탄핵심판론 308
탈물질주의적 가치 334, 335
탈법, 금권선거 249
토지실명제 225
통일주체국민회의 118, 119, 131, 152
퇴행적 선거운동방식 316
투표참여의 도저촌고(都低村高) 272

| ㅍ |

패권 정당의 방식 102
평화적 정권교체 253, 255, 265, 293, 320, 330

| ㅎ |

하향공천 236
학원자율화 164, 166
한국 선거의 공정성 331
한국 정당의 동질화 330
한국 정치의 역동성 23
한국의 선거사 25
한미 FTA 협상 319
한보특혜대출 비리사건 256
해직교수의 복직 164
행정수도 이전 공약 299
헌법 개정-제9차 184
헌법개정심의위원회 151
현직 재선율 274
혼합선거구제 194, 195
후보자 공천 236, 245
후보자의 기탁금액 132
후보자정보공개운동 287
후보자합동 연설회 132

필자 소개 (원고 게재 순)

❖ 김 욱

현 | 배재대학교 정치외교학과 교수
- 미국 아이오와대학교 정치학 박사
- 스웨덴 남스톡홀름대학교 교환교수

❖ 서복경

현 | 서강대학교 현대정치연구소 연구교수
- 고려대학교 정치학 박사
- 국회도서관 입법정보연구관 근무

❖ 장성훈

현 | 선거연수원 겸임교수
- 건국대학교 정치학 박사
- 중앙선관위 선거기록보존소 사무관

❖ 강원택

　현 | 서울대학교 정치외교학부 교수
　　• 영국 런던정경대(LSE) 정치학 박사
　　• 한국정당학회장 역임

❖ 신두철

　현 | 선거연수원 교수
　　• 독일 하이델베르크대학교 정치학 박사
　　• 경실련 정치개혁위원회 위원

❖ 조진만

　현 | 인하대학교 국제관계연구소 연구교수
　　• 연세대학교 정치학 박사
　　• 연세대학교 리더십개발원 교육전문연구원

❖ 조성대

　현 | 한신대학교 국제관계학부 교수
　　• 미국 미주리대학교 정치학 박사
　　• 한국선거학회 연구이사

❖ 이현우

현 | 서강대학교 정치외교학과 교수
- 미국 University of North Carolina at Chapel Hill 정치학 박사
- 2011 한국선거학회 부회장

❖ 임성호

현 | 경희대학교 정치외교학과 교수
- 미국 M.I.T. 정치학 박사
- 한국정당학회장 역임

❖ 지병근

현 | 조선대학교 정치외교학부 조교수
- 미국 미주리대학교 정치학 박사
- 전 고려대학교 평화연구소 연구교수

한국 선거 60년: 이론과 실제

인 쇄 | 2011년 11월 5일
발 행 | 2011년 11월 11일

엮은이 | 한국선거학회
발행인 | 부성옥
발행처 | 도서출판 오름
등록번호 | 제2-1548호 (1993. 5. 11)

주   소 | 서울특별시 서초구 서초동 1420-6
전   화 | (02)585-9122, 9123   팩 스 | (02)584-7952
E-mail | oruem@oruem.co.kr
URL | http://www.oruem.co.kr

ISBN 978-89-7778-360-7   93340

※잘못된 책은 교환해 드립니다.
※값은 뒤표지에 있습니다.

이 도서의 국립중앙도서관 출판시도서목록(CIP)은 e-CIP홈페이지(http://www.nl.go.kr/ecip)와 국가자료공동목록시스템(http://www.nl.go.kr/kolisnet)에서 이용하실 수 있습니다. (CIP제어번호: CIP2011004554)